인공지능(AI) 도구
오렌지로 바로 실행하는

피플 애널리틱스

김범열, 박철용

PEOPLE ANALYTICS
through *ORANGE*
Artificial Intelligence(AI) Tool

박영story

PEOPLE ANALYTICS through *ORANGE*

인공지능(AI) 도구
오렌지로 바로 실행하는

피플 애널리틱스

김범열, 박철용

박영story

들어가기 전에

필자들은 1990년대 말 창원에서 한 사람은 현업에서, 다른 한 사람은 연구/컨설팅 분야에서 업무를 하는 입장에서 처음 만났다. 같은 그룹에 근무하면서 업무 관심사와 나이도 같았기 때문에 필자들은 쉽게 친해질 수 있었다. 이후 필자들은 평가, 보상, 직급, 조직 등 다양한 프로젝트를 같이 하면서 현업의 HR 과제 해결을 위해 노력하였고, 사석에서 만나 HR 이슈에 대해 이야기도 나누었다.

필자들이 같이 관심을 가지고 있던 분야 중에 하나가 HR 활동을 어떻게 정량적으로 분석하여 의사결정에 활용하느냐 하는 것이었다. 당시의 가장 중요한 걸림돌은 분석 도구였다. 통계 패키지로는 의미 있는 시사점을 도출해내는 데 한계가 있었다. 현업에 있었던 필자는 전문 시스템 업체를 활용해 직접 분석 알고리즘을 개발하기도 하였다. 그렇지만 분석에 활용할 수 있는 다양한 알고리즘을 개발하기가 쉽지 않았고, 범용 애플리케이션이 아니었기 때문에 트렌드 변화에 따라 다양하게 나타나는 현안 이슈에 바로 대응하고 피드백을 반영한 후속 조치를 취하는 데에도 어려움이 있었다. 필자 중 한 명은 파이썬을 몇 달 학습하기도 하였는데 원하는 분석을 할 수 있는 수준에 달하기까지는 너무 요원해 보였다. 이러한 상황에서 접하게 된 것이 바로 오렌지였다. 누구나 무료로 사용할 수 있는 오렌지를 직접 써보면서, 이 소프트웨어가 필자들이 오랜 기간 고민했던 많은 부분을 해결해줄 수 있다는 것을 알게 되었다.

오렌지는 무료로 사용할 수 있다는 것 외에도 몇 가지 장점을 가지고 있다. 첫째, 코딩 작업이 필요 없다는 것이다. R과 파이썬 같은 도구들은 데이터 분석을 위한 프로그래밍 언어를 배우고 익히는 데 상당한 부담이 있고 많은 시간이 걸린다. 그렇기 때문에 코딩에 익숙하지 않은 HR 담당자들이 R이나 파이썬을 학습하여 피플 애널리틱스를 실행하는 것이 사실상 불가능에 가깝다. 반면, 오렌지는 메뉴, 위젯, 가상 연결 등을 활용하여 프로세스를 단순화하여 다양한 분석을 매우 용이하게 해준다. 그렇기 때문에 코딩을 전혀 모르는 사람들이 손쉽게 다가가 머신러닝에 기반한 피플 애널리틱스를 실행할 수 있다. 둘째, 예측이 가능하다는 것이다. 기존 통계 패키지는 주로 변수 간 유의적 관계가 있는지를 살펴보는 가설 검증에 중점을 둔다. 반면, 오렌지는 구체적인 숫자 또는 해리포터에 나오는 마법의 모자처럼 어느 클래스에 속하는지를 예측해준다. 따라서 조직 의사결정에 보다 의미 있는 정보를 우리에게 주는 것이 가능하다. 셋째, 숫자뿐만 아니라 텍스트 등 다양한 변수와 빅데이터를 포함한 다양한 규모의 데이터를 처리하는 것이 가능하다. 이러한 다양한 특성을 통해 오렌지는 피플 애널리틱스를 단순히 이해에서 그치는 것이 아니라, 바로 실행하여 실무에 적용할 수 있도록 도와준다.

저자들은 HR 운영 패러다임이 급격하게 바뀌고 있는 현 상황에서 감이나 관행이 아닌 팩트에 기반한 HR이 되기 위해서는 오렌지 같은 분석 툴 활용이 필수적이라고 생각하였다. 그리고 이러한 도구를 어떻게 활용하는 것이 필요한지를 소개하는 것이 HR 부문의 역량 제고에도 도움이 된다고 판단하여 이 책을 집필하게 되었다. 본 저서는 피플 애널리틱스를 실행하는 사람들이 실질적/주도적으로 분석 모델을 설정하고 데이터를 분석하여 의사결정에 의미 있는 시사점을 뽑을 수 있는 역량을 확보할 수 있도록 도움을 주는 데 그 목적이 있다. 사람과 관련한 다양한 데이터 분석을 통해, 경영진이 궁금해하는 질문에 대한 분석적이고 설득력 있는 답을 모색함으로써 인적자원 운영의 효과성을 높이고자 하는 것이다.

본 저서는 크게 4개의 파트로 구성되어 있다. 첫 번째 파트는 피플 애널리틱스의 전반적인 개요, 필요성 및 실행 단계에 대해서 언급하였다. 두 번째 파트는 피플 애널리틱스를 실행하기 위해 이해가 필요한 핵심 사항들을 정리하였다. 본 저서의 가장 중요한 부분이라고 생각되는 세 번째 파트는 실제 데이터를 가지고 피플 애널리틱스를 실행해보는 사례로 구성되어 있다. 쉽게 따라할 수 있도록 단계별로 오렌지를 작동하는 방법과 의미를 설명하였다. 마지막 네 번째 파트는 향후 피플 애널리틱스의 과제에 대해 간략하게 이야기하고 있다.

책을 쓰는 사람들은 같은 마음이겠지만 필자들도 독자들이 이해하기 쉽도록 쓰기 위해 노력하였다. 그렇지 못한 부분이 있다면 이는 전적으로 필자들의 잘못이다. 그렇지만 본서에 나와있는 내용을 이해하고 사례들을 하나씩 따라하면서 자기 것으로 만든다면 여러분들은 분명 피플 애널리틱스 전문가로서 한 걸음 더 다가갔다고 할 수 있다. 물론 피플 애널리틱스의 전문가로 자리매김하기 위해서는 본서에서 다룬 사례 외 다양한 데이터를 가지고 직접 실행해보면서 활용 역량과 통찰력을 키우는 노력이 필요하다. 여기에서 미처 다루지 못한 사례나 내용들은 다시 기회가 되면 소개하도록 하겠다.

목차

PART 03

AI 도구 오렌지(Orange)를 활용한 분석 실행하기

PART 04

피플 애널리틱스의 미래 과제

사례 데이터 활용 방법

사례에 사용되는 데이터 파일은 출판사 홈페이지(www.pybook.co.kr) 도서자료실에서 다운로드할 수 있다.

사례에 활용할 파일은 사례별 폴더로 나뉘어져 있다. 사례 데이터의 구성은 다음과 같다.

사례 1 폴더

train: 퇴직자 파악을 위한 학습 데이터
test: 향후 퇴직자 예측을 위한 테스트 데이터
train_Involvement: 재직자 직무 몰입 분석을 위한 데이터

사례 2 폴더

Case2_Analysis_Basic: HRM과 조직 성과 관계 파악을 위한 학습 데이터
Case2_Analysis_Test: HRM을 통한 조직 성과 예측을 위한 테스트 데이터
Case2_Analysis_prediction: 예측치와 실제치의 오차 분석 결과

사례 3 폴더

employee_course_ratings: 구성원 ID, 과목 ID, 구성원 평가 점수 등의 데이터
course_names: 과목 ID와 과목명 데이터
employee_names: 구성원 ID, 구성원 이름 데이터
Popular_Course_Deriving: 인기 과목 도출을 위한 코딩 내용
Index_Adjusting: 인덱스 조정을 위한 코딩 내용

사례 4 폴더

aug_train: 채용 대상자 파악을 위한 학습 데이터
aug_test: 채용 데이터 예측을 위한 테스트 데이터

● 사례 5 폴더: 1_타이타닉

train: 생존자 파악을 위한 학습 데이터

train_cabin_regroup: train 데이터 중 cabin 변수를 조정한 데이터

test: 생존자 예측 시 활용할 테스트 데이터

test_cabin_regroup: test 데이터 중 cabin 변수를 조정한 데이터

gender_submission: 예측한 결과의 제출 형식을 보여주는 파일

● 사례 5 폴더: 2_주택가격

train: 주택가격 예측을 위한 학습 데이터

train_Modify: train 데이터의 결측값 형식을 바꾼 데이터

test: 주택가격 예측할 때 활용하는 테스트 데이터

test_Modify: test 데이터의 결측값 형식을 바꾼 데이터

sample_submission: 예측한 결과의 제출 형식을 보여주는 파일

data_description: 변수의 의미를 설명하는 텍스트 파일

PART 01

인공지능과 HR의 연계: 피플 애널리틱스

1. HR 의사결정, 분석이냐 직관이냐?
2. 왜 지금 피플 애널리틱스인가?
3. 피플 애널리틱스의 실행 단계

01

HR 의사결정, 분석이냐 직관이냐?

기업의 미래는 운명이 아니라 의사결정의 산물이라 할 수 있다. 잘된 의사결정은 기업의 경쟁력과 시장 지위를 강화해 주지만, 잘못된 의사결정은 기업을 위기의 나락에 빠지게 한다. 한순간의 의사결정이 때론 기업의 운명을 결정짓는 것이다. 일반적으로 성과가 높은 조직들은 경쟁자보다 효과적인 결정을 신속하고 일관성 있게 내리는 것으로 보인다. 하지만 성공적인 의사결정을 하는 것은 결코 쉬운 일이 아니다. 폴 너트(Paul Nutt)는 20여 년에 걸쳐 내려진 400건의 비즈니스 의사결정 과정을 수집하여 분석하였는데, 전체 결과 중 약 50%가 잘못된 의사결정을 내린 것으로 나타났다.[1] 보다 나은 의사결정을 하기 위해 지속적으로 노력해도, 탁월한 의사결정을 내리는 것이 쉽지 않은 것이다. 그런데 이렇게 쉽지 않은 의사결정을 내리는 데 있어

[그림 I-1-1] 의사결정의 주요 요소

분석

- 의사결정에 도움이 될 수 있는 정보를 분석하는 것은 의사결정의 기반
  - 영화 머니볼(Moneyball)… 빌리 빈이 주창한 세이버매트릭스
  - 웰즈 파고(Wells Fargo)의 글로벌 금융위기 대처
- 환경과 사업이 어느 정도 안정 궤도에 들어서고 활용할 수 있는 데이터가 축적된 경우 분석이 더욱 큰 효과
- 과거의 경험으로는 확신할 수도 없고 분석도 불가능한 블랙스완 현상 발생

VS

직관

- 직관은 인간의 의식이 좋은 의사결정을 내릴 수 있도록 안내하는 역할
  - 말콤 글래드웰 '블링크(Blink)'… 직관적 능력이 종종 매우 정확한 의사결정 도출
  - 잭 웰치 자서전의 부제… '직감을 앞세우는(Straight from the gut)'
  - 스티브 잡스… 고객에게 물어보지 말라
- 의사결정 시 경영자들은 종종 심리적 함정에 빠져 잘못된 결론을 내릴 수 있음.
  - 고정관념의 함정, 매몰 비용의 함정, 증거 찾기의 함정 등

1 Why Decisions Fail: Avoiding the Blunders and Traps that Lead to Debacles, 2003

우리는 크게 분석과 직관의 두 가지 요소를 사용한다. 그렇다면 분석과 직관 중 어느 것이 보다 탁월한 의사결정에 도움이 될까?

분석은 의사결정의 기반

판단에 도움이 될 수 있는 정보를 분석하는 것은 의사결정의 기반이라고 할 수 있다. 분석을 통한 기획은 분명 성과에 긍정적인 영향을 미친다. 영화 마진 콜(Margin Call, 2013)[2]을 보면 인원 감축으로 회사를 떠나게 된 리스크 관리 팀장은 자신이 분석한 내용이 담긴 USB를 부하직원에게 넘겨준다. 자료 분석 결과, 회사가 관리하고 있는 파생상품에 심각한 문제가 있다는 것을 알게 된 회사 경영진은 대처에 고심한다. 결국 그들은 자신이 가지고 있는 상품을 팔아버리고 생존에 성공한다. 이와 비슷한 실제 사례가 있다.

미국의 다국적 금융 서비스 기업인 웰즈 파고(Wells Fargo)는 데이터의 정량적 검증과 사실에 근거한 의사결정을 중시하는 기업으로 알려져 있다. 2008년 글로벌 금융위기가 실질적으로 발생하기 전 웰즈 파고는 자사의 대출 관련 데이터를 엄밀히 분석한 결과, 서브 프라임 모기지에 상당한 문제가 있기 때문에 단기적으로 시장 점유율에 악영향을 미칠지 모르지만 관련 상품 비율을 줄이는 것이 바람직하다는 결론을 내렸다. 그리고 이를 실행하였다. 당시 CEO였던 코바세비치(Richard Kovacevich)는 "우리는 다른 은행이나 투자 기관들의 움직임에 대해서도 논의했지만, 타 기관들의 움직임이 바람직하지 않다고 의견을 모았다"고 이야기했다. 적절한 분석을 통해 웰즈 파고는 글로벌 금융위기를 슬기롭게 헤쳐갔으며, 자사의 주요 경쟁사 중 하나인 와코비아(Wachovia) 은행을 인수하여 성장을 가속화할 수 있었다.

다른 사례를 살펴보자. 메이저리그의 야구 구단들은 일반적으로 타율이 좋고 발이 빠르고 어깨가 좋은 선수들을 선호하였다. 따라서 코치진이나 스카우터들은 자신의 감에 기반해서 이러한 관점에서 잠재력이 있다고 판단되는 선수들을 영입하기 위해 많은 노력을 기울였다. 그런데 오클랜드 애슬레틱스(Oakland Athletics)의 단장이

2 마진 콜은 선물을 매수했는데 선물지수가 하락하여 증거금이 부족해져서 추가 증거금이나 담보를 요구하는 것을 의미

었던 빌리 빈(Billy Beane)은 수많은 통계 자료를 분석한 결과 출루율과 장타율의 합인 OPS(On-base Plus Slugging)가 오히려 우수 선수들을 찾는 데 바람직한 지표라고 판단하였다. 그는 OPS를 활용하여 저평가된 선수들을 영입함으로써 전체 메이저리그 구단 중 돈을 적게 쓰면서도 좋은 성적을 거두는 성과를 만들어 냈다. 이제 다양한 야구 데이터를 통계적 수학적으로 분석하여 활용하는 세이버메트릭스(Sabermetrics)는 현대 야구에 핵심 요소로 자리매김하고 있다.

의사결정에 있어 분석이 중요하다는 것은 의심의 여지가 없다. 하지만 분석을 너무 맹신하는 것은 바람직하지 않다. 정보 분석을 위해 너무 많은 시간을 소요하다가 의사결정 시기를 놓칠 수 있다. 과도한 정보는 오히려 의사결정을 하는 데 있어 혼란을 불러일으킬 수도 있는 것이다. 또한 탈레브(Nassim N. Taleb)가 말한 바와 같이 검은 백조(Black Swan) 현상이 나타날 수 있다. 즉, 과거의 경험으로는 확신할 수도 없고, 분석도 불가능한 정상적인 기대범위 밖에 있는 사건이 발생할 수 있는 것이다.

직관은 의사결정의 의지 촉발

직관은 순간적으로 전반적인 상황을 파악하는 능력을 의미한다. 영화 '탑건: 매버릭(Top Gun: Maverick, 2022)'에서 탐 크루즈가 연기한 매버릭은 훈련 중에 비행기가 추락하여 부상을 입은 동료들을 생각하며 상심에 빠져 있는 조종사에게 "교본은 잊고 너의 직감을 믿어. 생각하지 말고 바로 움직여. 하늘에서 생각하면 죽게 될거야"라고 말한다. 공중에서 발생하는 수많은 변수에서 살아남기 위해서는 즉각적으로 대처할 수 있는 직관을 길러야 한다는 것이다.

직관이 좋은 사람은 남과 동일한 상황에 직면하더라도 남이 보지 못한 패턴을 창의적으로 찾아내어 신속하고 효과적으로 대처할 가능성이 높다. 말콤 글래드웰(Malcolm Gladwell)은 그의 저서 '블링크(Blink)'에서 전체를 속속들이 다 파악하는 것보다 매우 얇은 경험의 조각들을 토대로 상황과 행동의 패턴을 찾아내는 직관적 능력이 매우 정확한 의사결정 결과를 가져오는 경우가 많다고 말하고 있다. 예를 들어, 세계 정상급 테니스 코치 빅 브레이든은 남녀 선수를 막론하고 현장에서 직접 보든 텔레비전으로 보든 그 선수에 대해 얼마를 알든 관계없이 더블폴트를 순간적으로 감지할 수 있다고 한다. 실제로 그는 더블폴트 17개 중 16개를 예견했다. 하지만 본인도 그러한 결론을 이끌어 내는 데 어떤 증거들을 사용했는지 알 수 없었다고 한다.

최고 경영자들 중에도 중요한 결정을 내릴 때 논리적인 분석보다 배짱, 육감 혹은 내면의 소리를 믿는다는 사람이 의외로 많다. GE의 CEO였던 잭 웰치(Jack Welch)의 자서전 부제가 '직감을 앞세우는(Straight from the gut)'임을 볼 때 웰치 또한 상당히 직관을 중요시한 것으로 판단된다. 또한 애플의 CEO였던 스티브 잡스(Steve Jobs)는 고객에게 물어보지 말고 진정으로 여러분이 가지고 싶은 제품을 만들기 위해 노력하라고 자신의 구성원들을 독려하였다. 그 역시 분석보다는 직관의 힘을 더 중요하게 생각한 것이다.

인간의 의식은 모든 가능성에 대해 분석하는 데 한계를 가진다. 또한 분석 모델이 아무리 정교하다 해도 100% 확실한 예측을 한다는 것은 불가능하다. 따라서 여러 가지 가능성을 여과 처리하는 데 인간의 감성과 느낌에 바탕을 둔 직관이 중요한 역할을 하게 된다. 즉, 직관은 인간의 의식이 좋은 의사결정을 내릴 수 있도록 안내하는 역할을 하는 것이다. 실제적으로 전쟁 중에 뇌의 감정을 담당하는 전두엽 부분을 상실한 사람들을 연구한 결과, 이들은 지루한 분석, 끝없는 윤곽 잡기, 선택 가능한 대안에 대한 결말 없는 비교 속에서 헤매다가 의사결정을 내리지 못하는 특징을 보이는 것으로 나타났다. 직관이 부족하면 제대로 의사결정을 내리지 못하는 것이다. 하지만 직관에만 의지하는 경우 고정관념과 선입견으로 인한 심리적 함정에 빠져 종종 잘못된 결론을 내릴 수 있고, 심지어 과거의 의사결정이 이미 잘못된 것으로 나타났음에도 불구하고 자신의 과거 선택을 정당화하려는 모습이 나타나기도 한다.

HR에 있어 지금 중요한 것은 무엇일까?

일반적으로 환경이 세팅이 되어 있는 경우에는 분석에 의한 결정이, 미지의 영역일 경우에는 직관에 의한 결정이 보다 바람직한 경우가 많다고 이야기한다. 하지만 정답은 없다. 언제나 탁월한 의사결정을 담보하는 'One Best Way'는 없는 것이다. 그렇다면 HR 의사결정에 있어 중요한 것은 무엇일까? 사실 그동안 기업들은 사람에 대한 의사결정을 할 때 리더의 직관에 의존하는 경우가 많았다. 그런데 의사결정이 직관에 의해 과도하게 영향을 받는 경우, 기존 관행이 효과가 있는지에 대해 의문을 제기하지 못하는 경우가 많이 있다.

● 상식이 상황에 따라 변화하는 시대

다수의 경영자들은 스톡옵션 보상이 구성원 스스로 업무에 많은 시간을 몰입하고, 비용을 아끼고, 조직의 성과 제고를 위한 개인적 희생을 감내하는 주인의식을 함양한다고 믿는다. 하지만 연구에 의하면[3] 회사에 대한 지분 소유가 재무 성과에 일관된 영향을 미치지 않는 것으로 나타나고 있다. 다른 예로, 실적이 우수한 사업과 그렇지 못한 사업 혹은 우수한 직원과 그렇지 못한 직원을 명확하게 구분하여 차별적 보상을 하는 것이 기업 성과에 긍정적 영향을 미친다고 다수의 경영자들은 생각하고 있다. 특히, GE가 상위 20%의 A 플레이어들에게는 큰 보상을 주고, 중간 70% 정도의 B 플레이어들은 개발의 대상으로 삼고, 하위 10%의 C 플레이어들은 상담 등을 통해 조치를 취하는 활력 곡선(Vitality Curve) 보상 방식을 주창하고, 많은 기업들이 유사한 방식으로 이를 모방함으로써 성과주의 보상에 대한 지지는 최고조에 달했다. 하지만 이러한 성과주의 보상은 팀워크를 약화시키고, 단기 성과에 초점을 두도록 조장하며 구성원들을 눈치꾼으로 만드는 경향이 있다. 특히 협력과 조정, 정보 공유가 중요한 환경에서는 성과주의 보상의 부작용이 더 클 수 있다.

우리가 옳다고 생각하는 HR 관행이나 프랙티스 중 다수가 기업 비즈니스 상황이나 조직 문화, 리더십 특성에 따라 기대했던 효과가 나타나지 못할 수 있다. 특히, 다양한 HR 프랙티스 중 서로 상충되는 경우가 발생하여 어느 것을 도입하는 것이 바람직한 것인가에 대한 선택의 갈등에 놓이기도 한다. 예를 들어, 성과주의가 확산되면서 개인 성과 중심으로 보상하는 방안과 집단 성과 중심으로 보상하는 방안 사이의 선택의 갈등이나, 핵심인재의 중요성이 부각되면서 핵심인재 관리와 조직 내 대다수를 차지하는 보통 인재의 동기부여 사이에서 고민하게 되는 것이다. 또한 외부 영입이라는 새로운 채용 트렌드가 나타나면서 우리 기업도 외부 인재 영입에 주력해야 할지, 아니면 내부 구성원 육성에 노력을 기울여야 할지에 대해 갈등하게 된다. 그리고 효율성 강화를 위한 통제적인 조직 운영 방식과 창의성 발현을 위한 헌신과 자율적 조직 운영 방식 사이에서 고민하는 모습을 보이기도 한다.

직관이 의사결정에 있어 분명 중요한 요소이지만 직관에 과도하게 의존하는 것은 바람직하지 않다. 리더들은 자신을 리더가 되도록 해준 과거의 효과적이었던 방법이

3 Evidence – Based Management, Jeffrey Pfeffer and Robert I. Sutton, HBR, January 2006

앞으로도 효과가 있을 것이라고 믿는다. 특히 고위 경영진의 말이라면 주변에서 비판 없이 그대로 수용하는 경향이 있어 문제를 객관적으로 보기가 쉽지 않다. 그러다 보면 자신의 생각이 언제나 옳다는 자만에 빠져 중요하지만 미묘한 변화를 놓치게 되고, 자신에게 익숙한 현상유지를 택하거나 오히려 성과에 악영향을 미치는 대안을 선택하기도 한다. 그렇게 되면 조직은 결국 시대의 흐름에 뒤떨어지게 되고 혼란을 가져와 성과가 저하될 수밖에 없다.

● 탁월한 직관은 지식과 경험에 기반한 분석이 기본

직관과 관련된 가장 큰 오해 중의 하나가 통찰력 있는 직관이 번뜩이는 영감 또는 무의식에 의해 나타나는 신비적 요소가 있다고 것이다. 예를 들어, '뉴턴(Isaac Newton)이 사과나무에서 사과가 떨어지는 것을 보고 영감을 얻어 직관적으로 만유인력을 발견하였다'라고 생각하는 것이다. 하지만 통찰력 있는 직관은 지속적이고 의식적인 노력이 보다 중요하다. 실제 만유인력도 사과가 떨어지는 것을 보고 받은 영감이 아니라, 수년간의 지속적이고 집중적인 연구가 밑거름이 되어 발견할 수 있었다. 그렇기 때문에 통찰력 있는 직관을 높이기 위해서는 광범위하고 전문적인 지식과 다양한 경험을 통한 분석이 뒷받침되어야 한다. 주위의 상황에 대한 폭넓고 심도 있는 분석 역량을 가지게 되면 남들이 보지 못하는 새로운 패턴을 찾아내는 것이 보다 용이해지기 때문이다.

직관이 제대로 발현되기 위해서는 관련된 지식, 교육, 그리고 경험이 필요하다. 예를 들어, 비행 중 문제가 생겼을 때 조종사는 직관적으로 바로 문제에 대처해야 한다. 그런데 항공 산업에 있어 조종사의 실수로 인해 일어나는 비행기 사고의 확률이 1990년대에 들어와 급속하게 줄어들기 시작했다. 그 중요한 이유 중의 하나가 1980년대 중반부터 이루어진 현실적인 비행 시뮬레이터의 도입이었다. 시뮬레이터를 활용하여 조종사들은 기존의 칠판 강의나 지상에서의 모의 훈련이 아닌 실제와 동일한 상황에서 의사결정을 연습하는 것이 가능했다. 이를 통해 조종사들은 사고 상황과 문제 해결에 대한 다양한 분석을 통해 대처 방안을 내재화할 수 있었다. 그리고 실제 비행 도중에 재앙과 맞닥뜨렸을 때 뭘 해야 할지를 직관적으로 파악하고 대처가 가능했던 것이다.

● 심도 있는 데이터 분석 필요

지금까지의 HR 의사결정도 나름대로의 경험과 분석에 기반한 것이다. 하지만 HR 담당자들이 통계 및 예측 분석에 익숙하지 않고, 데이터를 제대로 분석할 수 있는 툴도 마땅치 않았기 때문에 심도 있는 분석이 이루어지지 못했다. 그런데 급변하는 사업 환경에 맞춰 필요 인재의 적시 확보, 기업 내 각기 다른 관심과 니즈를 가지고 있는 다양한 인재 풀에 대한 적절한 대응 등이 필요한 현 시점에서 소수의 직관에만 의존한 의사결정은 잘못된 결과를 초래할 가능성이 높다. 넘쳐나는 정보의 홍수와 분석해야 할 데이터의 증가 및 복잡성의 증대로 더 이상 개인이 환경과 상황에 대한 분석을 머릿속으로 하는 것이 불가능하기 때문이다. 따라서 향후 인적자원 운영의 효과성을 높이기 위해서는 사람과 관련한 다양한 데이터의 분석을 통해, 경영진이 궁금해하는 질문에 대한 보다 객관적이고 설득력 있는 답을 모색해야 한다.

HR은 이제 과거의 성공 경험을 잊고 미래의 상황을 객관적으로 분석하여 의사결정을 내려야 한다. 특히 사람에 대한 의사결정은 한 번 시행되어 정착되면 그 파급효과가 크고 되돌리기가 쉽지 않다는 점에서 더욱 신중하고 합리적으로 이루어져야 한다. 그렇기 때문에 적절한 분석 없이 직관에만 의지하는 것은 짚단을 들고 불 속으로 뛰어드는 격이라고 말할 수 있다. HR도 이제는 단순히 직관에만 의존하기보다는 객관적이고 체계적인 분석에 좀 더 힘을 기울이면서 분석과 직관의 황금비를 찾아 의사결정을 하는 것이 필요하다.

02 왜 지금 피플 애널리틱스인가?

포드 자동차를 설립한 헨리 포드(Henry Ford)가 "나의 공장을 가져가고, 차를 부수어도 좋다. 다만, 나에게서 Ford 사람들만은 빼앗지 말아라. 그러면, 이 사람들과 함께 다시 지금의 Ford 회사를 만들 수 있을 것이다"라고 말했던 것처럼 많은 기업과 경영자들은 일찍이 사람이 기업의 가장 중요한 자산이라는 사실을 인식하고 있었다. 특히 최근 기업이 직면하는 환경의 변화 속도가 더욱 빨라지고 복잡성이 커지면서 인적자산 관리가 기업의 중요한 핵심 경쟁우위로 더욱 부각되고 있다. 변화 대응 전략을 개발하고 이를 실제 실행에 옮기는 주체가 바로 조직 구성원들이기 때문이다. 따라서 기업의 전략 목표 달성 및 성과 제고를 위해 조직의 가장 중요한 자산인 구성원들을 어떻게 효과적으로 확보, 육성, 배치, 유지하고 동기부여 할 것인지에 대한 고민이 높아지고 있다. 전략적 HR 운영의 중요성이 커지고 있는 것이다. 그런데 아직 대다수의 기업들은 HR 활동이 전사 전략 목표 달성에 얼마나 공헌을 하고 있는지, 인적 자산에 투자한 비용이 과연 기대한 만큼 성과를 창출하고 있는지를 분명하게 판단하지 못하고 있다.

HR의 역할 변화 필요

하버드 비즈니스 리뷰에 실린 '우리는 왜 HR을 미워할까'[4]라는 글을 보면, "요즘 기업 내에서 HR에 대한 불만이 커지고 있으며, 특히 HR 관리자들이 자잘한 행정업무에만 매달린 나머지 비전과 전략적 통찰력이 부족하다는 비판이 높아지고 있다"라고 말하고 있다. 사업적 감각 등 현재 HR에 요구되는 역량을 확보하고 있지 못하며, 따라서 점점 복잡해지고 다양해지고 있는 현재의 기업 상황에 필요한 창의적 사고와

4 Why We Love to Hate HR…and What HR Can Do About It, Peter Cappelli, HBR, July ~ August 2015

가치 창출 활동을 제대로 하고 있지 못하다는 것이다. 따라서 효율성을 높이는 활동에 중점을 두고 있는 HR에 대해 다수의 기업 경영자들은 그 역할이 중요하다고 생각하고 있지 않다.

우리가 운영하고 있는 대부분의 HR 시스템은 지속적인 개선 노력에도 불구하고 오랜 기간 동안 전체 프레임에서는 큰 변화가 없었다. 하지만 변화의 속도가 빨라지고 운영의 복잡성이 커지고 있는 지금의 경영 환경 변화를 고려할 때, HR 제도와 운영은 새로운 모습으로 진화해야 한다. 특히 글로벌 팬데믹 등으로 인해 환경의 불확실성과 변화가 커짐에 따라 HR 운영에 대한 기존 가정들의 상당한 변화가 필요한 시점이다. 미래의 인재 관리에 대해 좀 더 새로운 시각을 가지고 깊이 있는 고민과 실행이 요구되는 시점인 것이다. 예컨대, 팬데믹으로 인해 과거와 달리 원격으로 일하는 구성원의 수가 극적으로 증가했고, 앞으로도 재택 근무와 사무실 근무를 결합한 유연한 근무 환경에서 일하는 하이브리드 워크플레이스(Hybrid Workplace)가 확산될 것으로 예측된다. 이러한 상황에서는 업무 방식, 작업 공간, 조직 가치/문화 구축, 동기부여 방안 등 HR 시스템 자체가 완전히 재구성되어야 한다.

향후 HR은 회사를 성공으로 이끄는 사람 관련 요인에 대한 가정을 다시 한 번 되짚어보고, 필요한 솔루션을 제시해야 한다. 비즈니스 전체 관점에서 고객과 시장에 어떤 변화가 생길 것인가? 그런 상황에서 조직의 인재 확보와 육성 활동은 어떤 식으로 이루어져야 하는가? 어떤 역량을 강화해야 하는가? 최고의 성과를 내는 리더의 특성은 무엇일까? 회사와 일에 대한 구성원들의 몰입을 이끌어낼 수 있는 방법은 무엇일까? 등에 대해 지속적으로 질문을 던지고, 통찰력을 가지고 대응할 수 있어야 한다. 그런데 이러한 관점에서 가정을 점검하고 대처 방안을 만드는 데 있어 기존 업계의 관행과 감에 의해 하는 것은 바람직하지 않다. 변화에 대응한 의미 있는 분석을 통해 솔루션을 설계하기가 쉽지 않고, 설사 새로운 방향성과 실행 방안을 정했다 하더라도 아무런 근거 없이 경영진을 설득하는 것 역시 만만한 과정이 아니기 때문이다. 특히, 실무진과 경영진의 생각이 다른 경우에는 경영진을 설득하여 실무진이 옳다고 생각하는 바를 밀고 나가는 것이 극히 어렵다. 이러한 상황에서 결국 경영진을 설득하는 데 필요한 것은 데이터와 이에 기반한 과학적 분석이다. 다양한 방식으로 데이터를 분석하여 원인과 결과를 면밀히 조사하고, 이에 기반하여 필요한 대응 방안을 제시해야 경영진이 납득하고 실행에 옮길 가능성이 커지는 것이다. 이러한 관점에서 최근 부각되고 있는 솔루션이 바로 피플 애널리틱스(People Analytics)이다.

피플 애널리틱스의 정의 및 특징

피플 애널리틱스는 "HR 프로세스, 인적자산, 조직 성과 및 관련 외부 데이터를 인공지능(AI: Artificial Intelligence) 기술을 활용하여 분석·예측함으로써 HR 활동 전반이 조직에 미치는 영향을 파악하고, 비즈니스 성과 제고를 위한 HR 의사결정을 가능하게 하는 접근법"이라고 정의할 수 있다. 4차 산업혁명에서 부각되고 있는 대표적 기술 중 하나인 AI는 빅데이터를 활용하여 인간이 하기 쉽지 않았던 정교한 분석과 예측을 가능케 함으로써 보다 효율적이고 효과적인 의사결정이 이루어지도록 지원하고 있다. 이에 기업은 다양한 영역에서 AI의 활용 폭을 확장하고 있으며, HR 역시 의사결정의 생산성과 효과를 높이기 위해 관련 데이터를 AI 기법으로 분석하는 피플 애널리틱스 활용에 눈을 돌리고 있다. 피플 애널리틱스의 몇 가지 특징을 살펴보면 다음과 같다.

- 데이터 기반: HR 데이터, 기업 내부의 다양한 영역의 데이터, 관련 외부 데이터와의 통합을 도모한다.
- 인공지능 기반의 다양한 알고리즘 활용: 피플 애널리틱스는 AI 기반의 다양한 정보 기술 및 분석 알고리즘을 사용하여 데이터를 수집, 분석, 예측한다.
- 신속한 분석 및 팩트에 기반한 빠른 대응: 데이터의 변화 흐름에 초점을 두고 빠르게 데이터를 분석하여 이해하고, 분석 결과에 기반하여 대응 방안을 신속하게 마련한다.
- 비즈니스 성과와 연계: 사람과 관련된 의사결정을 통해 비즈니스 성과를 높이고자 한다. 단순히 현안 문제의 해결만이 아닌, 장기적으로 조직 성과를 제고할 수 있도록 전체 관점에서 과제와 목표를 선정하고 해결책을 모색한다.

[그림 I-2-1] 피플 애널리틱스 실행의 특징

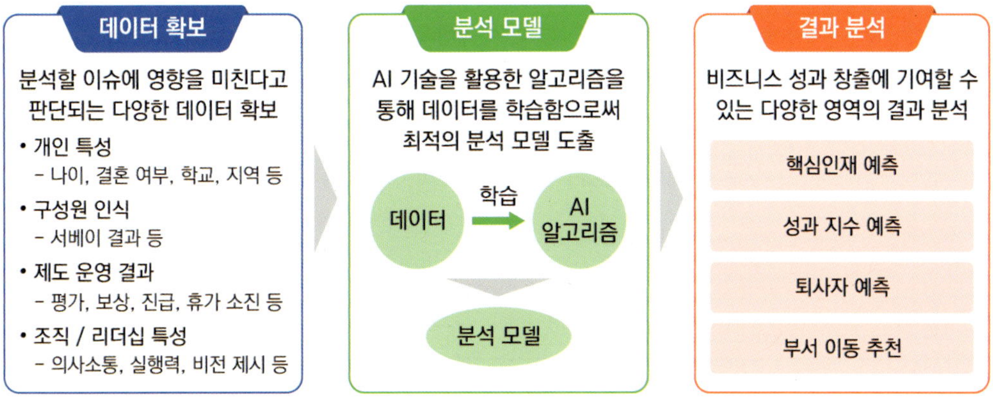

구글(Google) 사례[5]

기업들이 피플 애널리틱스에 대해 관심을 가지게 된 것에는 구글의 영향이 컸다고 할 수 있다. 구글의 피플 애널리틱스 접근 방식의 기본 전제는 모든 인적자산과 관련된 의사결정을 데이터와 분석에 기초한다는 것이다. 구글은 인적자산과 관련된 의사결정이 기업이 내릴 수 있는 가장 중요하고 영향력 있는 활동이기 때문에, 리더들이 인적자산과 관련하여 제대로 된 결정을 내릴 수 있도록 공학적 의사결정과 동일한 수준의 정교한 분석 데이터를 제공하고자 하는 것이다. 이러한 피플 애널리틱스 활동을 수행하기 위해 구글은 파이랩(Pi-Lab: People & Innovation Lab)이라는 조직을 설립하여 운영하고 있다.

● 탁월한 관리자들의 특징 분석

파이랩 설립 초기의 대표적 사례가 바로 탁월한 관리자들은 어떠한 특징을 가지고 있는지를 파악하기 위해 2008년 실행한 옥시전 프로젝트(Project Oxygen)이다. 구글은 사내에서 최고로 평가받는 관리자들이 어떻게 행동하는지를 알기 위해 팀장 이

5 Redefining HR using people analytics: the case of Google(2018), How Google Is Using People Analytics to Completely Reinvent HR(2014) 등을 참조

상 구성원들의 다양한 자료를 수집하여 분석하였다. 그 결과 탁월한 리더는 효과적인 코치 역할 수행, 팀에 권한을 부여하고 결과 중심의 관리 지향, 탁월한 의사소통 역량 등의 특징을 가지고 있는 것으로 파악하였다([표 I-2-1]). 구글은 이러한 결과를 바탕으로 도출된 탁월한 리더의 8가지 특징들이 일상적인 작업 스타일로 발현되는 데 도움이 되는 교육 및 개발 프로그램을 설계하였다. 또한 부하들이 이 8가지 요소에 대해 관리자들을 평가하도록 하고 있으며, 관리자 승진의 필수 점검 요인으로 활용하고 있다.

[표 I-2-1] 구글의 탁월한 리더의 조건

- 좋은 코치가 되어야 한다.
- 팀에 권한을 위임하고, 세밀한 관리를 지양한다.
- 팀 구성원의 성공과 개인적 복지에 대한 관심과 의도를 표명한다.
- 생산성과 결과를 중시한다.
- 정보를 듣고 공유하는 등 의사소통을 잘 한다.
- 경력 개발을 통해 팀을 돕는다.
- 팀에 대한 명확한 비전/전략을 가지고 있다.
- 팀에 조언하는 데 도움이 되는 핵심 기술 스킬을 가지고 있다.

구글은 옥시전 프로젝트 외에도 채용, 이직, 협업 등 HR의 모든 영역에서 데이터 및 증거 기반의 인적자산 관리를 강화하고 있다. 데이터를 통해 리더와 조직이 변하지 않으면 안 되는 이유를 명확히 제시하고 있는 것이다.

데이터 기반의 채용과 이직 관리

기존 채용은 관리자가 직감, 전제적 가정, 인상 등을 활용하여 성과가 좋을 것 같은 사람을 식별하여 입사를 결정하는 것이 일반적이었다. 하지만 구글은 이러한 관행을 탈피하여 보다 객관적인 채용이 이루어질 수 있도록 데이터 기반의 수학적 알고리즘을 개발하였다. 이 알고리즘은 지원자에게 정교한 온라인 설문조사를 작성하도록 요청하고, 결과로 나온 직원의 태도, 행동, 성격 등의 세부 사항을 조직의 기술 요구 사항에 매핑한다. 그리고 후보-조직 적합 여부를 예측하기 위해 역시 알고리즘을 사용하여 개별 지원자를 평가하여 점수를 매긴다. 이를 통해 구글은 채용 과정에서 주관성을 상당 부분 없앨 수 있었고, 기존에 고려하지 못했던 후보 프로필을 재평가해 우수한 지원자가 누락되지 않도록 할 수 있었다. 이는 초기에 불합격하였지만 다시 지원한 우수 인재를 채용하는 결과로 이어졌다. 또한 4회를 초과하는 인터뷰는 채용 과정에 거의 부가가치를 만들어내지 못한다는 것을 발견함으로써 채용 기간을 단축할 수 있었다.

구글은 이직 관리 또한 데이터 분석 알고리즘에 기반하여 관리하고 있다. 즉, 보상, 성과 평가, 승진 등과 같은 데이터를 사용하여 조직에서 이직할 가능성이 높은 구성원들을 사전에 예측한다. 이러한 혁신적인 인재 관리 방식을 통해 구글은 실제 구성원이 퇴직 의사를 밝히기 전에 필요한 조치를 취할 수 있게 되었다. 개별 구성원 차원에서 효율적 퇴직 관리가 가능하게 된 것은 매우 획기적인 일이다.

● 분석을 통한 협업 강화

구글은 혁신 문화가 강한 기업으로 대표될 수 있다. 구글은 분석을 통해 탁월한 혁신이 새로운 학습, 팀워크, 재미라는 세 가지 요소가 결합된 결과라는 사실을 알게 되었다. 따라서 구글은 이 세 가지 요소를 고려하여 작업 공간을 설계한다. 예를 들어, 구성원들 간의 빠르고 쉬운 상호작용이 가능하도록 작업장을 업무 관련성이 높은 3개 또는 4개 그룹으로 묶어 운영한다. 심지어 직원들이 식사를 기다리며 서로 소통하고 새로운 아이디어와 프로젝트를 구상할 수 있도록 본사 구내식당에서의 대기 시간을 의도적으로 길게 유지한다. 그리고 서로 다른 기능의 직원들 간의 공동 작업에 소요되는 시간도 추적하여 관리하고 있다.

● 성과가 높은 팀의 특징 파악

구글은 고성과 팀의 특징을 파악하기 위해 아리스토텔레스 프로젝트(Project Aristotle)를 수행했다. 이를 위해 180개 팀의 구성원과의 인터뷰 및 관련 자료를 분석하여 성공적인 팀의 특성을 밝혀냈다. 구글이 찾아낸 고성과 조직의 가장 중요한 특징은 바로 심리적 안전감(Psychological Safety)이었다. 즉, 구성원들이 업무와 관련해 자유롭게 의견을 공유하고 심지어 실수를 인정하더라도 불이익을 받지 않을 것이라고 생각하는 팀의 성과가 높았다. 상사의 질책이 두려워 의견을 말하지 못하는 경우 잘못된 상황이나 위기가 감춰져 신속한 대응이 어렵고, 기존 관행을 뛰어넘는 도전적인 혁신이 불가능해지기 때문이다. 구글은 프로젝트를 통해 파악한 베스트 프랙티스를 구성원 코칭 및 교육에 활용함으로써 직원들의 업무 역량을 향상시킬 수 있었다.

구글은 첨단 분석법을 활용한 피플 애널리틱스를 적절히 활용하여 HR 의사결정의 질을 높이고 기업의 경쟁우위를 확보하였다. 분석을 통해 얻은 통찰력을 일상적인 HR 의사결정과 통합하여 기업의 경쟁우위를 확보한 좋은 사례를 만들어 낸 것이다.

HR의 다양한 영역에서 활용 가능

구글의 사례에서 보듯이 기업들은 기존에 제공하지 못했던 새로운 가치를 제공하거나, 관행처럼 해오던 일들을 보다 더 효과적이고 효율적으로 실행하기 위해 피플 애널리틱스를 적극 활용하고 있다. 데이터 기반의 인력 예측 및 적정성 분석, 회사에 필요한 인재의 공정한 선발, 직무 이동 기회 및 경력 경로 추천, 구성원 주도적 학습 실행 지원, 퇴직 리스크 관리, 조직 성과 제고 요인 파악, 리더십 등 조직 문화 관리, 펄스 서베이(Pulse Survey)[6] 등이 그 활용 예라 할 수 있다.

비즈니스 결과와 연계한 사례를 보자.[7] 전 세계적으로 패스트푸드 레스토랑 체인을 운영하는 이 회사는 매출 증가율, 평균 고객 만족도 및 평균 서비스 속도 등 전반적인 비즈니스 성과 개선에 영향을 미치는 사람 관련 요인이 무엇인지 파악하기 위해 피플 애널리틱스를 활용하였다. 의미 있는 결과 도출을 위해 회사는 우선 분석에 필요한 다양한 데이터를 확보해야 했다. 특히, 회사 경영자들은 구성원의 특성 데이터가 매장의 성과 차이를 설명하는 데 중요한 요인이 될 수 있다고 생각했다. 따라서 지금까지 관리하지 않았던 채용자 특성 데이터를 확보하기 위해 심리 전문가와 협력하여 개별 구성원의 성격과 인지 능력을 파악할 수 있는 방안을 마련하였다. 또한 구성원 및 작업 환경 관리와 관련된 데이터도 새롭게 확보하였다. 회사는 작업 현장의 분위기 및 매장의 장기 성과에 가장 많이 영향을 미치는 37개의 관리 방식을

6 구성원들의 직장 경험 관리를 위해 복잡한 질문을 없애고, 매일 또는 매주마다 간단한 질문을 시행하는 방식의 서베이를 의미

7 Using people analytics to drive business performance: A case study, 2017, www.mckinsey.com

[그림 I-2-2] 피플 애널리틱스의 활용 영역 例

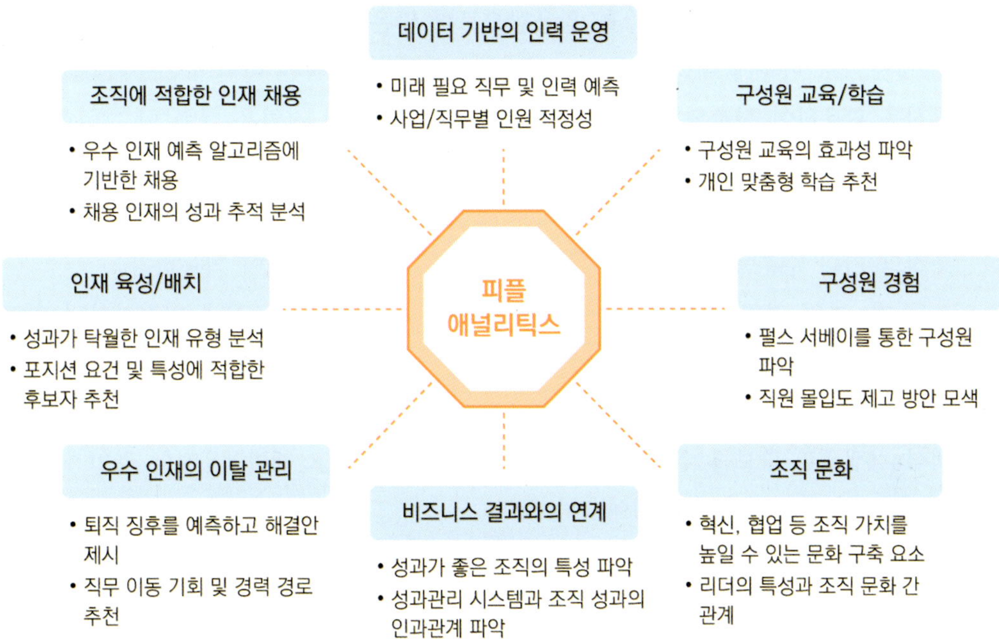

파악하고, 관련 데이터를 축적한 것이다. 동시에 구성원들이 매장에서 하는 행동 및 상호작용 관련 데이터 확보를 위해 센서를 활용하여 직원의 행동과 협업이 이루어지는 행태를 모니터링하였다.

데이터 확보 후 회사는 과거 수년간의 경험을 통해 중요하다고 생각한 100개 이상의 가설을 테스트하였다. 분석 결과, 성격이 우호적인 사람보다는 업무에 충실하고 산만함이 적은 구성원이 성과에 긍정적 영향을 미친다는 사실을 발견하였다. 또한 변동 인센티브의 효과보다는 커리어 개발 및 문화적 규범이 성과에 상대적으로 큰 영향을 미친다는 것을 알게 되었다. 그리고 직원들에게 권한을 부여하고 영감을 주고, 성과를 인정하며, 더 결속력 강한 팀 환경을 조성하는 매장 관리자가 좋은 성과를 이끄는 것으로 나타났다. 이러한 결과를 바탕으로 이 회사는 구성원들에 필요한 행동과 역량을 교육하고, 매장 관리에 적극 활용하였다. 이를 통해 매출이 5% 증가했을 뿐만 아니라 고객 만족도, 서비스 성과 및 전반적인 비즈니스 결과를 획기적으로 개선할 수 있었다.

피플 애널리틱스의 활용 효과

기업들은 피플 애널리틱스를 활용함으로써 많은 효과를 거둘 수 있다.

첫째, HR 이슈에 대한 명확한 진단 및 신속한 대처 방안 마련이 가능하다. AI 솔루션을 활용하여 산출되는 정보의 의미를 파악함으로써 기업은 현행 이슈를 해결할 수 있는 명확한 해결책 모색이 보다 신속하게 이루어질 수 있다. 그리고 이를 통해 HR 활동에 대한 일관된 주제와 메시지를 구성원들에게 전달할 수 있고, 구성원들도 조직의 기대 수준을 명확하게 인식하고 업무에 몰입하는 것이 가능하다.

둘째, 기업 경영진이 중요시하는 비즈니스 전략에 맞춰 조직내 인적자산의 역량을 강화하고 기여도를 높일 수 있다. 즉, '조직 목표 달성을 위해 필요한 가장 중요한 HR 활동은 무엇인가?', '앞으로 무엇을 해야 하는가?'에 대한 의미를 명확히 파악하고 핵심 경쟁우위 확보를 위해 인적자산을 어떻게 확보하고 개발, 유지할 것인가에 대한 보다 구체적 방안의 실행이 가능하다.

[그림 I-2-3] 피플 애널리틱스 활용의 기대 효과

HR 이슈에 대한 명확한 진단 및 솔루션	• AI를 활용, 기업은 현행 이슈의 원인과 이를 해결할 수 있는 해결책을 보다 신속하고 명확하게 분석 • HR 활동에 대한 구성원들이 공감할 수 있는 일관된 주제와 메시지를 전달, 구성원들이 조직의 기대 수준을 명확히 인식하고 몰입하는 것이 가능
비즈니스 성과에 대한 HR 활동 강화	• 기업이 중요시 하는 비즈니스 전략에 맞춰 인적자원의 효과적인 운영 방안 모색, 비즈니스 성과 창출에 기여 - 전략 달성에 필요한 구성원들의 핵심 역량 확보를 위해 인적자산을 어떻게 확보, 개발, 유지할 것인가에 대한 보다 실질적인 방안 인식
조직 특성을 반영한 HR 의사결정	• 데이터에 기반한 분석 및 예측을 통해 기존 직관/관행에 의해 이루어진 HR 의사결정을 보완하고, 문제에 대한 사전 예방을 도모할 수 있음. • 유행하는 제도를 벤치마킹, 베스트 프랙티스 방식으로 무조건 도입하는 것이 아닌, 사전 검증을 통해 해당 조직에 맞는 적절한 제도 도입
HR 데이터 및 모델 관리 역량 제고	• 의사결정에 도움이 될 수 있는 정보 확보, 모델 구축 및 관리 역량 제고 • 데이터 셋의 관리 및 업데이트를 통해 연동된 모델의 성능 업그레이드

셋째, 유행하는 제도나 교육 방식을 벤치마킹, 베스트 프랙티스 방식으로 무조건 도입하는 것이 아니라, 사전 검증을 통해 해당 조직에 맞는 적절한 제도를 도입하는 것이 가능하다.

마지막으로 데이터 활용을 통해 의사결정에 도움이 될 수 있는 정보 확보, 모델 구축 및 관리 역량을 높이는 것이 가능하다.

03 피플 애널리틱스의 실행 단계

피플 애널리틱스 실행의 출발은 이를 담당할 프로젝트 팀을 구성하는 것이다. 팀은 피플 애널리틱스 필요성에 대한 의사소통, 프로젝트 관련 영역에서의 핵심 프로세스 인식, 필요 데이터 확보/분석 등의 역할을 수행하게 된다. 또한 팀 내외의 구성원들과 협의를 통해 프로젝트 계획, 목표, 중요 이정표 등을 설정해야 한다. 결국 팀은 피플 애널리틱스의 설계, 분석, 실행 등 운영 전반에 대한 책임을 가진다. 프로젝트 팀 구성 이후의 피플 애널리틱스 실행 프로세스는 크게 6단계로 구분할 수 있다([그림 I-3-1]).

[그림 I-3-1] 피플 애널리틱스 실행 프로세스

1 HR 개선 영역 탐색	• HR 부문의 현황 및 주요 이슈 파악, 우선적으로 해결이 필요한 영역 도출
2 과제 선정 및 분석 계획 수립	• 우선순위에 근거 수행 과제 선정, 필요한 결과를 도출할 수 있도록 가설에 기반한 분석 프레임워크 설정
3 데이터 수집 및 축적	• 모델 개발에 필요한 데이터 셋을 활용 가능한 형태로 확보
4 모델 개발 및 결과 도출	• AI 학습을 통한 적정 모델 개발 및 결과 도출
5 통찰력 있는 분석 및 해결 과제 도출	• 도출 결과에 기반한 인과관계 분석, 중요 변수 파악 및 문제 해결을 위한 솔루션 도출
6 해결 과제 실행	• 문제 해결을 위한 솔루션을 실행하고 피드백을 통한 지속적 관리

1단계: HR 개선 영역 탐색

피플 애널리틱스 모델 개발 및 실행의 첫 번째 단계는 HR 관련 개선 영역의 탐색 단계이다. 이는 현재의 기업 전략과 HR 프로세스 현황을 이해하고 기업의 전략적 목표 달성에 기여할 수 있는 HR 과제를 도출하는 것이다. 이를 위해 팀은 우선 비즈니스 전략에 대한 이해가 필요하다. 즉, 기업 전략 관련 자료 참조, 비즈니스 및 기능 리더들과 상세 인터뷰 등을 통해 기업 비즈니스 전략의 내용과 목표를 명확히 알아야 하는 것이다. 기업 비즈니스 전략을 효과적으로 파악하기 위한 방법 중 하나는 전략을 크게 전략 방향(Strategic Direction), 전략 동인(Strategic Drive), 핵심 성공요인(Critical Success Factors)으로 구분하여 파악하는 것이다. 전략 방향이 비전 달성을 위해 지향해야 하는 목표라고 한다면, 전략 동인은 이러한 전략 목표 달성을 위해 구체적으로 추구해야 하는 과제이다. 그리고 핵심 성공요인은 도출된 전략 동인을 성공적으로 실행하기 위한 세부 과제라고 말할 수 있다. 예컨대, 전략 방향이 기존 사업에서의 수익율을 담보한 성장이라면, 전략 동인으로는 기존 고객당 평균 매출액 제고, 목표 고객의 적극적인 신규 유치 등을 도출할 수 있다. 그리고 전략 동인 중 하나인 고객당 평균 매출액 제고의 핵심 성공요인으로는 효과적인 고객 관리를 통한

[그림 I-3-2] 전략과 연계한 HR 과제 도출 例

고객 우량화, 세분된 고객 니즈에 맞는 다양한 상품의 적기 개발, 교차 판매율 증대 등을 선정할 수 있다. 이렇게 회사가 지향하고 있는 전략 방향/동인 및 핵심 성공요인에 대한 파악은 HR이 자신의 역할을 성공적으로 수행하기 위해 필요한 과제 도출을 위한 전제인 것이다.

비즈니스 전략에 대한 이해를 통해 회사의 전반적인 가치 창출 과정을 파악하였다면, 이제는 이러한 비즈니스 가치 창출에 HR이 어떻게 연계되었는가를 파악하고 과제 후보군을 도출해야 한다. 즉, 기업에 영향을 미칠 중요한 비즈니스 추세에 효과적으로 대응하고, 우리의 가장 중요한 고객의 기대 및 니즈를 충족시키기 위해 HR은 무엇을 해야 하는가? 기업 성공에 필요한 자원을 활용하는 데 있어 제한 요소는 무엇인가? 미래 비즈니스 성공에 필요한 새로운 역량이 과연 무엇인가? 등에 대해 고민하는 것이다. 그리고 해당 영역이 피플 애널리틱스를 통해 효과적인 분석이 가능하고, 이를 통해 비즈니스 성과 개선에 기여가 가능한가를 검토하여 과제 후보군을 도출하는 것이다.

2단계: 과제 선정 및 분석 계획 수립

둘째 단계는 도출된 후보 과제 중에서 우선순위를 판단해서 수행할 과제를 선정하고, 실행 프레임워크를 수립하는 것이다. 즉, 비즈니스 목표 제고에 HR 활동이 어느 정도 가치가 있는지 등을 파악하여 분석 과제를 결정하고, 어떻게 과제를 진행해 나갈 것인가를 계획하는 것이다. 피플 애널리틱스가 효과적으로 이루어지기 위해서는 첫 번째와 두 번째 단계의 분석이 제대로 이루어져야 한다. 분석해야 할 과제 선정과 분석 방향이 잘못되면 아무리 성능이 좋은 AI라도 제대로 된 결과 도출에 한계가 발생하기 때문이다.

우선순위에 입각한 과제 선정

비즈니스 전략과 피플 애널리틱스 연계를 위해서는 비즈니스 성과를 높일 수 있는 데 가장 큰 기여를 할 수 있는 주제를 찾아내는 것이 중요하다. 이를 위해 HR 부문은 경영진이 사람을 통해 성과를 내는 데 있어서 궁금해하고, 조직 성과 제고에 우선순위가 높은 이슈가 무엇인지 파악하고 선별해야 한다. 이때 피플 애널리틱스를 도입한 초기라면 빠른 시일 내에 성공 체험을 경험할 수 있는 프로젝트를 선정하는 것이 바람직하다. 피플 애널리틱스 도입 후 조기에 성과를 제시하지 못하면 이에 대한 관심이 멀어질 수밖에 없고 결국 도입이 유야무야되기 때문이다.

● 과제의 분석 계획 수립

과제를 선정하였다면 과제를 통해서 얻으려고 하는 것이 무엇인지 그리고 그것을 어떻게 얻을 것이지를 계획하는 분석 프레임워크를 만들어야 한다. 종종 왜 이 과제를 해야 하는지에 대한 깊은 고민을 하지 않고 과제를 선정하는 경우가 있다. 달성하고자 하는 명확한 목표와 아웃풋 이미지에 대한 그림 없이, 단순히 시류에 휩싸여 과제를 선정하고 추진하면 기업 성과 제고에 별로 도움이 되지 않을 가능성이 높다.

분석 프레임워크는 가능한 구체적이고 명확하게 정하는 것이 바람직하다. 특히, 피플 애널리틱스를 통해 얻고자 하는 목표와 효과를 비즈니스 결과와 연계하여 정량적으로 제시할 수 있도록 하는 것이 좋다. 조직에서 자주 언급되고 있는 리더십, 구성원 역량, 팀워크 같은 용어들의 경우, 정의가 모호하고 HR 관점에서의 관리 방법이 명확하지 않은 경우가 많다. 따라서 이를 단순히 향상하겠다는 것만으로는 구체적 효과를 실감하기 어렵다. 그렇기 때문에 구성원 역량 개발 프로그램에 대한 투자 비용이 기업의 장기적 재무 성과에 어떤 영향을 미치는가, 팀성과에 가장 큰 영향을 미치는 리더십 특성은 무엇인가, 리더십 형성에 채용/교육/육성/동기부여 등의 요소들이 어떻게 영향을 미치는가 등이 과제라면, 이러한 프로젝트를 실행한 효과 또는 관련성을 정량적으로 어떻게 하면 보여줄 수 있는가를 고민하여 분석 프레임워크를 설정해야 한다.

목표와 효과 등이 정량적으로 제시될 수 있다면 경영층의 지원과 프로젝트가 원활하게 실행되는 데 필요한 예산을 확보하는 데 도움이 된다. 또한 조직 성과 제고를 위한 HR 운영 전략을 실행 가능하는 데 도움이 되는 보다 구체적인 시사점을 얻을 수 있다. 분석의 범위와 내용 등 분석 프레임워크가 설정되면, 이에 따라 필요한 데이터가 무엇인지 결정해야 한다.

3단계: 데이터 수집 및 축적

셋째 단계는 선정된 피플 애널리틱스 과제의 분석 프레임워크에 따라 필요한 데이터 셋을 활용 가능한 형태로 확보하는 것이다. 예컨대, 우리가 만약 어떤 사람이 채용되는가를 알고 싶다면, 우선 지원자의 채용 여부를 알아야 한다. 그리고 채용에 영향을 미칠 수 있는 교육 수준, 학교, 연령, 학점, 인/적성 검사 점수, 면접 점수, 연령 등 다양한 데이터 목록을 선정하여 확보하는 것이 필요하다. 데이터가 확보되었다면 데이터 전처리(Data Preprocessing)를 통해 데이터의 품질을 확보하는 것이 필요하다. 즉, 보다 정교한 예측 분석 모델을 얻기 위해서 확보된 데이터에서 누락된 부분이나, 아웃라이어(Outlier, 이상치), 또는 데이터 처리에 있어서 가공할 부분은 없는지를 살펴보아야 한다.

피플 애널리틱스 분석이 효과적으로 이루어지기 위해서는 HR뿐만 아니라 재무 지표, 그리고 타 기능 영역의 데이터와 연계한 분석이 필수적이다. 또한 인공지능의 발달로 인해 정형적 데이터뿐만 아니라 비정형 데이터의 활용도 점점 용이해지고 있다. 그렇기 때문에 피플 애널리틱스 프로젝트를 책임지는 사람은 회사 계층 전반에 걸친 각 기능 관계자들과 좋은 네트워크를 구축하고, 그들과 협업하여 다양한 데이터 셋을 확보할 수 있도록 노력해야 한다.

4단계: 모델 개발 및 결과 도출

넷째 단계는 분석 모델을 개발하고 분석 결과를 도출하는 단계이다. 데이터의 특성을 파악한 후에 원하는 답을 얻기 위해서 다양한 알고리즘을 사용하여 모델을 구축하고, 분석/예측 결과를 도출하게 된다. 사실 지금까지 피플 애널리틱스의 대중화를 막는 요소 중 하나가 바로 인공지능 분석 모델 개발이 쉽지 않다는 것이다. 분석과 예측에 필요한 다양한 알고리즘을 개발/활용하는 것이 컴퓨터 사이언스와 코딩에 낯선 HR 담당자들에게는 상당한 부담이 되었던 것이다.

그런데 이제는 본서 사례에서 활용하는 오렌지같이 전반적인 모델 개발의 과정을 위젯으로 할 수 있는 그래픽 기반의 도구가 등장하게 되면서, 자사 상황에 적합한 모델을 개발하고, 모델의 성능을 평가하고, 분석 결과를 도출하는 것이 매우 용이해졌다([그림 I-3-3]). 물론 최적의 모델을 구하기 위해서는 데이터의 특성이나 연관성을 파악하여 어떻게 가공하고, 알고리즘의 실행 조건을 설정할 것인가 대한 많은 고민과 시행착오가 필요하다. 하지만 사례를 직접 해보면, 전체 과정이 예전에 비해 훨씬 간편해지고, 수정 및 반복 과정도 편해졌다는 것을 인식할 수 있을 것이다.

[그림 I-3-3] 오렌지 툴을 활용한 분석 모델 평가 例

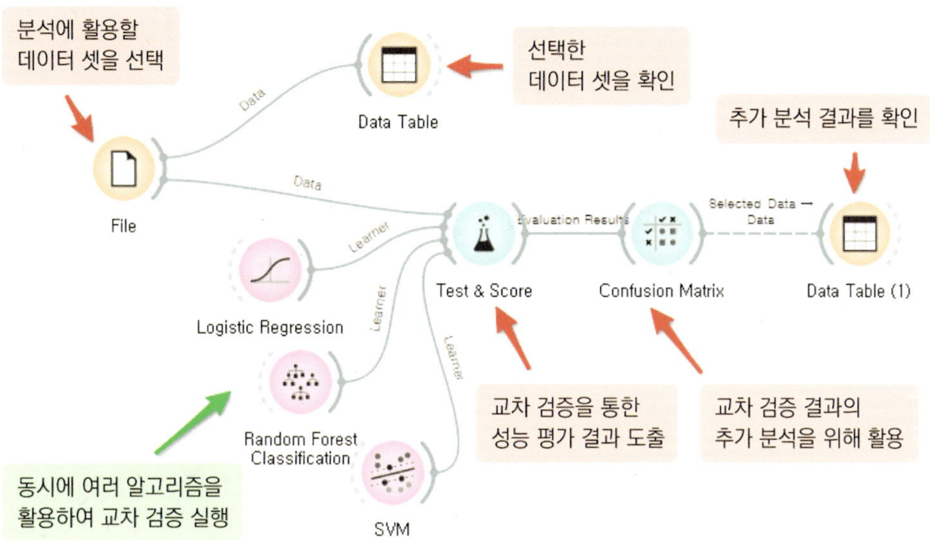

5단계: 통찰력 있는 분석 및 해결 과제 도출

다섯 번째 단계는 나타난 결과를 분석하여 문제 해결의 통찰력을 확보하고 수행과제의 목표 달성에 도움이 되는 실질적인 해결 과제를 만들어 내는 것이다. 분석/예측 결과가 나오면, 피플 애널리틱스 팀은 자신들이 가지고 있던 가설에 기반하여 왜 그런 결과가 도출되었는지, 결과에 중대한 영향을 미친 변수가 무엇인지를 파악하여 미래 HR 변화에 대한 통찰력 있는 시사점을 도출해야 한다. 만약 분석 결과가 통찰력 있는 해석 없이 제시되는 경우, 경영진들은 자신들이 가지고 있는 선입견 또는 편견에 의해 잘못된 결론에 도달할 수 있다. 그리고 과제의 변화 방향성에 부합되는 개선 방향을 정립하고 솔루션 실행을 위한 구체 액션 플랜을 설계해야 한다.

피플 애널리틱스의 본질적 가치는 분석 결과 자체보다는 결과에 기반한 토론을 통한 통찰력 확보, 그리고 이를 바탕으로 문제 해결을 위한 솔루션 도출이라고 말할 수 있다. 통찰력과 솔루션 제시는 스토리텔링에 기반하여 생생하고 설득력 있게 전달해야 한다. 현황, 주요 이슈, 이슈가 발생한 원인, 그리고 솔루션들이 물 흐르듯 연계되어 의사결정에 필요한 핵심 사항들을 보다 분명히 보여주어야 한다. 스토리텔링이 명확하면 의사결정자들을 이해시키고 그들의 지지를 획득하여 솔루션을 실행시키는 것이 용이해진다.

설득력 있는 스토리텔링을 전달하기 위해 중요한 것이 바로 사람에 대한 이해를 바탕으로 정보를 분석하고 과감한 상상력을 활용하여 변화에 대한 새로운 통찰력을 이끌어 낼 수 있는 역량이다. 통찰력 있는 분석을 할 내부 역량이 갖춰지지 않으면, 경영 시류에 휩쓸려버려 엉뚱한 분석 결과를 얻게 될 수 있기 때문이다. HR은 향후 비즈니스 전략 방향과 연계하여 조직의 성과를 높이기 위해 인재 전략을 어떻게 구사해야 되는지에 대한 통찰력을 가져야 한다. 이를 위해 현재 및 미래의 고객/시장 변화가 조직의 인재 확보와 육성 활동과는 어떤 식으로 연관되는가, 미래 사업/제품 개발을 위해 어떤 역량을 강화해야 하는가 등 조직의 주요 HR 이슈에 대해 피플 애널리틱스를 활용하여 분석하고 조직이 바람직한 방향으로 움직일 수 있는 답변을 찾기 위해 지속적으로 노력해야 한다.

6단계: 해결 과제 실행

솔루션이 실행되었다면 실행으로 이어져 성과를 만들어내야 한다. 하지만 실행은 말처럼 쉬운 일은 아니다. 페퍼(Jeffrey Pfeffer)와 서튼(Robert I. Sutton)은 그들의 저서 'Knowing－Doing Gap'에서 전략 실행이 제대로 이루어지지 않는 가장 중요한 원인으로 아직도 많은 기업에서 행동보다 말을 중요시 하고 있다는 것을 지적하였다. 즉, 문제가 생기면 토론하고 결론을 내리며 행동 계획을 세우는 것을 문제 해결로 착각한다는 것이다. 사실 기업에서 실행보다는 문제 분석과 방법 모색에 대부분의 시간을 할애하는 현상은 그리 드문 것은 아니다. 또한 조직내에서도 실제 실행에 옮기는 사람보다 계획을 수립하고 화려한 말로써 이를 제시하는 사람이 높이 평가 받는 경우가 종종 발생한다. 이러한 경우 구성원들은 당연히 실행보다는 계획 수립이나 화려한 프레젠테이션을 중요시할 수밖에 없다. 피플 애널리틱스 역시 분석만 하고 제대로 된 실행은 이루어지지 못하는 우를 범할 수 있다.

많은 조직들이 실행하는 과정 중에 나타나는 문제 중 하나가 바로 실행 과정 중 몇 가지 문제가 도출되면 바로 실행을 멈추고 만다는 것이다. 하지만 창의적 솔루션의 실행 과정에서의 문제점 발생은 자연스러운 것으로 받아들여야 한다. 그리고 발생하는 문제점에서 새로운 통찰력을 확보하여 문제 해결을 위한 해답에 한 걸음 더 다가갈 수 있는 기회로 만들어야 한다. 문제 해결을 위한 실행은 많은 난관에 부딪쳐 어려움을 겪을 수밖에 없다. 하지만 실행이 뒷받침되지 않는다면 성과로 이어질 수 없고, 보다 향상된 분석과 솔루션 도출로 발전할 수 없는 것이다.

PART

02

피플 애널리틱스 실행을 위해 알아야 할 것들

1. 인공지능은 어떻게 일을 하는가?
2. 인공지능이 잘 해결할 수 있는 영역은?
3. 인공지능이 일을 잘했다는 것을 어떻게 알 수 있을까?
4. 인공지능에서 활용하는 알고리즘은?
5. 인공지능 모델의 성능을 어떻게 고도화할까?

01 인공지능은 어떻게 일을 하는가?

인공지능(AI: Artificial Intelligence)은 인간의 학습 능력, 추론 능력, 지각 능력을 인공적으로 구현하려는 컴퓨터 과학의 세부 분야 중 하나이다. 최근 인공지능 기술은 디지털 기술, 빅데이터 등과의 결합을 통해 대량의 데이터를 분석하고 처리하여 의사결정에 도움이 되는 결과물을 신속하게 제공하고 있다. 이를 통해 우리는 지금까지 경험해보지 못한 빠른 속도의 파괴적 기술 혁신과 산업 질서의 대대적 개편이라는 변화의 물결을 맞이하고 있다. 동시에 인공지능은 인간과 비교할 수 없는 빠르고 효율적인 일 처리 속도로 인간의 많은 업무를 대체하고 있으며, 산업 전반의 일하는 방식을 완전히 변화시키고 있다. 그렇다면 인공지능 시대에 HR은 무엇을 해야 할 것인가?

인공지능의 중요성이 커진다 할지라도 대부분의 개인들은 인공지능을 만들 수 없고, 만들 필요가 없다. 급변하는 현 상황에 있어 중요한 것은 인공지능과 함께 일하는 역량을 키우는 것이다. 불과 몇 년 전만 하더라도 HR에서 인공지능을 활용하기 위해서는 거의 아무것도 없는 백지 상태에서 시작해야 했다. 하지만 기술과 서비스가 발달하면서 이제 그런 시대는 끝났다. 본서의 Part 3 사례에서 직접 해보겠지만, 이제는 GUI(Graphic User Interface) 환경에서 마우스 드래그, 드롭, 클릭만으로 원하는 인공지능 모델을 만들어 분석하는 것이 가능하다. 코딩을 전혀 모르더라도, 누구나 인공지능 모델을 손쉽게 만들어 활용할 수 있는 것이다. 이제 피플 애널리틱스를 잘하기 위해서는 코딩을 잘하는 것이 아니라, 비즈니스와 업무 지식에 밝고 문제 해결을 위해 인공지능을 어떻게 활용해야 하는지를 잘 알아야 한다. 우선 인공지능이 어떻게 일을 하는지 살펴보자.

인공지능, 머신러닝, 딥러닝

인공지능에 대해서 이야기할 때, 언제나 함께 거론되는 용어가 바로 머신러닝(Machine Learning)과 딥러닝(Deep Learning)이다. [그림 II-1-1]에 보여지는 바와 같이 인공지능은 가장 넓은 의미의 개념이라고 말할 수 있으며, 그 안에 머신러닝을 포함하고 있다. 그리고 머신러닝의 특별한 존재의 하나로 딥러닝이 있다. 이에 대해 좀 더 자세히 살펴보자.

● 인공지능: 인간의 사고와 행동을 모방

우리가 인공지능에 대해 가지고 있는 일반적인 생각은 영화 '2001 스페이스 오디세이(1968)'의 할(HAL)이나, '터미네이터(1984)'의 사이버넷처럼 스스로 판단하고 행동하는 기계이다. 이처럼 인공지능의 주요 목표는 사람처럼 생각하고 행동할 수 있는 독립적인 기계를 개발하는 것이다. 즉, 데이터, 정보, 인간의 지능을 기계에 부여하고, 이를 통해 인간의 행동을 모방하여 문제 해결을 위한 작업을 수행하도록 하는 것이다. 인공지능이란 용어는 1950년대에 등장하였고 인공지능을 실현하려는 다양한 노력이 있어 왔지만, 오랜 기간 동안 비즈니스 영역에서 그리 각광을 받지 못했

[그림 II-1-1] 인공지능 vs. 머신러닝 vs. 딥러닝[1]

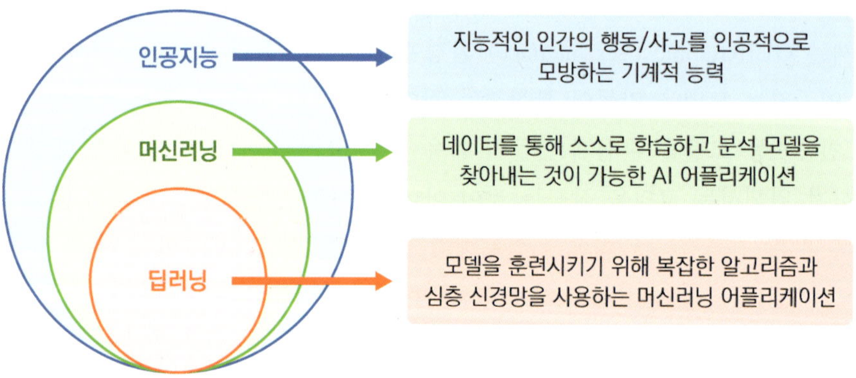

1 Discover the Differences Between AI vs. Machine Learning vs. Deep Learning, https://www.simplilearn.com/tutorials/artificial-intelligence-tutorial/ai-vs-machine-learning-vs-deep-learning

다. 가장 큰 이유 중의 하나가 인공지능에 예외를 포함한 수많은 데이터 입력과 프로그래밍 작업을 사람이 일일이 해야 했기 때문이다. 사실 사람의 머릿속에서 발생 가능한 모든 사례를 생각하고 관련 자료를 만들어 프로그래밍하는 것은 거의 불가능하다. 그래서 1997년 당시 체스 세계 챔피언이었던 러시아의 게리 카스파로프(Garry Kasparov)가 IBM 수퍼 컴퓨터 '딥블루(Deep Blue)'와의 대결에서 패한 후에도 많은 사람들은 체스에 비해 바둑은 경우의 수가 너무 많기 때문에 컴퓨터가 바둑 고수를 이기는 것은 불가능하다고 생각했다. 하지만 이런 생각을 깨트린 것이 바로 머신러닝의 등장이다.

● 머신러닝: 데이터를 스스로 학습하여 분석 모델 도출

머신러닝은 인공지능이 스스로 배운다는 발상에서 만들어진 개념이다. 머신러닝은 규칙 기반 프로그래밍에 의존하지 않고 데이터에서 자기 스스로 학습할 수 있는 알고리즘을 기반으로 작동한다. 즉, 사람이 예외를 포함한 모든 사례를 프로그래밍하지 않아도 일정 규모의 데이터(구조화 및 비구조화)에 액세스할 수 있으면 기계가 학습해서 예측의 정확성을 높일 수 있는 모델을 스스로 찾아낸다. 결국, 머신러닝은 명시적으로 모델을 만드는 것이 어려운 문제를 해결하기 위해 개발된 방법이다. 즉, 머신러닝의 핵심 개념은 공식이나 법칙으로 접근하여 문제를 해결하기 어렵다면 학습 데이터를 이용해 모델을 구한다는 것이다. 그렇기 때문에 학습 데이터가 나쁘면 어떤 머신러닝 기법으로도 원하는 목적을 달성하기가 쉽지 않다. 머신러닝을 활용하는 경우, 실제 현장의 특성을 제대로 반영한 데이터를 확보하는 것이 매우 중요하다.

● 딥러닝: 신경망을 사용한 문제 해결

딥러닝은 인간 뇌의 구조와 기능에서 영감을 받은 알고리즘을 다루는 머신러닝의 하위 집합이다. 딥러닝의 핵심 개념은 기계가 인간의 뇌의 작동 원리를 모방하여 의사결정을 내릴 수 있도록 하는 인공 신경망(Neural Network)에 있다. 즉, 수많은 신경세포가 연결되어 뇌를 구성하는 것처럼 신경망은 뇌의 신경세포에 해당되는 '노드(Node)'라는 작은 요소들을 연결해 만든 네트워크라고 말할 수 있다([그림 II-1-2]).

[그림 II-1-2] 신경망의 계층 구조

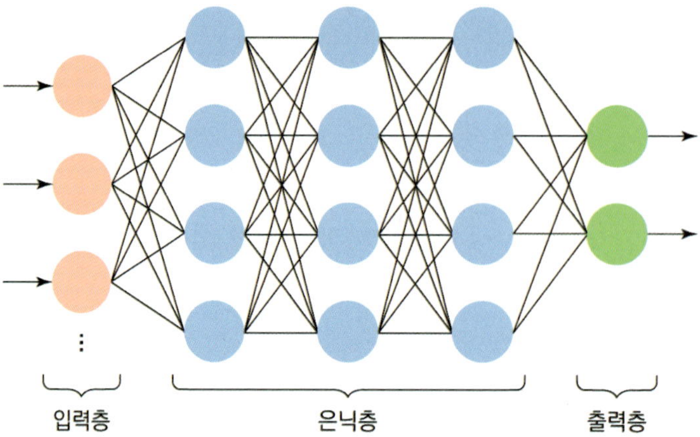

- 입력층(Input Layer): 들어온 신호를 그대로 다음 노드에 전달하는 창구 역할을 한다.
- 은닉층(Hidden Layer): 데이터의 숨겨진 특성을 찾는 데 사용된다. 신경망 외부에서 은닉층의 노드들에 직접 접근할 수 없다.
- 출력층(Output Layer): 예측되는 결과물을 제공한다.
- 연결선: 정보의 흐름이나 중요도를 조절해 주는 가중치를 전달한다.

신경망 중에서 은닉층이 2개 이상인 신경망을 심층 신경망(Deep Neural Network)이라고 한다. 딥러닝은 이러한 심층 신경망을 학습하여 문제 해결 방안을 내놓는다. 딥러닝은 컴퓨터의 처리 속도가 빨라지고 빅데이터의 활용이 가능하게 된 2010년대 중반부터 급속도로 발전하였다. 딥러닝과 머신러닝의 주요 차이점은 데이터가 머신에 표시되는 방식이다. 머신러닝은 주로 통계적 분석을 기반으로 하는 학습법이다. 따라서 머신러닝 알고리즘은 일반적으로 구조화된 데이터를 필요로 한다. 반면, 딥러닝 네트워크는 다양한 정형, 비정형 데이터를 사용하여 최상의 결과를 얻어낼 수 있다. 그렇기 때문에 딥러닝은 이미지/동영상 식별력, 자연 언어/대화 활용, 로봇 등과 같은 물체 제어력 등 기존 머신러닝 방식으로는 해결하기 어려웠던 분야에 있어 인공지능의 능력을 높여 그 활용 범위를 활짝 넓혔다. 하지만 딥러닝은 머신러닝 대비 인프라와 학습 시간 등 투자 비용이 훨씬 많이 소요된다. 그렇기 때문에 달성 성능과 비용을 비교하면서 적절한 기술을 선택하는 것이 필요하다.

현재 인공지능 영역에 있어 그 중심은 머신러닝이라고 할 수 있으며, 그중에서도 딥러닝은 인공지능의 가능성을 더욱 확장시킨 총아라고 할 수 있다.

머신러닝은 어떻게 스스로 학습하는가?

인공지능 분야에서 머신러닝(딥러닝 포함)이 각광을 받고 있는 이유가 스스로 데이터를 학습해서 문제를 해결하기 때문이라고 이야기했다. 그렇다면 머신러닝은 어떻게 스스로 학습을 할까? 머신러닝은 알고리즘을 사용하여 데이터의 특징을 가장 잘 표현해주는 모델을 구하기 위해 학습을 한다. 이러한 머신러닝의 대표적인 학습 방법으로는 지도학습, 비지도학습, 강화학습이 있다.

지도학습: 정답이 제시된 데이터 학습

지도학습(Supervised Learning)은 정답이 주어진 데이터를 학습하여 데이터와 정답 간의 관계성을 분석하는 방법이다. 즉, 데이터를 통해 학습하면서 올바른 답을 낼 수 있도록 스스로를 수정해가면서 찾고자 하는 정답 값에 영향을 미치는 데이터의 특성을 파악하여 수식이나 함수를 만들어낸다. 따라서 학습이 완료되면 목표 값을 예측하는 함수를 가진 인공지능 모델이 구현된다.

예를 들어, 기업은 좋은 인재를 채용하기 위해 가능한 많은 정보를 수집한다. 학교, 학점, 수상 경력, 대외 활동, 자격증, 시험 점수, 인성 검사, 레퍼런스 체크, 면접 정보 등이 여기에 속한다. 기업들은 이러한 정보를 활용하여 최종적으로 채용 여부를 결정한다. 그런데, 어떤 인재가 지원서를 냈을 때 이 인재가 합격할지 아닐지를 기업이 사전에 판단할 수 있을까? 이를 해결할 수 있는 방법이 바로 머신러닝의 지도학습 방법이다. 회사는 과거 지원자의 모든 데이터와 합격 유무에 대한 정보를 가지고 있다. 이러한 데이터와 합격 유무에 대한 정보를 기계에 제공하면, 기계는 합격한 사람들이 가지고 있는 특성을 찾아내어 모델을 구축한다. 그리고 새로운 지원자의 데이터가 주어지면 그 지원자가 채용될지 아닐지를 예측할 수 있게 된다.

최근 솔루션으로 제공되고 있는 '인공지능으로 지원자의 미래 성과를 예측'하는 것도 동일한 원리이다. 즉, 기업에 재직 중인 고성과자와 저성과자를 대상으로 실제

AI 면접을 보게 하고, 여기서 수집한 데이터를 가지고 고성과자와 저성과자를 분류하는 모델을 만들어 면접에 활용하는 것이다. 또는 합격한 사람들 중 몇 년 후 그들의 성과가 고성과자와 저성과자로 나뉘어질 수 있다. 이들의 특성을 기계로 파악하여 채용 시 고성과의 특성을 가진 지원자를 선별하는 것도 가능하다.

일반적으로 지도학습은 일일이 정답을 알려줘야 하기 때문에 라벨링 작업이 된 대량의 학습 데이터가 필요하다. 따라서 모델을 확보하기까지 많은 시간과 노력이 필요하다. 반면에 가장 성능이 확실한 방법이다. 현재 인공지능 시장을 선도하는 자율주행, 로봇, 의료 분야의 인공지능들은 모두 지도학습 신경망 기술에 기초하고 있다. 피플 애널리틱스에서 가장 많이 활용되는 방법도 바로 지도학습이다.

● 비지도학습: 정답이 없는 학습

비지도학습(Unsupervised Learning)은 정답/오답 또는 실제 수치 등과 같은 목표치가 주어지지 않고, 오직 입력 데이터만 이용하여 기계를 학습시키는 방법이다. 비지도학습은 입력된 데이터를 비슷한 그룹으로 묶는 방법을 학습하는 형태로 이루어진다. 따라서 비지도학습은 주로 데이터의 구성 또는 특징을 밝히는 목적으로 사용된다. 즉, 기계가 스스로 해석하여 유사하다고 판단되는 집합을 만드는 것이다. 예컨대, 우리가 온라인 쇼핑을 할 때 추천 아이템 창이 뜨는 것이 바로 비지도학습에 기반한 결과이다. HR 부문에서의 예로는 교육 추천 등을 들 수 있다.

● 강화학습: 도전과 응전이 있는 상황에서 최적의 선택을 모색

영국의 역사학자인 토인비(Arnold Toynbee)는 인류의 역사를 도전과 응전의 과정으로 이야기하였다. 외부의 도전에 효과적으로 응전했던 민족이나 문명은 살아남았지만 그렇지 못한 문명은 소멸했다는 것이다. 강화학습(Reinforcement Learning)은 이러한 도전과 응전의 과정을 거치면서 학습을 하는 특징을 보인다. 즉, 도진과 응전이 있는 동적인 상황에서 목적을 달성할 수 있는 적절한 선택을 반복적으로 실행하기 위해 학습을 하는 것이다.

강화학습은 지도학습과 유사하게 답이 있는 데이터로 학습하지만 그 접근법이 다르다. 컴퓨터 게임의 경우 플레이어가 게임에서 승리하기 위해 어떤 행동을 취하면 이에 대응하여 상대편도 행동을 취하게 된다. 플레이어 간 도전과 응전의 형태에 따라 얼마든지 다른 방향으로 셀 수 없이 다양한 행동 패턴이 나타나게 된다. 이러한 경우 지도학습은 기본적으로 승리하기 위해 필요한 모든 경우의 수를 고려하여 학습 기반을 마련해야 한다. 그런데 이러한 작업 과정은 매우 복잡하고 쉽지 않다. 반면, 강화학습 알고리즘은 플레이어 간의 시시각각 변화하는 상황에 대처하여 가장 적합한 선택을 무수한 시행착오를 거치면서 학습하고, 여러 상황을 조합하여 언제라도 이길 수 있는 답을 스스로 찾는다. 즉, 강화학습은 경험을 통해 스스로 학습을 할 수 있는 것이다. 또한 사용자에게 좋은 도서를 제공하는 것이 목표라면, 비지도학습은 사용자가 읽은 다른 도서들을 보고 사용자의 선호에 맞는 책을 제안할 것이다. 반면, 강화학습은 사용자로부터 도서에 대해 정기적인 피드백을 받고 이에 기반하여 사용자가 좋아할 수 있는 책 정보를 제공하는 과정을 갖는다.

결론적으로 강화학습은 결과로서 가져야 할 바람직한 상태를 목표로, 수많은 케이스의 데이터를 가지고 선택을 반복하고, 결과에 따른 보상과 벌칙(예를 들어, 승/패)을 통해 학습하여 최종적으로 가장 좋은 선택의 조합을 만드는 것이다. 강화학습은 게임처럼 상호 작용의 결과로서 학습을 하거나, 경우의 수가 너무 많아 각각의 경우에 대해 옳고 그름에 대해 사전에 명확하게 기술하기 어려운 문제에 적합한 학습 방법이다. 이러한 강화학습의 강력함은 수많은 바둑 기보를 학습하여 이세돌 기사에게 승리한 알파고에 의해 전 세계에 증명이 되었다.

강화학습은 라벨링이 된 학습 데이터를 따로 준비할 필요가 없어서 지도학습에 비해 수고가 적다는 장점이 있다. 하지만 강화학습은 그 특성상 엄청나게 많은 수의 샘플이나 시뮬레이션이 필요하기 때문에 학습을 완료하는 데 많은 시간이 소요된다. 또한 알파고에 적용되어 큰 관심을 끌었지만, 아직까지 실제 비즈니스 현장에서 의미 있게 적용된 사례가 많지 않다. 하지만 금융, 의료, 개인화 서비스, 로보틱스 등 많은 분야에서 꾸준히 연구되고 있다.

인공지능은 사람보다 더 좋은 의사결정을 하는가?

한 스포츠 채널의 프로야구 승부 예측 프로그램이 관심을 끌었다. '마블이'라는 인공지능과 6명의 야구 전문가들이 매번 다음날 경기의 승부를 예측하는 것이었다. 그런데 2022년 시즌이 끝난 후 예측 적중률을 살펴보니 마블이의 적중률이 가장 낮았다. 이런 결과를 보면 인공지능의 의사결정이 언제나 사람보다 좋지 않을 수 있다는 생각이 든다.

사람과 인공지능의 의사결정과 관련된 흥미 있는 연구 결과가 있다.[2] 미국에서 판사들은 매년 수백만의 범죄 피의자들에 대해 보석을 해줄 것인지 아닌지를 결정해야 한다. 판사들은 피의자가 재판에 참석할 것인지, 보석 기간에 폭력/비폭력 범죄를 저지를 것인지를 예측해야 한다. 이를 위해 판사들은 과거 범죄 기록 등 법적으로 활용이 가능한 자료뿐만 아니라, 법정에서의 태도, 대화 방식, 가족과의 관계, 그리고 문신을 했느냐 안 했느냐 등 추가적인 요소를 고려하여 결정을 한다. 반면, 인공지능의 경우 법적으로 활용이 가능한 변수만을 활용하여 피의자들을 보석해야 할지 아닐지를 결정해야 한다. 아마 야구 전문가들이 마블이보다 적중률이 높았던 것은 마블이가 보지 못하는 다른 요소들을 참고했기 때문일 수 있다. 이러한 관점에서 판사들이 인공지능이 보지 못하는 다양한 자료나 변수들을 활용하여 결정을 내리기 때문에, 보다 좋은 판결을 할 수 있다고 생각할 수 있다. 그런데 결과를 보면 인공지능의 예측 결과가 좋은 것으로 나타났다. 즉, 인공지능이 결정한 것처럼 보석 판결을 내렸다면, 피의자가 재판에 참석하지 않거나 범죄를 저지르는 비율을 낮출 수 있었던 것이다. 아마도 이러한 결과는 판사들이 법적으로 활용할 수 있는 자료가 너무 많고 복잡해 제대로 활용하지 못했거나, 인공지능이 보지 못하는 피의자들의 태도나 모습에 속았기 때문일 수 있다. 여하튼 이제 인공지능은 사람이 더 잘할 수 있다고 생각되는 영역에서도 좋은 성과를 낼 수 있는 것이다.

물론 이러한 결과가 인공지능의 의사결정이 판사보다 뛰어나다는 것을 보여준다고 할 수 없다. 우선 인공지능이 학습한 데이터는 기존 판사들이 판결한 자료를 기반으로 한다. 그렇기 때문에 판사들이 잘못된 결정을 내렸다면 인공지능 역시 잘못된 데이터를 가지고 학습을 하고 적절하지 않은 결정을 할 수밖에 없다. 또한 판사

2 Human Decisions and Machine Predictions, http://www.nber.org/papers/w23180

들은 리스크가 있다는 것을 알면서도 정치적/사회적 이유 때문에 보석을 허용할 수 있다. 인종적 형평성 때문에 일정 부분 보석을 허가하는 경우가 한 예라 할 수 있다.

분명한 것은 향후 인공지능의 성능은 지속적으로 향상될 것이고, 우리는 이를 활용하여 더 나은 의사결정을 할 수 있을 것이라는 점이다. 하지만 이를 위해서는 인간과 기계의 협력이 반드시 필요하다. 인공지능의 성능을 좌우하는 데 필수인 현실을 반영하는 좋은 데이터와 그 데이터에서 현상을 설명하는 특징을 제대로 뽑아낼 수 있는 알고리즘을 만들고 선택하는 것이 바로 사람이기 때문이다. 또한 분석되어 나온 정보를 제대로 판단하여 변화의 흐름을 인식하고, 적절한 대처를 적시에 하기 위해서는 반드시 사람의 창의력과 판단력이 필요하다. 따라서 우리는 인공지능이 우리의 일자리를 없앨 수 있다는 두려움에 사로잡혀 있지 말고, 인공지능이 할 수 없는 영역을 찾아 역량을 키우는 노력을 해야 한다.

02 인공지능이 잘 해결할 수 있는 영역은?

인공지능이 무엇이고, 어떻게 문제를 해결하는지를 이해했다면, 이제는 HR 영역의 어떤 문제 해결을 위해 인공지능을 활용할 것인가에 대해 고민해야 한다. 피플 애널리틱스를 효과적으로 활용하기 위해서는 인공지능이 잘 해결할 수 있는 영역이 어디이고, 그 특성이 무엇인지를 이해해야 한다. 그리고 자신이 해결해야 할 이슈가 어느 영역에 속하는지를 알아야 한다. 그래야 분석 계획을 적절하게 수립할 수 있기 때문이다. 또한 문제 영역에 따라 문제를 해결에 사용하는 인공지능 알고리즘이 다를 수 있다.[3]

일반적으로 인공지능이 강점을 가지고 있는 분석 영역은 회귀(Regression), 분류(Classification), 추천(Recommendation) 등 크게 세 가지로 나눌 수 있다. 회귀와 분류는 지도학습 방식을 이용하고, 추천은 비지도방식을 이용한다.

[표 II-2-1] 인공지능의 활용 영역

	내용	활용 예	학습방법
회귀	변수들 사이에서 나타나는 경향성을 바탕으로 특정 숫자를 예측	• 경력직 사원 채용 시 연봉 예측 • 영업점의 매출 예측 • 중고 자동차 가격의 시세 예측	지도학습
분류	결과를 숫자가 아닌 분류 기준에 따라 대상이 어느 클래스에 속하는지 제시	• 지원자의 합격 예측 • 구성원의 퇴사 가능성 • 특정병에 걸렸는지를 판단	
추천	사용자 데이터의 패턴, 특성 등을 참조, 필요하다고 판단되는 것을 구분하여 제시	• 업무 특성에 따른 교육 과정 추천 • 유튜브 동영상, 쇼핑 물품 추천	비지도학습

3 회귀에 사용되는 가장 기본적인 알고리즘이 선형 리그레션(Linear Regression)이고 분류의 기본 알고리즘은 로지스틱 리그레션(Logistic Regression)이다. 최근에 제공되는 대부분의 알고리즘들은 회귀와 분류 문제에 동시에 사용하는 것이 가능하다.

회귀: 경향성을 바탕으로 특정 값을 예측

회귀(Regression)는 변수들 사이에서 나타나는 경향성을 바탕으로 실제 숫자(Real Number)의 값을 예측하는 것을 의미하며, 정답이 있는 데이터를 활용하는 지도학습 방식을 활용한다. 중고 중고차 가격의 시세 예측, 특정 제품의 수요 예측, 그리고 영업점의 매출을 예측하는 것 등이 회귀 문제의 예라 할 수 있다. 예컨대, 중고 자동차 시세 예측의 경우, 차량 모델, 자동차의 크기, 연식, 사고 유무, 주행 거리, 색상, 옵션 등 중고차 가격에 영향을 미치는 변수들과 기존의 중고차 가격이 주어지면 인공지능은 이들 데이터를 활용하여 학습한다. 그리고 향후 다른 중고차의 변수가 주어지면, 해당 자동차의 가격을 예측할 수 있는 최적의 모델을 도출한다.

영국의 신발 제조업체이자 소매업체인 클락스(C. & J. Clark)는 자사의 운영 매장에서 보다 높은 수익을 올리기 위해서는 매장에서 일하는 구성원들의 몰입도(Engagement)가 중요하다고 판단하였다. 이러한 가설을 증명하기 위해 HR 분석팀은 450개의 매장 데이터를 사용하여 직원 참여와 전체 비즈니스 성과 간의 관계를 파악하였다. 분석 결과, 구성원 몰입도가 1% 증가할 때마다 비즈니스 성과가 0.4%씩 증가한다는 것을 확인할 수 있었다. 회사는 이러한 피플 애널리틱스 결과를 활용하여 최상의 성과를 올리는 매장을 만들기 위하여 최적의 종업원 수 등을 포함한 매장 운영 기준을 만들었다. 그리고 매장 관리 개발 프로그램을 만들어 관리자들이 구성원 몰입도를 효과적으로 높일 수 있는 방안을 제시하였다.[4] 클락스는 구성원 몰입도가 매장 성과에 긍정적인 영향을 미친다는 것을 구체 숫자로 예측함으로써 매장의 성과를 올리는 적절한 조치를 취할 수 있었던 것이다.

분류: 기준에 따라 어느 클래스에 속하는지를 제시

분류(Classification)는 Yes/No 등의 이중 분류 또는 사과, 배, 포도 등과 같은 다중 분류의 기준이 주어졌을 때 데이터를 분석하여 어디에 속하는지를 제시한다. 회귀와 마찬가지로 지도학습을 활용한다. 기존 퇴사자와 퇴사를 하지 않은 구성원들의 특성

4 https://www.epiuse.com/clarks-international-case-study/

데이터를 학습하여 향후 특정 구성원의 퇴사 가능성(한다/안 한다)을 판단하거나, 어떤 사람이 특정 병에 걸렸는지 아닌지를 구별하는 것이 활용 예라 할 수 있다. 또한 메일을 주고 그 메일이 스팸메일인지 아닌지의 값을 주면, 인공지능은 새로운 메일이 들어올 때 이 메일이 스팸인지 아닌지를 판단하는 것도 분류 모델이다. 피플 애널리틱스를 통해 풀어야 할 많은 HR 과제들이 이 분류 문제에 속한다.

예컨대, 어떤 사람이 승진할지 아닐지를 판단하는 모델을 만든다고 하자. 이 경우 우선 과거 승진 대상자들의 이력 데이터가 필요하다. 즉 승진 대상자 개개인별 승진 여부, 그리고 평가, 교육, 리더십 특성 등 승진에 영향을 미치는 데이터를 확보해야 하는 것이다. 확보한 데이터를 주어지면 인공지능 알고리즘은 스스로 데이터를 뒤져보면서 어떤 패턴의 사람들은 승진을 하는지, 그러고 어떤 패턴의 사람은 승진을 하지 못하는지를 자동적으로 파악하여 예측 모델을 만든다. 그러면 모델에 기반하여 향후 대상자의 승진 가능성을 판단할 수 있다.

승진 가능 판단 시스템을 통해 얻을 수 있는 핵심 포인트는 단순히 누가 승진할 수 있느냐보다, 지금까지 승진자와 승진 탈락자를 가르는 중요한 요소가 무엇인가 그리고 그 요소가 적절한 것인가에 대한 시사점을 얻는 것이다. 사실 우리 기업에 있어 승진 시 가장 중요하게 반영되는 요소가 연공으로 나타나는 경우가 종종 있다. 물론 연공이 가지고 있는 장점이 있지만, 지금과 같이 기업을 둘러싸고 있는 환경이 급격하게 변화하고 기업 간 경쟁이 치열해지고 있는 상황에서는 연공 기준이 바람직하지 않은 경우가 대다수이다. 피플 애널리틱스를 통해 결과를 예측하는 것도 중요하지만, 그 보다 중요한 것은 그 과정이 어떻게 이루어졌는지 그리고 그 과정에서 개선 포인트가 없는지를 살펴보고 이슈 해결을 위한 개선책을 마련하고 실행하는 것이다.

추천: 사용자의 특성, 기호와 비슷한 것을 찾아 제시

추천(Recommendation)은 사용자 데이터의 패턴, 특성 등에 기반하여 사용자가 필요하거나 좋아할 만한 것을 찾아 제시한다. 추천은 회귀나 분류와는 달리 정답이 없는 데이터를 비슷한 특징끼리 군집화하는 비지도학습 방식을 사용한다. 추천 알고리즘은 사용자의 취향을 파악하여 사용자 취향에 부합하다고 판단되는 아이템을 추천해 준다. 그렇기 때문에 사용자 친화적 서비스라고 말할 수 있다. 동시에 추천 정보를 받은 사용자가 그 정보에 만족하게 되면 그 아이템을 구매하고 충성 고객이 될 가능성이 높아지기 때문에 기업 친화적 서비스라고도 할 수 있다. 이러한 추천 알고리즘은 고객 자신도 모르는 취향을 찾아내 적절한 아이템을 제시해주는 넷플릭스(Netflix), 유투브(YouTube) 등의 서비스가 호평을 받으면서 관심이 높아졌다. 추천 시스템이 추천을 하는 방식은 크게 콘텐츠 기반 필터링과 협업 필터링의 두 가지로 구분할 수 있다.

[그림 II-2-1] 추천 방식 유형

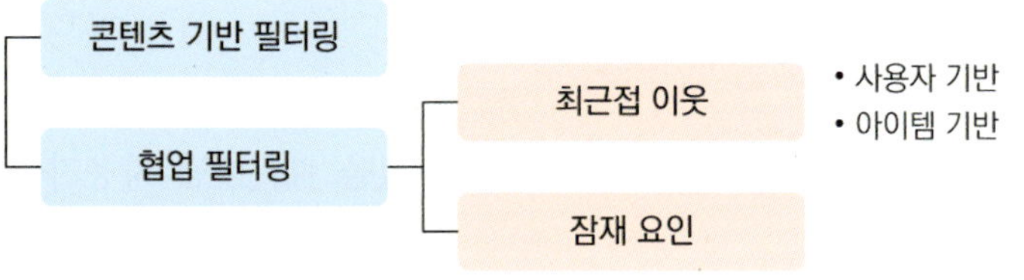

1) 콘텐츠 기반 필터링(Content Based Filtering)

콘텐츠 기반 필터링 방식은 사용자가 특정 아이템을 선호하는 경우 그 아이템과 비슷한 특성의 콘텐츠를 가진 다른 아이템을 추천해주는 방식이다. 즉, 콘텐츠의 자체 정보를 바탕으로 아이템의 유사도를 분석하여 추천한다. 예를 들어, 영화의 경우 장르, 출연 배우, 감독, 흥행 정도, 상영 시간 등 여러 특성으로 콘텐츠를 구성하게 된다. 이때 사용자가 계속 A라는 감독의 영화를 선택하여 본다면, 다른 A감독의 영화를 추천하게 된다. 다른 예로 사용자가 '모바일', '그래픽 카드', '램 메모리'라는 단어가 포함된 웹 페이지를 좋아한다면, 콘텐츠 기반 필터링은 전자 제품과 관련된 페이지를 추천한다.

콘텐츠 기반 필터링은 한 사용자에게 추천을 할 때, 다른 사용자의 데이터 없이 특정 사용자의 데이터만을 가지고 추천의 정확도를 높일 수 있다. 또한 왜 추천을 했는지 설명이 가능하다는 장점이 있다. 하지만 특정 영역에 있어 영화처럼 콘텐츠 정보를 생성하는 것이 쉽지 않다는 문제가 있다.

2) 협업 필터링(Collaborative Filtering)

협업 필터링은 동일한 성향의 사용자 또는 특정 아이템에 대해 같은 성향을 보이는 경우 비슷한 선택을 한다는 가정에 기반한다. 따라서 사용자와 아이템 간의 상호작용 데이터 확보가 중요하다. 사용자와 아이템 간의 상호작용을 알려주는 데이터는 크게 두 가지로 구분된다. 하나는 묵시적 피드백으로 클릭, 검색, 구매 등을 기준으로 사용자의 선호가 기록된다. 또다른 하나는 명시적 피드백으로 아이템에 등급을 매기는 등의 방식으로 선호도를 기록한다. 협업 필터링은 이러한 사용자의 묵시적/명시적 행동 또는 선호도에 따라 많은 양의 데이터를 수집하여 사용자의 취향을 예상한다. 협업 필터링은 최근접 이웃 및 잠재 요인 기반으로 나뉘어진다.

■ 최근접 이웃(Nearest Neighbor)

최근접 이웃 방법은 n개의 데이터가 주어졌을 때, 해당 사용자나 아이템의 가장 가까운 이웃을 찾아 예측 및 분류 작업을 하는 방법이다. 이 방법은 적용하기가 용이한 반면 항목 간의 중요도, 즉 가중치를 고려하지 못한다는 문제가 있다. 최근접 이웃 방식은 크게 사용자 기반과 아이템 기반으로 나눌 수 있다.

- 사용자 기반은 취향이 유사한 사용자들은 좋아하는 아이템도 비슷할 것이라는 가정에 기반한다. 따라서 특정 사용자와 유사한 사용자들을 선정하고, 이들이 선호하는 아이템을 추천하는 방식을 취한다.
- 아이템 기반은 사용자는 일반적으로 자신이 좋아하는 상품과 비슷한 유형의 상품을 좋아한다는 가정에 기반한다. 이 방법은 사용자가 선호하는 상품과 다른 상품의 유사도를 계산하여 예측 점수가 높은 아이템을 추천하는 방식이다.

■ 잠재 요인(Latent Factor)

일반적으로 잠재 변수(Latent Variable)는 의미가 있지만 직접적으로 관찰이나 측정되지 않는 변수이다. 예를 들어, 구성원 몰입이나 사용자 경험은 직접 측정할 수 없다. 따라서 설문 조사 등을 통해 얻은 결과를 바탕으로 이들의 값을 추론한다. 즉, 정량화가 가능한 요소를 사용하여 간접적으로 가치를 추론한다.

잠재 요인을 활용한 예측 모델은 사용자와 아이템의 관계를 수학적 모델링을 통해 잠재적 요인들을 도출함으로써 나타낼 수 있다고 보는 것이다. 즉, '사용자-아이템' 행렬 데이터에 어떤 요인이 잠재되어 있다고 가정하고 행렬 분해를 통해 그 요인들을 찾아내는 방식이다. 사용자-아이템 행렬은 '사용자-잠재요인'과 '아이템-잠재요인' 행렬로 분해할 수 있다. '사용자-잠재 요인' 행렬값과 '아이템-잠재 요인' 행렬값을 이용하여 사용자의 평가하지 않은 콘텐츠의 점수를 예측하여 점수가 높으면 사용자에게 추천을 하게 된다. 잠재 요인은 여러 개일 수 있으며, 문제는 그 요인이 무엇을 의미하는지 우리는 모른다는 것이다.

협업 필터링의 경우 추천할 아이템과 관련된 콘텐츠 정보가 필요하지 않아 정보의 취합이 쉽다는 장점이 있다. 하지만 기본적으로 많은 양의 데이터가 있어야 분석이 가능하기 때문에 데이터가 부족한 초기에는 데이터 부족으로 특정 고객에게 적절한 상품을 추천하지 못하는 콜드 스타트(Cold Start) 문제가 발생할 수 있다. 또한 수많은 아이템 중에서 실 사용자가 평점을 매긴 경우가 많지 않기 때문에 사용자와 아이템간 상호작용에 있어 정보가 빈 경우가 종종 발생한다. 이럴 때 효과적인 추천을 할 수 있느냐 하는 문제가 나타난다. 그렇지만 협업 필터링은 추천 시스템을 설계하는 데 가장 광범위하게 사용된다.

03 인공지능이 일을 잘했다는 것을 어떻게 알 수 있을까?

우리는 회귀, 분류, 추천 등의 분야에서 인공지능을 효과적으로 활용할 수 있다는 것을 알았다. 그렇다면 이제는 인공지능 모델이 일을 잘했는지 잘 못했는지를 평가할 수 있어야 한다. 모델의 성능을 평가해야만 이의 개선을 위해 뭘 할지 고민이 가능하고, 구체 액션을 취할 수 있기 때문이다. 인공지능 모델의 성능을 평가하는 방법은 활용 영역에 따라 다르다. 하나씩 살펴보자.

회귀 모델: 실제치와 예측치의 오차로 평가

회귀 모델에서는 실제 숫자(Real Number)를 예측한다. 그렇기 때문에 실제 숫자를 얼마나 정확하게 예측했는지가 중요하다. 현실의 실체치에 정확히 부합되게 예측하면 최상이지만, 아니라면 가장 가깝게 예측하는 것이 좋다. 따라서 회귀 모델의 성능 평가는 실제치와 예측치를 비교하여 이루어진다. 이때 사용하는 지표들이 MAE, MSE, RMSE 등이다.

● MAE(Mean Absolute Error, 절대 평균 오차)

MAE는 실제치와 예측치 차이의 절댓값을 더한 값의 평균, 즉 오차 절댓값의 합의 평균이다.

$$\text{MAE} = (\sum |\text{실제치} - \text{예측치}|) \div n$$

- 먼저 실제치에서 예측치를 빼서 오차를 구한다.
- 각 오차가 마이너스 값을 가지지 않도록 절댓값을 취한다.
- 오차들의 절댓값을 모두 더해서 합을 구한다.

• 모델 예측치가 평균적으로 얼마나 오차가 발생하는가를 알기 위해 오차의 합을 전체 개수로 나누어 준다.

MAE는 예측하려는 실제치와 같은 단위를 가지고 있고, 오차의 절댓값을 취해 크기를 그대로 반영하기 때문에 직관적으로 이해하기 쉽다. 반면, 다른 지표와 마찬가지로 실제 정답보다 낮게 예측했는지 높게 예측했는지를 파악할 수 없다. MAE는 오차에 따른 손실이 어느 정도 선형적으로 일정하게 올라갈 때 사용하는 것이 적합하다.

MSE(Mean Squared Error, 평균 제곱 오차)

MSE는 실제치와 예측치 차이의 제곱을 더한 값의 평균, 즉 오차 제곱의 합의 평균이다.

$$\text{MSE} = (\sum (\text{실제치} - \text{예측치})^2) \div n$$

• 실제치에서 예측치를 빼서 구한 오차를 제곱한다.
• 오차 제곱의 값을 전부 더해 합을 구한 뒤, 전체 개수로 나누어 평균을 구한다.

MSE는 오차를 제곱하기 때문에 1미만의 오차는 작아지고, 그 이상의 오차는 커진다. 따라서 이상치(Outlier)가 존재하면, MSE값이 기하급수적으로 커진다. 이상치에 의해 발생되는 손실이 큰 경우 사용하는 것이 바람직하다.

RMSE(Root Mean Squared Error, 평균 제곱근 오차)

RMSE는 MSE의 제곱근, 즉 MSE에 루트(Root)를 씌운 값이다.

$$\text{RMSE} = \sqrt{\text{MSE}}$$

MSE에 루트를 씌우기 때문에 오차를 제곱해서 생기는 값의 왜곡이 줄어들고, 실제치와 유사한 단위로 다시 변환되기 때문에 이해가 용이하다. 오차가 큰 값에 가중치가 주어지기 때문에 오차에 의한 손실이 빠르게 커지는 상황도 고려한다. MAE와 MSE 양쪽의 장점을 반영한 지표라 할 수 있다.

분류 모델: 분류 예측을 얼마나 잘했는지를 판단하여 평가

회귀 모델은 결론적으로 실제치와 예측치의 오차를 가지고 성능 평가를 하기 때문에 직관적으로 이해하기 쉽다. 그런데 분류 모델은 다양한 평가지표를 사용하고 개념이 복잡하기 때문에 헷갈리기 쉽고 이해하기도 어렵다. 하지만 분류 모델은 피플 애널리틱스에서 가장 많이 사용하는 방법이므로 이에 대한 평가 방법을 제대로 이해하는 것은 반드시 필요하다. 분류 모델은 예측을 얼마나 잘했는지를 판단하여 평가한다. 주요 지표들을 살펴보자.

● 정확도(Accuracy), 정밀도(Precision), 재현율(Recall)

분류 모델의 성능을 평가하는 데 있어 가장 많이 사용되고 반드시 알아야 하는 지표는 정확도, 정밀도, 재현율이다. 이들 지표를 알기 위해서는 우선 혼동 매트릭스(Confusion Matrix)에 대한 이해가 필요하다. 혼동 매트릭스는 실제 숫자와 예측 숫자를 시각적으로 파악하고 평가지표를 계산하기 위한 표이다([그림 II-3-1]).

[그림 II-3-1] 혼동 매트릭스의 구조[5]

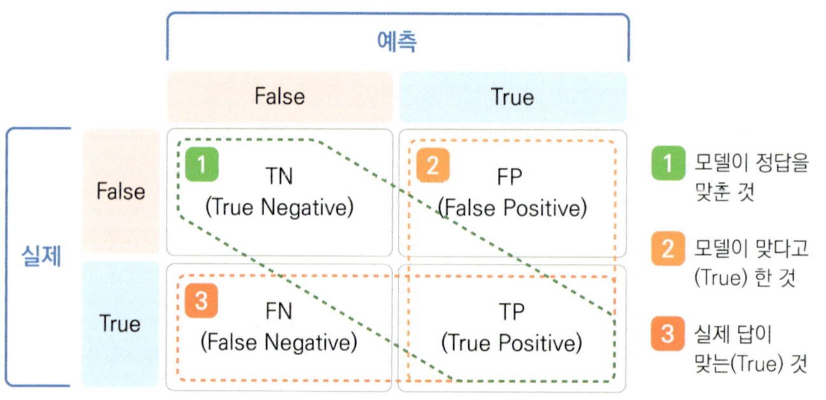

혼동 매트릭스를 구성하는 요소를 살펴보자. 요소의 명칭을 암기하는 것이 쉽지

않다. 먼저 예측자의 입장에서 True라고 예측했는가(Positive) 또는 False라고 예측했는가(Negative)를 생각한다(이름의 뒤쪽에 붙는다). 그리고 앞쪽에는 예측과 실제에서 False와 False 또는 True와 True가 만나면 T, False와 True가 만나면 F가 앞에 붙는다고 암기하자.

- TP(True Positive): True라고 예측했는데 실제 True인 경우(例: 암 환자를 암환자라고 예측)
- TN(True Negative): False라고 예측했는데 실제 False인 경우(例: 암 환자가 아닌 사람을 아니라고 예측)
- FP(False Positive): True라고 예측했는데 실제 False인 경우(例: 암 환자가 아닌 사람을 암환자라고 예측)
- FN(False Negative): False라고 예측했는데 실제 True인 경우(例: 암 환자인 사람을 암환자가 아니라고 예측)

혼동 매트릭스의 구성 요소 중 가장 중요한 것은 우리가 찾으려고 목표한 것을 제대로 예측하여 찾은 'TP'라고 할 수 있다. 'TP'는 분류 모델의 평가지표인 정확도, 정밀도, 재현율 계산에 모두 분자로 들어가며, 특히 정밀도와 재현율 지표의 경우에는 단독으로 분자로 활용된다.

우선 정확도(Accuracy)를 살펴보자. 정확도는 전체 사례 중 실제로 예측을 정확하게 한 비율을 의미한다. 예를 들어, 암환자를 암환자라고 정확하게 예측한 숫자와 아닌 사람을 아니라고 정확하게 예측한 숫자를 더해서 전체 숫자로 나눈 값이다. [그림 II-3-1]에서 점선 ① 영역이 정확도를 구할 때 분자가 된다.

$$정확도 = (TP + TN) \div 전체\ 숫자$$

5 혼동 매트릭스는 예측 및 실제, True 및 False의 위치를 어디에 둘 것인가에 따라 다양한 형태가 존재한다. 그림의 혼동 매트릭스는 사례에서 사용하는 오렌지 소프트웨어에서 제시되는 것과 동일한 형태이다.

데이터의 분포가 정규분포인 경우에는 정확도만으로도 인공지능 모델의 성능을 평가하는 데 큰 문제가 없다. 그런데 데이터가 왜곡되어 있는 경우에는 정확도를 사용하는 데 문제가 발생한다. 예를 들어, 매년 건강검진을 통해 암에 걸렸다고 진단을 받는 사람을 3%라고 가정을 하자. 이 경우 모델이 대상자 모두 암에 걸리지 않았다고 예측을 해도 정확도는 97%이다. 상당히 높은 정확도이지만 사실 아무런 의미가 없는 정보인 것이다. 피플 애널리틱스에서 해결하려는 문제 역시 데이터가 왜곡된 상황에서 예측을 하는 경우가 많다. 이러한 상황에서는 다른 지표를 추가적으로 활용하는 것이 바람직하다.

정밀도(Precision)는 예측한 전체 건수에서 옳게 예측한 건수의 비율을 의미한다. 예컨대, 암이라고 모델이 예측한 전체 숫자 가운데 실제로 암에 걸린 사람의 비율이다. 정밀도를 구할 때에는 [그림 II-3-1]에서 점선 ② 영역을 활용한다.

$$\text{정밀도} = TP \div (TP + FP)$$

재현율(Recall)은 실제 예측해야 하는 대상의 전체 건수에서 옳게 예측한 건수의 비율을 의미한다. 예를 들어, 예측 대상에 있는 전체 암환자 중에서 모델이 올바르게 찾아낸 비율을 의미한다. 재현율을 구할 때는 [그림 II-3-1]에서 점선 ③ 영역을 활용한다. 재현율은 민감도(Sensitivity)라고도 한다.

$$\text{재현율} = TP \div (TP + FN)$$

정밀도를 높이기 위해서는 예측 기준을 높여야 한다. 예측 기준을 높이면 더 정밀하고 깐깐하게 예측을 한다. 따라서 재현율이 낮아질 가능성이 높다. 반면, 재현율을 높이려면 예측 기준을 낮추어야 한다. 그런데 그렇게 되면 정밀도가 낮아지게 된다. 예컨대, 암환자가 아닌 사람도 암환자라고 예측할 확률이 높아진다. 정밀도와 재현율은 상충관계에 있는 것이다. 그렇다면 정밀도와 재현율 중 어느 지표가 더 중요할까?

정밀도와 재현율의 중요성은 상황에 따라 달라질 수 있다. 예측하려는 대상을 전부 찾는 것이 중요하다면 재현율의 가치가 높아진다. 예를 들어, 암에 걸렸는지 아닌지를 건강검진을 통해 확인하고자 하는 경우, 암에 걸린 환자를 하나도 놓치지 않는 것이 중요하다. 따라서 이 경우는 재현율을 중시하면서 정밀도를 높일 방안을 찾는 것이 필요하다. 반면, 공항에서 테러리스트를 찾아내려는 것이 목적인 경우를 살펴보자. 이 경우 모든 테러리스트를 찾아내려고 하면, 테러리스트가 아닌 사람들을 테러리스트로 판별하는 횟수가 많아질 수밖에 없다. 또한 테러리스트로 오인된 사람들을 관리하기 위해 많은 인력과 비용이 소요되고, 테러리스트로 의심받은 사람들은 심하게 항의할 것이다. 무엇보다 공항에서 모든 테러리스트를 찾아낸다는 것은 사실상 거의 불가능에 가깝다. 이렇게 예측하고자 하는 모든 대상자를 찾는 것이 불명확하고, 잘못된 예측으로 인해 나타나는 부작용이 크다고 판단되는 경우에는 정밀도를 중시하면서 재현율을 높이는 방법을 모색해야 한다. 피플 애널리틱스에서 다루는 문제들도 예측 대상을 100% 찾기 어렵고, 다 찾는다고 해서 문제가 해결되는 경우가 거의 없다. 또한 예측이 잘못된 경우 나타나는 비효율성이 높다. 따라서 피플 애널리틱스에서는 정밀도를 중시하면서 재현율을 높이는 방법을 모색하는 것이 보다 바람직하다.

● ROC(Receiver Operating Characteristic) 곡선

ROC 곡선은 모델이 긍정/부정(찾고자 하는 것을 긍정, 아닌 것을 부정)으로 예측했을 때 얼마나 잘 맞히는지를 측정하는 지표이다([그림 II-3-2] 참조). ROC 곡선은 Y축을 True Positive Rate(TPR) 그리고 X축을 False Positive Rate(FPR)로 놓고 그래프를 그린다. TPR은 긍정을 긍정이라고 예측한 비율(例: 암환자를 찾고자 할 때 암환자를 암환자라고 예측한 비율)로 앞에서 언급한 재현율과 동일하다. FPR은 부정을 양성이라고 예측한 비율(例: 암환자가 아닌 사람 중 암환자라고 예측한 비율)이다. [그림 II-3-1]의 혼동 매트릭스에서 FPR은 FP ÷ (FP + TN)으로 계산된다. TPR은 값이 클수록 좋고, FPR은 값이 작을수록 바람직하다.

[그림 II-3-2] ROC 곡선 모습의 例

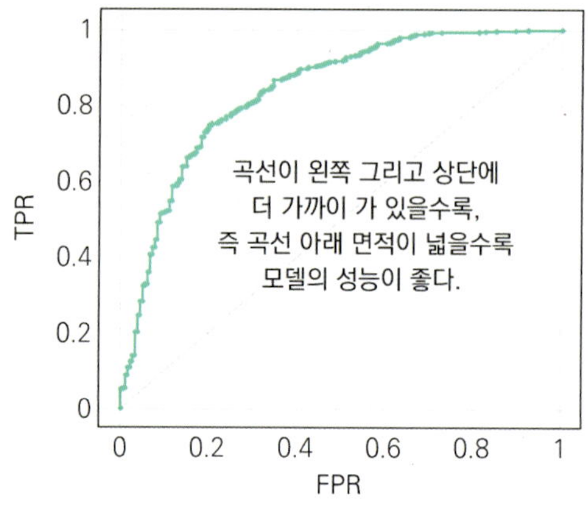

그래프에서 왼쪽 하단의 좌표(0, 0)은 모델이 모두 부정이라고 예측한, 예를 들어 암환자를 찾아야 하는데 암환자가 한 명도 없다고 예측한 경우이다. 오른쪽 상단의 (1, 1)은 모델이 모두 긍정이라고 예측한, 예컨대 환자 모두가 암환자라고 예측한 경우이다. 그리고 왼쪽 상단의 (0, 1)은 아주 정확하게 긍정을 예측한 경우이다. 예를 들어, 암환자를 오차 없이 100% 정확하게 찾아낸 것이다. ROC 곡선은 다양한 분류 임계치(긍정을 판단하는 기준, 0.5가 임계치이면 확률적으로 0.5가 넘으면 긍정으로 판단)에서 TPR과 FPR을 보여준다. 분류 임계치를 낮추면 더 많은 항목이 긍정으로 분류되므로 TPR과 FPR 모두 증가한다.

기억할 것은 ROC 곡선이 왼쪽 그리고 상단으로 더 가까이 가 있을수록 모델의 성능/유용성이 좋다고 판단한다는 것이다. 그런데 ROC 곡선의 모양만을 보고서는 모델의 성능 또는 유용성을 파악하기가 어렵기 때문에, 일반적으로 ROC 분석을 통해 그려지는 곡선 아래의 면적을 계산해서 이를 평가한다. 이 값을 AUC(Area Under Curve)라고 부른다. AUC는 최대 1의 값을 가진다.

추천 모델: 추천을 보여주는 형식에 따라 달라짐

추천 알고리즘이 추천 결과를 보여주는 방식은 크게 두 가지로 구분할 수 있다. 하나는 개별 사용자가 각 아이템에 대하여 몇 점을 줄 것인지를 예측하는 방법이다. 이 방식은 실제 숫자를 예측하는 회귀와 방법이 유사하기 때문에 동일하게 실제치와 예측치의 오차로 평가한다. 사례에서 활용할 오렌지 도구도 추천 모델을 평가하는 값으로 MSE, MSE, RMSE 등을 제시한다.

일반적으로 우리에게 익숙한 추천 아이템을 나열하는 방식의 성능을 평가하는 지표로는 MRR(Mean Reciprocal Rank), MAP(Mean Average Precision), NDCG(Normalized Discounted Cumulative Gain) 등을 활용한다. 짧게 그 내용을 살펴보면, MRR은 사용자가 선호하는 아이템이 리스트 중 어디에 위치해 있는지에 중점을 둔 평가 기법이다. MAP는 추천 항목들의 순서까지 고려한 점수이다. 높은 순위의 항목을 제대로 추천했을 때 얻는 점수가 더 크다. NDCG는 추천 항목들의 순서와 그 평점을 함께 고려한 점수이다. 오렌지에서는 나열 방식의 추천 위젯이 아직 제공되지 않기 때문에 추천 모델의 평가 방법은 이 정도 선에서 이해하고 넘어가자.

04 인공지능에서 활용하는 알고리즘은?

피플 애널리틱스에서 문제를 해결하기 위해서는 알고리즘(Algorithm)이 필요하다. 알고리즘은 주어진 문제를 논리적으로 해결하기 위해 입력된 자료를 토대로 원하는 출력을 유도하여 내는 규칙의 집합이라고 말할 수 있다. 전통적인 알고리즘 프로그램은 사람이 데이터에서 규칙을 찾아서 직접 문제 해결을 위한 절차나 방법을 직접 프로그램으로 작성하였다. 반면 인공지능 알고리즘은 데이터로부터 스스로 규칙을 도출하여 정답을 제시한다. 그렇기 때문에 사람이 규칙을 찾아 프로그램을 작성하기 어려운 다차원적 문제라 할지라도 해결책을 제시할 수 있다.

통계학과의 차이점을 본다면, 통계학은 기존 데이터를 활용하여 현상을 해석하고 가설을 검증하는 데 중점을 두지만, 인공지능 알고리즘은 회귀, 분류, 추천 등의 분야에서 미래를 예측하는 것을 보다 중요시한다. 그렇기 때문에 인공지능 알고리즘을 활용하여 우리는 의사결정에 도움이 되는 보다 의미 있는 정보를 얻을 수 있다. 그렇다면 문제 해결을 위한 인공지능 알고리즘에는 어떠한 것들이 있을까? 오렌지에서 자주 사용하는 알고리즘을 위주로 살펴보자. 여기에 소개되는 알고리즘은 모두 머신러닝 관련 알고리즘이지만, 이해를 돕기 위해 편의적으로 구분을 하였다.

통계학 기반의 알고리즘

우선 전통적인 통계학 기법을 바탕으로 개발된 알고리즘을 살펴보자.

● 선형 리그레션(Linear Regression)

선형 리그레션은 선형 예측 함수를 사용하여 목표변수(종속변수)와 이에 영향을 미치는 설명변수(독립변수) 간의 관계를 모델링하는 기법이다. 하나의 설명변수만이 있는 경우를 단순 선형 리그레션(Simple Linear Regression)이라고 하고, 둘 이상의 설

[그림 II-4-1] 단순 선형 리그레션 例

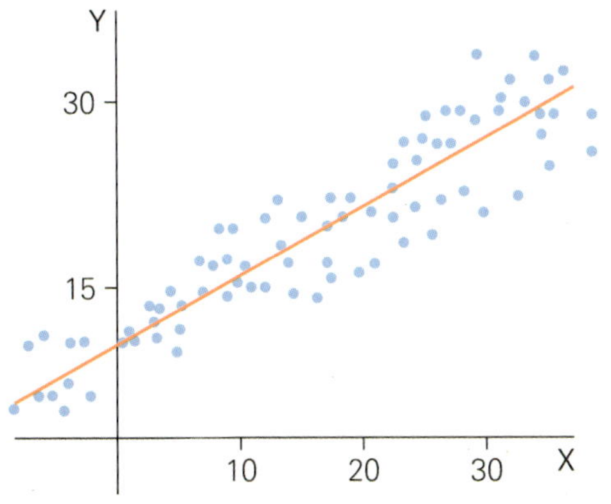

명변수가 존재하는 경우를 다중 선형 리그레션(Multiple Linear Regression)이라고 한다. 선형 리그레션은 19세기 중후반부터 오랜 기간 동안 학문적으로 연구된[6] 분석 방법으로 다양한 분야에 광범위하게 적용되었다. 이는 목표변수와 설명변수 간 관계 추정을 선형적으로 하는 것이 비선형적으로 하는 것보다 용이하고 이해하기 쉽기 때문이다.

선형 리그레션은 목표변수와 설명변수의 관계를 선형적으로 파악하여, 실제치와 예측치의 차이를 제곱한 값의 합이 최소가 되도록 하는 최소제곱법(Least Square Method) 등의 방법을 활용하여 예측 모델을 개발한다. 그리고 이러한 예측 모델을 통해 새로운 설명변수 값이 주어졌을 때 목표변수의 값을 예측한다. 또한 목표변수와 설명변수 간의 관계 강도를 정량적으로 파악하여, 목표변수에 중요한 영향을 미치는 변수와 그렇지 않은 변수를 평가하는 것이 가능하다. 회귀 문제에 적용할 수 있는 가장 기본적인 알고리즘이라고 할 수 있다.

● 로지스틱 리그레션(Logistic Regression)

로지스틱 리그레션은 일반적으로 목표변수가 참 또는 거짓, 예 또는 아니요, 1 또

6 Galton, Pearson, and the Peas: A Brief History of Linear Regression for Statistics Instructors, Jeffrey M. Stanton, Journal of Statistics Education, 2001

는 0 등의 값을 갖는 이항형 문제에 사용하는 예측 기법이다.[7] 로지스틱 리그레션의 목적은 일반적 회귀 분석의 목표와 동일하게 목표변수와 설명변수 간의 관계를 구체적인 함수로 나타내어 향후 활용할 예측 모델에 만들어내는 것이다. 이는 설명변수의 선형 결합으로 목표변수를 설명한다는 관점에서는 선형 리그레션과 유사하다. 하지만 로지스틱 리그레션은 선형 리그레션 분석과는 다르게 목표변수가 범주형 데이터로 구성되어 있으며, 입력 데이터가 주어졌을 때 개별 사례가 분석 결과를 바탕으로 특정 클래스로 나뉘어 구분되기 때문에 이름은 회귀이지만 사실상 분류 문제를 해결하는 데 사용한다.

[그림 II-4-2] 로지스틱 함수의 일반적 모습

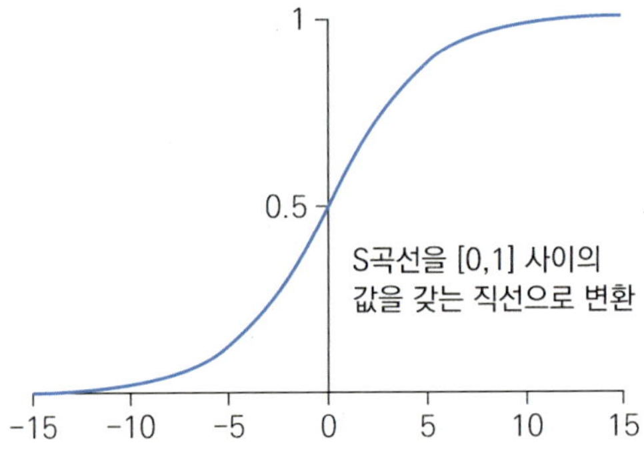

로지스틱 리그레션은 목표변수가 두 가지 값을 갖는 이항형 데이터에 적용하였을 때 목표변수의 결과가 범위[0, 1]로 제한된다. 이때 사용되는 것이 바로 로지스틱 함수(시그모이드(Sigmoid) 함수라고도 한다)이다. 로지스틱 함수는 설명변수가 어느 숫자이든 상관없이 목표변수의 값이 항상 [0, 1] 사이에 있도록 한다. 또 다른 차이점은 목표변수가 이항이기 때문에 조건부 확률(P(y | x): x일 때 y가 발생할 확률)의 분포가 정규분포 대신 이항분포를 따른다는 점이다.[8] 로지스틱 리그레션은 네이터 이상의 식별을 통한 부정/범죄 행위 탐지, 질병 가능성 예측, 이탈 가능 고객 또는 퇴직 가

7 이항형뿐만 아니라, 다항형, 그리고 순서형(다항형인 동시에 순서도 정해져 있음) 등의 유형도 분석 가능하다.

8 https://ko.wikipedia.org/wiki/로지스틱_회귀

능 구성원 분석 등 분류 문제 해결에 사용되는 기본적인 알고리즘이라 할 수 있다.

● 나이브 베이즈(Naive Bayes)

나이브 베이즈는 베이즈 정리(Bayes' Theorem)를 이용해 데이터를 분류하는 알고리즘이다. 18세기 영국의 수학자인 토마스 베이즈(Thomas Bayes)의 이름을 따서 명명된 베이즈 정리는 사전 확률을 바탕으로 조건부 확률이 주어졌을 때 사후 확률을 구하는 방법이다. 불확실성하에서 의사결정 문제를 수학적으로 다룰 때 중요하게 이용된다. 그렇다면 우선 간단한 예시를 통해서 베이즈 정리가 무엇인지 이해해보자.

우리가 가게를 운영한다고 가정했을 때, 가게에 들어오는 손님들 중 과연 누가 물건을 살 것인지 안 살 것인지를 어떻게 알 수 있을까? 이를 유추하기 위해서는 우선 사전 확률을 알아야 한다. 사전 확률은 분석, 경험 또는 주관적으로 설정할 수 있다. 예를 들어 하루에 가게에 입장하는 고객이 100명이라고 가정을 하자. 그런데 분석을 통해 그중 약 20%가 물건을 구입하는 고객이고, 80%는 단순히 물품을 구경하는 윈도우 쇼핑족이라는 사실을 알 수 있었다. 그러면 우리는 구매 고객이 20%이고 윈도우 쇼핑족이 80%라는 사전 확률을 확보할 수 있다. 그런데 구매 고객은 점원에게 말을 걸 확률이 90%이고 말을 걸지 않은 확률이 10%라고 한다. 즉, 구매 고객이 20명이라면 18명이 말을 건다는 것이다. 반면, 윈도우 쇼핑족의 경우 말을 거는 비율이 30%, 말을 걸지 않는 비율이 70%라고 한다. 80명의 윈도우 쇼핑족 중에서 24명이 말을 건다는 것이다. 이러한 조건부 확률이 주어졌을 때, 한 고객이 들어와서

[그림 II-4-3] 베이즈 정리 이해를 위한 例

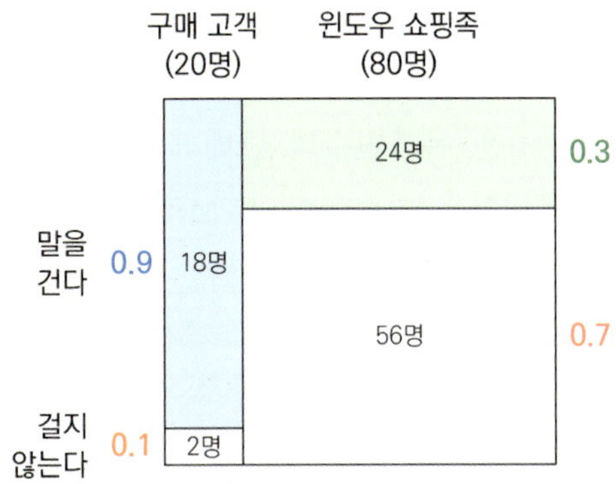

점원에게 말을 걸었다면 이 고객이 물건을 구매할 확률은 얼마나 될까?

이러한 경우 베이즈 정리는 일어나지 않을 가능성은 지워버리고 발생한 사건만을 기준으로 사후 확률을 구한다. 즉, 20명의 구매 고객 중 말을 건 18명, 그리고 80명의 윈도우 쇼핑족 중 말을 건 24명을 사용한다. 따라서 말을 건 고객이 구매 고객일 사후 확률은 {18명 ÷ (18명 + 24명)}으로 계산되며 약 43%이다. 이러한 베이즈 정리는 정보를 얻을수록 예측의 정확도가 올라가는 특징을 보인다.[9]

나이브 베이즈 알고리즘은 이러한 베이즈 정리를 이용하여 주어진 데이터에서 설명변수의 빈도와 값의 조합을 세어 목표변수의 특정 클래스에 속할 확률을 계산한다. 이 알고리즘은 데이터의 모든 변수가 독립적이라고 가정한다. 즉, 모든 설명변수들이 서로 연관성이 없이 독립적으로 목표변수의 특정 클래스에 속할 확률에 기여한다는 것이다. 예를 들어, 고객이 친구와 같이 오거나, 가족과 같이 오거나, 물건을 만져보거나, 특정 브랜드를 문의하거나 등의 사실이 서로 연관되지 않고 동등하고 독립적으로 구매 고객을 판단하는 변수로 활용되는 것이다. 이러한 가정은 현실에서 유효할 가능성이 높지 않다. 하지만 단순한 가정(그렇기 때문에 이름에 순진하다는 뜻의 Naive라는 용어가 들어있음)에도 불구하고 변수가 많은 복잡한 실제 상황에서 잘 작동한다는 평가를 받고 있다.[10]

머신러닝 알고리즘

학습을 통해 알고리즘 스스로 특정 패턴 또는 규칙을 발견함으로써 정확한 예측을 추구하는 머신러닝의 기본 알고리즘을 알아보자.

● 서포트 벡터 머신(Support Vector Machine)

서포트 벡터 머신(SVM)은 목표변수의 클래스 간 사이를 최대화하는 결정 경계(Decision Boundary)를 정의하는 기법이다. SVM의 주요 아이디어는 결정 경계가 두

9 세상에서 가장 쉬운 베이즈통계학 입문, 지상사, 2017

10 Performance Analysis of ANN and Naive Bayes Classification Algorithm for Data Classification, IJISAE, 2019, 7(2), 88-91

클래스의 데이터 포인트에서 가능한 멀리 떨어져 있어야 한다는 것이다. 이때 각 클래스에서 결정 경계와 가장 가까이 있는 데이터 포인트를 서포트 벡터(Support Vector)라고 한다. 그리고 결정 경계와 서포트 벡터 사이의 거리를 마진(Margin)이라고 한다. 그렇기 때문에 예측의 정확도를 높이는 최적의 결정 경계는 서포트 벡터와의 마진을 최대화하는 것이다. 따라서 [그림 II-4-4]에서, 오른쪽이 보다 최적의 결정 경계라는 것을 알 수 있다.[11]

[그림 II-4-4] 결정 경계의 도출 비교

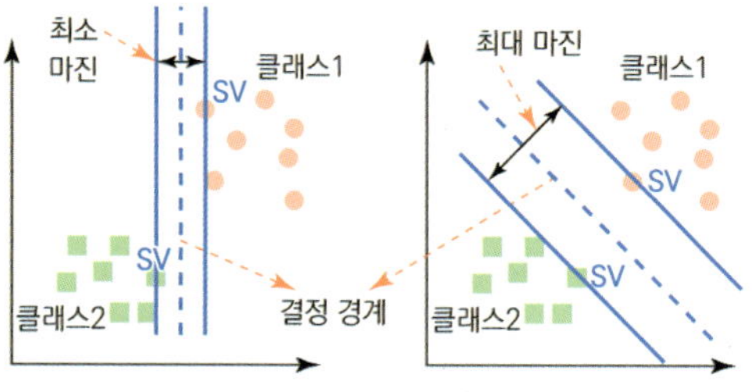

결정 경계의 선정을 시각적으로 인지할 수 있는 범위는 3차원까지이다. 고려해야 할 변수가 늘어나게 되는 고차원 문제에서는 결정 경계도 초평면(Hyperplane)이 된다. 이 경우에도 마찬가지로 서포트 벡터까지의 거리가 가장 큰 초평면을 찾음으로써 가장 최적의 분리가 이루어지게 된다. 한편, 선형으로 분리할 수 없는 데이터 세트가 있는 경우, SVM은 커널(Kernel) 함수를 사용한다. 커널 함수는 저차원 공간에서 고차원 공간으로 데이터를 투영한다. 적절한 커널 함수를 통해 SVM은 더 높은 차원의 공간에서 데이터를 선형적으로 분리할 수 있게 된다.

분류 문제를 해결하기 위해 개발된 SVM은 회귀 문제에도 성공적으로 적용할 수 있다. 회귀 문제 역시 분류 문제와 유사하게 실제치와 예측치의 차이를 최대한 오차 허용률 이내로 하는 결정 경계를 찾아내는 것이 목적이다. 예측 성능을 나타내는 오차는 결정 경계와의 거리로 계산한다. SVM은 딥러닝 등장 이전 머신러닝 분야에서 탁월한 알고리즘 중 하나로 평가받고 있으며, 고차원 데이터에 대한 예측의 정확도가 높은 편이다.

11 V. Kecman, Support Vector Machines–An Introduction, StudFuzz 177, 1–47, 2005

● kNN(k-Nearest Neighbors)

[그림 II-4-5] kNN 알고리즘의 의사결정 방식 例

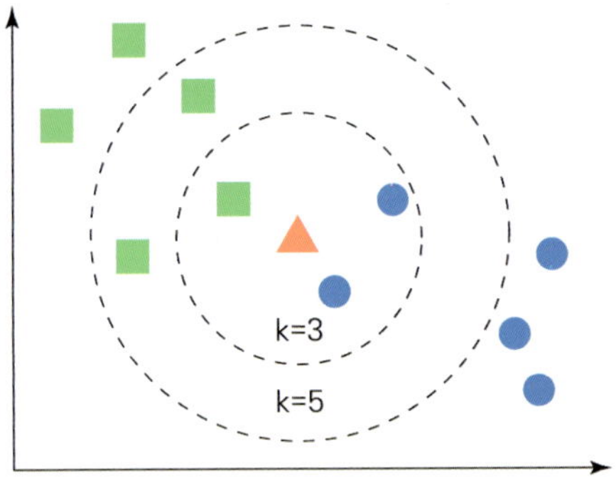

kNN 알고리즘은 주변의 가장 가까운 k개의 데이터 포인트를 보고 해당 데이터 포인트가 속할 그룹을 판단한다. [그림 II-4-5]에서, k = 3이면 세모는 동그라미 클래스에 속한다고 판단하지만 k = 5이면 네모 클래스로 속한다고 판단된다. 그렇기 때문에 kNN에서 가장 먼저 생각해야 하는 것이 k를 몇 개로 할 것이냐 결정하는 것이다. 이는 결론적으로 가능한 k의 값을 모두 테스트해보고, 가장 성능이 높았던 수치를 선택하는 시행착오 방법을 거칠 수밖에 없다. 그리고 k는 확실하게 의사결정이 가능하도록 홀수로 설정하는 것이 좋다. 오렌지에서는 디폴트로 k의 값을 5로, 그리고 거리를 구하는 방식은 유클리디안 거리(Euclidean Distance)로 설정되어 있다.

kNN 알고리즘은 분류뿐만 아니라 회귀에도 사용이 가능하다. 예를 들어, 예측치를 k개 데이터 값의 평균을 이용하는 것이다. kNN은 개념이 간단하기 때문에 이해하기 쉽고 효율적이다. 또한 수치 기반 데이터 분류 작업에서 기능이 우수하다는 평가를 받고 있다.

● 의사결정 트리(Decision Tree)[12]

의사결정 트리는 나무 형태를 모방한 알고리즘으로, 데이터를 내부 기준을 통해

12 오렌지에서는 그냥 Tree라고 표기하고 있다.

연속적으로 작은 데이터 집합으로 나누는 규칙을 도출해 목표변수의 값을 예측하거나 분류하는 기법이다. 기업에서 이슈를 세분화할 때 종종 사용하는 로직 트리도 의사결정 트리의 개념을 응용한 것이다. 의사결정 트리에서 사용되는 주요 용어를 살펴보자.[13]

[그림 II-4-6] 의사결정 트리의 구조

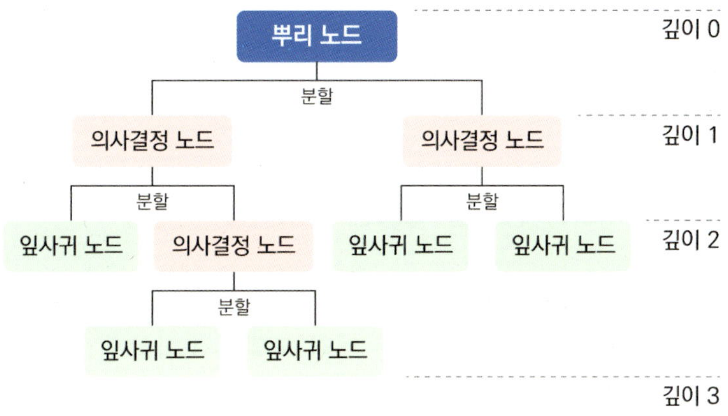

- 뿌리 노드(Root Node): 뿌리 노드는 트리의 시작 부분에 있으며, 분석 중인 데이터의 전체 모집단을 나타낸다. 데이터는 뿌리 노드로부터 다양한 특징에 따라 분할되며, 이러한 하위 그룹은 다시 뿌리 노드 아래의 각 의사결정 노드에서 차례로 분할된다.
- 분할(Spilling): 노드를 두 개 이상의 하위 노드로 나누는 과정을 의미한다.
- 의사결정 노드(Decision Node): 하위 노드가 다시 하위 노드로 분할될 때, 그 노드는 의사결정 노드이다.
- 잎사귀 노드(Leaf Node): 더 이상 분할되지 않는 노드를 말한다. 터미널 노드(Terminal Node)라고도 한다.
- 깊이(Depth): 뿌리 노드부터 잎사귀 노드까지 분할되어진 층의 수를 말한다.

13 https://wiki.pathmind.com/decision-tree

의사결정 트리는 뿌리 노드에서 잎사귀 노드까지 반복적 분할 프로세스를 거쳐 최종 결과를 도출한다. 각 의사결정 노드는 속성에 대한 테스트를 의미하며, 개별 분할은 테스트를 통해 나뉘어진 결과를 나타낸다. 그리고 잎사귀 노드는 분류의 경우 클래스 구분값, 회귀의 경우 특정 숫자 값을 표시한다. 의사결정 트리는 예측/분류 과정이 나무 구조로 표현되어 비교적 쉽게 이해할 수 있다. 하지만 분할 과정이 많아져 깊이가 과하게 되면, 과적합(Overfitting) 현상이 일어날 수 있다. 이 경우 특정 데이터에서는 예측의 정확성이 높지만, 여기서 학습한 내용을 일반화하여 다른 데이터에 적용할 경우 예측의 정확도가 떨어지게 된다. 이러한 문제를 해결하기 위해 앙상블 방식을 활용한 알고리즘이 등장하게 된다.

앙상블(Ensemble) 방법을 활용한 알고리즘

앙상블이라는 단어는 총체적 조화라는 의미를 가진다. 단어의 의미처럼 앙상블 학습(Ensemble Learning)의 주요 목표는 여러 모델을 조화롭게 결합하여 더 나은 결과를 제공하는 솔루션을 찾는 것이다. 즉, 여러 개의 모델을 학습시켜 그 모델들의 예측 결과를 토대로 더 정확한 예측치를 도출하는 모델을 생성하는 방법이다. 앙상블 방식을 활용한 알고리즘을 살펴보기 전에 앙상블 학습 방법의 주요 유형인 배깅과 부스팅에 대해 먼저 알아보자.

- 배깅(Bagging): 전체 데이터에서 임의로 여러 개의 데이터 셋을 도출한 후, 개별 데이터 셋을 기반으로 독립적으로 학습하여 결과를 도출하고, 이 결괏값을 평균 또는 다수결로 판단하여 최종적으로 예측 결과를 만들어낸다.
- 부스팅(Boosting): 예측 성능의 개선 여지가 있는 다수의 약한 분류기(Weak Classifier)를 순차적으로 학습, 잘못 예측한 데이터/분류기에 가중치를 부여하여 오류를 개선해 나간다.

배깅과 부스팅의 주요 차이점은 학습 방법이다. 배깅에서는 약한 분류기가 병렬, 즉 독립적으로 훈련된다. 따라서 학습이 이루어질 때 개별 학습기들이 서로 영향을 미치지 않는다. 그런데 부스팅에서는 약한 분류기들에 대한 학습이 순차적으로 일어난다. 이는 일련의 새로운 모델이 반복적으로 만들어질 때마다 이전 모델에서 문제가 있다고 판단한 데이터의 가중치가 증가한다는 것을 의미한다. 이러한 가중치 변화는 알고리즘 성능을 결정하는 파라미터(가중치와 바이어스)의 값을 개선하는 데 도움이 된다.

배깅과 부스팅의 또 다른 차이점은 그것들이 어떻게 사용되는지에 있다. 예를 들어, 배깅 방법은 일반적으로 높은 분산과 낮은 편향을 보이는 약한 분류기에서 강점이 있는 반면, 부스팅 방법은 낮은 분산과 높은 편향이 관찰될 때 사용하면 효과적이다. 그렇기 때문에 배깅과 부스팅은 실제 적용 분야도 다르다. 배깅은 대출 승인 프로세스와 통계 유전체학(Statistical Genomics)에, 부스팅은 이미지 인식 앱과 검색 엔진에서 더 많이 사용되고 있다.[14]

● 랜덤 포레스트(Random Forest)

[그림 II-4-7] 랜덤 포레스트의 예측 방식

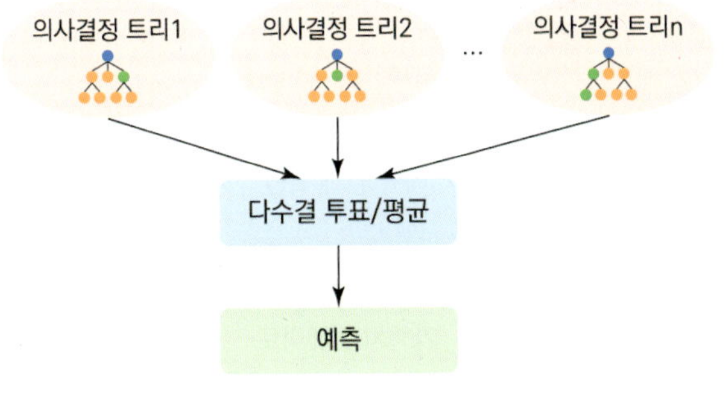

랜덤 포레스트는 이름 그대로 여러 개의 의사결정 트리를 무작위로 만들어서 그 결과들을 결합해 목표변수의 값을 예측하거나 데이터를 분류한다. 즉, 우선 반복/임의적으로 샘플을 도출하는 부트스트랩(Bootstrap) 방식을 이용하여 여러 개의 데이터 셋을 형성한다. 다음으로 도출된 다수의 데이터 셋을 바탕으로 의사결정 트리 알고리즘을 활용하여 예측 결과를 도출한다. 그리고 마지막으로 생성한 n개의 의사결정

14 www.ibm.com/topics/boosting

트리의 결과를 통합하는 배깅(Bagging) 기능을 통해 최종 결과를 산출한다. 예컨대, 회귀 과제는 개별 의사결정 트리의 값을 평균하여 수치를 제시하고, 분류 과제는 가장 많이 나타나는 클래스의 값을 다수결 원칙에 따라 예측치로 산출하는 것이다. 오렌지에서는 디폴트로 10개의 의사결정 트리 생성을 지정하고 있다.

랜덤 포레스트는 상관관계가 없는 여러 개의 의사결정 트리를 활용하여 결론을 내기 때문에 전체 분산 및 예측 오류를 감소시킨다. 따라서 의사결정 트리 알고리즘이 가지고 있는 과적합의 문제를 감소시킨다. 또한 배깅 기능은 데이터의 일부가 누락되었을 경우에도 정확도를 유지할 수 있기 때문에 누락된 값을 추정하는 효과적인 도구가 된다. 랜덤 포레스트는 회귀 및 분류 작업 모두를 높은 정확도로 처리할 수 있기 때문에 데이터 과학자들 사이에서 인기 있는 방법이다.

에이다부스트(Adaboost)

[그림 II-4-8] 에이다부스트의 예측 단계

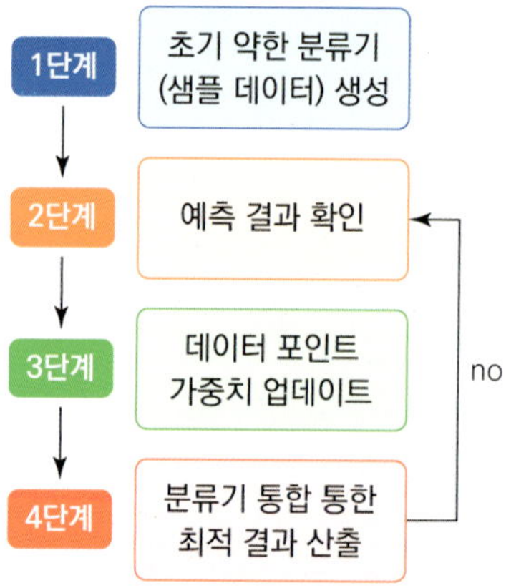

에이다부스트 알고리즘은 'Adaptive Boosting'의 줄임말로 이름에서 알 수 있듯이 부스팅 방법을 통해 보다 나은 모델을 만들어내는 방법이다. 응용 분야에서 성공을 거둔 최초의 부스팅 알고리즘이다. 에이다부스트는 예측이 잘 맞지 않는 데이터 포인트를 반복적으로 식별하고, 학습 오류를 최소화하기 위해 가중치를 조정한다. 모형이 가장 적절한 예측치를 산출하거나 또는 미리 정해진 회차까지 순차적인 방식으

로 최적화를 계속해 나간다. 최적화 단계를 정리하면 아래와 같다.[15]

- 1단계: 주어진 학습 데이터에서 첫 번째 약한 분류기(샘플 데이터)를 생성한다. 이때 모든 데이터 포인트에는 동일한 가중치가 부여된다.
- 2단계: 각 변수에 대해 의사결정 원칙을 설정하고 각 원칙에 의해 현재 샘플 데이터에서 얼마나 효과적으로 예측을 했는지를 점검한다.
- 3단계: 예측을 제대로 하지 못한 데이터 포인트에 가중치를 설정함으로써 다음 의사결정 단계에서는 제대로 된 예측이 이루어질 수 있도록 한다. 또한 분류기에도 가중치를 부여하는데 정확도가 높은 분류기에 높은 가중치를 부여한다.
- 4단계: 더 이상 개선이 이루어지지 않는 최적의 결과가 산출되거나 사전에 정해진 반복 횟수에 도달될 때가지 2단계부터 다시 반복하여 시작한다.

에이다부스트 알고리즘은 약한 분류기의 오류를 통해 가중치를 반복적으로 수정하고 결합하여 정확도를 높일 수 있으며, 데이터 학습을 할 때 과적합 현상이 낮게 발생하여 예측 성능을 저하시키지 않는다는 장점이 있다.

그래디언트 부스팅(Gradient Boosting)

그래디언트 부스팅은 'Gradient Descent(경사 하강법)'과 'Boosting'의 이름을 결합한 것이다. 경사 하강은 문자 그대로 경사면을 내려가서 그 표면의 가장 낮은 지점에 도달하는 것을 의미한다. 따라서 경사 하강법은 함수의 기울기를 구하고 계속 기울기가 줄어드는 방향으로 이동시키는 과정을 통해 최소의 오차를 갖는 파라미터 값을 찾는 방법이다. 즉, 함수의 기울기를 이용해 파라미터의 값을 어디로 옮겼을 때 오차함수의 값이 최소회가 되는지를 알아보는 방법이다.

그래디언트 부스팅은 약한 분류기에서 경사 하강법을 사용하여 오차를 구한 후, 부스팅 기법을 이용하여 손실 함수를 최소화하기 위해 순차적으로 오류를 수정하는 방식을 취한다. 에이다부스트가 데이터 포인트의 가중치를 변경한다면, 그래디언트 부스팅은 새로운 분류기가 이전 분류기가 생성한 잔류 오차에 대해 학습한다. 그리

15 https://blog.paperspace.com/adaboost-optimizer/

고 이를 통해 경사 하강법을 이용하여 오차함수를 최소화하는 파라미터를 찾는 방향으로 분류기들을 순차적으로 결합한다. 에이다부스트가 데이터를 개선한다면, 그래디언트 부스팅은 모델 자체를 개선한다고 할 수 있다. 그래디언트 부스팅은 머신러닝 알고리즘 중에서 예측 성능이 높다고 평가받고 있다.

딥러닝 관련 알고리즘

딥러닝은 인간의 뇌의 구조와 기능에서 영감을 받은 알고리즘을 다룬다. 딥러닝과 관련된 알고리즘을 살펴보자.

● SGD(확률적 경사 하강법; Stochastic Gradient Descent)

신경망의 학습은 주어진 학습 데이터로부터 계산되는 오차함수를 신경망의 파라미터를 통해 최소화하는 과정이다. SGD는 샘플의 일부, 극단적으로는 샘플 하나만을 사용하여 파라미터를 업데이트하는 알고리즘이다. SGD는 하나의 샘플 n에 대해 경사 하강법으로 오차함수의 기울기를 계산하여 파라미터를 업데이트한다. 다음의 파라미터를 업데이트할 때에는 다른 샘플을 선택하여, 같은 방법으로 오차함수의 기울기를 계산하여 파라미터를 업데이트한다. 이렇게 샘플을 매번 다르게 추출하여 파라미터를 업데이트한다.

심층 인공신경망을 학습시키는 데 부스팅 방식의 경사 하강법보다 SGD를 많이 쓰는데 이는 SGD가 다음과 같은 장점을 가지고 있기 때문이다.[16]

- 각 반복에서 전체 데이터 셋에서 하나의 샘플을 무작위로 선택하기 때문에 계산이 크게 줄어들고 학습이 빨리 진행된다.
- 부스팅 방법은 오차함수가 언제나 동일하기 때문에 바람직하지 않은 로컬 극소점(Local Minimum)[17]에 갇히게 되면 빠져나오기가 쉽지 않다. 하지만 SGD는 오

16 딥러닝 제대로 시작하기, 오키니티 카카유키, 제이펍, 2016

17 오차함수는 일반적으로 볼록함수가 아니므로 글로벌 극소점(Global Minimum)을 구하는 것이 불가능하다. 따라서 로컬 극소점을 구하는데, 이러한 로컬 극소점은 보통 여러 개 존재한다.

차함수가 파라미터를 업데이트할 때마다 달라지기 때문에 그런 위험성이 적다.

SGD의 장점과 부스팅 방법의 장점 간의 균형을 맞추기 위해 샘플 한 개 단위가 아니라 몇 개의 샘플을 하나의 작은 집합 단위로 가중치를 업데이트하는 방법을 사용하기도 한다. 이렇게 복수의 샘플을 묶는 작은 집합을 미니배치(Minibatch)라고 한다. SGD는 신경망의 기초를 형성하는 알고리즘이라 할 수 있다.

[그림 II-4-9] 신경망의 구조

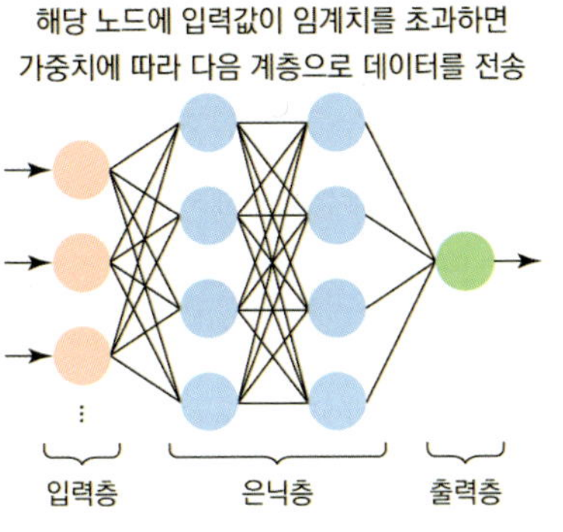

신경망(Neural Network)

신경망은 뇌의 신경세포에 해당되는 '노드(Node)'라는 작은 요소들을 연결해 만든 네트워크라고 말할 수 있다. 신경망은 음의 무한대에서 양의 무한대까지의 값을 나타내는 시그모이드(Sigmoid) 뉴런을 주로 활용하기 때문에 기술적으로 퍼셉트론(Perceptron)으로 정의한다. 퍼셉트론은 뉴런 내에서 여러 입력값들이 신경 자극을 중계하는 덴드라이트(Dendrite)에 도착하면 하나의 신호로 통합하고, 임의의 임계치를 넘어가면 액손(Axon)을 통해 신경말단으로 전달하는 메커니즘을 의미한다. 마찬가지로 신경망에서도 개별 노드에 입력된 값이 임계치를 초과하면 해당 노드가 활성화되어 네트워크 다음 계층으로 데이터를 전송한다. 오렌지에서 제공하는 Neural Network 위젯은 선형과 비선형 모델을 모두 학습할 수 있는 퍼셉트론 알고리즘을 사용한다. 그리고 가중치 최적화 도구로는 SGD 기반의 최적화 도구인 Adam을 디폴트로 설정하고 있다(SGD를 선택하는 것도 가능하다).

신경망은 딥러닝 수행을 위한 알고리즘으로 여러 은닉층(Hidden Layer)을 갖는다. 각각의 은닉층은 자산만의 활성화 기능을 가지고 있으며, 잠재적으로 이전 계층의 정보를 다음 계층으로 전달한다. 은닉층의 모든 출력이 완료되면, 신경망의 최종 결과가 출력된다. 신경망은 레이블링(Labeling)된 데이터 세트를 반드시 필요로 하지 않는 등 데이터의 활용 범위가 넓다. 즉, 텍스트나 이미지 같은 원시 형태의 비정형 데이터를 수집할 수 있으며, '사과', '배', '바나나' 등을 서로 구별하는 방법을 스스로 학습하여 결정할 수 있다. 데이터의 패턴을 관찰함으로써 신경망 알고리즘은 적절하게 입력된 데이터를 클러스터링(Clustering)할 수 있는 것이다. 따라서 신경망은 데이터와 변수가 많은 복잡한 문제 해결에 활용될 경우 좋은 결과를 산출한다.[18]

여기서 소개된 알고리즘은 대부분 지도학습 방식으로 분류와 회귀 문제에 사용되는 것들이다. 이는 피플 애널리틱스를 포함한 인공지능의 경영 관련 이슈가 대부분 지도학습 방식의 분류, 회귀 영역에 속하기 때문이다. 또한 비지도학습의 주요 주제인 추천의 경우 오렌지는 별도의 카테고리를 제공한다. 이에 대해서는 Part 3의 사례 부문에서 살펴볼 것이다. 한편, 알고리즘의 원리와 깊은 이해를 위해서는 고도의 수학과 통계학적 지식이 기반이 되어야 하는데, 이러한 지식은 단기간에 확보하기가 쉽지 않다. 피플 애널리틱스를 실행하는 데 있어 중요한 것은 알고리즘의 특징과 차이점을 제대로 이해하고 활용하는 것이다. 그리고 지속적으로 알고리즘의 특성과 효과적 활용 방법에 대한 이해의 폭을 넓혀 나가야 한다.

18 https://www.ibm.com/cloud/blog/ai-vs-machine-learning-vs-deep-learning-vs-neural-networks

05 인공지능 모델의 성능을 어떻게 고도화할까?

톰 크루즈가 주연한 영화 '마이너리티 리포트(Minority Report, 2002)'는 범죄가 일어날 시간과 장소, 범행을 저지를 사람을 미리 예측해 내는 시스템을 만들어 범죄 없는 세상을 만들어 가려는 미래를 배경으로 하고 있다. 영화에서는 3명의 예언자들이 미리 본 범죄 예고 영상을 분석해, 범죄를 저지를 사람을 미리 체포해 버림으로써 범죄의 발생 가능성을 아예 봉쇄하고 있다. 영화에서 보이는 예언자들의 예측 능력은 한치의 오차도 없이 거의 완벽에 가깝다 해도 과언이 아니다.

우리는 인공지능을 활용한 피플 애널리틱스 모델을 만들면서 영화와 같지는 않더라도, 상당히 높은 수준의 정확도를 가진 예측 모델이 만들어지기를 기대한다. 그런데 실제 피플 애널리틱스 모델을 만들어 성능을 테스트해보면, 기대했던 성능에 미치지 못하는 경우가 많다. 과거의 데이터를 통해 미래를 예측하는 데 있어 많은 한계가 발생하기 때문이다. 완벽한 예측 시스템을 만드는 것은 결코 쉽지 않다. 심지어 영화에서도 예언자들을 활용한 예측 시스템에 문제가 있다고 판단하여 이를 폐지한다.

우리가 인공지능을 활용한 모델을 만든다는 것은 현재 현상을 설명해주는 적절한 패턴을 효과적으로 찾는다는 것을 의미한다. 그리고 모델의 성능을 높이는 고도화를 한다는 것은 예측 오차를 줄이는 방향으로 패턴을 찾는 성능을 개선하겠다는 것이다. 그런데 인공지능 모델을 구성하는 주요 요소를 살펴보면 하나는 분석의 재료가 되는 데이터이고, 또 다른 하나는 논리적인 규칙과 원칙 하에 데이터를 분석하여 적절한 패턴을 찾아 결과를 도출해내는 알고리즘이다. 결국 인공지능 예측 모델의 성능 고도화는 데이터와 알고리즘을 개선하는 것이라 할 수 있다.

데이터 개선을 통한 고도화

데이터를 통한 모델 고도화의 기본은 목표변수를 잘 예측해주는 데이터를 찾아내는 것이다. 이러한 데이터를 확보할 수 있다면 예측의 구부능선을 넘은 것이다. 하지만 많은 경우 예측 목적에 적합한 데이터를 꼭 집어 확보하기는 어렵다. 또한 실제 분석에 활용하기 전까지는 예측 적합도가 높은 데이터라는 것을 파악하기 어렵다. 그렇기 때문에 적절한 데이터를 새로 찾는 노력 못지않게, 현재 확보한 데이터가 예측에 필요한 패턴을 좀 더 잘 드러낼 수 있도록 데이터를 가다듬는 노력이 필요하다. 데이터를 가다듬는 방법은 결측값, 아웃라이어 등의 처리를 통해 데이터를 분석하기 좋은 형태로 만드는 데이터 정제(Data Cleansing), 그리고 목표변수를 가장 잘 설명할 수 있는 속성을 가진 변수를 선택하는 피처 엔지니어링(Feature Engineering, 변수 가공)으로 구분할 수 있다. 때로는 이 둘을 합해 피처 엔지니어링이라고 하기도 한다. 그리고 분석전에 데이터를 가다듬는 과정을 데이터 전처리(Data Preprocessing)라고 한다. “Garbage in, garbage out”이라는 정보 시스템 분야의 오래된 격언처럼 데이터 품질은 모델 성능에 가장 중요한 영향을 미치는 요소이다. 확보한 데이터를 통해 모델 성능을 개선하는 주요 방법을 알아보자.

● 결측값(Missing Value)

데이터를 다루는 데 있어 자주 접하는 문제가 바로 결측값 처리이다. 어떤 경우에는 결측값 자체가 의미를 가지는 경우가 있지만, 실제 현상에서는 그럴 가능성이 높지 않다. 결측값의 비율이 높지 않다면 큰 문제가 없을 수 있다. 하지만 많은 경우 결측값의 발생은 모델을 편향되게 이끌어 모델의 적합성과 설명력을 떨어뜨릴 수 있다. 따라서 가능한 결측값을 처리하는 것이 바람직하다.

[그림 II-5-1] 결측값 처리에 사용하는 Impute 위젯

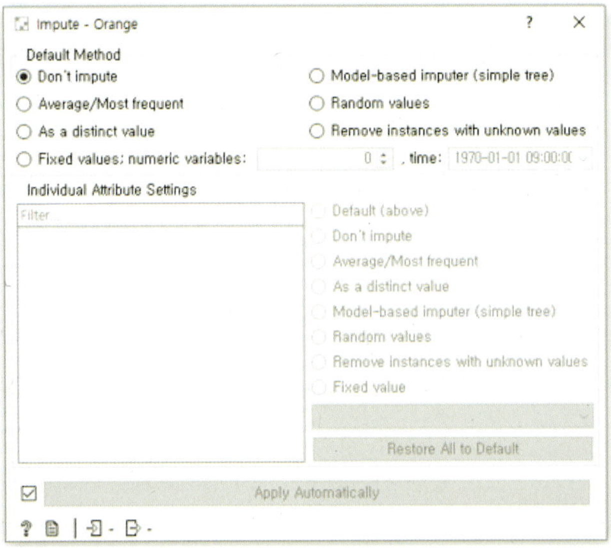

결측값이 발생한 경우, 우리는 맥락을 고려하여 왜 결측이 발행하였는지에 대한 원인을 파악하고, 산포도나 히스토그램 같은 그래픽 툴을 통해 데이터의 특성을 살펴봐야 한다. 일반적으로 목표변수는 결측값이 발생하면 관련 케이스를 삭제하고, 설명변수들은 적절한 값으로 대체한다. 오렌지에서는 결측값을 용이하게 처리할 수 있도록 Impute 위젯을 제공한다([그림 II-5-1]). 이 위젯을 사용하여 우리는 결측값을 평균/최빈값, 빈도를 고려한 임의적인 값, 특정 수치나 클래스 값, 결측값을 갖는 케이스를 분석 사례에서 제거하는 것이 가능하다. 결측값 처리를 위해 어떤 방법을 선택하느냐 하는 것은 결국 분석하는 사람이 전체 상황을 고려하여 결정해야 한다.

[그림 II-5-2] Outliers 위젯

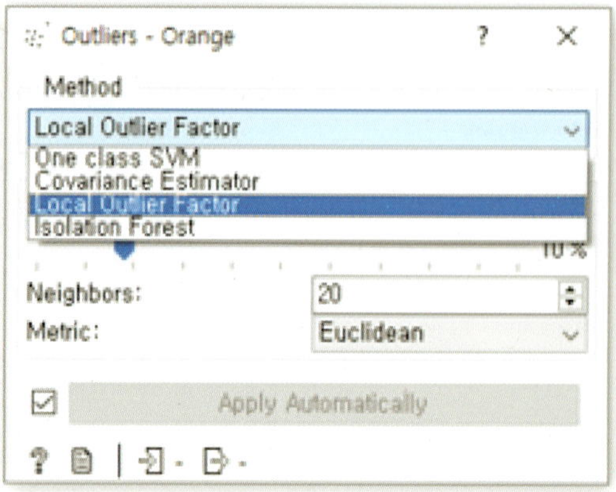

● 아웃라이어(Outlier, 이상치)

아웃라이어는 일반적인 데이터들이 가지고 있는 패턴 또는 값과 완전히 다른 비정상적인 형태의 극단적인 패턴/값을 보이는 데이터 포인트들이다. 대부분의 알고리즘은 이러한 아웃라이어에 민감하게 반응한다. 따라서 의사결정을 위한 모델링을 할 때 이러한 아웃라이어는 의사결정 결과에 큰 영향을 미칠 수 있다. 특히 예측 오차가 큰 경우에는 데이터 전처리 과정에서 아웃라이어를 적절하게 처리하는 것이 바람직하다. 그리고 아웃라이어가 발생한 원인을 파악하고 대처 방안을 마련해야 한다. 오렌지에서는 아웃라이어 처리를 할 수 있도록 Outliers 위젯을 제공하고 있다. [그림 II-5-2]에서 보듯이 이 위젯은 아웃라이어를 감지할 수 있는 4가지 방법을 제공하고 있으며, 선택한 방법에 따라 아웃라이어가 감지되면 해당 케이스를 제외하고 분석을 할 수 있도록 해준다. 물론 아웃라이어로 선택된 케이스들도 따로 살펴볼 수 있다.

● 데이터 정규화(Normalization)

데이터를 분석할 때 사용하는 변수의 단위는 매우 다양하다. 금액으로 표시되는 경우도 있고, 거리, 시간, 무게 등의 단위를 사용하는 경우도 있다. 또 어떤 경우에는 동일 단위라도 측정 기준이 다른 경우가 있다. 예컨대 토플 만점이 120점이고 토익 만점이 990점인 상황에서, 토익 300점이 토플 100점보다 좋은 점수라고 절대 말할 수 없다. 그렇지만 그대로 놔두면 토익 점수에 더 가중치가 부여될 수밖에 없다. 그렇기 때문에 변수가 동일한 잣대로 예측에 반영될 수 있도록 정규화를 해줄 필요성이 있다.

[그림 II-5-3] 정규화 등을 담당하는 Preprocess 위젯

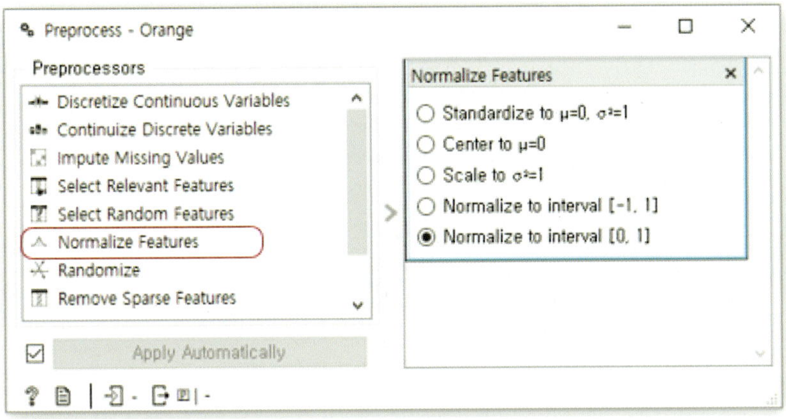

오렌지에서는 Preprocess 위젯이 제공하는 다양한 전처리 방식 중에 하나로 정규화를 하는 기능을 제공하고 있다. Normalize Feature 기능을 선택하면, 5가지 방식의 정규화 방법을 제공한다. 일반적으로 [0, 1] 또는 [−1, 1] 사이로 변수의 값을 옮겨주는 방식을 정규화, 평균과 표준편차를 이용하는 방법을 표준화(Standardization)라고 구분한다. 그런데, 여기서는 정규화라는 이름으로 통합하여 방법을 선택하도록 하고 있다. 이때 어느 방법을 선택해야 하는가를 고민할 수 있는데 정답은 없다. 사용자가 모든 방법을 직접 실행하여 비교해보고 적절한 방법을 결정해야 한다.

● 범주형 변수로의 전환(Binning)

[그림 II-5-4] 범주형 변수로 전환해주는 Discretize 위젯

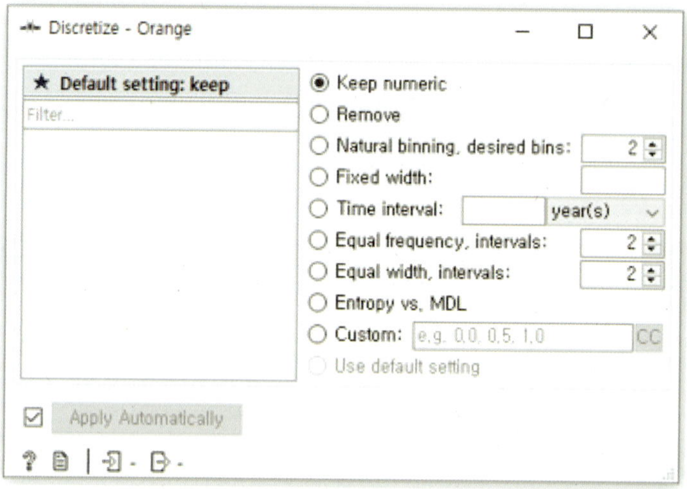

분석에 사용하는 데이터의 변수는 크게 수치형 변수와 범주형 변수로 나뉘어진다. 그런데 수치형 변수가 범위가 너무 넓고 분산이 클 경우에는 이 수치형 변수를 적절한 클래스를 갖는 범주형 변수로 변환하면 데이터 이해 및 적용이 더 용이해질 수 있다. 아웃라이어 이슈를 회피하거나 과적합 문제를 완화시키는 것이 가능한 것이다.

오렌지에서는 Discretize 위젯을 통해 다양한 방법으로 수치형 변수를 범주형 변수로 전환할 수 있도록 지원하고 있다. 예를 들어, 분류되기를 원하는 클래스 수를 지정하거나, 분류 간격을 지정하거나, 각 클래스에 동일한 빈도를 갖도록 지정하는 등의 방법이 제공된다.

● 변수의 통합(Variable Aggregation)

변수들을 적절히 합쳐 더 의미 있는 변수를 만드는 작업도 필요하다. 예를 들어 토익, 토플, OPIc, G-TELP, 그리고 학교 성적 등 다양한 영어 능력을 평가하는 변수가 있을 때, 이 모든 변수를 개별적으로 반영하는 것보다 '영어 성적'이라는 하나

의 변수로 만들어 반영하는 것이 효과적일 수 있다. 이와 같이 성격이 유사하거나 또는 여러 변수들을 종합하여 새로운 변수를 만들 때 변수 통합이 필요하다.

[그림 II-5-5] 변수를 통합해주는 Aggregation 위젯

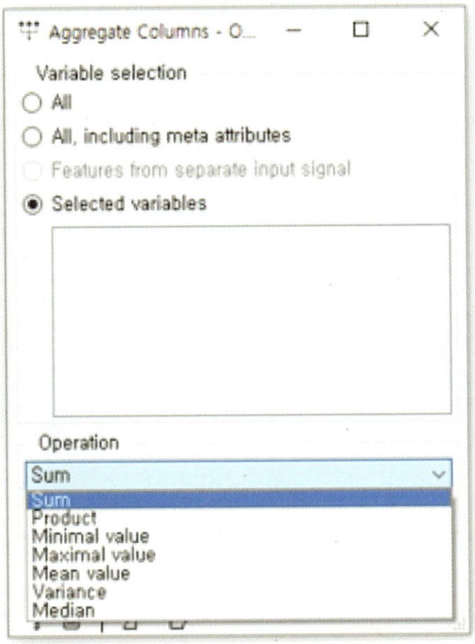

오렌지에서는 Aggregate Columns 위젯을 통해 변수 통합을 지원한다. 통합을 원하는 변수를 선택한 다음, 더하기/평균/최솟값/최댓값/분산/중위수 등 다양한 방법을 사용하여 변수를 통합할 수 있다.

변수들의 측정 단위가 다른 경우에는 사전에 정규화를 통해 변수의 값을 조정해 주어야 한다. 또한 수치형 변수만 통합이 되기 때문에 범주형 변수의 경우에는 수치형 변수로 전환하여 통합하는 것이 필요하다. 범주형 변수의 수치형 변수로의 전환은 Edit Domain 위젯을 활용하여 실행할 수 있다.

● 변수의 선택(Feature Selection)

[그림 II-5-6] 변수의 중요성을 알려주는 Rank 위젯

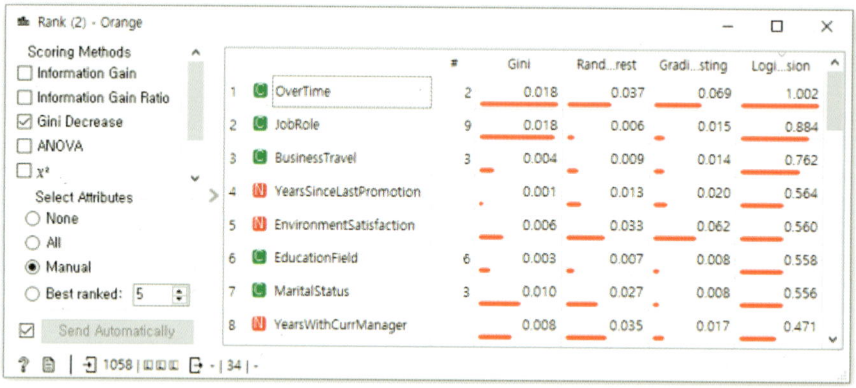

변수가 많다고 모델의 성능이 언제나 좋은 것은 아니다. 변수가 많아지면 모델이 복잡해지고 과적합이 발생할 가능성이 높아진다. 오히려 적절한 변수만 제대로 선택된다면, 심플한 모델이 복잡한 모델보다 성능이 훨씬 좋을 수 있다. 변수 선택은 분석 영역의 전문 지식을 바탕으로 분석하는 사람이 선정할 수 있지만 사실 이는 쉽지 않다.

오렌지에서는 Rank 위젯을 통해 방법론 또는 알고리즘에 따른 목표변수에 중요한 영향을 미치는 변수를 평가해 준다. 중요 변수 파악에 활용할 수 있는 알고리즘은 선형구조를 가졌거나(선형 리그레션, 로지스틱 리그레션) 트리 구조를 가진 알고리즘(트리, 랜덤 포레스트, 그래디언트 부스팅 등)이다. 결국 분석 툴의 평가 결과와 해당 영역에 대한 이해를 바탕으로 최종적으로 사용할 변수를 결정해야 한다.

데이터 개선 작업은 인공지능 모델 성능에 가장 큰 영향을 미친다고 할 수 있다. 이를 위한 작업은 수많은 시행착오와 시간이 소요된다. 결국 인내심을 가지고 하나하나 실행해 보면서 자신의 필요사항에 맞게 응용하여 사용할 수 있어야 한다. 여기에 소개된 피처 엔지니어링 방식은 사례를 통해 오렌지에서 어떻게 이루어지는지를 설명할 것이다.

알고리즘을 통한 고도화

알고리즘을 통한 고도화란 주어진 데이터의 특성을 잘 파악하여 우리가 원하는 결과를 제대로 예측할 수 있는 알고리즘을 찾는 과정이라고 말할 수 있다.

분석 상황에 알맞은 알고리즘 찾기

알고리즘 활용에 있어, A라는 이슈와 관련된 데이터를 분석할 때 특정 알고리즘이 좋은 성능을 보이지만, B라는 이슈와 관련된 데이터를 분석할 경우에는 다른 알고리즘이 좋은 성능을 내는 경우가 종종 발생한다. 상황에 따라 좋은 분석 결과를 도출하는 알고리즘이 달라지는 것이다. 따라서 어떤 알고리즘이 무조건 좋다고 판단하는 것보다 상황에 따라 알맞은 알고리즘을 선택하는 것이 필요하다.

우리가 해결하려고 하는 과제는 매우 복잡한 경우가 대부분이기 때문에 어떤 알고리즘이 그 이슈에 대해 가장 좋은 성능을 발휘할 수 있는지를 사전에 알기가 거의 불가능하다. 결국 활용 가능한 모든 알고리즘을 하나씩 실행해보면서 판단을 할 수밖에 없다. 다행스러운 것은 앞으로 다룰 오렌지 소프트웨어는 모든 알고리즘을 동시에 실행시켜 성능을 비교할 수 있다. 그렇기 때문에 해당 과제에 가장 좋은 결과를 가져올 수 있는 알고리즘을 큰 어려움 없이 파악할 수 있다.

하이퍼파라미터 튜닝(Hyperparameter Tuning)

하이퍼파라미터 튜닝에 대해 알아보기 전에 우선 파라미터와 하이퍼파라미터의 개념을 살펴보자.

- 파라미터(Parameter): 모델 내부의 데이터로부터 학습 또는 예측되어 결정되는 값이다. 선형 리그레션의 계수(Coefficient), 신경망 노드에서 결정되는 가중치 및 바이어스(Bias, 편향) 등이 그 예라 할 수 있다. 파라미터는 우리가 직접 조정할 수 없다.
- 하이퍼파라미터(Hyperparameter): 인공지능 모델이 학습을 시작하기 전에 미리 조정하여 모델 학습 과정에 반영되는 값을 말한다. 랜덤 포레스트 알고리즘에서 트리의 생성 개수, 신경망 알고리즘에서 은닉층의 수, kNN 알고리즘에서 k의 개수 등이 그 예라 할 수 있다. 우리가 직접 조정하는 것이 가능하다.

[그림 II-5-7] 신경망의 하이퍼파라미터 조정 창

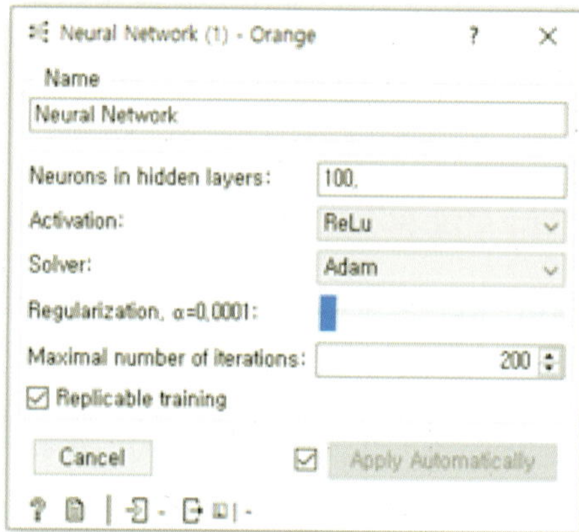

알고리즘이 주어진 데이터에 대해 최고의 성능을 발휘하기 위해서는 하이퍼파라미터의 설정을 조정해야 한다. 오렌지는 일반적으로 많이 사용되는 하이퍼파라미터들을 디폴트 값으로 설정하여 제시하고 있다. 개별 알고리즘 위젯을 더블 클릭하면 사전에 설정된 하이퍼파라미터 값을 확인할 수 있다. [그림 II-5-7]에서는 Neural Network 위젯에 디폴트로 설정되어 있는 은닉층에 있는 뉴런의 수, 활성화 함수, 가중치 최적화 도구, 최대 반복 횟수 등의 하이퍼파라미터 값을 볼 수 있다. 최적의 하이퍼파라미터 역시 시행착오를 통해 찾을 수밖에 없다. 또한 하이퍼파라미터의 조합별 성능을 비교하기도 쉽지 않다. 따라서 처음에는 디폴트로 선정된 값이나 다른 연구자들이 많이 쓰는 방법을 사용하고, 오렌지에 어느 정도 익숙해지고 분석에 흥미를 가지게 되면, 최적의 하이퍼파라미터를 어떻게 찾을 것인가에 대해 고민하는 것이 좋은 선택일 수 있다.

마이너리티 리포트에는 "당신은 아직 선택을 할 수 있어요. 다른 사람들은 미래를 볼 기회조차 전혀 가지지 못해요(But you still have a choice. The others never had a chance to see their future.)"라는 대사가 나온다. 미래를 알면 보다 나은 선택을 하는 것이 가능하고, 이를 통해 미래를 바꿀 수 있다는 것이다. HR도 마찬가지이다. 예측 정보를 제대로 알고, 이러한 이유가 왜 발생했는지 이해할 수 있다면 미래를 위한 보다 좋은 의사결정을 하는 것이 가능하다. 그리고 예측 정보의 정확성이 높아지면 높아질수록 더욱 개선된 의사결정을 내릴 가능성이 커진다. 그렇기에 피플 애널리틱스에 관심을 가지고, 완벽을 목표로 모델의 성능을 개선시키기 위한 노력을 지속적으로 기울여야 한다.

PART 03

AI 도구 오렌지(Orange)를 활용한 분석 실행하기

오렌지 설치하기

구슬이 서말이라도 꿰어야 보배라는 말이 있듯이 피플 애널리틱스에 대해 학습하고 필요성을 아무리 공감한다고 해도, 이를 실제 업무에 활용하지 못하면 그 소용이 떨어지게 된다. 그래서 이번에는 피플 애널리틱스에 실체적으로 다가갈 수 있도록 데이터와 분석 툴을 가지고 직접 실행해 보려고 한다. 인공지능이 강점을 가진 예측, 분류, 추천 등과 관련된 HR 관련 사례를 하나씩 따라하고 같이 고민하다 보면 어느새 피플 애널리틱스를 실행할 수 있는 기본 역량을 갖추게 되었다는 걸 느끼게 될 것이다.

데이터 마이닝 도구의 유형

데이터 마이닝은 사용 가능한 모든 데이터를 기반으로 감춰진 패턴, 새로운 규칙 등을 발견하고 이를 실제 의사결정을 위한 정보로 활용하고자 하는 활동이라고 말할 수 있다. 피플 애널리틱스도 넓은 의미로 데이터 마이닝에 속한다고 할 수 있다. 이러한 데이터 마이닝을 실행하기 위한 소프트웨어 유형은 크게 텍스트 인터페이스(Text Interfaces)와 그래픽 인터페이스(Graphical Interfaces)의 두 가지로 구분할 수 있다.

텍스트 인터페이스 소프트웨어는 일반적으로 명령어를 사용하는 프로그래밍 언어이다. 대표적 도구로는 'R'과 '파이썬(Python)'이 있다. R과 파이썬은 데이터 과학자와 기계학습 엔지니어가 많이 활용하는 도구이다. 이러한 텍스트 인터페이스 도구들은 광범위한 라이브러리를 포함하고 있고 확장성도 좋은 장점을 가지고 있는 반면, 데이터 분석을 위한 프로그래밍 언어를 배우고 익히는 데 상당한 부담이 있고 많은 시간이 걸린다. 그렇기 때문에 코딩에 익숙하지 않은 HR 담당자들이 이를 학습하여 피플 애널리틱스를 실행하는 것이 쉽지 않다.

그래픽 인터페이스는 메뉴, 위젯, 가상 연결 등을 활용하여 프로세스를 단순화하여 분석을 매우 용이하게 해준다. 그렇기 때문에 코딩을 전혀 모르는 사람들이 손쉽게 다가가 자기 스스로 머신러닝 분석 등을 할 수 있다는 장점을 가지고 있다. 그래픽 인터페이스 도구로는 오렌지(Orange), KNIME, 래피드마이너(RapidMinor), 빅엠엘(BigML) 등이 있다. 우리는 그래픽 인터페이스 도구 가운데 오렌지를 활용하여 실제 분석을 해보고자 한다.

오렌지의 특징

오렌지(Orange)는 슬로베니아(Slovenija) 류블랴나 대학교(University of Ljubljana)에서 파이썬 언어로 개발한 비주얼 소프트웨어 프로그래밍 패키지로 데이터 시각화, 머신러닝, 데이터 마이닝, 데이터 분석 등을 효과적으로 수행할 수 있다. 오렌지는 오픈 소스 프로그램으로 누구나 무료로 사용할 수 있다. 오렌지의 주요 특징을 살펴보자.

- 복잡한 코딩 작업 없이 필요 위젯(Widget)을 캔버스로 끌어오는 간단한 작업을 통해 원하는 작업 과정을 신속하게 구현
- 데이터를 직관적으로 시각화할 수 있는 도구 제공 및 빠른 데이터 분석
- 다양한 소스 및 크기의 데이터와 연결 가능
- 파이썬과의 연계 용이
- 효과적인 의사결정을 적시에 내릴 수 있도록 지원

오렌지 설치

오렌지 프로그램은 홈페이지인 https://orangedatamining.com에 접속하여 설치할 수 있다. 홈페이지 초기 화면에서 Download Orange를 클릭하고, 나타나는 화면에서 자신의 OS에 맞는 최신 버전의 파일을 다운로드하여 설치하면 된다. 프로그램 설치가 완료되면 이제 여러분은 피플 애널리틱스의 세계로 한 걸음 더 다가온 것이다.

[오렌지 홈페이지 초기 화면 및 파일 다운로딩 화면]

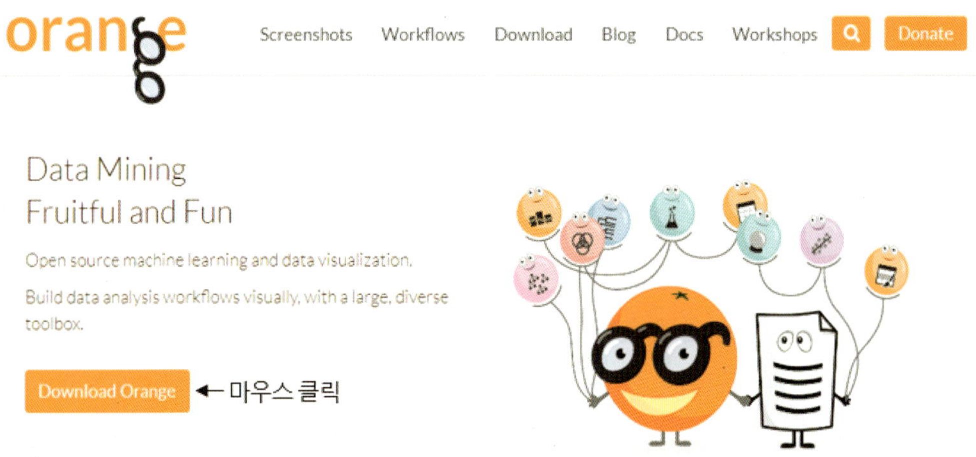

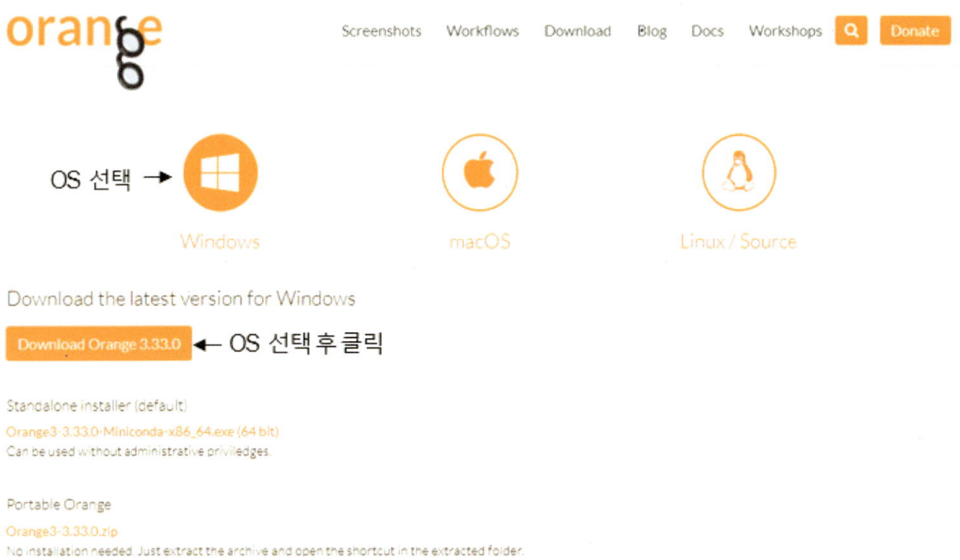

사례 1

퇴직자 예측: 누가 왜 회사를 떠나는가?

1. 퇴직자 예측의 필요성

대퇴사(Great Attrition)라는 말이 최근 화두에 오를 만큼 인재들의 In-out이 빈번해지고 있다. 컨설팅 기업인 PwC가 2022년 5월에 발표한 설문조사[1] 결과를 보면, 응답자의 약 20%가 향후 1년 이내에 직장을 그만두기를 희망하거나 계획하고 있다. 특히 현재 기업의 중추를 이루고 있는 MZ 세대(1980년대 초반 ~ 2000년대 초반 출생 세대)의 경우, 그 비율이 약 25%로 더 높다. 우리 기업들 역시 인재의 잦은 이직으로 인해 골머리를 앓고 있다. 평생직장 문화가 사라지면서 MZ 세대에서 이직이 하나의 트렌드로 자리잡았고, 일과 삶의 균형, 연봉 등을 기준으로 퇴사와 이직을 자주하는 '프로 이직러'도 종종 보이고 있다.

물론 구성원들의 이직을 100% 막는다는 것은 불가능하다. 그리고 조직의 신진대사를 위해서는 적정 수준의 퇴직률이 필요할 수 있다. 그렇지만 기업 입장에서는 사람을 뽑아 일을 가르치고, 이제 일을 시킬 만할 때 나가는 경우 비용 측면이나 기업 경쟁력 측면에서 상당한 손실이 발생한다. 즉, 구성원 퇴직은 생산성뿐만 아니라 수립된 전략의 지속적 실행에도 영향을 미치기 때문에 조직에 심각한 문제와 큰 위험을 초래한다. 특히 우리 기업에 있어 이슈가 되는 것은 창의적 개념을 제시하고 실행함으로써 'Next Big Thing' 창출에 중요한 역할을 할 인재의 이탈이 잦아졌다는 것이다. 이러한 상황은 미래 기업 성과 제고를 위한 전략 실행이나 경쟁우위 유지 관점에서 치명적으로 작용한다. 따라서 조직 성과에 큰 영향을 미치는 'A Player'의 퇴사를 관리하는 것이 우리 기업의 시급한 과제로 부각되고 있다.

1 Global Workforce Hopes and Fears Survey 2022, 우리나라를 포함해 전 세계 52,000명 이상의 근로자를 대상으로 한 설문조사

대퇴사가 발생하게 된 배경

대퇴사 현상이 발생한 주된 요인을 살펴보면, 우선 과거보다 경력 사원에 대한 수요가 많아졌다는 것을 들 수 있다. 요즘 국내기업들의 큰 고민 중 하나가 앞을 가늠하기 힘들게 급변하는 경영 환경 속에서 미래의 지속적인 성장 및 생존을 어떻게 담보하느냐 하는 것이다. 결국 이를 위해서는 창의적 역량을 가진 인재를 확보하는 것이 무엇보다 중요하다. 그런데 변화의 속도가 가속화됨에 따라 사내에서 인재를 길러 환경 변화에 대처하는 데에는 한계가 발생한다. 그렇기 때문에 기업들은 필요 인재를 외부에서 적극적으로 확보하려 하고 있다. 역량 있는 인재에 대한 수요가 증가함에 따라 이동의 기회와 가능성이 더욱 커진 것이다.

둘째, 코로나 등으로 인한 일자리 변화를 들 수 있다. 코로나는 기존 산업 지도에 큰 영향을 주고 있다. 예를 들어, 온라인 쇼핑이나 물류 산업의 성장에는 긍정적 영향을 미쳤지만, 여행이나 숙박·요식업에는 치명적인 요소로 작용하였다. 따라서 자연스럽게 일자리가 줄어든 산업에서 늘어난 산업으로의 이동이 일어날 수밖에 없다. 또한 코로나 감염의 두려움 등으로 인한 열악한 근로 조건 기피, 코로나로 유아원이나 학교에 가지 못함으로써 나타나는 양육 부담과 안전 문제로 퇴사하는 경우도 늘어난 것이다.

셋째, 디지털 기술 발달 및 코로나로 인한 원격근무의 확산이다. 원격근무를 하는 과정에서 일과 삶에 관한 새로운 가치관을 가진 구성원들이 시간의 여유로운 활용, 자기가 선호하는 곳에서의 삶 등을 위해 새로운 직장을 찾아서 떠나고 있는 것이다.

넷째, 어딘가에 소속되어 있지 않고 필요할 때 일시적으로 일을 하는 긱(Gig) 경제 및 크리에이터 산업의 확대이다. 예컨대, 유튜브를 성공적으로 운영하면 직장을 다니는 것보다 훨씬 더 많은 소득을 올리는 것이 가능하다. 또한 주식, 가상화폐 등 투자를 통해 수익을 창출하는 것이 가능하다고 생각하는 사람들도 많아졌다. 이제는 직장에 근무하지 않아도 돈을 벌 수 있는 기회가 있다는 인식이 높아진 것이다.

마지막으로 MZ 세대의 특성을 들 수 있다. MZ 세대는 급여 수준, 복리후생, 성장 기회 등을 평가해 자신이 몸담을 곳을 정하고 단기간에 최대 효과를 누리려는 성향이 있다. 즉, 조직 성과도 중요하지만 개인의 발전은 더 중요하고, 조직을 위한 희생 등 조직 논리가 잘 작동하지 않는다. 그러다 보니 한곳에 얽매여 머물기보다는 새로운 기회를 추구하고 집중하려는 경향을 보인다. 또한 위계나 권위주의에 익숙하지 않고, 납득성을 중시한다. 그렇기 때문에 급여나 하는 일이 만족스럽지 않고, 상사나 동료와의 관계가 마땅치 않으면 바로 그만둬버리는 분노 퇴사(Rage Quit) 상황이 나타나기도 한다. 결국, 이러한 다양한 요소들이 복합적으로 작용하면서 대퇴사 현상이 나타나고 있는 것이다.

원인 파악이 문제 해결의 선제 조건

인재관리는 단순히 최고의 인재를 고용하는 것에 그치는 것이 아니라 적절한 육성, 배치, 보상 등을 통해 그들이 오랜 기간 조직 성과에 기여할 수 있도록 하는 것이다. 그렇기 때문에 확보 못지않게 퇴직관리 또한 중요하다. 최근 기업들은 인재의 높은 퇴직률이 기업 경쟁력에 악영향을 미친다는 것을 충분히 인식하고 이를 관리하기 위한 노력을 강화하고 있다. 하지만 퇴직을 관리한다는 것은 말처럼 쉬운 일이 아니다. 사실 기업은 자신이 이해하지 못하는 것을 해결하기가 쉽지 않다. 문제의 본질을 알아야 제대로 된 해결책이 나올 수 있기 때문이다. 따라서 대퇴사의 물결을 막기 위해 기업들은 누가, 왜 회사를 떠나는지를 제대로 파악하는 것이 필요하다.

일반적으로 기업들은 최근까지 서술적 분석을 통해 퇴직 원인을 파악하였다. 즉, 이직 의사를 표현한 구성원들과 면담을 통해 회사를 떠나는 이유를 알아보거나, 설문 조사를 통해 퇴직 의향이 있는지 퇴직하려는 이유가 무엇인지 등을 물어보는 것이다. 그리고 이 결과를 활용하여 향후 인재 유지에 악영향을 미치는 조직 문제의 개선 기회로 삼는 것이다.

이러한 서술적 분석은 이미 일어난 일과 구성원들의 생각을 기반으로 왜 구성원들이 퇴직하는지를 보다 분명히 이해하는 데 도움이 된다. 하지만 퇴직하는 구성원들은 면담이나 설문 조사에서 퇴직하는 이유를 솔직하게 이야기하지 않을 수 있고, 퇴직 면담이 진행되는 시점에서는 퇴직자의 의사를 돌리기가 쉽지 않다. 때로는 떠나는 이유에 대해 경영진과 구성원 간 생각이 다른 경우가 발생한다. 컨설팅 기관인 맥킨지에 따르면, 경영진들은 구성원들이 그만두는 원인을 보상, 일과 삶의 균형, 그리고 신체적/정서적 문제 때문이라고 생각했다. 반면, 구성원들은 자신들이 조직을 떠나는 주요 이유로 조직에서 가치를 찾지 못했거나, 관리자와의 관계, 그리고 직장에서 소속감을 느끼지 못했기 때문이라고 답했다.[2] 경영진은 거래적 요인이, 구성원들은 관계적 요인이 퇴사에 있어 더 중요한 영향을 미친다고 생각하고 있는 것이다.

원인 파악이 제대로 이루어지지 못하면 결국 기업은 경영층의 의사를 반영하여 타 기업을 벤치마킹하거나 기존 관행에 의거하여 해결안을 모색할 수밖에 없다. 하지만 이러한 방식은 퇴직의 근원적 문제를 해결하지 못하거나 오히려 잘못된 결과를 초래할 수 있다.

● 퇴직 관련 피플 애널리틱스 사례

홀텀(Holtom)과 알렌(Allen)은 미국 내 다양한 조직과 산업에 걸쳐 공개적으로 확보할 수 있는 50만 명 이상의 데이터를 활용하여 퇴직 예측 연구를 수행하였다.[3] 이들은 퇴직의 원인을 크게 두 가지 요소로 분류하였다. 하나는 계속 조직에 머물러야 하는지를 다시 생각하게 만드는 이직 충격(Turnover Shocks) 요소로 CEO 교체, M&A, 새로운 일자리 제안, 출산 등이 이에 포함된다. 또 다른 하나는 직장과 개인의 연계 정도를 보는 직무 배태성(Job Embeddedness)으로 재직 기간, 전공, 성별, 근무지 등이 이 요소에 포함되었다. 홀텀과 알렌은 확보한 자료를 머신러닝을 통해 분석하여 개인별로 퇴직 가능 지수를 산정하였다. 그리고 이를 바탕으로 새로운 일자리에 대한 수용성이 높은 집단, 이직 가능성이 있는 집단, 이직 가능성이 낮은 집단, 이직 가능성이 매우 낮은 집단 등 4개의 집단으로 구분하였다. 결론적으로 이직 가능성이 가장 높은 그룹에 속한 구성원들은 가장 낮은 그룹에 속한 구성원들보다 이직할 가능성이 63% 높았으며, 이직 가능성이 있는 그룹에 속한 구성원들은 40% 정도 높은 것을 발견하였다. 이와 같이 이직과 관련된 다양한 데이터 분석을 통해 조직을 떠날 가능성이 높은 직원을 식별할 수 있다. 그리고 이를 바탕으로 사전에 필요한 대응이 가능한 것이다. 홀텀과 알렌은 공공 데이터를 기반으로 분석하였지만, 기업은 자사 상황을 고려한 특정 데이터를 확보하고 분석함으로써 예측을 보다 정교하게 하는 것이 가능하다. 그렇기 때문에 피플 애널리틱스 맥락에서, 직원 퇴직 분석은 비즈니스 세계에서 점점 더 많은 관심을 끌고 있다. 기업들은 피플 애널리틱스를 활용함으로써 인사 관리를 개선할 수 있고, 이를 통해 기업 성과 개선 및 비용 절감

2 Great Attrition or Great Attraction? The choice is yours, 2021, https://www.mckinsey.com

3 Better Ways to Predict Who's Going to Quit, 2019, https://hbr.org

이 가능하다고 판단하고 있는 것이다.

스위스에 본사를 둔 금융기관인 크레디트 스위스(Credit Suisse)는 승급, 승진, 인생 이벤트, 관리자 성과, 팀 규모 감소 등 구성원 이직에 영향을 미치는 10~11가지 특성을 평가해 향후 1년 안에 개별 구성원이 퇴사할 확률을 계산한다. 그리고 떠날 위험이 높다고 파악된 구성원들에게 조직 내에서 그들의 역량을 보다 잘 발휘하여 성장할 수 있는 직무 기회를 제시하고 있다. 또한 관리자들이 구성원 이탈 관리를 효율적으로 할 수 있도록 지원하기 위해 특별 교육 프로그램도 제공하고 있다. 크레디트 스위스는 이러한 노력을 통해 재고용과 이에 따른 교육에 들어갈 상당한 비용을 절감할 수 있었다.[4]

다양한 헬스케어 제품을 생산/판매하는 미국의 다국적 기업인 존슨앤존슨(Johnson & Johnson)은 구성원들의 퇴직률을 낮추고, 조직과 구성원들의 성과를 높이고자 하였다. 과거 채용 담당자들은 해당 업종에서 근무한 경력이 있는 지원자들이 회사에 남을 가능성이 높고 회사 성과 제고에 기여할 가능성이 더 크다고 가정했다. 따라서 신입사원의 채용 비율을 10% 정도 낮추고 경력사원 위주의 채용을 강화했다.

이러한 가정이 실제 맞는지 확인하기 위해 존슨앤존슨의 인력분석팀은 47,000명의 직원들에 대한 데이터를 수집하여 근무 경력과 이직률, 그리고 성과 사이의 연관성을 테스트했다. 분석 결과 대학 졸업 후 바로 채용된 구성원들이 경력사원보다 상당히 오랜 기간 조직에 남아 있고, 두 그룹 간 회사 성과에 대한 기여도는 큰 차이가 없는 것으로 나타났다. 또한 신입사원을 대상으로 한 리더십 개발 프로그램을 활용하여 이직률을 줄일 수 있다는 것을 알게 되었다. 이러한 분석 결과를 기반으로 존슨앤존슨은 신입사원 채용을 20% 늘렸으며, 이를 통해 조직 성과는 유지하면서 이직률을 효과적으로 낮출 수 있었다.[5]

피플 애널리틱스 활용을 통한 퇴직자 원인 분석 및 대책 마련은 기업과 구성원 모두에게 Win-win의 상황을 낳는다. 기업은 누가 퇴사할 위험이 있는지 그리고 그 원인이 무엇인지를 파악하고 대응함으로써 핵심 구성원들의 장기 근속을 이끌 수 있

4 Turning Flight Risk into Opportunity, https://d3.harvard.edu/platform-peopleanalytics/submission/turning-flight-risk-into-opportunity/

5 People Analytics: 5 Real Case Studies, https://www.effectory.com/knowledge/people-analytics-5-real-case-studies/

는 방안을 실행할 수 있게 된다. 동시에 기업들이 구성원 유지를 위해 더 나은 보상, 직장 문화, 경력 향상과 같은 조치를 취한다면 구성원들의 만족도 역시 높아질 수 있다. 그렇다면 간편하게 활용할 수 있는 오렌지 툴을 사용하여 직접 퇴직자 분석 및 예측 작업을 수행해 보자.

2. 오렌지(Orange)를 활용한 퇴직자 예측

퇴직 예측이 어떤 식으로 이루어지는가를 알아보기 위해 IBM 데이터 셋을 활용하여 인공지능 툴인 오렌지로 직접 분석해보고 시사점을 도출해 보자. 분석에 활용할 IBM 데이터 셋은 IBM의 데이터 사이언티스트가 현실을 반영하여 만든 가공의 자료로, 'train'과 'test'의 두 개의 데이터로 구성되어 있다. 이 데이터 셋은 예측 모델 및 분석 대회 플랫폼인 캐글(Kaggle) 사이트(https://www.kaggle.com)에서 확보가 가능하다(캐글 사이트에 등록하고 접속하여 'IBM dataset'을 검색하면 쉽게 찾을 수 있다). 물론 출판사 홈페이지에서도 다운로드받을 수 있다.

1) 기본 모델 설계

오렌지를 활용하여 퇴직자 예측을 하기 위해서는 가장 먼저 데이터를 오렌지로 불러들여 확인해 보는 것이 필요하다

● 데이터 로딩 및 확인, 그리고 저장

우선 오렌지 툴을 구동하여 분석 준비를 해 보자.

- 다운로드받아 설치한 오렌지를 구동하면 [그림 사례 1-1]과 같이 초기 화면이 나타난다.
- 이 기본 창에 있는 Welcome to Orange 창에서 New를 클릭하거나 키보드에서 Esc를 누르면 새로운 작업을 할 수 있는 창이 나타난다([그림 사례 1-2]).

[그림 사례 1-1] 오렌지 구동 시의 초기 화면

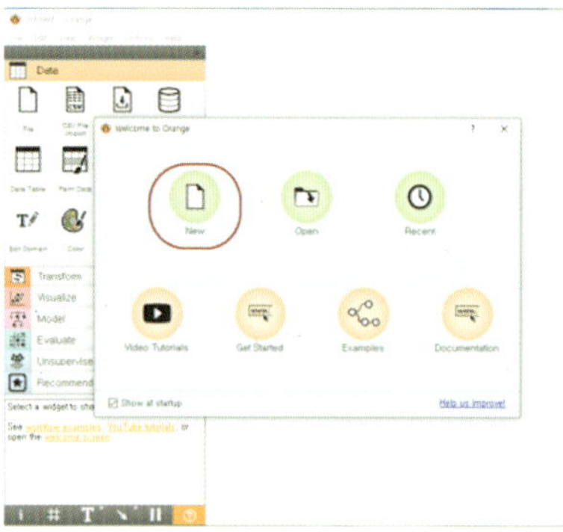

[그림 사례 1-2] 새로운 작업 창

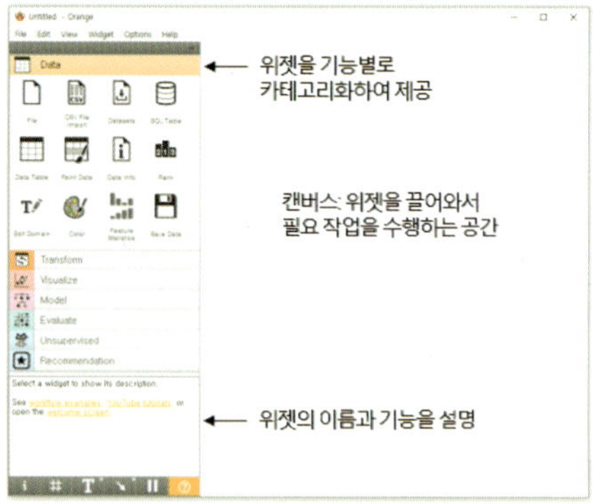

[그림 사례 1-2] 새로운 작업 창의 왼쪽에는 데이터를 읽고, 처리하고, 시각화하는 데 사용하는 위젯(Widget)들이 기능별로 카테고리화되어 묶어져 있다. 우리는 이 위젯을 오른편에 있는 캔버스(Canvas)로 끌어와서 워크플로우(Workflow)를 구성하여 필요한 작업을 진행하게 된다. 또한 위젯 아래에 있는 설명란의 경우, 위젯 위에 마우스 커서를 올리면 위젯의 이름과 기능을 간단히 보여준다.

퇴직자 예측 작업을 위해 분석 데이터를 불러오자. CSV(Comma Separated Values), 엑셀 파일 등은 별다른 조치가 없어도 프로그램에서 자동적으로 인식하여 읽을 수 있다.

- Data 카테고리에 있는 File 위젯을 캔버스로 끌어오면(카테고리 내에 있는 위젯을 마우스 클릭해도 캔버스로 이동한다), [그림 사례 1-3]에 나와있는 것처럼 캔버스에 File 위젯이 나타난다.[6]
- 캔버스로 옮긴 File 위젯을 오른쪽 마우스 클릭한 후 나타난 화면(① 영역)에서 Open을 클릭하거나 또는 File 위젯을 더블 클릭하면 데이터를 로딩 및 설명 관련 화면이 뜬다(그냥 편하게 더블 클릭하자).
- 화면의 ② 영역에 있는 폴더 그림을 눌러 미리 다운로드받은 IBM 데이터가 들

6 위젯의 이름을 변경을 원하는 경우, 위젯을 오른쪽 마우스 클릭한 후, Rename을 선택하여 원하는 이름으로 변경한다.

어있는 폴더를 찾아 파일을 선택하여 클릭하면 된다. IBM 데이터 셋은 앞서 말한바와 같이 train과 test 두 개로 구성되어 있는데, 인공지능을 통해 퇴직자의 특성을 찾는 학습이 선행되어야 하기 때문에 train 데이터 파일을 선택한다.

- 파일을 선택하면 데이터 설명 및 변수를 보여준다[그림 사례 1-3]. 이후 File 위젯에 들어있는 데이터 정보를 보기 원하면 File 위젯을 더블 클릭하면 된다.

[그림 사례 1-3] 파일 불러오기 및 특성 확인

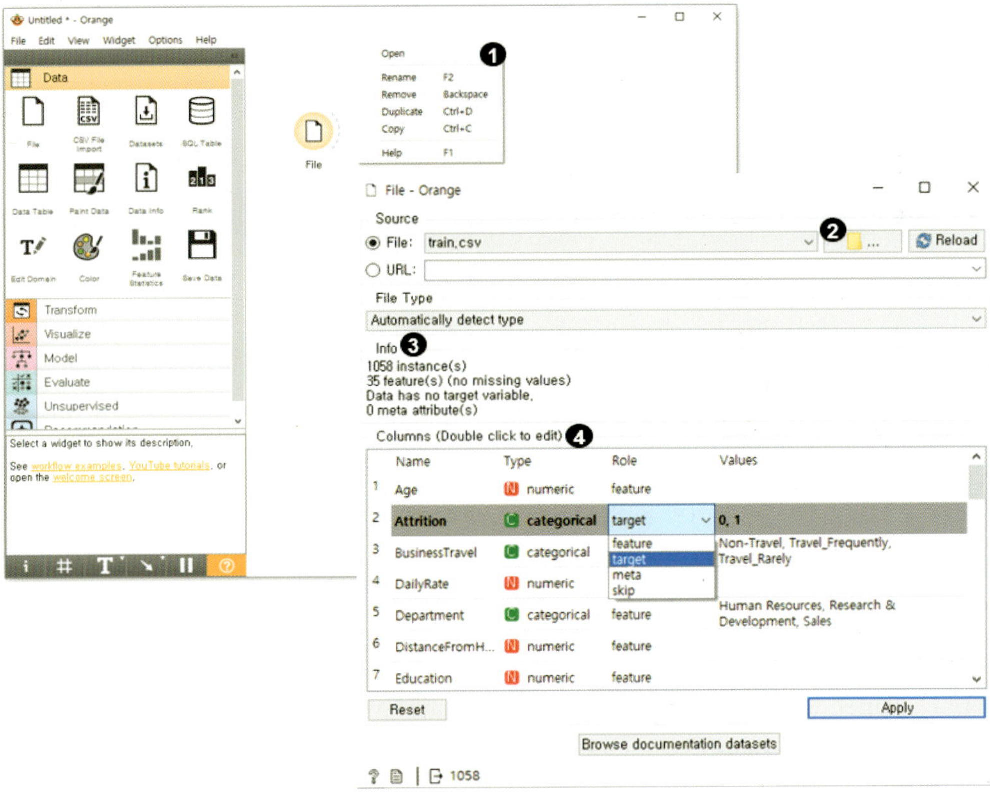

[그림 사례 1-3]의 ③ 영역에 나타나 있는 train 데이터의 정보를 살펴보자.

- train 데이터는 총 1,058개의 분석 행, 즉 분석 사례(Instances)로 구성되어 있다.
- 변수(Features)는 총 35개로 구성되어 있다는 것도 보여주고 있다. 이 변수에는

연령, 교육, 성별, 직무 참여, 직무 만족도, 결혼 상태, 직무 성과, 재직 기간, 승진 가능성, 출장, 등급, 보상, 관계 만족도, 환경만족도, 교육, 일과 생활의 균형 등이 포함되어 있다. 그리고 변수들의 결측값(Missing Value) 비율이 0%로 결측값이 없는 것으로 나타나고 있다.

④ 영역은 변수들의 특성을 보여준다. 즉, 변수 명, 데이터 유형(숫자/범주/텍스트/시간 등), 데이터 역할, 그리고 범주형 데이터의 경우 데이터의 클래스 구분 값을 보여주고 있다.

변수(Features)는 크게 두 가지 종류로 나뉜다.

- 목표변수(Target Feature): 예측하고 싶은 값, 종속변수라는 용어도 사용한다.
- 설명변수(Explanatory Feature): 예측하기 위해 사용되는 값, 독립변수라고 불리기도 한다.

④ 영역에 나타나 있는 변수들을 살펴보면, 모든 변수의 역할(Role)이 'feature'로 표시되어 있다. 즉, 설명변수만 존재한다는 것이다. 그런데 분석/예측을 위한 학습이 이루어지기 위해서는 반드시 목표변수가 있어야 한다. 따라서 목표변수를 설정해 주어야 한다. 우리가 분석하고 예측하려는 것은 구성원들의 퇴직 여부이기 때문에 이와 관련된 변수를 찾아 'target'으로 바꿔줘야 한다.

- 퇴직 여부와 관련된 변수인 Attrition의 Role 칸에 있는 feature를 클릭하여 target 변수로 변경하고 Apply를 누르면 데이터 로딩 작업이 완료된다([그림 사례 1-3] ④ 영역).

참고로 변수 역할(Role) 중 메타(meta)는 분석 데이터에는 포함되지만 분석에는 활용되지 않는 데이터를 말한다. 이름 등 고유 명사가 일반적으로 메타에 포함된다. 예를 들어, 예측을 한 후 예측 결과와 이름을 매칭하기 위해 이름을 메타 변수로 사용한다.

데이터 로딩이 완료되면 로딩된 데이터가 실제로 어떻게 구성되고 어떤 값을 가지고 있는지를 전체적으로 살펴보는 것이 필요하다. 전체 데이터 구조와 값을 확인하기 위해서는 데이터를 볼 수 있는 위젯을 캔버스로 끌어와야 한다. 그런데 위젯을 캔버스에 옮겨 놓으면, 위젯의 오른쪽과 왼쪽에 반호 모양과 비슷한 점선 표시가 나타난다. 우리는 이 점선을 사용하여 위젯과 위젯을 연결하고 필요한 활동을 수행한다.

- 오른쪽에만 점선이 있는 위젯은 출력만 지원
- 왼쪽에만 점선 표시가 있는 위젯은 입력만 지원
- 오른쪽과 왼쪽 모두 점선 표시가 있는 위젯은 입출력을 모두 지원

File 위젯에 들어있는 정보를 확인하기 위한 워크플로우를 작성해 보자.

- Data 카테고리에 있는 Data Table 위젯을 캔버스로 끌어온다.

[그림 사례 1-4] 로딩된 데이터 확인

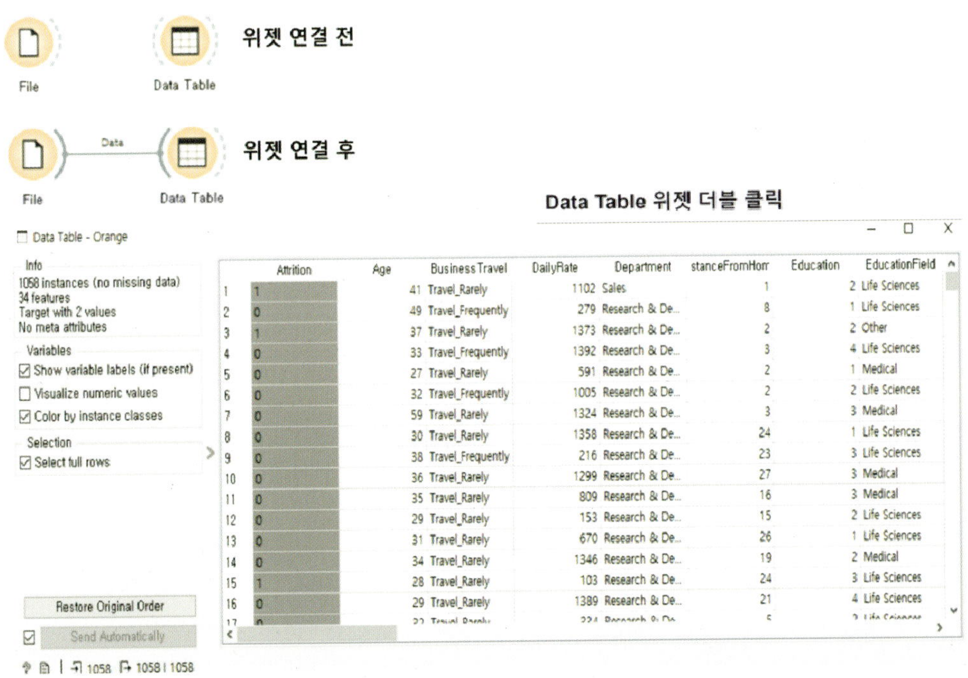

- File 위젯 오른편에 있는 출력을 표시하는 점선에 마우스를 놓고, Data Table 위젯 왼편에 있는 입력 점선으로 마우스를 드래그한다. 점선이 실선으로 변하면서 연결이 된다.
- 위젯 연결 후 Data Table 위젯을 더블 클릭하면 퇴직자 예측 분석에 사용할 데이터의 전체 구조와 값이 보인다([그림 사례 1-4]).

데이터 테이블 좌측에 있는 정보를 살펴보면, 34개의 Feature(설명변수)와 1개의 Target(목표변수)으로 데이터가 구성되어 있다는 것을 알 수 있다. 실제 데이터 테이블의 맨 앞에는 목표변수인 Attrition이 맨 앞에 나와 있으며, 이 목표변수는 1(퇴직)과 0(퇴직하지 않음)의 두 개 클래스로 나뉘어 있다는 것을 알 수 있다. 데이터 테이블을 스크롤하면서 전체 변수의 값이 어떻게 구성되어 있는지 살펴볼 수 있다. 참고로 범주형 변수 중 클래스 구분이 숫자로 표기된 변수의 분류 기준은 [표 사례 1-1]에 정리되어 있다.

[표 사례 1-1] 숫자로 표시된 범주형 변수의 클래스 구분 기준

변수명	측정 내용
Education (교육)	1 'Below College', 2 'College', 3 'Bachelor', 4 'Master' 5 'Doctor'
EnvironmentSatisfaction (근무환경 만족도)	1 'Low', 2 'Medium', 3 'High', 4 'Very High'
JobInvolvement (직무 몰입)	1 'Low', 2 'Medium', 3 'High', 4 'Very High'
JobSatisfaction (직무 만족도)	1 'Low', 2 'Medium', 3 'High', 4 'Very High'
PerformanceRating (성과 평가)	1 'Low', 2 'Good', 3 'Excellent', 4 'Outstanding'
RelationshipSatisfaction (관계 만족도)	1 'Low', 2 'Medium', 3 'High', 4 'Very High'
WorkLifeBalance (일과 생활의 균형)	1 'Bad', 2 'Good', 3 'Better', 4 'Best'

단순히 데이터 내용을 살펴보는 것이 아니라, 변수의 특성을 살펴보는 것도 필요하다.

- Data 카테고리에 있는 Feature Statistics 위젯을 캔버스로 끌어온다.
- File 위젯을 Feature Statistics 위젯과 연결하고, Feature Statistics 위젯을 더블 클릭하면 변수의 특성이 나타난다([그림 사례 1-5]).

[그림 사례 1-5] 변수 특성 파악

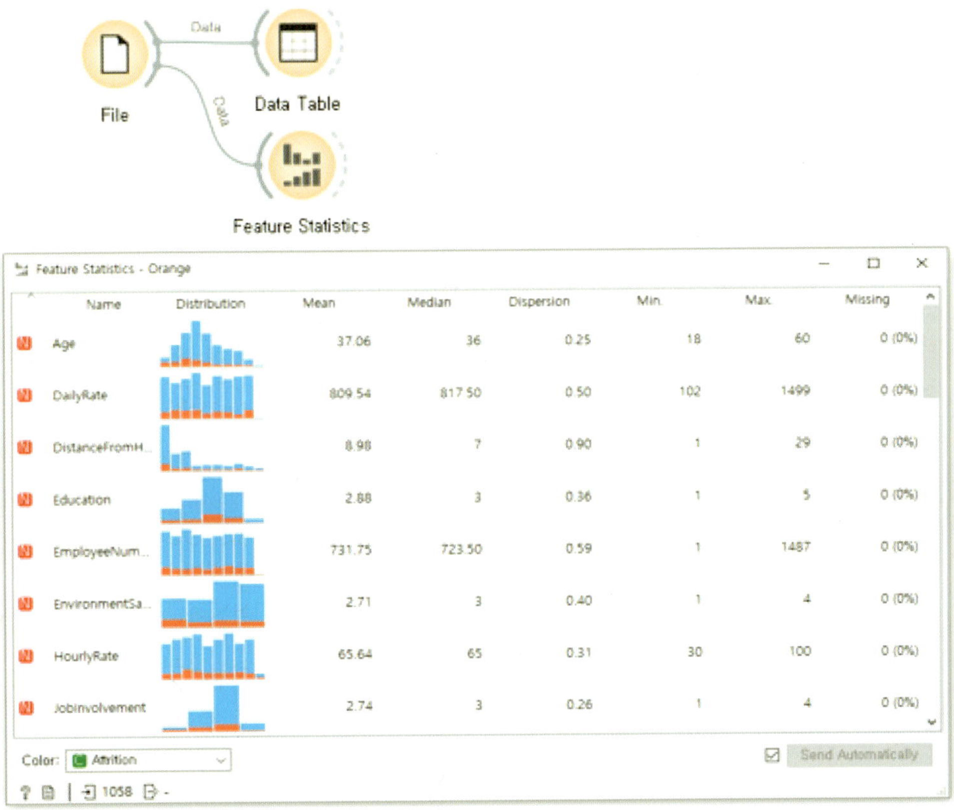

[그림 사례 1-5]를 보면 개별 변수별로 변수 분포(Distribution), 평균(Mean), 중위값(Median), 분산(Dispersion), 최솟값(Min), 최댓값(Max) 그리고 변수별 결측값

(Missing) 비율을 보여주고 있다. 결측 데이터가 없기 때문에 모든 변수의 비율이 0%이다. 또한 아래 Color란에 Attrition을 선택하면, 변수별 분포를 나타내는 바 그래프 하단에는 각 구간별로 퇴직자의 비율이 다른 색깔로 표시되어 있다. 이를 통해 변수별로 어느 구간에서 퇴직이 많이 발생하는지를 직관적으로 알 수 있다. 다른 변수를 선택하면 역시 각 변수별로 선택한 변수가 차지하는 비율이 색깔로 나타난다. 이러한 변수의 특징 파악은 각 회사별 상황과 연계하여 향후 데이터 분석에 도움이 된다.

캔버스에 작성한 워크플로우는 저장하여 언제든지 불러오는 것이 가능하다.

- 메뉴 바(Menu Bar)에서 [File]에 있는 [Save]를 선택하거나 컨트롤 키와 S키를 동시에(Ctrl + S) 눌러준다.
- 원하는 폴더에 원하는 이름으로 저장한다. 그리고 필요할 때마다 저장된 파일을 불러(메뉴 바 [File]에 있는 [Open]을 눌러 필요 파일을 선택) 작업을 이어 나간다.

알고리즘 선택 및 데이터 학습

데이터를 위젯을 활용해서 데이터를 학습하기 위해서는 구체적으로 어떤 알고리즘을 활용해서 학습시켜야 할지를 결정해야 한다. 퇴직자 예측은 분류 모델이다. 즉, 예측의 구체적인 값이 있는 것이 아니라, 구성원들이 "퇴직할 것이냐?"라는 질문에 'Yes' 또는 'No'로 대답을 해야 하는 것이다(우리가 사용하는 데이터에서는 '1'과 '0'으로 분류되어 있다). 앞에서 살펴본 바와 같이 이러한 분류 모델에 사용할 수 있는 여러 알고리즘이 있지만, 우선 분류 모델 분석의 가장 기본적인 알고리즘인 로지스틱 리그레션(Logistic Regression)을 사용해보자.

- 오렌지의 Model 카테고리에서 Logistic Regression 위젯을 선택해서 캔버스로 끌어온다.
- Data Table 위젯과 Logistic Regression 위젯을 연결시켜 분석 데이터를 받을 수 있도록 해 준다([그림 사례 1-6]).

[그림 사례 1-6] 로지스틱 리그레션 분석

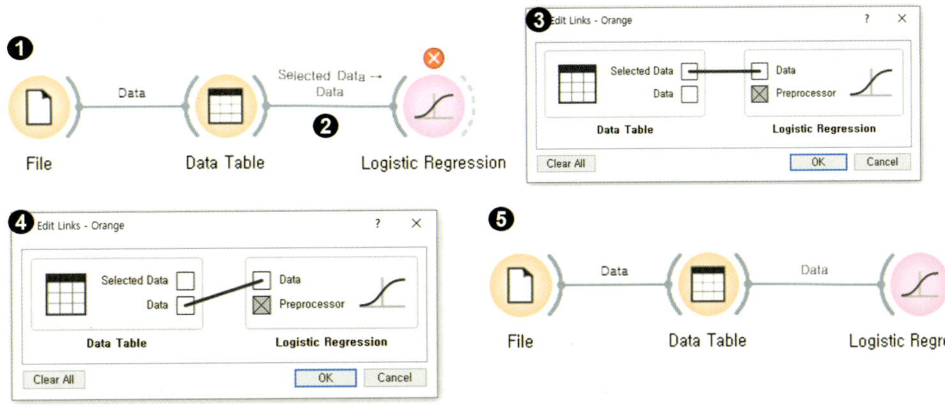

Data Table과 Logistic Regression 위젯을 연결하였을 때, [그림 사례 1-6]의 ① 영역에서 보는 바와 같이 Logistic Regression 위젯 위쪽에 분석을 할 수 없다는 X표시가 나타나는 경우가 있다. 이런 현상이 나타나는 이유는 우리가 Data Table 위젯에서 데이터를 확인할 때 테이블 내의 셀을 스크롤링하면서 살펴보게 되는데, 이 경우 마지막으로 클릭한 셀이 속한 행만이 분석 데이터로 선택되기 때문이다. 따라서 Data Table 위젯과 Logistic Regression 위젯을 연결한 선 위를 보면([그림 사례 1-6]의 ② 영역) 선택된 데이터(Selected Data)가 이동한 것으로 나타나고 있다. 그런데 이 경우 이동한 데이터가 단 하나의 행이기 때문에, 분석에 필요한 데이터가 부족하여 위젯 위에 X표시가 나타나는 것이다. 그렇기 때문에 전체 데이터를 분석에 활용할 수 있도록 모델을 변경해 주어야 한다.

- Data Table 위젯과 Logistic Regression 위젯을 연결한 선(② 영역)을 더블 클릭하여, 연결 상태를 수정할 수 있는 창을 불러내자(③ 영역).
- 이 창에서 현재 Data Table의 Selected Data를 Data로 바꾸고 Logistic Regression의 Data로 연결한다(④ 영역).
- OK를 누르면, 연결선 위의 표시가 'Selected Data → Data'에서 'Data'로 변경되고, Logistic Regression 위젯 위에 있었던 X 표시가 사라진다(⑤ 영역).

이렇게 Data Table 위젯과 Logistic Regression 위젯을 연결하면 퇴직자 예측을 위한 학습이 완료된 것이다. 프로그래밍이나 복잡한 프로세스 없이 심플하게 위젯 3개만으로 로지스틱 리그레션 분석을 실행할 수 있는 것이다. 그렇다면 분석에서 나온 결과를 통해 알 수 있는 시사점을 좀 더 살펴보자.

● 계수를 통한 변수(Feature)의 중요성 확인

로지스틱 리그레션 알고리즘을 활용한 분석 완료 후, 분석된 결과를 살펴보자.

- 새로운 Data Table 위젯(동일한 기능을 하는 새로운 위젯을 캔버스로 옮길 때마다 괄호 속에 번호가 붙는다)을 캔버스로 끌고 와서 Logistic Regression 위젯과 연결한다. 그러면 연결선 위로 계수(Coefficient)가 Data Table 위젯으로 이동했다는 표시를 보여준다.
- 로지스틱 리그레션 방법론의 분석 결과로 나타난 구체적인 계수의 구체적인 값을 보기 위해 새로운 Data Table을 더블 클릭한다([그림 사례 1-7]).

[그림 사례 1-7]에 제시된 계수 값을 통해 우리는 퇴직에 중요한 영향을 미치는 변수(Feature)를 알 수 있다. 계수가 양수(+)이면 퇴직(사용된 데이터에서는 1)에 영향을 주는 요소이고, 음수(-)이면 유지(사용된 데이터에서는 0)에 영향을 주는 요소이다. 물론 절대값이 클수록 퇴직·유지에 미치는 중요도 역시 커진다. SPSS 등 통계 패키지에서는 가설의 채택과 기각을 결정하는 변수의 유의도를 보여주지만, 오렌지에서는 보여주지 않는다. 앞에서 말한 바와 같이 통계는 검증이 주요 활용 목적이라고 한다면, 인공지능 알고리즘은 예측이 주요 활용 목표이기 때문이다. 목표변수에 영향을 미치는 변수의 중요성 파악을 위해서는 Rank라는 위젯의 사용도 가능하다. 이를 활용하여 분석하는 내용은 뒤에서 살펴보도록 하겠다.

퇴직자 예측에 사용된 변수(Feature)는 총 34개이지만 범주화된 변수의 경우 추가적으로 분석되어, 절편(intercept)를 제외하고 총 53개의 변수별로 계수가 제시되어 있다. 예를 들어, [그림 사례 1-7]에 나타난 변수의 범주별 특성을 살펴보면 아래와 같다.

[그림 사례 1-7] 계수 분석 결과

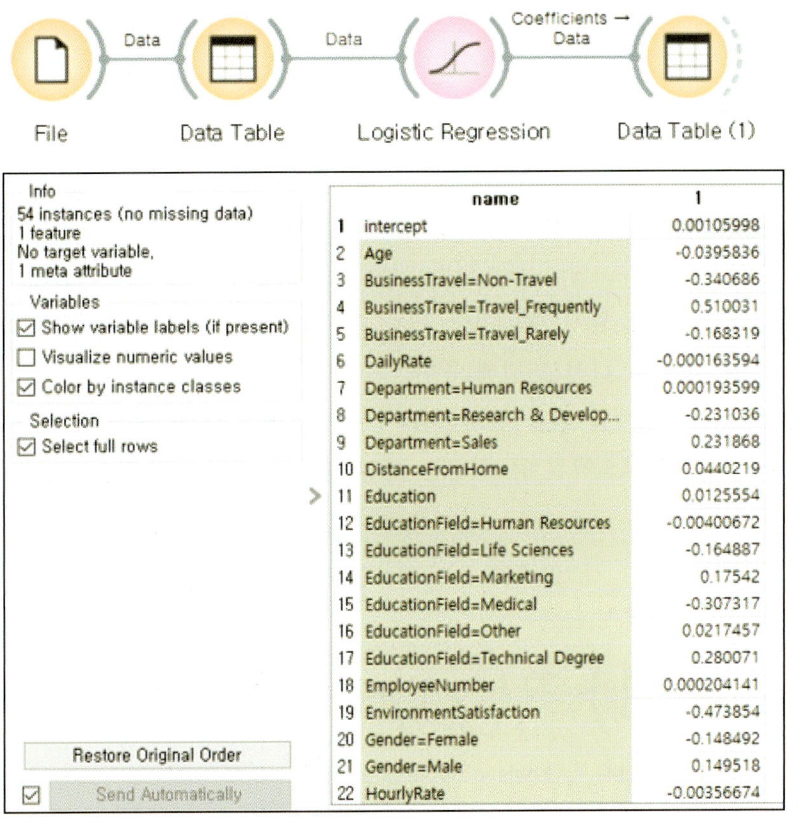

- 출장(BusinessTravel 변수)이 잦은 경우에는 이직에 중요한 영향을 미치지만, 출장이 없는 경우에는 유지에 영향을 미치는 것을 알 수 있다.
- 업무 부문(Department 변수)의 경우, 영업(Sales)은 다른 업무 부문에 비해 상대적으로 퇴직이 발생할 가능성이 높고, 연구개발(R&D)은 상대적으로 이탈할 가능성이 낮은 것으로 나타나고 있다.
- 전공(EducationField 변수)의 경우, 기술 학위(Technical Degree)를 가진 구성원들이 조직을 이탈할 가능성이 높은 반면, 의학(Medical)의 경우 상대적으로 조직에 남을 가능성이 높다.
- 퇴직에 영향을 미치는 중요도가 아주 크지는 않지만 남성의 경우 여성에 비해

상대적으로 퇴직할 가능성이 높다.

오렌지 Data Table에 나타난 계수를 좀 더 편하게 살펴보고 분석하기 위해, Data Table 위젯에 제시된 자료를 엑셀 파일 등으로 전환해 보자([그림 사례 1-8]).

- Data 카테고리에서 Save Data 위젯을 캔버스로 끌고와 계수(Coefficient)가 들어있는 Data Table 위젯과 연결한다. 이때 Data Table에서 계수를 스크롤링하면서 살펴본 경우, 해당 데이터만 전환되는 경우가 나타나므로(연결선에 Selected Data라고 표시), 앞서 이야기한 대로 연결선을 더블 클릭하여 Selected Data를 Data로 바꿔서 다시 연결해 준다.
- Save Data 위젯을 더블 클릭하면 나타난 창에서 Save as를 눌러, 원하는 폴더에 원하는 이름, 엑셀 등 원하는 파일 형태로 저장하면 된다.

[그림 사례 1-8] 계수 분석 결과의 저장

엑셀 데이터 등으로 변환한 자료를 분석하여 도출된 구성원 퇴직 및 유지에 영향을 미치는 중요한 요소는 [표 사례 1-2]와 [표 사례 1-3]과 같다. 우선 퇴직에 영향을 미치는 주요 요소를 살펴보면, 초과 근무 및 빈번한 출장이 가장 영향이 큰 요소로 나타나고 있다. 연구소 테크니션 또는 영업을 책임지는 담당자 급에서 퇴직이 발생할 가능성이 높은 것으로 나타나고 있다. 또한 기술 학위나 마케팅 전공을 한 사람들의 퇴직 가능성이 높은 것으로 보인다. 그리고 최종 승진 후 기간이 오래되었거나, 근무한 회사 수가 많거나, 미혼이라는 요소도 퇴직에 중요한 영향을 미치고 있다.

[표 사례 1-2] 주요 퇴직 요소

변수 명	계수값
초과 근무 발생 (OverTime=Yes)	1.07
출장의 빈번한 발생 (BusinessTravel=Travel_Frequently)	0.49
혼인 여부: 미혼 (MaritalStatus=Single)	0.46
직무 역할: 연구소 테크니션 (JobRole=Laboratory Technician)	0.34
직무 역할: 영업 담당 (JobRole=Sales Representative)	0.28
전공: 기술 학위 (EducationField=Technical Degree)	0.26
업무 부문: 영업 (Department=Sales)	0.24
전공 분야: 마케팅 (EducationField=Marketing)	0.17
최종 승진 후 기간 (YearsSinceLastPromotion)	0.17
근무한 회사 수 (NumCompaniesWorked)	0.16

[표 사례 1-3] 주요 유지 요소

변수 명	계수값
직무 몰입 (JobInvolvement)	- 0.61
스톡옵션 수준 (StockOptionLevel)	- 0.61
근무 환경 만족도 (EnvironmentSatisfaction)	- 0.52
직무 만족도 (JobSatisfaction)	- 0.37
일과 생활의 균형 (WorkLifeBalance)	- 0.37
출장 없음 (BusinessTravel=Non-Travel)	- 0.32
혼인 여부: 이혼 (MaritalStatus=Divorced)	- 0.30
전공 분야: 의학 (EducationField=Medical)	- 0.30
관계 만족도 (RelationshipSatisfaction)	- 0.30
직무 역할: 연구 과학자 (JobRole=Research Scientist)	- 0.25

사실 변수의 의미를 제대로 이해하기 위해서는 이러한 결과가 나타난 맥락을 제대로 이해하는 것이 중요하다. 예컨대, 초과 근무가 퇴직에 중요한 영향을 미친다는 것은 구성원들이 일과 삶의 균형을 중요시해서 그럴 수 있고, 아니면 보다 많은 급

여를 받기 위해 초과 근무를 하다가 더 좋은 기회를 찾아서 이직하는 것일 수도 있다. 또한 출장과 연계해서 일부 직군은 업무 특성 상 출장이 많고 이에 따른 초과 근무가 발생해서 퇴직에 영향을 줄 수 있다. 조직의 특성과 상황에 따른 적절한 해석이 필요한 것이다.

퇴직 관련해서 우리에게 보다 많은 시사점을 줄 요인들은 어쩌면 구성원들을 유지하는 데 중요한 영향을 미치는 변수들일 수 있다. 구성원 유지와 관련해서 영향을 미치는 주요 변수로는 직무 몰입(Job Involvement)과 근무 환경 만족도(Environment Satisfaction), 직무 만족도(Job Satisfaction) 등을 들 수 있다. 즉, 구성원들은 자신이 하는 일에 의미를 느끼고, 일을 통해 자신의 역량이 발전되고 조직에서 성장한다고 생각하는 경우 조직을 떠날 가능성이 낮아진다는 것이다. 또한 구성원들은 자신이 근무하는 환경이나 함께 일하는 사람과의 관계에 대한 만족도 여부를 고려해서 퇴직 여부를 고려한다는 것을 분석 결과를 통해 알 수 있다. 환경 및 관계 만족도가 높다는 것은 구성원들이 부가가치가 낮은 부문에 신경을 쓰지 않고 본연의 업무에 더욱 몰입할 수 있는 여건을 제공받는다고 해석할 수 있다.

이러한 결과를 종합하면, 업무 몰입도가 낮고, 근무 환경, 직무 및 관계 만족도가 낮은 구성원들 중에서 초과 근무와 출장이 잦고 승진을 오랜 기간 동안 하지 못한 미혼의 연구소 테크니션 또는 영업을 담당하고 있는 구성원들이 퇴직할 가능성이 상대적으로 높다는 해석이 가능하다.

기업은 이러한 분석을 바탕으로 회사가 통제하여 조치를 취할 수 있는 영역과 그렇지 못한 영역이 무엇인가를 파악해야 한다. 그리고 퇴직 관리를 위한 회사의 방향과 우선순위를 설정하여 필요한 대책을 세워 실행하는 것이 필요하다. 예컨대, 결혼 유무는 회사가 전혀 통제할 수 없는 영역이지만, 퇴직률이 높은 미혼들이 선호하는 근무 환경을 조성하고 직무 몰입을 높일 수 있는 방안을 찾아 이들의 퇴직을 방지하는 방안을 모색하는 것이 가능하다. 물론, 단기적인 관점에서 퇴직에 영향을 주는 변수들을 관리하고 개선하는 것이 필요하지만, 중장기 측면에서 유지에 영향을 주는 변수들을 어떻게 개선하느냐가 경영진 및 HR의 주요 과제라 할 수 있다.

2) 기본 모델의 검증 및 평가

기본 모델이 설정되면, 이 모델이 얼마나 예측을 잘하는지 성능을 검증해야 한다.

● Test and Score 위젯의 활용

모델을 검증하고 평가하기 위해서는 Test and Score 위젯을 활용해야 한다. 모델 성능 평가를 위한 워크플로우를 만들어 보자.

- Evaluate 카테고리에서 Test and Score 위젯을, 그리고 Model 카테고리에서 새로운 Logistic Regression 위젯을 캔버스로 옮겨온다. [그림 사례 1-8]에의 Data Table(1) 위젯과 Save Data 위젯은 오른쪽 마우스 클릭한 후, Remove를 선택하여 삭제한다.
- Test and Score 위젯에 분석 데이터가 들어있는 Data Table 위젯 및 새롭게 끌고 온 Logistic Regression 위젯을 연결한다([그림 사례 1-9]).

[그림 사례 1-9] Test and Score 위젯을 활용한 모델 평가 워크플로우

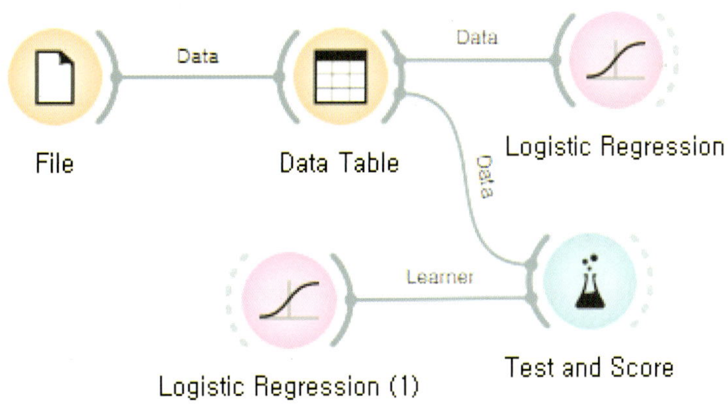

Test and Score 위젯은 데이터와 알고리즘이 연결되면 수차례에 걸쳐 데이터를 나누어 학습과 검증을 되풀이한다. 그렇기 때문에 Test and Score 위젯에 학습이 끝난 Logistic Regression 위젯이 아닌 새로운 위젯을 연결해 주는 것이 필요하다. 새로

운 학습을 반복해서 해야 하는 상황에서 이미 학습이 끝난 위젯을 연결시키는 것이 논리적으로 맞지 않기 때문이다. 물론 기존 학습이 끝난 위젯을 연결해도 결과의 차이는 발생하지 않는다(자동적으로 학습된 모델이 아니라 학습이 되지 않는 Learner를 연결시킴). 하지만 여러 개의 알고리즘을 비교하여 검증하는 경우가 많기 때문에, 새 위젯을 사용하는 것이 간편하고 직관적으로도 이해하기 쉽다.

위젯이 연결되면 Test and Score 위젯은 자동적으로 검증과 평가 활동을 하면서 진행 %를 보여준다(여러 개의 알고리즘 위젯이 연결될수록 평가 시간이 오래 걸린다). Test and Score 위젯의 평가 결과를 살펴보자. 데이터를 랜덤으로 추출하여 평가하기 때문에 평가 결과가 분석할 때마다 조금씩 차이가 발생할 수 있다.

- 실행이 완료된 Test and Score 위젯을 더블 클릭한다([그림 사례 1-10]).

[그림 사례 1-10] 모델 검증 및 평가 결과

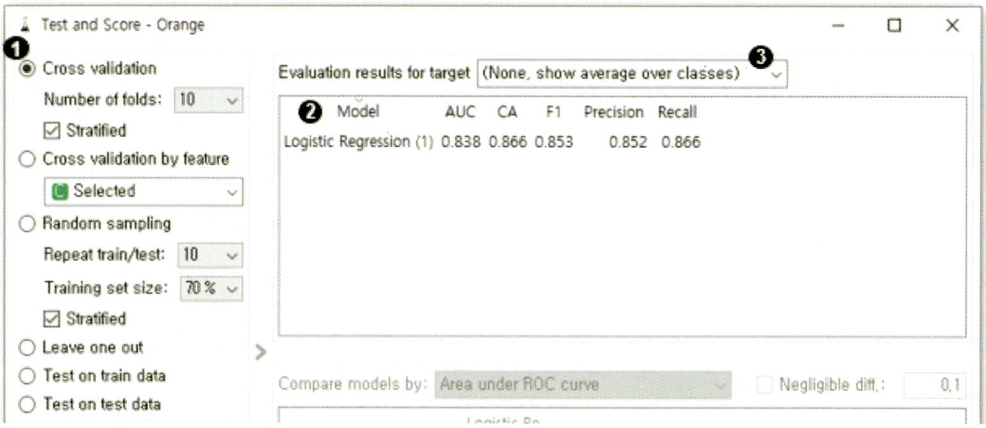

[그림 사례 1-10]의 왼편(① 영역)에는 검증 방식을 보여주고 있다. Test and Score 위젯은 교차 검증(Cross Validation) 방식을 디폴트로 사용하고 있다. 교차 검증이란 데이터를 여러 셋(Set)으로 구성하여 반복하여 학습하고 성능을 평가하는 방법이다. 일반적으로 가장 많이 사용되는 교차 검증 방식이 K-Fold 교차 검증이다. 이 방식은 전체 데이터셋을 K개의 Fold로 나누어 Fold 1개를 검증 데이터로, 나머지 (K

－1)개의 Fold를 학습 데이터로 분할하는 과정을 K번 반복하는 방법론이다. 예를 들어, K＝5라면 데이터 셋을 5개로 나누고 그중 하나를 검증 데이터로 사용하고 나머지 4개를 학습 데이터로 사용하여 5회 반복하여 훈련용 데이터와 검증 데이터를 교차해서 검증하게 된다. 일반적으로 Fold를 10개(K＝10)로 나누어 10번 반복하여 실행하며, 오렌지에서도 Fold 숫자의 디폴트 값이 10개이다.

교차 검증 이외에 많이 사용되는 방식이 랜덤 샘플링(Random Sampling) 방식이다. 이 방식은 임의로 학습 데이터와 검증 데이터를 나누어 평가하는 방식이다. 일반적으로 학습 데이터와 검증 데이터의 비율을 7:3으로 나눈다. 오렌지에서는 학습 데이터의 비율 70% 그리고 10회 반복이 디폴트 값으로 되어 있다. 모델의 검증은 랜덤으로 선택해서 여러 차례 반복하기 때문에 실행할 때마다 평가 결과의 값이 조금씩 달라질 수 있다.

[그림 사례 1－10] 오른편(②번 영역)에는 K－Fold 교차 검증에 의해 도출된 결괏값이 제시되어 있다. 하나씩 살펴보자.

- CA(정확도, Classification Accuracy): 전체 사례 중 실제로 예측을 정확하게 한 비율을 의미한다. 즉, “CA = (퇴직 예측 중 실제 맞은 숫자 + 비퇴직 예측 중 맞은 숫자) ÷ 전체 숫자”이다. [그림 사례 1－10]에서 제시된 결과는 약 87%이다. 본 분석에 사용된 데이터에서 실제 퇴직자 비율이 약 17%이므로 모두 퇴직하지 않는다고 예측해도 정확도는 약 83%가 나오게 된다. 그렇기 때문에 87%에 조금 못 미치는 정확도가 적정한 것인지에 대해서는 고민이 될 수 있다. Part Ⅱ에서도 이야기하였지만, 이와 같이 데이터 분포의 왜곡이 발생되는 상황에서는 정확도만으로 모델의 성능을 평가하기가 어려운 경우가 많다.
- Precision(정밀도): 예측한 전체 건수에서 옳게 예측한 건수의 비율을 의미한다. [그림 사례 1－10]의 결과에서 나타난 약 85%의 값은 ⅰ) 퇴직할 것이라고 예측한 사람 중 실제 퇴직한 사람의 비율과, ⅱ) 유지될 것이라고 예측한 사람 중 실제 회사를 떠나지 않은 사람 비율의 가중평균 값이다.
- Recall(재현율): 실제 예측해야 하는 대상의 전체 건수에서 옳게 예측한 건수의 비율을 의미한다. [그림 사례 1－10]의 결과에 나타난 약 87%의 값은 ⅰ) 전체 퇴직자 중에서 올바르게 찾아 낸 비율과, ⅱ) 실제 회사를 떠나지 않은 사람 중

에서 올바르게 예측한 비율의 가중평균 값이다.

- F1: 정밀도과 재현율의 조화평균으로 정밀도와 재현율의 균형을 나타내는 수치이다. 정밀도와 재현율 사이의 값을 가지며, 큰 값에 페널티를 주기 때문에 산술 평균값보다 낮아지게 된다. F1은 "{2 × (정밀도 × 재현율)} ÷ (정밀도 + 재현율)"로 계산된다.
- AUC(Area Under Curve): ROC(Receiver Operating Characteristic) 그래프 아래 면적의 값을 의미한다. 최댓값은 1이며, 좋은 모델일수록 1에 가까운 값이 나온다.

[그림 사례 1-10]에 나타나 있는 정밀도와 재현율의 값은 퇴직자 및 비퇴직자 클래스를 모두 포함한 가중평균 값이기 때문에 사실 우리에게 왜곡된 정보를 줄 수 있다. 정밀도 및 재현율의 의미를 보다 명확하게 이해하기 위해 퇴직자와 비퇴직자 개별적으로 평가 결괏값을 살펴보자. 이를 위해서는 평가 결과의 타겟 값을 변경시켜 주어야 한다.

- [그림 사례 1-10]의 ③번 영역의 단추를 눌러 'Evaluation result for target' 값을 'None, show average over classes'에서 '0(비퇴직자)'으로 변경한다. 그러면 비퇴직자 기준의 평갓값이 나타난다([그림 사례 1-11]의 위쪽).
- 마찬가지로 'Evaluation result for target' 값을 '1(퇴직자)'로 변경시키면, 퇴직자 기준의 평갓값이 나타난다([그림 사례 1-11]의 아래쪽).

[그림 사례 1-11]의 결괏값을 보면 AUC나 정확도(CA: Classification Accuracy)의 값은 퇴직자나 비퇴직자 예측 기준 모두 큰 차이가 없으나 정밀도(Precision)와 재현율(Recall) 값에서 큰 차이가 발생하고 있는 것을 알 수 있다. 비퇴직자 예측 기준의 경우, 정밀도가 0.892라는 것은 퇴직하지 않을 것이라고 예측한 사람들 중 약 89%가 퇴직하지 않았다는 것을 의미한다. 그리고 재현율이 0.956이라는 것은 전체 비퇴직자 중 약 96%를 찾아냈다는 것을 의미한다.

반면, 퇴직자의 경우 정밀도의 값이 0.664로 분석 모델이 퇴직할 것이라고 예측한 사람의 약 66%만이 실제로 퇴직자였다는 것을 의미한다. 또한 재현율 값이 0.430이라는 것은 실제 전체 퇴직자 중, 모델이 퇴직자로 찾아낸 결과가 43%라는 것이다.

[그림 사례 1-11] 퇴직자/비퇴직자 개별 기준의 평갓값

Evaluation results for target 0 비퇴직자 기준

Model	AUC	CA	F1	Precision	Recall
Logistic Regression	0.842	0.867	0.923	0.892	0.956

Evaluation results for target 1 퇴직자 기준

Model	AUC	CA	F1	Precision	Recall
Logistic Regression	0.842	0.867	0.522	0.664	0.430

비퇴직자의 숫자가 퇴직자 숫자보다 훨씬 더 많기 때문에 두 개 기준의 값을 가중평균하면 [그림 사례 1-10]에서 보는 바와 같이 80% 중반대의 정밀도와 재현율이 나온다. 하지만 우리가 예측하고 관리하고 싶어하는 것은 퇴직자이기 때문에 보다 정확한 의사결정을 위해서는 퇴직자 예측 기준의 평갓값을 참조하는 것이 바람직하다. 결국, 여기서 알 수 있는 것은 우리의 분석 모델 성능이 퇴직자 예측의 정확도는 약 66%이고, 실제 퇴직한(할) 사람의 43% 정도만 찾아낼 수 있는 성능을 가지고 있다는 것이다. 아무것도 모르는 백지 상태보다는 훨씬 의미 있는 정보를 제공하지만, 우리가 처음 기대했던 수준에 비해서 부족함이 있다고 느껴지는 것이 당연하다.

● 혼동 매트릭스 및 ROC 커브 분석

Test and Score 위젯을 활용하여 분석 모델의 평갓값을 살펴봤으면, 혼동 매트릭스(Confusion Matrix)를 통해 예측의 보다 구체적인 숫자, 그리고 ROC 커브의 모습을 살펴보자

- Evaluate 카테고리에서 Confusion Matrix 위젯과 ROC Analysis 위젯을 캔버스로 옮겨온다.
- Test and Score 위젯에 각각의 위젯을 연결한다([그림 사례 1-12]).

- Confusion Matrix 위젯과 ROC Analysis 위젯을 더블 클릭하면 각각의 결괏값이 나타난다([그림 사례 1-13], [그림 사례 1-14]).

[그림 사례 1-12] 혼동 매트릭스 및 ROC 분석 워크플로우

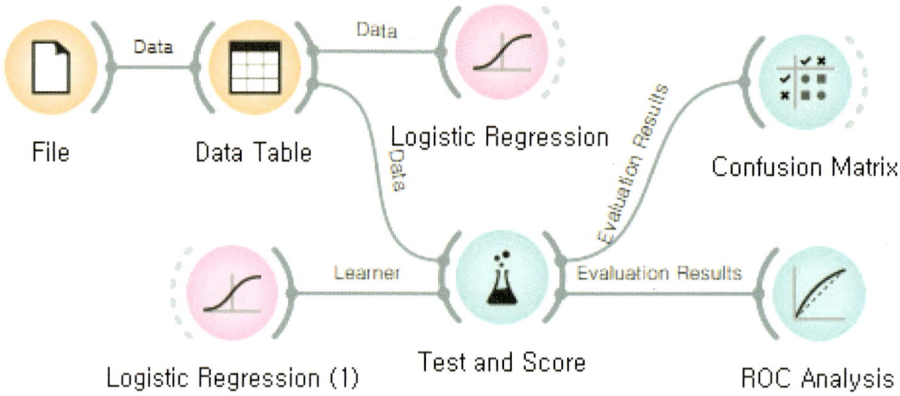

Confusion Matrix 위젯을 더블 클릭하여 나타난 숫자를 살펴보면([그림 사례 1-13]), 우리 모델이 분석에 사용한 데이터 케이스는 앞에서 이야기한 바와 같이 총 1,058개이다. 즉 1,058명을 대상으로 했다는 것이다. 이 중 실제 퇴직하지 않고 회사에 남은 사람은 879명(① + ②)이고, 퇴직한 사람은 총 179명(③ + ④)이다. 그리고 퇴직으로 예측해서 실제 퇴직한 인원인 77명(④) 그리고 유지된다고 예측해서 실제 유지된 인원은 840명(①)이다. 혼동 매트릭스의 결과는 가중평균 기준이든 퇴직자/비퇴직자 기준이든 동일하다. 그렇기 때문에 디폴트로 설정되어 있는 가중평균 결과

[그림 사례 1-13] 혼동 매트릭스 결과

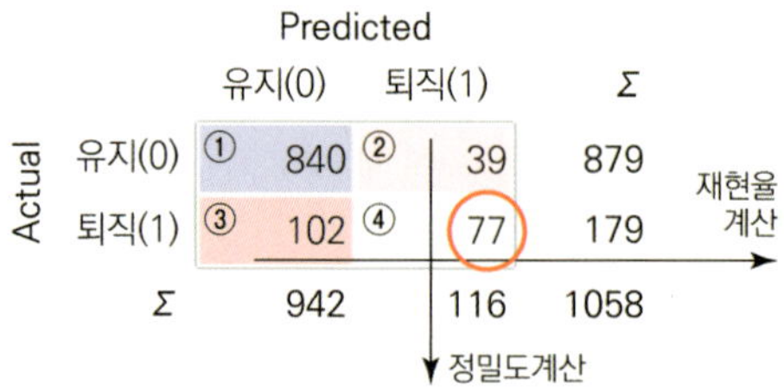

의 의미를 모르는 경우, 평가 결과의 정밀도, 재현율 값과 혼동 매트릭스에서 나온 수치를 기준으로 계산한 값의 결과가 달라 당황할 수 있다.

퇴직자 예측 관련 혼동 매트릭스에서 가장 중요한 숫자는 퇴직할 것이라고 예측한 사람 중, 실제로 퇴직한 사람의 수이다. 바로 앞에 기술한 바와 같이 이 숫자는 77명이다. 정밀도와 재현율 모두 이 숫자(예측해서 맞힌 숫자)를 분자로 사용하여 계산한다. 그렇다면 Confusion Matrix 결과표를 보고 정확도, 정밀도, 재현율을 계산해 보자.

- 정확도는 전체 인원 중에 퇴직과 유지를 정확하게 예측한 숫자의 비율을 의미하므로, 정확도의 계산은 아래와 같이 행해진다.
  정확도(Accuracy) = (① + ④) ÷ 전체 인원 = (840 + 77) ÷ 1,058 = 0.867
- 정밀도는 퇴직한다고 예측한 사람 중에 실제 퇴직한 사람의 비율을 의미하므로 정밀도(Precision) = ④ ÷ (② + ④) = 77 ÷ 116 = 0.664로 계산된다.
- 재현율은 실제 퇴직자 중에서 퇴직 예측을 올바르게 한 비율을 의미하므로 값은 다음과 같다. 재현율(Recall) = ④ ÷ (③ + ④) = 77 ÷ 179 = 0.430

혼동 매트릭스에 나타난 숫자를 기준으로 계산한 정확도, 정밀도, 재현율 값은 [그림 사례 1-11]의 퇴직자 기준의 평가 결괏값과 동일하다는 것을 알 수 있다. 검증 및 평갓값을 정확히 판단하기 위해서는 우리가 알고 싶은 값, 즉 기준값이 무엇인가를 명확히 해서 판단하는 것이 필요하다. 특히 데이터가 편향된 경우, 정확도 또는 가중평균이 된 정밀도 및 재현율의 값을 보고 판단하는 경우에는 잘못된 의사결정을 할 수도 있는 것이다.

이번에는 ROC 분석을 살펴보자. [그림 사례 1-14]는 로지스틱 리그레션 분석 방법론과 관련된 ROC 분석 결과를 보여주고 있다. 왼편 위에 있는 Target은 분석을 원하는 클래스(분류값)를 의미한다. 그림에 1이라고 표시되어 있는 것은 '퇴직자' 클래스가 선택되었다는 것을 의미한다. 기본 선택은 알파벳 또는 숫자 등의 올림차순으로 이루어지기 때문에 디폴트 클래스로 '0(비퇴직자)'이 선택된다. 따라서 우리가 관심을 가지고 있는 퇴직자를 기준으로 결과를 보기 위해서는 옆의 단추를 눌러 클래스를 '1(퇴직자)'로 변경하자.

[그림 사례 1-14] ROC 분석 결과

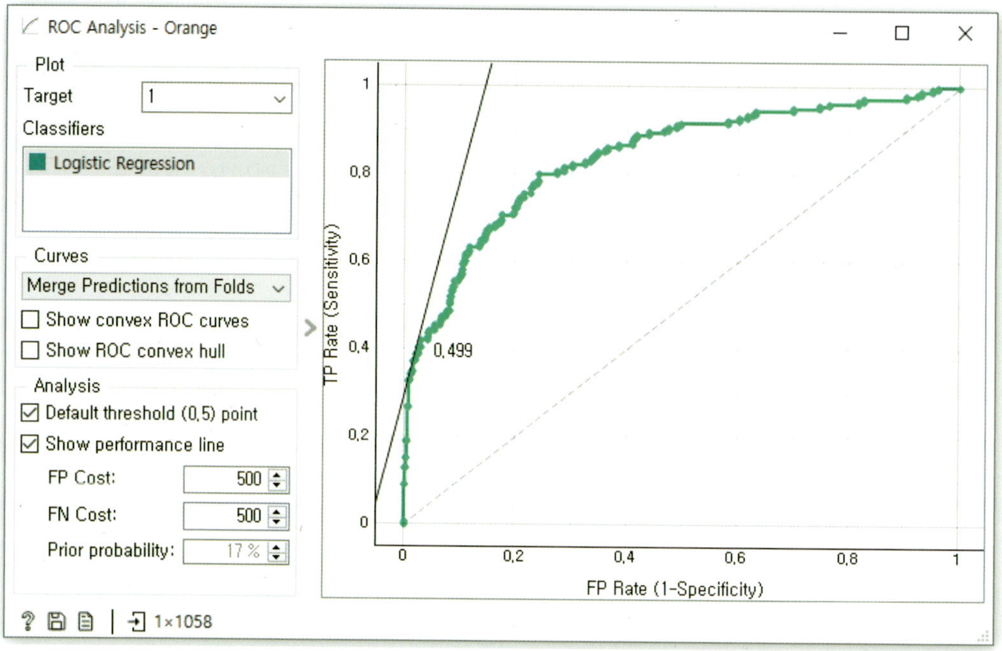

아래 Classifiers는 분석에 사용된 알고리즘을 보여준다. 여러 개의 알고리즘을 사용한 경우에는 사용된 모든 알고리즘이 표시된다. Curves에 나타나 디폴트로 선택되어 있는 'Merge Predictions from Folds'는 앞의 검증 및 평가에 사용된 K－Fold 교차 검증과 같이 여러 번 반복해서 학습 및 검증을 통해 데이터가 나온 경우 이를 평균하여 보여 준다는 의미이다.

왼쪽 아래 Analysis에서 Default threshold(0.5) point는 알고리즘이 목표 클래스를 예측한 경우 사전에 정해진 임계값이 0.5이기 때문에 해당 확률이 0.5 이상인 경우만 포인트를 표시해 ROC 곡선에 표현한다는 것이다. Performance Line은 ROC 라인 상에서 모든 점들이 같은 손익/손실을 갖게 함으로써 결과를 최적화하는 동일 성능선을 보여준다. 이는 주어진 기울기를 가진 곡선에 닿은 지점으로 주어진 비용 하에서 최적의 임계값(Threshold)을 묘사한다. 비용(Cost)은 그 값이나 규모가 아닌 관계가 중요하다. 만약 100과 200으로 설정하면 400과 800과 같은 결과가 도출된다. 디폴트 값은 두 값 모두 500으로 설정되어 있다.

오른쪽은 ROC 곡선을 보여준다. ROC 곡선의 Y축은 민감도(Sensitivity)이며 재현율과 동일하다. 즉, 이 사례에서는 전체 퇴직자 중에서 분석 모델이 퇴직할 것으로 정확하게 예측한 비율이 얼마인가를 의미한다. 그리고 X축은 1-특이도(Specificity)이다. 이 사례에서 특이도는 실제 비퇴직자 중 비퇴직자로 정확하게 예측한 비율을 말한다. 그렇기 때문에 (1-특이도)는 전체 비퇴직자 중에서 퇴직자로 잘못 예측한 비율이 얼마인가를 의미한다.

ROC 커브는 분석 모델의 유용성을 판단하거나, 방법론간 성능의 비교를 위해 사용한다. 그러나 ROC 커브의 모양만을 보고서는 모델의 유용성을 파악하기가 어렵기 때문에 일반적으로 곡선 아래의 면적을 계산해서 유용성을 평가한다. 이 면적이 바로 Test and Score 위젯의 평가 결과로 제시된 AUC(Area Under Curve) 값이다.

3) 모델 고도화

퇴직자 예측을 위한 기본 모델을 구성하여 실행하고 평가해보았다. 이 기본 모델이 퇴직자, 비퇴직자 모두 합해서 정확하게 예측한 비율, 즉 정확도는 약 87%였다. 수치상으로는 그렇게 나쁘지 않지만 데이터가 한쪽으로 치우쳐 있는 왜곡 현상이 있기 때문에(퇴직자 비율이 약 17%), 사실 고민이 발생한다. 따라서 보다 정확한 판단을 위해 다른 지표를 살펴보면, 우리가 알고자 하는 퇴직자 기준의 정밀도(Precision)는 약 66% 그리고 재현율(Recall)은 약 43%이다. 즉 모델이 퇴직할 것이라고 예측한 사람들 중에서 실제로 퇴직한 사람의 비율은 66%이고, 전체 퇴직자 중에서 모델이 찾아낸 실제 퇴직자 수의 비율은 43%이다. 이는 실제 퇴직자의 57%는 찾아내지 못했다는 것을 의미한다([그림 사례 1-11] 참조).

구체 숫자로 살펴보면 모델이 찾아낸 실제 퇴직자 수는 77명인 반면, 퇴직하지만 찾아내지 못한 인원이 102명, 퇴직하지 않지만 퇴직할 것이라고 예측한 사람이 39명이다([그림 사례 1-13] 참조). 만약 이 모델에 의거해 퇴직 방지를 위한 개별적 관리에 들어간다면, 실제 퇴직할 사람 중 102명은 케어를 받지 못하는 반면, 실제 퇴직하지 않을 39명의 사람이 케어를 받는 현상이 나타날 수 있다. 관리의 비효율이 발생하게 되는 것이다.

사실 이러한 결과를 접하게 되면 실무자는 고민에 빠질 수밖에 없다. 결코, 만족할 만한 수치는 아니기 때문이다. 물론 이러한 수치가 도출할 수 있는 최대치라면 이를 바탕으로 필요한 조치를 취할 수밖에 없다. 게다가 모델의 성능 개선이 쉽지는 않다. 하지만 모델을 개선할 수 있는 방법이 있다면 이를 시도해보는 것은 당연하다. 모델의 성능을 개선하는 고도화 방안에는 Part Ⅱ에서 이야기한 바와 같이 성능이 좋은 알고리즘을 찾는 방법과 데이터를 개선하는 방법이 있다. 이에 대해 하나씩 살펴보자.

알고리즘을 통한 고도화

분석 데이터에 있는 변수(Feature)들은 일정한 패턴을 가지고 우리가 찾고자 하는 목표(Target)에 대해 영향을 미친다. 예를 들어, 퇴직에 영향을 주는 변수 전체가 모여 퇴직 여부를 결정짓는 특정 패턴을 형성하게 되는 것이다. 방법론(알고리즘)을 통한 분석 모델 고도화는 결국 그 패턴을 가장 잘 찾아내는 알고리즘이 무엇인가를 알아내는 것이다.

그렇지만 사람의 판단력만으로 데이터가 가지고 있는 패턴을 파악하는 것은 쉽지 않다. 데이터 내에 변수가 너무 많고, 서로 복잡하게 얽혀 영향을 주고받기 때문이다. 그렇기 때문에 데이터의 특성을 고려하여 알고리즘을 선택하는 것이 아니라, 결국 다양한 알고리즘을 활용하여 분석하고 그 결과를 비교해 가장 좋은 성능을 보인 것을 선택하는 것이 일반적이다. 오렌지 툴을 사용해서 목표에 영향을 미치는 효과적인 데이터의 패턴을 가장 잘 찾아내는 알고리즘이 무엇인지 살펴보자.

- 사용하고자 하는 방법론의 위젯을 Model 카테고리에서 캔버스로 모두 끌고와 Test and Score 위젯을 연결한다([그림 사례 1-15]).
- Test and Score 위젯을 더블 클릭하여 'Evaluation result for target' 값을 '1(퇴직자)'로 변경시키고, 평가 결과를 확인한다([그림 사례 1-16]).
- Confusion Matrix 및 ROC Analysis 위젯을 각각 더블 클릭하여 결과를 확인한다([그림 사례 1-17]과 [그림 사례 1-18]).

[그림 사례 1-15]을 보면, 기존 로지스틱 리그레션 외에 랜덤 포레스트(Random Forest), 서포트 벡터 머신(SVM: Support vector Machine), 그래디언트 부스팅(Gradient

[그림 사례 1-15] 방법론(알고리즘)에 대한 성능 비교

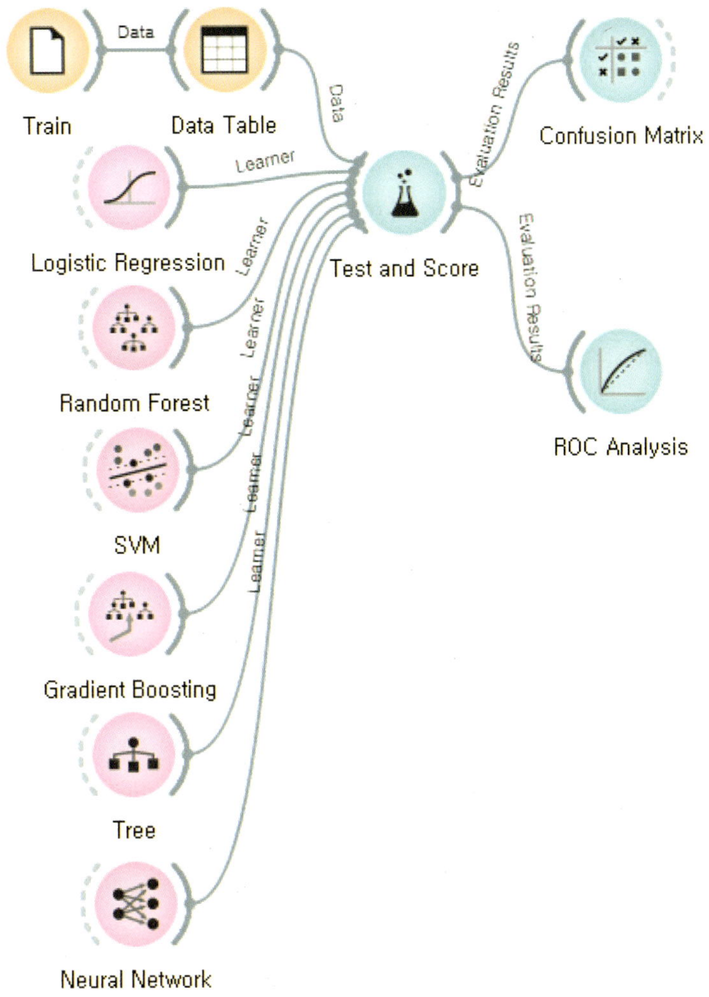

Boosting), 의사결정 트리(Tree), 뉴럴 네트워크(Neural Network) 등이 분석에 활용되었다는 것을 알 수 있다. Test and Score 위젯을 더블 클릭하여 각 알고리즘의 성능 평가 결과를 알아보자.

[그림 사례 1-16]의 위쪽에는 퇴직자(1) 기준으로 분석에 사용된 개별 알고리즘의 평가 결과가 나타나 있다. 정확도(CA)는 Tree를 제외한 모든 알고리즘이 0.82 이상의 값을 보이고 있다. 로지스틱 리그레션 알고리즘이 퇴직자와 비퇴직자를 합한

[그림 사례 1-16] 각 알고리즘에 따른 성능 평가 비교

Evaluation results for target 1

Model	AUC	CA	F1	Precision	Recall
Logistic Regression	0.842	0.867	0.522	0.664	0.430
Gradient Boosting	0.799	0.857	0.417	0.675	0.302
Random Forest	0.787	0.847	0.264	0.707	0.162
Neural Network	0.790	0.845	0.474	0.556	0.413
SVM	0.770	0.820	0.466	0.469	0.464
Tree	0.571	0.789	0.330	0.357	0.307

Compare models by: F1 ☐ Negligible diff.: 0.1

	Logistic ...	Gradient...	Random...	Neural ...	SVM	Tree
Logistic Regression		0.990	1.000	0.891	0.891	1.000
Gradient Boosting	0.010		0.999	0.174	0.252	0.946
Random Forest	0.000	0.001		0.002	0.003	0.139
Neural Network	0.109	0.826	0.998		0.594	0.995
SVM	0.109	0.748	0.997	0.406		0.989
Tree	0.000	0.054	0.861	0.005	0.011	

예측 정확도가 가장 높은 약 87%를 보이고 있다. 정밀도(Precision)와 재현율(Recall)은 상대적으로 알고리즘 별로 차이를 보이고 있다. 퇴직자 예측을 얼마나 정확하게 했는가를 보는 정밀도의 경우, 랜덤 포레스트가 약 71%로 제일 높고, 로지스틱 리그레션과 그래디언트 부스팅 등이 65% 이상의 값을 가진다. 전체 퇴직자 중 예측을 통해 찾아낸 비율을 뜻하는 재현율의 경우 서포트 벡터 머신(SVM)이 46%, 로지스틱 리그레션, 뉴럴 네트워크가 등도 40% 이상의 수치를 보이고 있다.

아래쪽에는 각 방법론의 성능에 대한 비교 결과를 보여주고 있다. 현재는 정확도와 재현율의 조화 평균값인 F1을 기준으로 비교되어 있다. 옆의 선택 버튼을 눌러 AUC, 정확도, 정밀도, 재현율 등 기준을 바꿔 성능을 비교하는 것이 가능하다. 평가의 값이 높을수록 성능이 뛰어난 경우, 세로축을 기준으로 가로축에 나열되어 있는 알고리즘에 비해 성능이 어떠한가를 살펴봐야 한다. 점수가 1에 가까울수록 비교 알고리즘 대비 성능이 좋을 확률이 더 크다는 것을 보여준다. 예컨대, 로지스틱 리그레

션은 F1 기준으로 모든 알고리즘 대비 더 뛰어난 성능을 보이는 것으로 평가되어 있다. 그다음으로 뉴럴 네트워크는 로지스틱 리그레션을 제외한 모든 알고리즘에 대해 우위를 보이고 있다. 반면 랜덤 포레스트는 모든 방법론 중에서 가장 성능이 좋지 않은 것으로 평가받고 있다. 이러한 성능 평가 비교는 정확도, 정밀도, 재현율 등 기준에 따라 그 결과가 달라질 수 있다.

이번에는 혼동 매트릭스를 살펴보자. Confusion Matrix 위젯을 더블 클릭하면 결과가 나타나게 되는데, 왼쪽에 나열되어 있는 사용된 알고리즘을 선택하면, 해당 알고리즘과 관련된 혼동 매트릭스 결과를 보여준다.

[그림 사례 1-17] 혼동 매트릭스 결과 비교

랜덤 포레스트

Actual \ Predicted	유지(0)	퇴직(1)	Σ
유지(0)	867	12	879
퇴직(1)	150	29	179
Σ	1017	41	1058

서포트 벡터 머신(SVM)

Actual \ Predicted	유지(0)	퇴직(1)	Σ
유지(0)	785	94	879
퇴직(1)	96	83	179
Σ	881	177	1058

로지스틱 리그레션

Actual \ Predicted	유지(0)	퇴직(1)	Σ
유지(0)	840	39	879
퇴직(1)	102	77	179
Σ	942	116	1058

[그림 사례 1-17]는 세 가지 알고리즘의 혼동 매트릭스의 결과를 보여주고 있다. 우선 랜덤 포레스트는 총 41명 퇴직할 것이라고 예측하였고 그중 29명을 정확하게 맞췄다. 그렇기 때문의 예측의 정확도인 정밀도는 71%에 달하지만, 기준을 높이 잡아 예측을 많이 하지 않았기 때문에 전체 퇴직자 중에서 실제로 퇴직한 사람을 찾아낸 재현율의 값은 16%로 다른 방법론에 비해 현저히 낮다. SVM의 경우 상대적으로 가장 많은 예측을 하였고, 그러므로 실제 퇴직한 사람을 정확하게 예측한 숫자가 가장 많았다. 하지만 예측이 틀린 숫자가 타 알고리즘보다 훨씬 많았기 때문에 정밀도는 47%로 두 방법론보다는 낮게 나타나고 있다. 하지만 재현율 경우는 가장 높은 46%를 보이고 있다. 상대적으로 로지스틱 리그레션은 다른 알고리즘에 비해 상대적으로 균형적인 성과를 보이고 있다. 알고리즘 성능을 평가하는 데 있어 각 알고리즘의 성능 평가 지표를 살펴보는 것 외에도 동시에 혼동 매트릭스를 통해 실제 숫자를 확인해서 왜 그런 결과가 나왔는지를 이해하는 것이 반드시 필요하다.

알고리즘에 대한 성능 평가에 있어 알고리즘이 선정 기준을 높여 퇴직 인원에 대한 예측을 적게 하면 맞출 가능성(정밀도)은 높아지지만, 반대로 퇴직 인원 전체 중에서 실제 찾아낸 사람 수의 비율(재현율)은 낮아지게 된다. 반면, 많은 인원을 예측하면 정밀도는 낮아지지만 재현율이 높아질 가능성이 크다. 따라서 정밀도와 재현율은 상충관계(Trade-off)를 보인다. 결론적으로 퇴직자 예측에 있어서는 먼저 예측의 정확도(정밀도)를 높여 우리의 노력이 분산되고 잘못된 시그널을 주지 않도록 하는 것이 중요하다. 그러면서 재현율을 높여 실제 퇴직하는 사람을 가능한 많이 찾아내도록 노력해야 한다. 쉽지 않지만 정밀도와 재현율의 최적 황금비를 찾아내야 하는 것이다.

이번에는 알고리즘별 ROC 분석 결과를 비교해 보자. [그림 사례 1-18]은 비퇴직자(0) 기준으로 사용된 모든 알고리즘의 ROC 커브가 표시되어 있다. 왼편에 나열되어 있는 알고리즘을 클릭하여 '선택' 또는 '선택 취소'하면 보고자 하는 ROC 커브만을 보는 것이 가능하다. ROC 커브는 왼쪽으로 그리고 위로 갈수록 알고리즘의 성능이 뛰어나다. 그렇기 때문에 가장 위쪽에 있는 로지스틱 리그레션이 ROC 기준으로 가장 성능이 좋다는 것을 알 수 있다.

[그림 사례 1-18] 알고리즘별 ROC 분석 비교

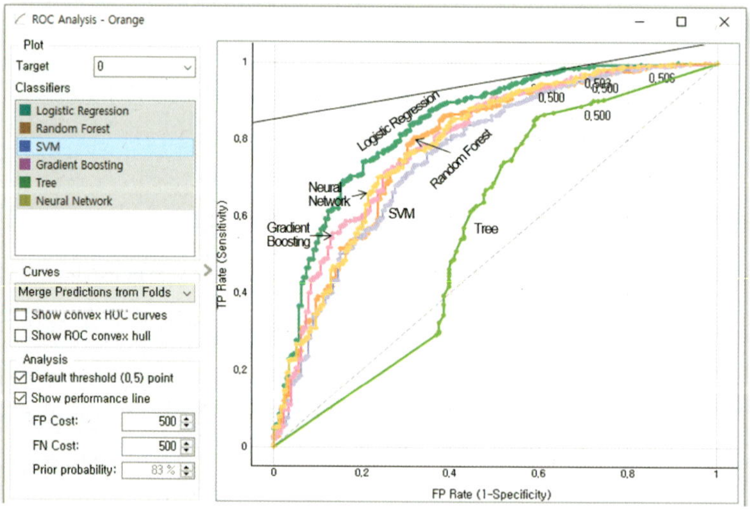

● 데이터 관점의 고도화: 변수 조정 중심

데이터 관점의 분석 모델 고도화는 설명변수들이 목표변수에 영향을 미치는 패턴을 보다 명확하게 보이도록 데이터를 가다듬는 것이다. 본 사례에서는 변수 조정을 중심으로 살펴본다. 사례에서 퇴직자를 예측하는 데 사용한 변수(Feature)는 총 34개이다. 우리의 기본 가정은 분석에 사용된 모든 변수들이 퇴직과 연관이 있다고 가정한 것이다. 그런데 이러한 변수 중에는 분명 퇴직자를 예측하는 데 도움이 되지 않는 변수도 있을 수 있다. 즉, 활용할 수 있는 모든 변수들을 포함시키면 오히려 분석의 복잡성만 커져 마이너스로 작용할 가능성이 있는 변수가 존재할 수 있다.

변수를 조정해서 분석 모델을 고도화한다는 것은 예측에 도움이 되지 않는 변수들을 제거하는 것을 의미한다. 그렇다면 데이터가 예측 결과를 도출하는 데 악영향을 미칠 것이라고 판단되는 변수를 어떻게 결정할 수 있을까? 이는 달리 말해 결과 예측에 가장 도움이 될 수 있는 변수를 결정하는 것과 같은 의미라고 할 수 있다.

분석에 사용하거나 제거할 변수를 결정하기 위해 우선 활용하는 방법은 문헌 조사이다. 즉, 기존 퇴직과 관련된 여러 연구를 분석하여 구성원 퇴직에 영향을 미치는 주요 변수가 무엇인지를 살펴보는 것이다. 예컨대, 기존 연구 문헌에서는 구성원의 자발적 퇴직을 예측할 수 있는 주요 변수로 연령, 교육, 성별, 직무 참여(의사결정에 대한 직원의 관여), 직무 만족도(경력 만족도), 결혼 상태, 직무 수행(기술 적정성) 능력, 승진 가능성, 등급, 보상(급여, 조직 기반 보상, 동기 부여 요인, 급여), 관계 만족도(협력적인 조직문화), 환경 만족도(근무조건), 교육, 일과 생활의 균형 등을 제시하고 있다.[7]

둘째, 구성원 면담이나 설문 조사를 통해 그들이 퇴직에 있어 중요하게 생각하는 요인들을 물어보는 것이다. 이를 통해 응답자가 생각하는 내용을 말이나 글로 받아 정리하는 것이다. 셋째, 사내의 HR 전문가 및 팀장 등의 인원들을 활용한 토론과 의견 수렴을 통해 변수를 결정하는 것이다. 이러한 활동은 실제 우리 조직에서 퇴직이 어떤 이유에서 일어났는지를 이해하고 이와 연관된 데이터를 모색하는 데 많은 도움이 된다.

마지막으로 확보된 데이터를 실제 분석 알고리즘을 통해 돌려보고, 결과에 변수

7 From Big Data to Deep Data to Support People Analytics for Employee Attrition Prediction," in IEEE Access, vol. 9, pp. 60447–60458, 2021

가 얼마나 영향을 미치는가를 파악하는 것이다. 앞의 방법들이 질적인 분석을 통해 어떻게 보면 데이터를 사전에 선택하는 것이라면, 마지막 방법은 실제 획득한 데이터를 양적으로 분석하여 사후적으로 변수 선택을 결정하는 것이라 할 수 있다. 일반적으로는 우리가 찾고자 하는 목표변수와 관련이 있다고 판단되는 가능한 모든 데이터를 취합한 후, 수많은 시행착오와 의견 수렴을 통해 결과를 잘 설명해줄 수 있는 변수를 선택한다. 본 사례에서는 로지스틱 리그레션 알고리즘을 활용하여 분석 시, 계수 분석을 통해 결과에 미치는 중요도가 낮다고 나타난 변수들을 Select Columns 위젯을 활용해서 제거해보자.

- Transform 카테고리에서 Select Columns 위젯을 캔버스로 끌고와 Data Table 위젯과 연결한다. 이때 연결선에 Selected Data라는 표시가 뜨면 연결선을 더블 클릭하여 Selected Data를 Data로 바꿔서 다시 연결해 준다.
- Select Columns 위젯을 더블 클릭하여 나타난 창이 나타나면 오른쪽 Features

[그림 사례 1-19] 모델 개선을 위한 분석 데이터의 선택

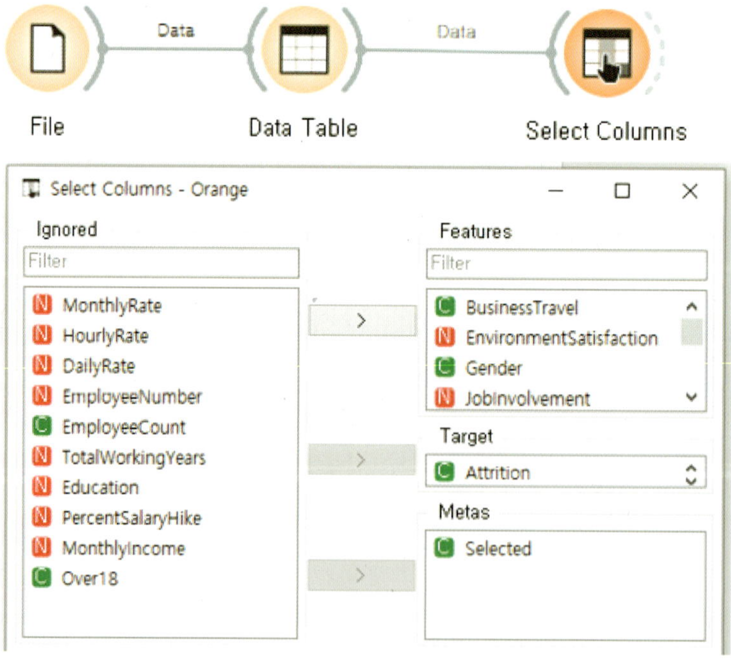

에 나열되어 있는 항목 중 분석에서 제외할 변수를 선택, 화살표를 눌러 왼편 Ignored 쪽으로 이동시킨다([그림 사례 1-19]).

[그림 사례 1-19]을 보면, 원래 오른편 Features 칸에 있던 일부 변수가 왼편 Ignored 쪽으로 이동되었다. 월 임률(MonthlyRate), 시간당 임률(HourlyRate), 일 임률(DailyRate) 등 10개의 변수이다. 오른쪽 밑의 Metas에 있는 Selected 변수는 분석 과정에서 자동으로 생긴 변수인데 놔두어도 상관없고, Ignored로 이동시켜도 된다. 참

[그림 사례 1-20] 데이터 변환 후 성능 비교를 위한 워크플로우

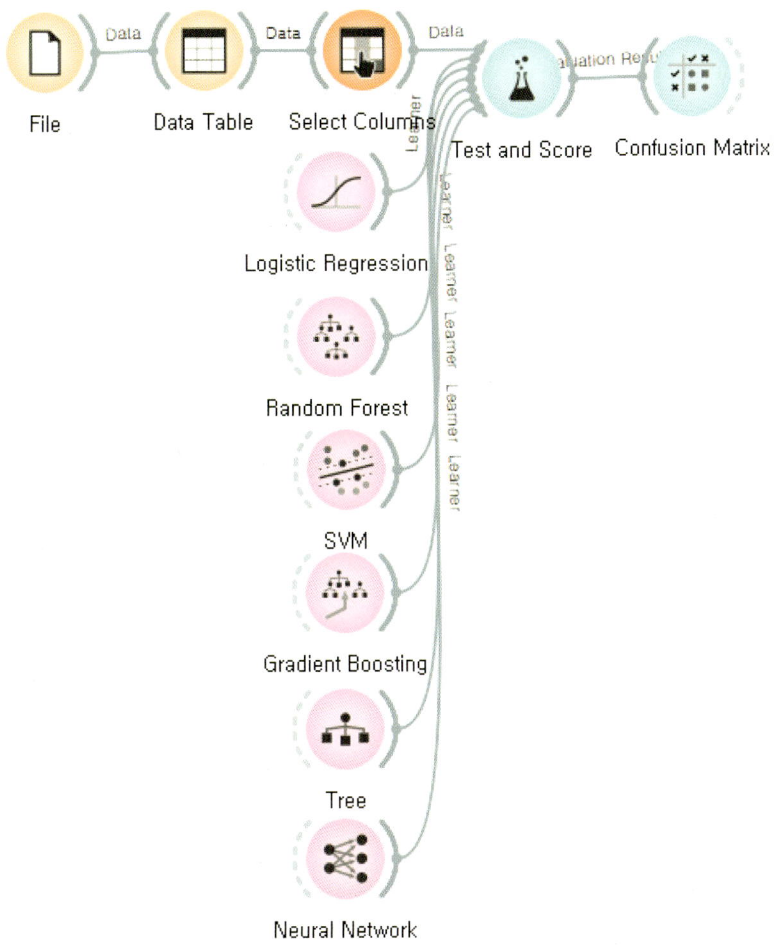

고로 뒤에서 Rank 위젯을 다루면서 이야기하겠지만, 알고리즘에 따라 목표변수에 영향을 미치는 변수들의 중요도가 달라진다. 데이터 변환 후 모델의 성능이 어떻게 변화하였는지 파악해보자.

- 데이터가 조정된 Select Columns 위젯을 Test and Score 위젯과 연결한다.
- 사용하고자 하는 방법론의 위젯 역시 Test and Score 위젯과 연결한다([그림 사례 1-20]).
- Test and Score 위젯 및 Confusion Matrix 위젯을 더블 클릭하여 평가 결과를 살펴보고, 성능의 개선 정도를 확인한다.

[그림 사례 1-20]을 보면 변화된 데이터를 통해 과연 모델의 성능이 개선되었는지를 파악하기 위해 6개의 알고리즘을 통해 평가하고 있다.

Test and Score 위젯을 더블 클릭하면 데이터 조정 후 모델의 성능 평가 결과가 나타난다. [그림 사례 1-21]에는 데이터 조정 전/후의 성능 평가가 비교되어 제시되어 있다. 결과를 살펴보면, 로지스틱 리그레션의 경우 정확도(CA)의 경우 86.7%에서 87.6%로 0.9% 포인트, 정밀도(Precision)은 66.4%에서 71.8%로 5.4% 포인트, 그리고 재현율(Recall)은 43%에서 44.1%로 1.1% 포인트 높아진 것으로 나타나고 있다. 기대했던 만큼의 극적인 상승은 아니지만 나름대로의 성능의 향상이 이루어진 것이다. 그래디언트 부스팅은 정밀도가 67.5%에서 62.6%로 4.9% 포인트 감소하였지만 재현율은 30.2%에서 33.5%로 3.5% 포인트 상승하였다. 두 지표 간 상충관계가 발생

[그림 사례 1-21] 기본 데이터 조정 전 vs. 후 성능 비교 결과

데이터 조정 전

Evaluation results for target 1

Model	AUC	CA	F1	Precision	Recall
Logistic Regression	0.842	0.867	0.522	0.664	0.430
Gradient Boosting	0.799	0.857	0.417	0.675	0.302
Random Forest	0.787	0.847	0.264	0.707	0.162
Neural Network	0.790	0.845	0.474	0.556	0.413
SVM	0.770	0.820	0.466	0.469	0.464
Tree	0.571	0.789	0.330	0.357	0.307

데이터 조정 후

Evaluation results for target 1

Model	AUC	CA	F1	Precision	Recall
Logistic Regression	0.843	0.876	0.547	0.718	0.441
Gradient Boosting	0.819	0.853	0.436	0.625	0.335
Random Forest	0.809	0.848	0.278	0.705	0.173
Neural Network	0.803	0.846	0.476	0.561	0.413
SVM	0.786	0.830	0.480	0.497	0.464
Tree	0.585	0.796	0.361	0.384	0.341

한 것을 알 수 있다. 로지스틱 리그레션 알고리즘 관점에서 중요도가 낮다고 평가된 변수들을 제거했기 때문에 로지스틱 리그레션의 평가 지표들이 상대적으로 많이 높아졌고, 대부분 알고리즘의 평가 지표 역시 조금씩 향상되었음을 알 수 있다.

[그림 사례 1-22]에 나타난 데이터 조정 전/후의 Confusion Matrix를 살펴보면, 데이터 조정 후 로지스틱 리그레션은 퇴직 예측 인원 수를 소폭 줄였지만(116명에 110명), 오히려 정확하게 예측한 퇴직자 수를 늘리고(+2명) 잘못 예측한 수를 줄였다(-8명). 이를 통해 정밀도와 재현율을 다 높일 수 있었다. 반면, 그래디언트 부스팅은 퇴직 인원 예측 수를 늘려(+16), 정확하게 예측한 퇴직자 수를 늘렸지만(+6) 잘못 예측한 퇴직자 수 역시 증가(+10)하였다. 그렇기 때문에 정밀도는 떨어졌지만 재현율은 높아졌다. 이처럼 알고리즘의 성능을 파악하기 위해서는 평가 지표와 혼동 매트릭스를 동시에 살펴보고 왜 그런 결과가 나왔는지를 제대로 이해하는 것이 반드시 필요하다는 것을 다시 한 번 강조한다.

[그림 사례 1-22] 데이터 조정 전 vs. 후 Confusion Matrix

로지스틱 리그레션

	기본 데이터			데이터 조정 후		
Predicted	유지(0)	퇴직(1)	Σ	유지(0)	퇴직(1)	Σ
Actual 유지(0)	840	39	879	848	31	879
Actual 퇴직(1)	102	77	179	100	79	179
Σ	942	116	1058	948	110	1058

그래디언트 부스팅

	기본 데이터			데이터 조정 후		
Predicted	유지(0)	퇴직(1)	Σ	유지(0)	퇴직(1)	Σ
Actual 유지(0)	853	26	879	843	36	879
Actual 퇴직(1)	125	54	179	119	60	179
Σ	978	80	1058	962	96	1058

4) 퇴직자 예측

사실 기업 입장에서 보면 과연 누가 회사를 떠날 가능성이 높은가를 아는 것이 퇴직자 예측에서 가장 중요한 사항이라고 할 수 있다. 만약 누가 떠날 가능성이 높은지를 사전에 파악할 수 있다면 회사는 원인에 대한 보다 심도 있는 분석을 통해 구체적인 대응 방안을 미리 준비할 수 있기 때문이다. 지금까지 실행해 본 기본 모델 구축과 이에 기반한 모델 개선도 결국 퇴직자 예측을 위한 기초 작업이라고 할 수 있다. 그렇다면 이제는 누가 퇴사를 고려할 가능성이 있는지를 실시간으로 파악하기 위해 모델을 활용해서 퇴직자 예측을 실행해보자.

● 기본 모델을 활용한 예측

우선 데이터를 조정하지 않은 기본 모델을 활용하여 예측을 해보도록 하겠다. 퇴직자 예측을 위해서는 예측할 데이터를 오렌지로 불러와야 한다.

- Data 카테고리에서 File 위젯을 캔버스로 끌고와서 사전에 다운로드받은 IBM 데이터 셋에서 test파일을 불러온다(파일이 헷갈리지 않도록 File 위젯을 오른쪽 마

[그림 사례 1-23] 퇴직자 예측을 위한 데이터 불러오기

우스 클릭하여 Rename을 선택하여 이름을 Test로 변경한다).

- Data 카테고리에서 Data Table 위젯을 캔버스로 끌고와 'Test' 위젯과 연결한다. 그리고 데이터를 살펴보기 위하여 Data Table 위젯을 더블 클릭한다([그림 사례 1-23]).

[그림 사례 1-23]에 나타난 데이터 정보를 살펴보면, 우리가 테스트를 수행할 분석할 행, 즉 사례(Instance)는 총 412개로 나타나 있다. 즉, 412명을 대상으로 퇴직 예측을 한다는 것이다. 변수(Feature)는 총 34개이다. 우리가 학습을 위해 train 데이터를 처음 불러들여 읽었을 때 나타난 변수가 35개였으므로 test 데이터는 train 데이터보다 1개의 변수가 적은 것이다. 이는 변수 중에서 우리가 예측해야 되는 퇴직 여부와 관련된 변수인 Attrition이 없는 것이다.

테스트 데이터를 활용하여 이제 누가 퇴직할 것인가에 대해 예측을 해보자. 예측을 하기 위해서는 테스트 데이터 외에도 예측에 사용하는 위젯, 그리고 학습을 마친 알고리즘이 필요하다. 우리가 평가를 하기 위해 Test and Score에 알고리즘을 연결할 때는 학습되지 않은 알고리즘을 연결했다. 하지만 예측을 하기 위해서는 반드시 학습이 된 알고리즘을 연결시켜야 한다.

- Evaluate 카테고리에서 Predictions 위젯을 캔버스로 끌어온다.
- Predictions 위젯에 학습이 완료된 Logistic Regression 위젯과 테스트할 데이터가 들어있는 File 위젯을 연결시켜 준다.
- Predictions 위젯을 Data Table 위젯에 연결시키고, Data Table 위젯을 더블 클릭하여 예측 결과를 살펴본다([그림 사례 1-24]).

[그림 사례 1-24]에는 총 412명의 퇴직 예측 결과를 보여주고 있다. '1'은 퇴직 가능성이 높은 것으로 예측된 구성원 그리고 '0'은 유지 가능성이 높은 구성원이다. 그리고 위의 변수명을 누르면 결과를 분류하여 볼 수 있다. 예를 들어, Logistic Regression 변수명이 써진 셀을 누르면 퇴직자(1), 비퇴직자(0) 기준으로 결과를 분류하여 보는 것이 가능하다. Age 변수명이 써진 셀을 누르면 나이가 많은 순, 또는 적은 순으로 데이터가 분류된다. 그리고 처음 순서대로 다시 보고 싶으면 왼쪽 아래에 있는 'Restore Original Order'를 누르면 된다.

[그림 사례 1-24] 퇴직자 예측을 위한 모델 워크플로우 및 결과

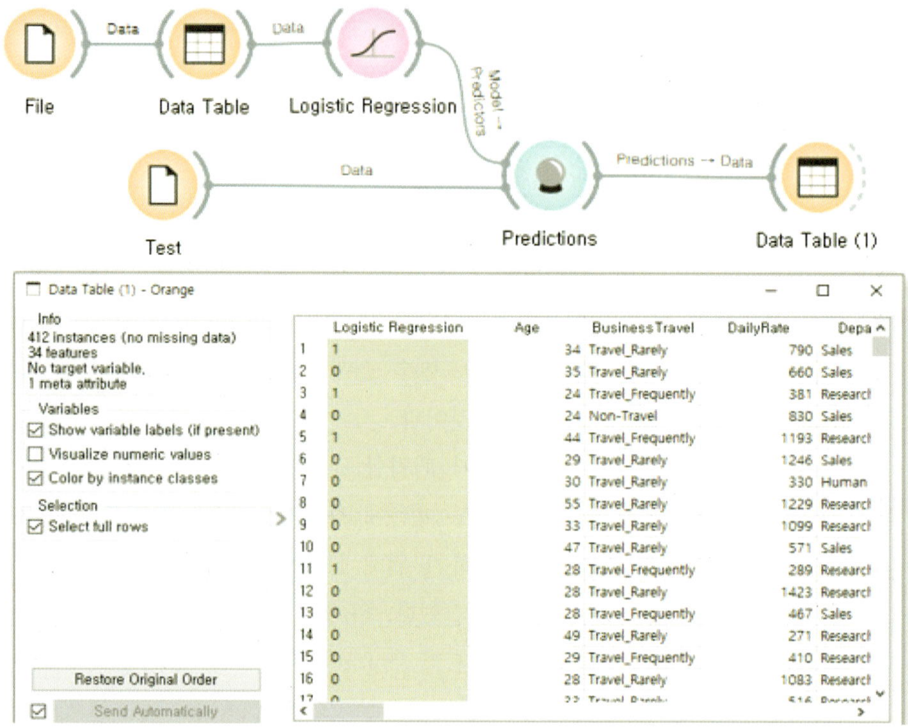

퇴직자 예측을 할 때 부서, 역할, 학벌 등 변수의 특성에 따른 결과 및 차이를 보기 위해 데이터의 일부를 따로 떼어내어 예측하기를 원할 수 있다. 데이터의 일부만을 선택하여 예측해보자.

- 테스트 데이터가 들어 있는 File 위젯을 새로운 Data Table 위젯에 연결한다.
- Data Table 위젯을 더블 클릭하여 데이터를 열고, 원하는 데이터를 선택한다(데이터를 선택하는 방법은 엑셀 등과 동일하게 [Ctrl] 키를 누르고 원하는 데이터를 선택하거나 [Shift] 키를 누르고 원하는 범위를 선택하면 된다).
- Data Table 위젯을 Predictions 위젯과 연결하고, 결과를 확인하면 된다[그림 사례 1-25].

[그림 사례 1-25] 선택 데이터 예측

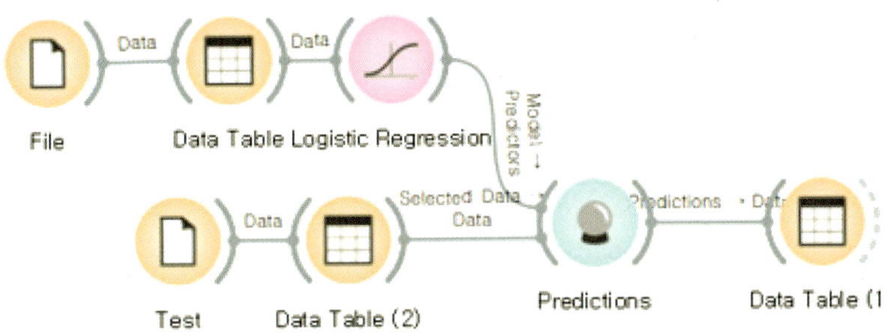

	Logistic Regression	Age	BusinessTravel	DailyRate	Departme
1	1	18	Travel_Frequently	544	Sales
2	0	20	Travel_Rarely	727	Sales
3	0	20	Travel_Rarely	1141	Sales
4	1	21	Travel_Rarely	501	Sales
5	1	21	Travel_Rarely	337	Sales

[그림 사례 1-25]를 보면 선택된 데이터만이 예측이 되었다는 것을 알 수 있다. [Ctrl + A]를 눌러 전체 데이터를 선택하거나 또는 아무 데이터도 선택하지 않은 경우는 바로 'Test' 위젯에서 연결한 것과 동일한 결과를 얻는다.[8]

알고리즘 간 예측 결과 비교를 위해 여러 알고리즘을 동시에 활용하여 예측하는 것도 가능하다.

- 활용하고자 하는 알고리즘을 Model 카테고리에서 선택해서 캔버스로 끌어온 후(본 사례에서는 로지스틱 리그레션, 그래디언트 부스팅 두 알고리즘을 사용), train 데이터가 들어있는 Data Table 위젯과 연결시켜 학습을 완료토록 한다.
- 학습이 완료된 Logistic Regression 위젯 및 Gradient Boosting 위젯을 Predictions 위젯과 연결한다. 물론 'Test' 위젯도 Predictions 위젯과 연결한다[그림 사례 1-26].
- Predictions 위젯을 더블 클릭하여 결과를 확인한다[그림 사례 1-27].

8 [그림 사례 1-25]에서 Data Table(2) 위젯과 Predictions 위젯의 연결선을 더블 클릭하여 Selected Data를 Data로 변경하여 연결해주면 Predictions 위젯 위에 X표가 뜨지만 예측은 동일하게 이루어진다.

[그림 사례 1-26] 다수의 알고리즘을 활용한 예측

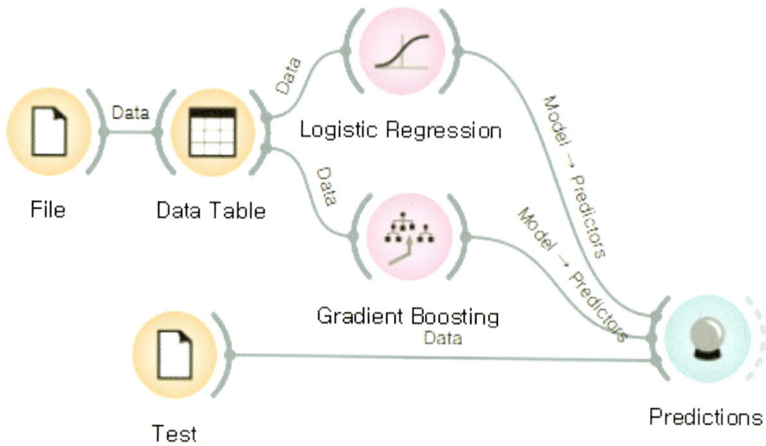

두 개의 알고리즘을 활용하여 예측한 내용을 Data Table 위젯과 연결하여 나타난 결과가 [그림 사례 1-27]에 제시되어 있다.

[그림 사례 1-27] 알고리즘 간 예측 결과 비교

	Logistic Regression	Gradient Boosting	Age	BusinessTravel	Da
1	1	1	34	Travel_Rarely	
3	1	1	24	Travel_Frequently	
5	1	0	44	Travel_Frequently	
11	1	0	28	Travel_Frequently	
20	1	1	29	Travel_Rarely	
25	1	0	23	Travel_Rarely	
29	1	1	50	Travel_Frequently	
53	1	1	35	Travel_Rarely	
80	1	1	22	Non-Travel	
85	1	0	45	Travel_Rarely	
86	1	1	45	Non-Travel	
96	1	1	18	Travel_Frequently	
110	1	1	35	Travel_Rarely	
111	1	1	24	Travel_Frequently	
114	1	1	40	Travel_Rarely	
115	1	0	29	Travel_Rarely	
121	1	0	[illegible]	Travel_Rarely	

[그림 사례 1-27] 결과를 살펴보면 두 알고리즘의 예측 결과가 상이하게 나타난다. 실제 로지스틱 리그레션 알고리즘은 전체 인원의 12.1%인 50명을 퇴직 가능성이 높다고 분석하였다. 그리고 그래디언트 부스팅 알고리즘은 전체 인원의 15.3%인 63명을 퇴직 가능성이 높다고 예측했다. 그런데 두 방법론 모두 동일하게 퇴직을 예측한 건수는 30명이었다.

[표 사례 1-4] 두 알고리즘의 예측 결과

내용	건수	%
두 방법론 모두 퇴직 예측	30	7%
로지스틱스 리그레션만 퇴직 예측	20	5%
글래디언트 부스팅만 퇴직 예측	33	8%
두 방법론 모두 유지 예측	329	80%
합계	412	100%

실무자 입장에서는 당황할 수 있지만, 이것은 어떻게 보면 당연한 결과일 수 있다. 알고리즘이 문제 해결 방식을 어떻게 보는가에 따라 결과가 달라질 수밖에 없기 때문이다. 결국 분석 알고리즘을 선택하는 것에는 정해진 공식은 없다. 학습 데이터로 검증해보고 성능이 월등한 알고리즘이 있으면 그것을 선택하는 것이 일반적이다. 또는 다수의 결과를 통합해 사용하는 것도 가능하다. 결국, 맥락을 판단해서 선택할 수밖에 없다. 그렇기 때문에 이를 제대로 판단할 수 있는 통찰력과 그렇게 판단할 수밖에 없는 스토리와 이유를 제시할 수 있는 역량이 바로 피플 애널리틱스를 수행하는 책임자 및 실무자가 갖춰야 할 핵심역량이라 할 수 있다.

고도화된 모델을 활용한 예측

우리는 앞에서 모델의 예측 성능 제고를 위한 고도화 작업을 진행하였다. 데이터의 패턴을 파악하는 데 도움이 되지 않는다고 판단한 몇몇 변수들을 제거하였고, 이를 통해 모델의 성능을 조금이나마 높일 수 있었다. 그렇다면 이번에는 고도화된 모델을 가지고 예측 작업을 진행해 보자. 고도화된 모델을 활용한 예측도 기본 모델과 크게 다르지 않다. 다만 학습 과정에서 일부 변수가 제거되었기 때문에 테스트 데이터에서도 해당 변수를 제외해서 예측해야 한다.

- 모델의 성능을 개선하기 위해 일부 변수 조정을 한 Select Columns 위젯에 Logistic Regression 위젯을 연결하여 학습을 시킨다.
- 'Test' 위젯을 새로운 Select Columns 위젯과 연결하고, 새로운 Select Columns 위젯을 더블 클릭하여 나타난 창에 기존 Select Columns 위젯에서 조정한 동일

[그림 사례 1-28] 고도화 모델을 활용한 예측

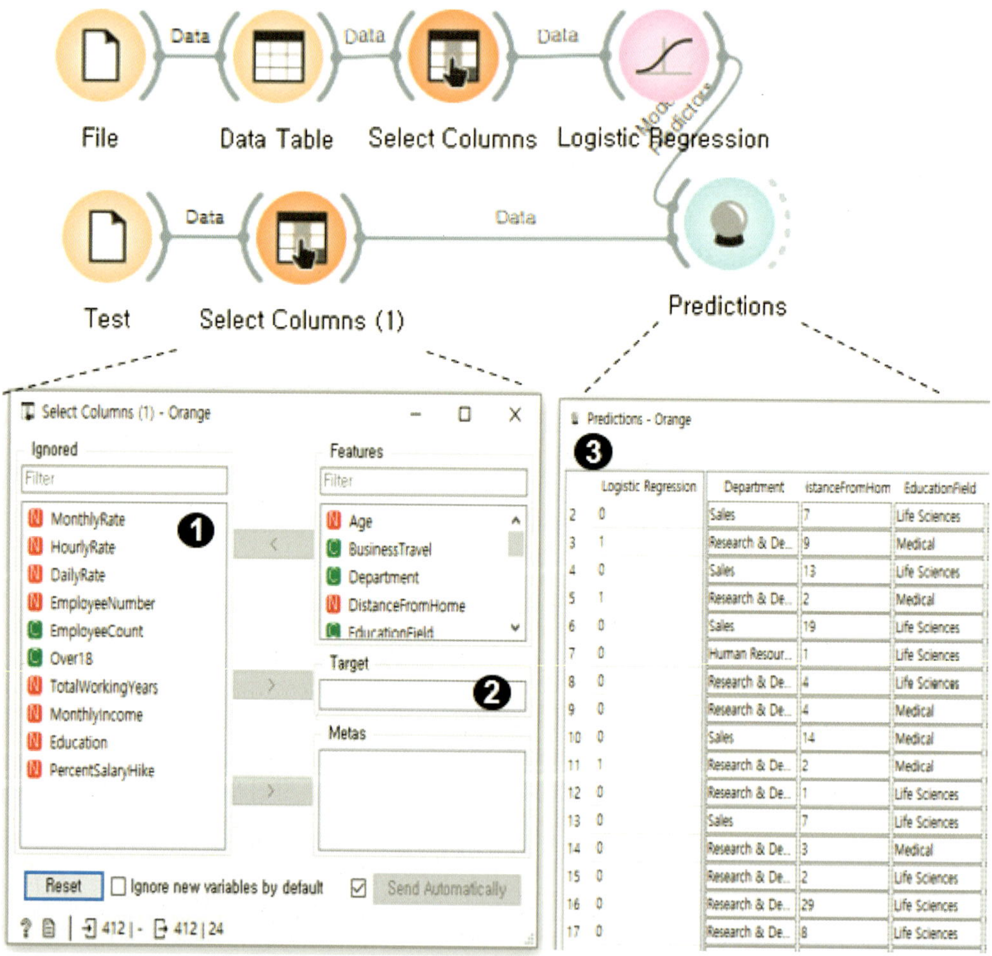

한 변수를 Features 칸에서 선택하여 Ignored 칸으로 화살표를 사용하여 이동시킨다([그림 사례 1-28] ① 영역). 원래 빈칸이었던 Target 칸은 그대로 놔둔다(② 영역).

- 학습이 완료된 Logistic Regression 위젯과 변수가 조정된 새로운 Select Columns 위젯을 Predictions 위젯에 연결한다.
- Predictions 위젯을 더블 클릭하여 결과를 확인한다(③ 영역).

고도화 모델의 예측 결과를 살펴보면, 이 모델이 예측한 퇴직 가능성이 높은 인원의 수는 39명으로 전체 인원의 9.5%였다. 기본 모델로 예측한 경우보다 퇴직할 가능성이 높다고 예측한 인원 수가 줄어든 것이다. 또한 기본 모델과 고도화 모델 간 예측에 있어 예측 결과가 다른 경우도 나타난다는 것을 알 수 있다. 결과를 분석할 경우에는 이러한 점을 인식하고, 필요한 대응 방안을 마련하는 것이 필요하다.

5) 추가 분석을 통한 시사점 도출

지금까지 퇴직자 예측을 위한 다양한 작업을 해봄으로써 모델의 성능 평가, 퇴직/유지에 중요한 영향을 미치는 변수, 그리고 퇴직자 예측을 어떻게 하는지 등에 대해 알아보았다. 이제는 Rank 위젯을 활용한 변수의 중요도 파악, 재직자의 직무 몰입도에 영향을 미치는 변수에 대해 알아보자. 이를 통해 퇴직 현상 뒤에 숨어 있는 시사점을 찾아보자.

● Rank 위젯을 활용한 변수의 중요도 파악

Rank 위젯은 데이터 변수의 관련성을 기준으로 중요도 순위를 지정하는 역할을 수행한다. 정보 이득(Information Gain), 지니 불순도 감소(Gini Decrease) 등과 같은 내부 점수척도(Scorer)와 선형 리그레션, 로지스틱 리그레션, 랜덤 포레스트, 그래디언트 부스팅 같은 알고리즘을 기반으로 이산 또는 목표변수와의 상관관계에 따라 변수 점수를 도출한다. 이러한 Rank 위젯을 활용하여 목표변수(Target)와 관련성이 높은 변수를 확인하고, 분석에 활용할 변수를 취사선택하는 것이 가능하다. 그렇다면 Rank 위젯을 사용해 변수의 중요도를 파악해 보자.

- File 위젯을 캔버스로 끌어와 IBM 데이터 셋 중 train 데이터를 불러오고, Attrition 변수를 feature에서 target으로 변환시킨다(이미 작업이 완료된 기존 위젯을 사용하면 편리하다).
- Data 카테고리에서 Rank 위젯을 끌고와 File 위젯과 연결한다.
- Model 카테고리에서 Logistic Regression 위젯, Random Forest 위젯, Gradient Boosting 위젯을 캔버스로 끌어와 Rank 위젯과 연결시킨다.
- Rank 위젯을 더블 클릭하여 내용을 확인한다([그림 사례 1-29]).

우선 Rank 위젯 출력 결과물의 구성 요소를 살펴보자.

① 영역에서는 변수의 중요도를 결정할 점수 도출 방법을 선택한다. 현재는 정보 이득(Information Gain), 지니 불순도 감소(Gini Decrease)가 선택되어 있다.
정보 이득은 데이터의 엔트로피(복잡성/불확실성)를 구한 다음에 이 값을 활용하여 목표변수를 더 잘 구분할 수 있도록 엔트로피를 감소시켜 주는 예상 정보량을 의미한다. 예를 들어, 대학 입시에 수학 점수가 체육 점수보다 당락에 미치는 변별력이 크다면 수학 점수의 정보 이득이 크다고 말할 수 있다. 지니 불순도 감소(Gini Decrease)는 데이터의 통계적 분산 정도를 정량화하여 불순도를 측정한 후, 불순도를 낮추는 데 기여한 정도를 측정하여 중요 변수를 선정한다.

② 영역에서는 출력 방식을 선택한다. None은 제시되는 변수에 어떤 음영 표시도 하지 않는 것을 의미한다. All은 제시되는 모든 변수에 음영 처리를 하라는 의미다. Manual은 오른쪽 테이블에서 음영을 처리할 변수를 선택한다. 그리고 Best ranked는 가장 높은 순위의 변수 n개에 음영을 표시한다. [그림 사례 1-29]에서는 Best ranked 5가 디폴트로 선택되어 있기 때문에 오른쪽 화면에서 위의 5개 변수에 음영이 처리되어 있다.

③ 영역에서는 정보 이득, 지니 불순도 감소 외, Logistic Regression, Random Forest, Gradient Boosting 등 우리가 Rank 위젯에 연결한 알고리즘별로 퇴직(Attrition)에 영향을 미치는 주요 변수의 점수가 제시되어 있다. 지금은 랜덤 포레스터 탭을 클릭하여 선택했기 때문에, 해당 알고리즘 기준으로 중요 변수가 순서대로 정리되어 있다.

[그림 사례 1-29] Rank 위젯을 활용한 중요 변수 파악

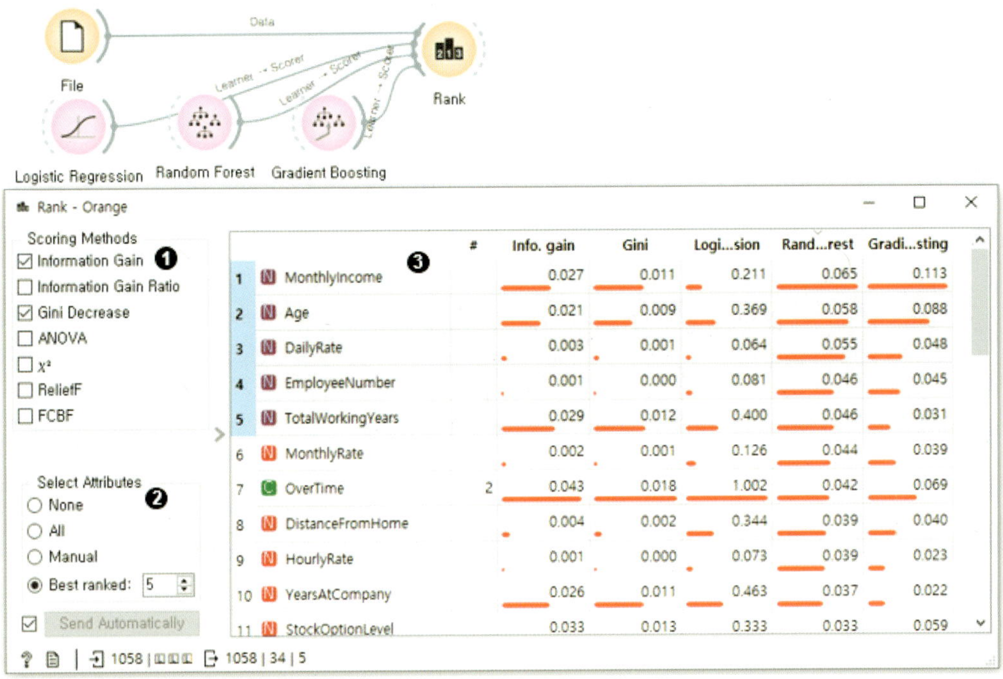

[그림 사례 1−29]의 결과를 살펴보면 방법에 따라 변수 중요도 순위가 차이가 난다는 것을 알 수 있다. 얼핏 보면 정보 이득, 지니 불순도 감소, Logistic Regression의 순위가 유사하고, Random Forest와 Gradient Boosting의 평가 순위가 유사한 것으로 보인다. Random Forest와 Gradient Boosting의 월 수입(MonthlyIncome), 연령(age) 등의 변수가 중요하게 평가된 반면, 로지스틱 리그레션은 초과 근무 여부(Overtime), 직무 역할(JobRole), 출장(BusinessTravel) 등이 중요한 변수로 제시되고 있다. 좀 더 구체적으로 살펴보기 위해 관련 데이터를 엑셀 등 스프레드시트 파일로 저장해보자.

- 새로운 Data Table 위젯을 캔버스로 끌어와 Rank 위젯과 연결한다.
- Rank 위젯과 Data Table 위젯의 연결선을 더블 클릭하여, Reduced Data를 Scores로 바꿔 연결하고 OK를 누른다([그림 사례 1−30]의 ① 영역). 연결선 위의

표시가 Reduced Data에서 Scores로 변화된 것을 알 수 있다. Reduced Data는 전체 변수 중에서 중요하다고 평가된 변수만 보여준다. 즉, Reduced Data로 연결되면 Select Attributes 칸에서 Best ranked 5가 디폴트로 선택되어 있기 때문에 목표변수와 중요도가 높은 5개 변수만 테이블에 나타난다.

- Data Table 위젯을 더블 클릭하여 내용을 살펴본다([그림 사례 1-30]의 ② 영역).
- Data Table 위젯과 Save Data 위젯을 연결하고, Save Data 위젯을 더블 클릭하여 엑셀 파일 등으로 변환하고 저장한다.

[그림 사례 1-30] Rank 위젯의 평가 결과 저장

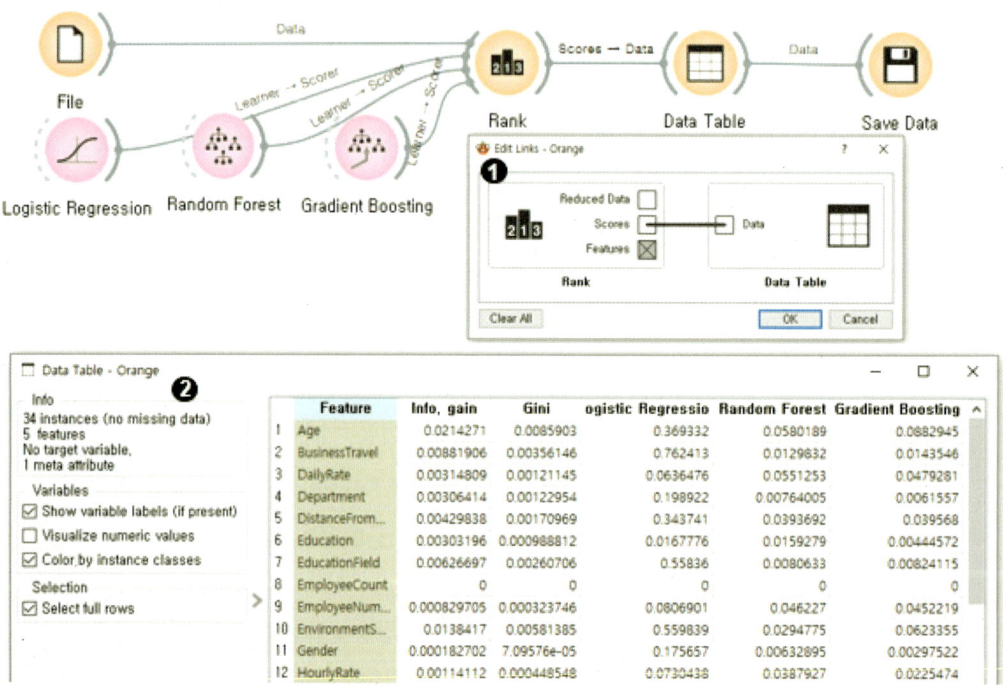

데이터 테이블에 들어 있는 내용을 보면, 데이터에 들어있는 총 34개 변수에 대해 5개 평가 방식에 따른 변수의 중요도 평가 결과가 나타나 있다. 5개 방법 모두 중요도가 낮다고 평가한 변수는 우선적으로 분석에서 제외할 것을 고려할 수 있다. 로지스틱 리그레션과 랜덤 포레스트 두 알고리즘이 퇴직과 관련하여 중요하다고 평가

한 상위 10개 변수들이 [그림 사례 1-31]에 나타나 있다.

[그림 사례 1-31] 알고리즘별 퇴직에 미치는 변수 영향도

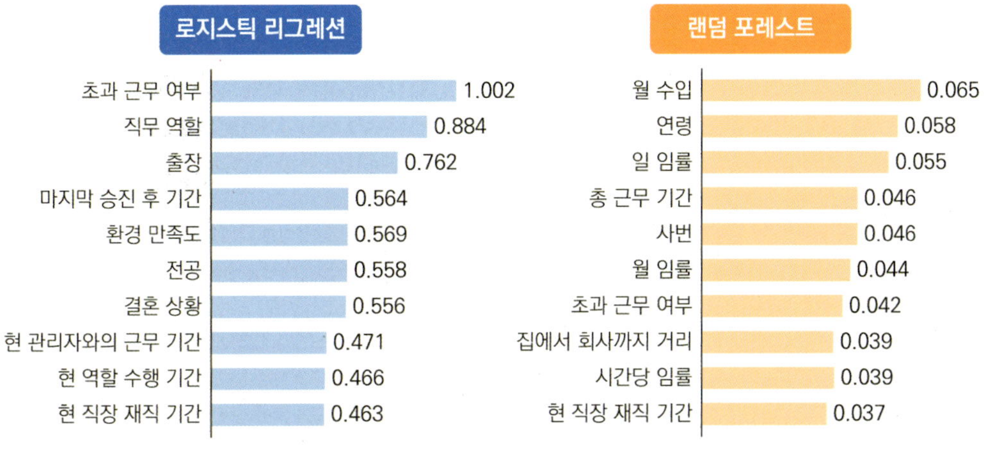

상위 10개 변수 중 두 알고리즘 간 공통적으로 나타나는 변수는 초과 근무 여부와 현 직장 재직 기간 두 개 변수에 불과하다. 랜덤 포레스트의 경우 보상 관련 변수들이 상대적으로 중요 변수로 제시되고 있다. 결국 이와 같이 알고리즘에 따라 결과가 상이한 경우에는 어느 방법론이 회사의 상황을 더 잘 설명해주고 있는가를 판단해서 선택해야 한다.

● 재직자 직무 몰입도에 영향을 미치는 요소 파악

이번에는 재직자의 직무 몰입(Job Involvement) 관련 분석을 해보자. 직무 몰입은 자신이 하고 있는 일이 의미가 있고 중요하다고 생각하고 개인이 적극적으로 자신의 업무를 잘하기 위해 몰두하는 것이라고 말할 수 있다. 직무 몰입도가 높은 구성원들은 스스로 끊임없이 학습하고 경쟁력을 확보하도록 스스로 동기부여를 한다. 그런데 구성원의 직무 몰입도가 낮으면 조직 및 개인의 성과 역시 저하될 수밖에 없고 구성원들이 회사를 떠날 가능성이 높다. 실제 데이터를 확인해보자.

• Data 카테고리에 있는 File 위젯을 캔버스로 끌어온 후, train 파일을 불러온다.

- Visualize 카테고리에서 Sieve Diagram 위젯을 캔버스로 끌어온 후, File 위젯과 연결한다.
- Sieve Diagram 위젯을 더블 클릭하여 나온 창에서 위쪽 왼쪽 칸에는 Attrition 변수를, 오른쪽 칸에는 JobInvolvement 변수를 선택한다([그림 사례 1-32]).

[그림 사례 1-32] 직무 몰입과 퇴직과의 관계 파악

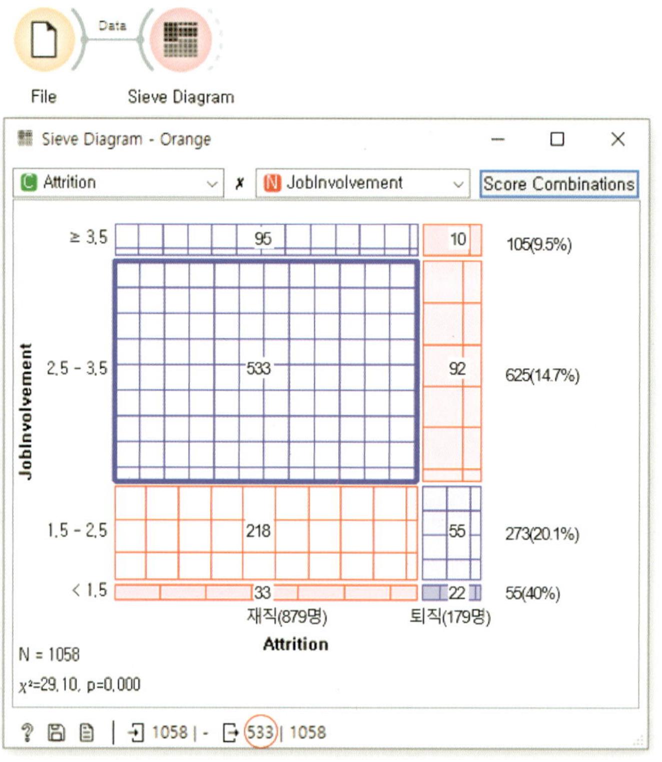

Sieve Diagram에서 각 칸의 숫자를 알고 싶으면, 네모 칸을 클릭하면 된다. 그림에서는 재직자 중 직무 몰입도 점수가 3점인 칸을 클릭했기 때문에 해당 네모 칸 둘레의 선이 두꺼워졌고 아래에 숫자 533이 나타나 있다. [그림 사례 1-32]에서 보듯이 실제 숫자를 분석해 보면, 직무 몰입도가 낮을수록 퇴직률이 높은 것으로 나타나고 있다. 전체 재직자 879명 중 직무 몰입도 점수가 3점 이상인 사람은 총 628명(533명+95명)으로 비율이 71%인 반면, 퇴직자 179명 중 직무 몰입도 점수가 3점 이상인

사람은 총 102명으로 비율은 57%이다.

재직자의 직무 몰입도와 관련된 요소를 알아보기 위해서는 기존 활용한 'train' 데이터의 일부 조정 작업이 필요한다. 엑셀 등 스프레드시트에서 작업하자.

- 퇴사한 구성원들의 행은 제거하고(Attrition = 1), 퇴사하지 않은 구성원들(Attrition = 0)의 데이터만 남겨놓는다.
- 퇴직 변수(Attrition) 열을 삭제한다.
- 직무 몰입 변수(JobInvolvement)의 값 1, 2, 3, 4 중 1과 2는 0으로, 그리고 3과 4는 1로 변환하고, 별도의 원하는 이름으로 저장한다.

데이터를 조정하고 저장이 완료되었다면, 이제 파일을 Orange로 불러오자.

- Data 카테고리에 있는 File 위젯을 캔버스로 끌어온다.
- File 위젯을 더블 클릭한 후 나오는 로딩 창에서 직무 몰입 분석을 위해 변환하여 저장했던 파일을 찾아 불러온다(train_Involvement라는 파일을 다운로딩해서 활용 가능). File 위젯을 마우스 오른쪽 클릭, Rename을 선택하여 위젯 명을 'Job Involvement'로 바꾸어 준다.
- 파일이 로딩되면 JobInvolvement(직무 몰입) 변수를 'feature'에서 'target'으로 변환해 준다([그림 사례 1-33]).

[그림 사례 1-33]을 보면, 로딩된 데이터는 총 879개의 사례(Instance), 즉 퇴직하지 않은 구성원 879명의 정보를 가지고 있다. 그리고 총 변수(Feature)는 기존 변수에서 퇴직 여부 관련 변수가 삭제되었기 때문에 총 34개로 나타나 있다. 그럼 Rank 위젯을 사용하여 직무 몰입도는 낮추는 데 영향을 미치는 변수들의 중요도를 알아보자. 작업 워크플로우 및 결과는 [그림 사례 1-34]에 나타나 있다.

[그림 사례 1-33] 재직자 직무 몰입 분석을 위한 데이터 로딩

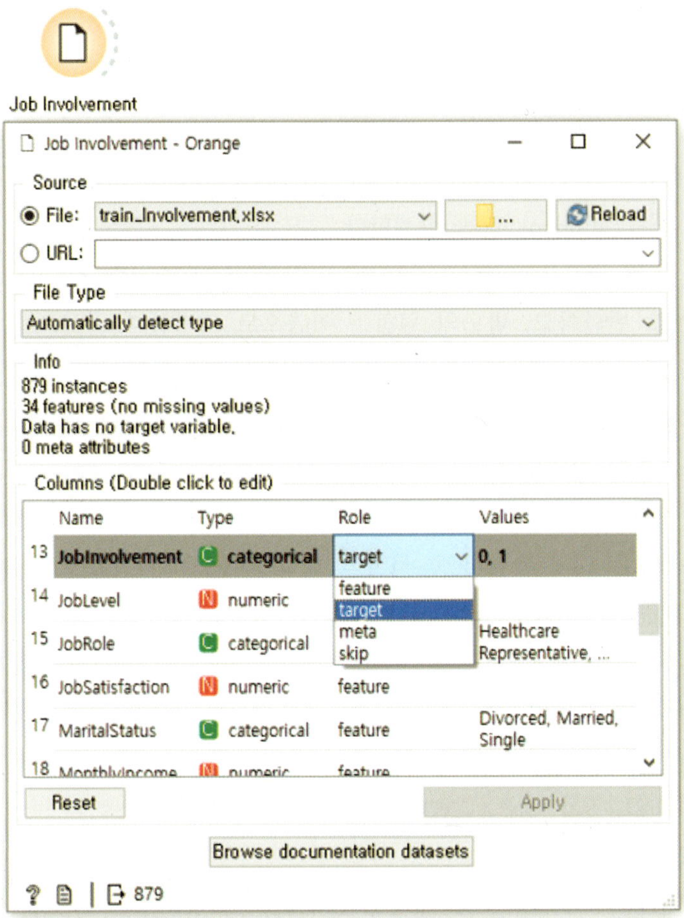

[그림 사례 1-34]에는 Logistic Regression, Random Forest, Gradient Boosting 등 세 가지 알고리즘별 직무 몰입도에 영향을 미치는 주요 변수가 그래디언트 부스팅을 기준으로 높은 순으로 제시되어 있다. 퇴직과 마찬가지로 회귀와 트리 기반의 앙상블 알고리즘에 있어 변수 중요도의 차이가 발생하고 있다. 추가 스프레드시트 작업을 통해 재직자 직무 몰입에 중요한 영향을 미치는 변수들은 비교 분석한 결과는 [그림 사례 1-35]에 제시되어 있다.

[그림 사례 1-34] 재직자 직무 몰입 요소 파악을 위한 워크플로우 및 결과

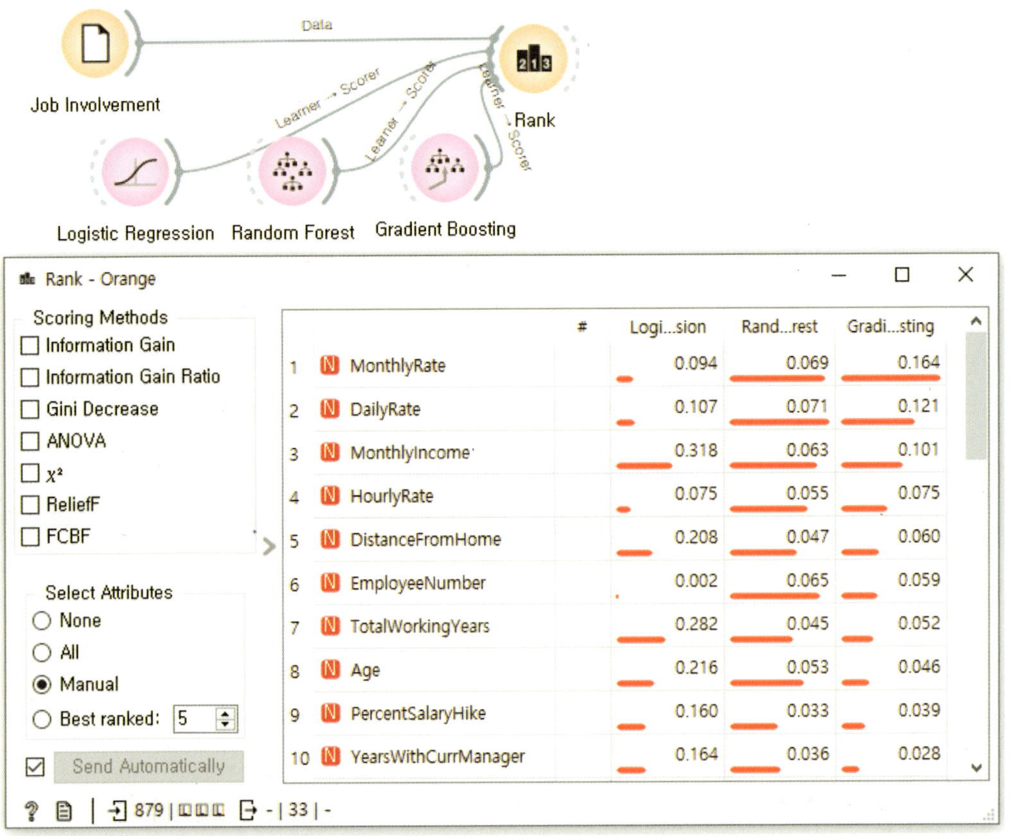

로지스틱 리그레션은 직무 역할, 즉 회사에서 어떤 일을 수행하느냐가 직무 몰입에 영향을 미치는 가장 중요한 요인이라고 제시하고 있다. 반면, 랜덤 포레스트는 월 또는 일 임금의 지급 수준이 구성원 직무 몰입에 미치는 중요한 변수로 제시하고 있다. 또한 두 방법론 모두 월 수입, 총 근무 기간, 연령, 집에서 회사까지 거리, 현 관리자와의 근무 기간 등의 변수가 직무 몰입에 중요한 영향을 변수라고 말하고 있다. 보상, 역할, 일하는 환경 등이 직무 몰입에 중요한 영향을 미친다는 것이다.

[그림 사례 1-35] 알고리즘별 직무 몰입에 영향을 미치는 주요 변수

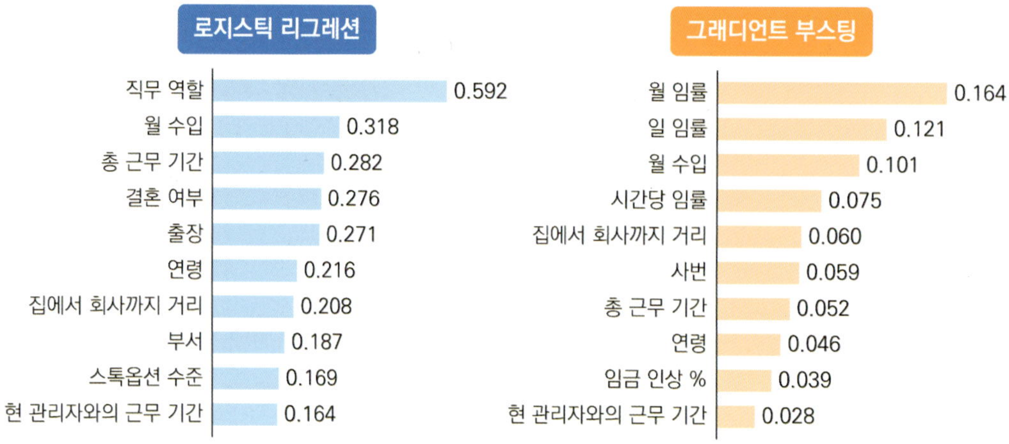

기업은 퇴직자 예측 분석을 통해 따른 퇴직 고위험군의 예측뿐만 아니라 퇴직에 영향을 미치는 주요 요인, 그리고 왜 그들이 퇴직하는 지에 대한 원인을 인식할 수 있어야 한다. 그렇기 때문에 다양한 관점에서 심도 있는 추가 분석이 필요하다. 그래야만 제대로 된 대응 전략을 마련할 수 있기 때문이다.

3. 시사점 도출

퇴직 관련 이슈는 향후 개선되기 보다는 더욱 악화될 가능성이 높다. 과거와 같이 안정적 퇴직 관리가 이루어지기가 힘들 것이라는 점이다. 하지만 이러한 위기는 또한 큰 기회로 작용할 수 있다. 구성원들이 원하는 변화를 듣고 이해하고, 원칙과 기준 하에 구성원들의 성장을 이끌고 신뢰를 구축할 수 있나면 퇴사를 낮추고 타 조직 대비 강력한 경쟁우위를 확보할 수 있기 때문이다. 따라서 HR은 피플 애널리틱스 등을 통해 퇴사의 원인을 인식하고 필요한 조치들을 우선순위에 따라 취해야 한다.

퇴직자 예측은 단순히 누가 퇴직할 것인가를 예측하는 것에만 초점을 두어서는 안 된다. 기업은 구성원의 퇴직 의사를 가능한 한 빨리 예측할 뿐만 아니라, 그 구성원이 왜 이러한 퇴직 의사를 가지고 있는지를 해석하고 설명할 수 있어야 한다. 어

떤 유형의 구성원들이 떠나는 경향이 있는지, 어떤 특징이 퇴사하는 데 영향을 미치는지에 대해 보다 잘 이해해야 필요한 대책을 적기에 수립할 수 있기 때문이다.

사례에서 보듯이 피플 애널리틱스를 활용한 퇴직자 예측 모델은 구성원 및 조직 특성에 따른 퇴직 고위험군이 누구인지, 퇴직에 영향을 미치는 주요한 요인이 무엇인지에 대한 인식이 가능하다. 이러한 분석과 이해를 바탕으로 기업은 전사 차원의 인사제도 수립 및 조직문화 활동을 보완함으로써 현재와 미래 고용 브랜드를 유지하고 구성원들의 퇴사율을 낮출 수 있는 방안을 모색할 수 있다. 사례에서 얻은 시사점을 정리해보자.

금전적 보상에 대한 원칙 설정

보상 요인은 본 사례에서 구성원들이 회사를 떠나거나, 직무 몰입을 높이는 데 중요한 요인으로 작용하는 것으로 나타나고 있다. 금전적 보상을 통해 구성원들은 회사가 자신의 가치를 인정했다는 것을 앎으로써 만족감을 얻고, 동시에 매년 자신의 업무 실적을 재검토하면서 자극을 받기 때문이다. 따라서 최근 기업들은 고성과자들에게 고임금을 보장함으로써 이들의 동기를 더 높은 수준으로 유지할 뿐만 아니라 조직에 대한 충성심도 높이려고 하는 성과주의 보상을 많이 활용하고 있다.

사람들이 금전에 의해 주로 동기부여가 되고 개별 인센티브 지급이 창조성과 생산성을 유도하고 한다는 주장에 대해 많은 반박들이 있다. 성과에 의한 개별적 차등 제도는 팀워크를 약화시키고 단기간의 성과에 초점을 두도록 조장하며, 구성원들을 눈치꾼으로 만드는 경향이 있다는 것이다. 또한 성과주의 인사를 통해 부여되는 높은 동기 수준이 꼭 좋은 성과를 내지 못할 수 있다. 대표적인 예가 중압감에 의한 경직 현상(Choking under Pressure)이다. 즉, 높은 동기 수준이 심리적 부담이나 강박감을 일으켜 오히려 성과를 떨어트리는 부정적 효과를 야기할 수 있다는 것이다. 금전적 보상은 양날의 검과 같이 분명한 장점과 단점이 있다. 하지만 분명한 것은 구성원들은 금전적 보상에 관심이 많다는 것이다. 특히 젊은 MZ 세대들은 당장의 보상에 기존 세대들보다 신경을 많이 쓴다. 그렇기 때문에 퇴직 관리에 있어 금전적 보상을 어떻게 운영할 것인가는 중요한 과제이다.

금전적 보상이 중요하다는 것은 알지만 이를 효과적으로 실행하는 것은 매우 어려운 일이다. 성과관리를 통한 평가·보상은 조직 내에서 승자와 패자를 구분한다. 사실 성과관리 결과에 대해 만족하는 구성원보다 만족하지 못하는 구성원들이 훨씬 많다. 상위 등급의 평가를 받은 10~30%를 제외한 대부분의 구성원들이 불만을 가질 수밖에 없기 때문이다. 게다가 구성원들은 일반적으로 자신들의 보상 만족의 준거 기준을 언제나 자신보다 보상을 많이 받는 집단에 두기 때문에 매우 주관적이다. 따라서 보상 관리는 아무리 잘해야 본전인 경우가 대부분이다.

결국 중요한 것은 조직 내에서 이루어진 보상을 구성원들이 정의롭다고 판단하느냐 하는 것이다. 금전적 보상이 주어졌을 때 구성원들은 그것이 옳은 결과인지 그렇지 않은지에 대해 판단을 한다. 즉, 조직의 구성원들은 자신들이 실현한 성과에 대해 인정받고, 마땅히 받아야 할 몫을 받았다고 느껴야 보상이 옳은 결과이고 조직 내에서 진정한 정의가 이루어졌다고 생각한다. 그런데 구성원들이 생각하는 보상에 대한 정의는 조직 간, 세대 간, 구성원 간에도 차이가 발생한다. 반면, 기업 입장에서의 보상은 구성원들의 태도, 일하는 방식 등을 변화시켜 기업이 지속적으로 경쟁력을 가지고 생존할 수 있는 성과 창출을 촉진하는 데 그 목적이 있다. 그렇기 때문에 조직이 생각하는 보상의 원칙을 세우고, 구성원들과 의사소통하면서 구성원들이 생각하는 정의에 부합될 수 있도록 제도를 설계하고 보완해야 한다. 이때 중요한 것이 기업의 보상 철학과 원칙을 구성원들에게 제대로 전달하고, 구성원들의 의견을 수렴하되 조직이 지켜야하는 원칙에 대해서는 구성원들과 공감대를 형성해 나가는 것이다.

급여 인상이나 인센티브 제공 같은 금전적 보상은 퇴직 관련 문제를 신속하게 해결할 수 있는 효과적 수단이 분명하다. 하지만 이러한 물질적 특전 제공은 문제를 해결하는 데 한계가 있고 장기적 관점에서 오히려 부작용을 가져올 수 있다. 또한 구성원들은 금전적 보상을 원하지만, 동시에 그 이상의 가치를 조직과 관리자들로부터 느끼고 싶어 한다. 퇴사에 대한 기업의 대응이 금전적 보상뿐이라면 기업은 자신도 모르게 구성원들이 자사에 근무해야 할 이유가 오로지 급여 때문이라고 말하고 있는 것이다.

MZ 세대에 대한 근무 조건과 심리적 안전 제공

단기적 관점에서 금전적 보상이 구성원 유지의 핵심이라고 한다면, 중기적 관점에서는 출장, 초과근무, 교육, 관리자와의 관계 등과 같은 근무 환경이 퇴직 관리의 주요 포인트라고 할 수 있다. 특히 퇴직이 보다 활발하게 이루어지는 젊은 세대들을 타겟으로 근무 환경을 개선해 주고, 그들이 보다 심리적으로 안전감을 느낄 수 있도록 해주는 것이 필요하다.

최근 정년 연장, MZ 세대로 대표되는 신세대 인재의 입사 등으로 기업 내에서 구성원들의 세대 스펙트럼이 더 넓어지고 있다. 인적 구성의 다양성 확대는 창의와 혁신의 토대가 되기도 하지만, 갈등과 불협화음이란 부작용도 존재한다. 신세대들은 인터넷 및 IT 기기와 매우 친숙하기 때문에 소셜 네트워크를 효과적으로 활용하여 소통하는 관리자를 원하고, 지식을 보유하는 것 못지않게 공유하는 것도 중요하다고 생각한다. 또한 집단 속의 개인이 아니라 독립적 개인이 모인 집단으로 인식하는 경향이 강하고, 간섭을 하는 것도 간섭을 받는 것에도 익숙하지 않다. 위계나 권위주의에 익숙하지 않은 것이다. 동시에 미래를 위한 치열함 못지않게, 더 자유롭고 여유로운 현재 생활도 중시하는 경향이 있다. 그런데 조직 리더들이 신세대의 이러한 특징들을 제대로 이해하지 못하고 과거와 같이 포지션 파워에만 의지하여 관리하려는 경우 서로에 대한 불만과 불신이 발생할 수 있다. 즉, 젊은 세대들은 자신들의 새로운 생각과 감각을 받아들이지 않고 기존 관행만 답습하는 답답한 관리자라고 인식하는 반면, 기존 세대들은 신세대들이 자신들의 경험과 지혜를 무시한다고 생각할 수 있다.

그렇기 때문에 수직적·수평적 커뮤니케이션 활성화를 통해 리더와 부하 간 상호 이해의 폭을 넓히는 것이 필요하다. 특히, 젊은 구성원들이 제시하는 이질적이거나 독특한 아이디어를 폄하하지 않고, 그 밑에 숨어 있는 의미를 찾아내고 지속적으로 발전시켜 사업에 실질적으로 반영하는 것이 중요하다. 즉, 구성원이 리더와 생각이 다른 이야기를 하더라도 이를 귀담아 들어주고, 두려움 없이 혁신적 과제에 도전하고, 설사 실패하더라도 이를 인정하고 불이익을 주지 않는다는 신뢰가 형성되어야 한다. 이는 다시 말해, 서로의 기여를 소중하게 여기고, 서로의 안녕을 돌보며, 팀이 업무를 수행하는 방식에 대한 의견을 나누는 긍정적인 팀 분위기를 형성함으로써 MZ 세대를 포함한 구성원들 모두 심리적 안전을 느낄 수 있도록 해야 한다.

심리적 안전이 클수록 소속감, 업무에 대한 몰입, 스트레스 대처 능력이 향상될 수 있다. 그렇기 때문에 심리적 안전감이 높은 조직에 있는 구성원들은 조직을 이탈할 가능성이 현저히 낮아진다. 조직이 자신을 돌보지 않는다고 생각하거나 상사로부터 신뢰를 느끼지 못한다면 구성원들은 조직을 떠날 가능성이 상당히 높아진다. 우수 인재를 확보하고 유지하기 위해서는 신세대를 이해하는 노력과 그들이 역량을 발휘할 수 있는 근무 환경을 만들어주는 것이 필요한 것이다.

구성원들의 성취감 이끌기

로지스틱 리그레션의 계수 분석을 보면, 구성원들을 조직에 머무르게 하는 주요 변수로 직무 몰입과 직무 만족도 등이 제시되고 있다. 장기적 관점에서 퇴직을 효과적으로 관리하기 위해서는 구성원들이 자신의 일에 있어 성장하고 가치를 실현할 수 있는 방향성과 기회를 제공하는 것이 필요하다. 향후 기업의 역할은 MZ 세대를 포함한 구성원들이 혁신을 일으키도록 일에 의미를 부여하고 이를 통해 구성원들이 일에 몰입하여 자신의 창의적 역량을 제대로 발휘할 수 있도록 해주는 것이다.

구성원들의 업무 열정을 북돋고 몰입을 이끄는 가장 효과적인 요소는 무엇일까? 하버드대 교수인 애머빌(Teresa Amabile) 등의 연구에 의하면 구성원들의 성과를 독려하는 최고의 동기부여 방안이 수행하는 업무에서 성취감(Progress)를 만들어주는 것이라고 한다. 즉, 자신이 맡은 업무에서 진척이 있다고 여기거나 장애물을 극복한 날에 구성원들은 긍정적 감정을 가장 높은 수준으로 느끼며 성공을 향한 의욕이 최고조에 달했다. 반면, 헛수고를 했다는 생각이 들거나 의미 있는 성과를 달성하려는 노력이 좌초됐다는 생각이 드는 날에는 감정과 동기부여 상태가 가장 낮은 수준으로 떨어진 것이다. 즉, 구성원들은 자신의 일에서 가치를 찾고, 역량의 발전과 성장을 경험할 수 있는 성취감을 원하는 것이다. 그리고 이러한 성취감을 느낄 수 있어야 일에서 의미를 느끼고, 상사로부터 인정을 받고, 자연스럽게 승진과 좋은 보상을 받을 가능성이 높아진다.

조직에서 성취감을 느낀 구성원들은 당연히 업무 몰입도가 높아지고, 조직을 떠날 가능성이 현저히 낮아진다. 따라서 구성원들에게 의미 있는 목표를 제시하고 필요한 자원을 제공하면서 그들이 업무에서 성취감을 느낄 수 있도록 지원해야 한다. 동시에 구성원들이 부가가치 낮은 업무에 많은 시간을 소비하지 않도록 하는 환경을 구축해야 한다. 이를 위해, 수평적 조직 구조를 통해 구성원들의 혁신적 아이디어 실행 촉진, 구성원들이 감당해야 할 리스크의 최대·최소 범위에 대한 컨센서스 형성 및 기준 정립, 중요하지만 시급성이 높지 않은 장기적 과제의 실행 장려를 위한 보상 방안 마련, 의미 있는 실패를 인정하는 문화 구축 등을 고려해야 한다. 또한, 리더들이 독단적으로 목표를 수정하거나, 의사결정에 있어 우유부단하게 굴거나, 자원 배분을 지연시켜 구성원들의 성취감을 저해하지 않도록 필요한 교육을 실시하고 관리하는 것이 필요하다.

오렌지 툴을 활용하여 실제 퇴직자 분석을 해봄으로써 우리는 감에 의한 관리가 아니라 대상과 관련 이슈를 명확하게 인식하고 구성원들의 장기 근속을 유도할 수 있는 방안 모색을 위한 시사점을 얻을 수 있다는 것을 알게 되었다. 하지만 사례를 해보면서 그리고 앞으로 진행하면서 더욱 느끼겠지만, 인공지능 모델이라고 해서 모든 것을 컴퓨터를 알아서 해주는 것은 아니라 많은 수작업이 필요하다. 또한 완벽한 예측도 사실 한계가 있다. 모델 고도화를 위해서는 수많은 데이터 및 알고리즘의 조정과 시행착오가 필요하다. 그렇다 하더라도 모델 개선이 생각만큼 쉽게 이루어지지 않는다.

모든 예측이 유사하지만 우리가 피플 애널리틱스 통해 확실한 결과를 도출하는 것은 불가능하다. 하지만 결과가 나온 맥락을 제대로 이해하고 필요한 심화 분석을 한다면 보다 의미 있는 의사결정이 가능하다. 이때 필요한 것이 회사의 사업 특성 및 HR 분야의 전문성 등과 관련된 도메인 지식(Domain Knowledge)과 창의력이다. 도출된 결과의 의미들을 하나씩 맞추어 가며 다른 사람이 보지 못한 패턴을 끄집어 낼 수 있어야 하는 것이다. 어떤 시스템도 완벽할 수 없다. 중요한 것은 피플 애널리틱스가 가지고 있는 장단점을 분명히 인식하고, 실행을 통한 피드백을 받아 지속적으로 개선해 나가는 것이다.

사례 2

HR과 조직 성과: HR을 잘하면 성과가 좋을까?

1. HR과 조직 성과와의 관계

기업이 직면하는 환경의 변화 속도가 더욱 가속화되면서 인적자산관리(HRM: Human Resource Management)의 중요성이 더욱 커지고 있다. 변화에 대응할 수 있는 전략을 개발하고 이를 실제 실행에 옮기는 주체가 바로 조직 구성원들이기 때문이다. 따라서 기업의 핵심 경쟁우위가 바로 기업이 보유하고 있는 인적자산이라는 인식이 높아지고 있다.

인적자산은 경쟁력 확보의 핵심 원천

인적자산은 1990년대 초반부터 조직의 전략 목표 달성의 핵심 원천으로 더욱 주목을 받기 시작했다. 자원기반관점(RBV: Resource Based View) 이론을 제시한 바니(J. N. Barney)는 가치 있고(Valuable), 희귀하고(Rare), 완전한 모방이 불가능하고(Inimitable), 대체 불가능한(Not Substitutable) 자원을 보유한 기업은 지속적인 경쟁우위를 확보할 수 있다고 말하였다.[9] 이러한 RVB 관점에서 인적자산은 기업의 지속적인 경쟁력 확보의 주요한 원천이라고 말할 수 있다.

우선 인적자산이 경쟁우위의 원천이 되기 위해서는 기업에 가치를 제공해야 한다. 인적자산은 기업의 효율성과 효과성을 향상시킬 수 있는 전략을 인식하고 실행할 수 있기 때문에 가치가 있다고 말할 수 있다. 그런데 만약 개별 기업에서 구성원들이 제공하는 능력의 차이가 발생하지 않는다면, 인적자산은 조직에 차별적 가치를 제공한다고 말할 수 없다. 인적자산이 제공하는 공헌 가치가 달라야 경쟁우위를 확

9 Firm resources and sustained competitive advantage, Barney, J. B., Journal of Management, 1991

보할 수 있는 가치를 기업에게 줄 수 있다. 이미 우리가 잘 알다시피 개별 기업이 가지고 있는 인적자산의 역량이 서로 같지 않기 때문에 인적자산은 기업의 핵심 경쟁우위 요소로 작용할 수 있다.

둘째, 경쟁우위의 원천으로서 자원은 희귀성을 가져야 한다. HRM 관점에서 희귀성은 직무군별 구성원 개인이 가지는 스킬의 유형과 수준이 정규 분포 형태가 아니라는 것을 의미한다. 일부 기업들은 자신들이 필요한 인재를 확보할 수 있지만 어떤 기업들은 필요 인재를 확보하지 못하는 경우도 나타난다. 따라서 다른 조건이 같다면 이러한 희귀한 스킬을 수행할 수 있는 구성원의 확보는 지속적 경쟁우위의 원천이 된다. 그렇기 때문에 수만 명을 먹여 살릴 수 있는 핵심인재 확보를 위한 기업들의 인재전쟁이 격화되고 있는 것이다. 또한 희귀한 스킬을 가지고 있는 인적자산의 지식은 대부분 암묵지(Tacit Knowledge)의 형태를 가진다. 이러한 암묵지는 말로 표현하기 어렵고 오직 실행을 통해서만 관찰 가능하고 획득할 수 있기 때문에, 지식 이전에 있어 많은 시간과 비용이 소요되고 불확실성이 높아질 수밖에 없다. 이와 같은 특징은 기업 경쟁력 확보에 있어 인적자산의 중요성을 더욱 커지게 하고 있는 것이다.

셋째, 기업이 가지고 있는 자산이 지속적 경쟁우위의 원천이 되기 위해서는 모방이 쉽지 않아야 한다. 인적자산의 경쟁력은 사람에 대한 지속적 확보와 육성 노력이 축적된 결과물이라고 할 수 있다. 이러한 인적자산은 사회적 복잡성(Social Complexity), 독특한 역사적 조건(Unique Historical Conditions) 등으로 인해 모방이 쉽지 않다. 예컨대, 인적자산의 경쟁력은 조직 내외의 특유한 사회적 관계에 의해 발생하는 경우가 대부분이다. 또한 정책, 조직 운영 프랙티스, 문화 등 그 기업이 가지고 있는 역사적 조건은 그 조직 고유의 인재 특성을 만들어 낸다. 우리가 선도기업의 베스트 프랙티스를 벤치마킹해서 제도들을 도입하더라도 기대했던 효과를 거두지 못하는 것은 바로 그 기업이 가지고 있는 역사나 환경적 맥락을 제대로 파악하여 반영하기가 어렵기 때문인 것이다.

넷째, 자산이 지속적 경쟁우위의 원천이 되기 위해서는 쉽게 대체할 수 없어야 한다. 최근 기술이나 제품은 상대적으로 유사 기술·제품에 의해 치열한 경쟁에 직면하거나 새로운 기술·제품에 의해 대체되는 경우가 종종 발생한다. 하지만 인적자산은 기술, 제품 등에 비해 쉽게 대체되지 않는 특징을 가지고 있다. 인재가 떠날 경우에 새롭게 인재를 충원하는 것이 가능하지만, 갑자기 확보한 대체 인력이 지속적인 경쟁우위를 발생시킬 가능성은 크지 않다. 특히 고객 니즈가 급변하고 기술 혁신의 속도가 가속화되는 상황하에서 신속하고 유연하게 대응할 수 있는 창의력 및 문제 해결 능력을 가진 인적자산을 대체하는 것은 매우 어려운 일이다.

탁월한 인적자산의 육성/개발을 위한 HRM 전개

인적자산이 기업 경쟁우위 확보의 가장 중요한 원천이라는 인식이 높아짐에 따라 기업들은 우수인재의 확보·육성을 위해 어떻게 HRM을 전개해야 하는지에 대해 많은 고민을 하고 있다. HRM은 '사람을 통해 조직의 경쟁우위를 달성할 수 있도록 고안된 체계적 시스템'이라고 말할 수 있다. 그렇다면 HRM이 어떻게 조직의 경쟁우위

[그림 사례 2-1] 전략적 HRM의 전개[10]

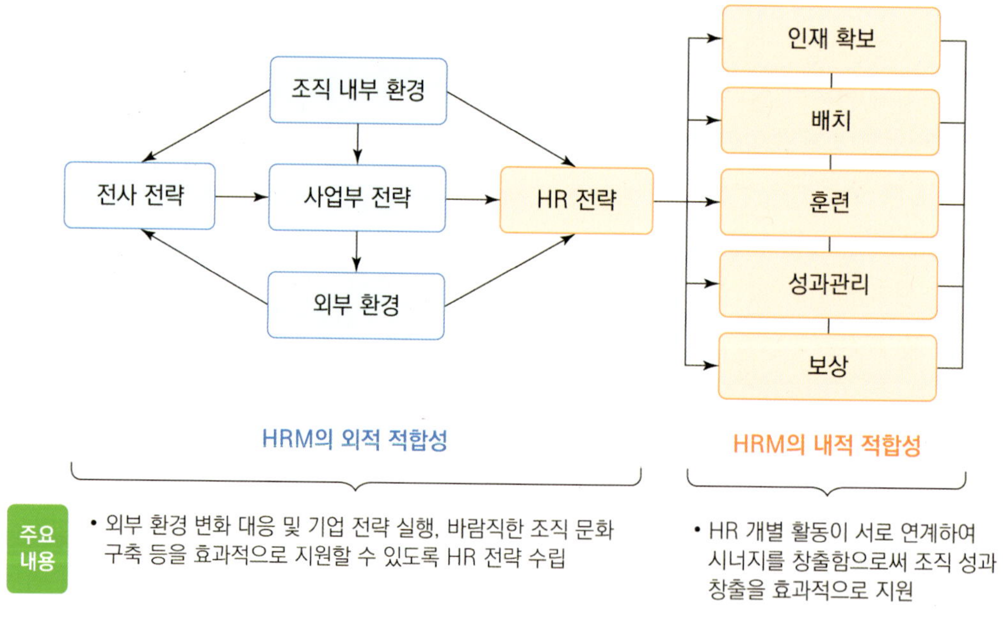

10 The Talent Solution: Aligning Strategy and People to Achieve Extraordinary Results, E. L. Gubman, McGraw-Hill Trade, 1998

에 공헌할 수 있는 지에 대한 분석이 필요하다. 즉, 자원, 프랙티스, 조직 역량 등을 어떻게 조직화하여 향후 경쟁자에 비해 우월한 경쟁력을 확보에 도움이 되는가를 파악할 수 있어야 한다는 것이다.

일반적으로 HRM이 경쟁력을 가지기 위해서는 외적·내적 적합성을 확보해야 한다고 말하고 있다. 외적 적합성(External Fit)은 HR 프랙티스들이 전략, 문화 등과 같은 특정 조직 환경과 연계성을 가지는 것을 의미한다. 그리고 내적 적합성(Internal Fit)은 다양한 HR 프랙티스들이 원하는 성과를 만들어내기 위해 적절하게 연계되어 있는가를 의미한다([그림 사례 2-1] 참조).

내적·외적 적합성 확보를 위해 HR은 개별적 베스트 프랙티스를 개발에 신경을 쓰는 것보다 서로 연계되어 시너지 효과를 창출할 수 있는 HR 프랙티스들을 개발하는 데 중점을 두어야 한다. 따라서 채용, 훈련, 평가, 보상 등 전통적 세부 기능으로 HR을 바라보는 것이 아니라, 이러한 모든 기능들이 상호의존성이 매우 높은 하나의 연관된 시스템으로 인식하도록 관점을 바꾸는 것이 필요하다. 그런데 문제는 적합성을 확보했다는 것을 어떻게 알 수 있느냐 하는 것이다. 이를 판단하기 위해서 HRM이 조직 성과에 어떤 영향을 미치는지를 살펴보는 것이 필요하다. HR 프랙티스의 적합성이 높을 경우 기업 성과에 긍정적 영향을 미칠 것이라 판단할 수 있기 때문이다.

HRM과 비즈니스 성과 예측

HRM이 조직 성과에 미치는 영향에 대한 초기 연구는 대체로 개별 HR 프랙티스가 직무수행 성과 또는 개인의 직무관련 태도 등에 어떤 영향을 미치는지에 맞춰져 있었다. 하지만 1990년대 이후로 HRM과 조직 성과 간의 관계에 대한 연구는 개별 프랙티스 수준이 아닌 하나의 시스템 차원에서 이루어졌다. 즉, HRM 수준을 채용, 성과주의 보상, 여타 인센티브 기반의 보상, 정보 공유, 성과 평가 프로세스, 전문 스킬 교육 등 광범위한 요소들을 모두 포함한 총체적 관점에서 측정한 것이다. 이러한 묶음 차원에서의 HRM이 조직 성과에 미치는 영향 수준은 매우 고무적이라고 말할 수 있다. 한 연구는 총체적 HRM 측정 수준에 있어 표준편차 1의 변화가 기업 가치에 10~20% 정도 영향을 미친다고 주장하였다.[11] 또 다른 연구에서는 HRM 수준에 있어 1 표준편차 증가하면 평균적으로 총 ROA(Return on Asset)가 4.6% 포인트의 증

가한다는 결과를 제시하고 있다.[12]

이렇게 HR 프랙티스들이 기업 성과에 의미 있는 영향을 미친다는 연구 결과들이 제시되고 있지만, 아직까지 어떠한 메커니즘을 통해 HR 프랙티스들이 기업 성과에 영향을 미치는지에 대해서는 많은 부분이 블랙박스 상태로 놓여 있다. 즉, HR 프랙티스들이 어떤 메커니즘을 통해 조직 성과에 영향을 미치는지, 어떤 프랙티스들이 다른 프랙티스에 비해 더 강력한 효과를 가질 수 있는지, 프랙티스들 간의 보완성과 시너지가 조직의 성과를 보다 향상시킬 수 있는지 등에 대한 명확한 인과관계를 알지 못하고 있다. 또한 HRM을 잘해서 조직 성과가 높아진 것이 아니라, 높은 조직 성과로 인해 HRM에 더 많이 투자하기 때문에 HRM 수준이 높다라는 의견도 제시되고 있다. 아직도 전체적인 HR 시스템이 어떤 메커니즘을 통해 기업 성과에 영향을 미치는가에 대해서는 많은 부분이 미지의 상태로 남아있는 것이다.

따라서 이러한 블랙박스 상황에 놓여있는 인사시스템의 내면을 파헤치기 위해 HR 제도들이 어떻게 조직 성과에 영향을 미치는지를 살펴보는 연구도 다수 이루어졌다. 행동주의 관점은 직무만족, 조직몰입, 심리적 임파워먼트, 조직시민행동 제고를 통해, 그리고 능력－동기－기회(AMO: Ability－Motivation－Opportunity) 모델은 구성원들의 능력, 동기, 기회 등을 높임으로써 HRM이 조직 성과에 기여한다고 말하고 있다. 또한 관계적 모델은 사회적 자본, 내부 사회구조, 공유 목표, 공유 지식, 공유 인지모델, 상호성 규범(Norms of Reciprocity), 상호 존중, 관계적 분위기, 돕는 행위, 사회 관계망 등을 통해 HRM이 조직 성과에 기여한다고 이야기하고 있다. 그리고 유연성 관점은 자원조정 유연성, 흡수역량, 시장 반응성, 혁신 역량 향상을 통해 조직 성과에 기여한다고 주장한다. 이제는 HRM을 단순히 비용 효율적 관점에서 보는 것이 아니라 조직 성과 창출 관점에서 어떻게 기여를 하는지를 알고자 하는 연구가 강화되고 있는 것이다.

이번 사례에서는 아직도 많은 부분이 블랙박스로 남아 있는 HRM과 조직 성과와의 관계를 살펴보려고 한다. 즉, HRM을 구성하는 주요 제도 혹은 하위차원

11 Comment on measurement error in research on human resources and firm performance, Huselid, M. A. and Becker, B. E., Personnel Psychology, 53, 2000

12 How much do high performance work practices matter?, Combs, J., Liu, Y., Hall, A., and Ketchen, D., Personnel Psychology, 59, 2006

(Sub-dimensions)의 수준을 통해 성과 예측을 하는 방법을 알아보고자 하는 것이다. 이를 통해 [사례 1]에서 다룬 분류(Classification)에 이어 회귀(Regression) 관련 예측을 어떻게 하는지를 학습하는 데 그 목적이 있다고 할 수 있다.

2. HRM 수준을 활용한 조직 성과 예측

[사례 1]이 분류 관련 분석이라면, [사례 2]는 회귀 관련 분석이다. 본 사례에서는 HRM을 하위요소로 분할하고, 이러한 변수를 활용하여 기업의 재무적 성과인 매출액 대비 경상이익률을 예측해 보고자 한다. 물론 HRM만으로 조직 성과를 예측하는 데에는 한계가 있다. 그렇지만 이를 통해 조직 성과 제고를 위해 HRM 하위요소들을 어떻게 활용하는 것이 바람직할지에 대한 생각을 해보는 것은 나름대로 의의가 있다고 생각한다.

이번 사례에서는 [사례 1]에서 다루지 않았던 데이터 정제 및 그래프 등을 활용한 탐색적 데이터 분석도 살펴볼 것이다. 본 사례에서 사용할 데이터는 논문[13]에서 사용된 데이터를 사례를 위해 편집한 것이다. 데이터는 출판사 홈페이지에서 다운로드받을 수 있다.

1) 데이터 개요

분석을 위해 우선 데이터를 오렌지로 불러들여 그 내용을 살펴보자.

- Data 카테고리에 있는 File 위젯을 캔버스로 끌어온 후, 다운로드받은 데이터 중 Case2_Analysis_Basic 파일을 불러온다.
- File 위젯을 더블 클릭한 후, 매출액 대비 경상이익률 변수인 Ordinary_Profit_to_Sales를 feature에서 target으로 전환시킨다([그림 사례 1-3] 참조).
- Data 카테고리에 있는 Data Table 위젯을 캔버스로 끌어와 File 위젯과 연결한

13 고성과 인사시스템의 하위차원이 조직의 성과에 미치는 영향, 김범열, 2016

후, Data Table 위젯을 더블 클릭하여 데이터를 확인한다([그림 사례 2-2]).

[그림 사례 2-2] 분석 데이터 로딩 및 확인

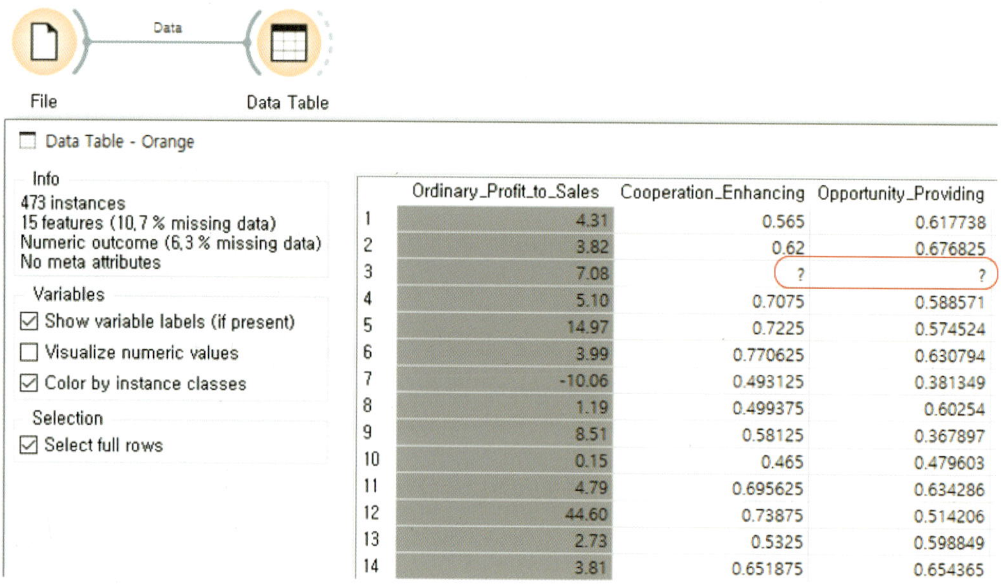

	Ordinary_Profit_to_Sales	Cooperation_Enhancing	Opportunity_Providing
1	4.31	0.565	0.617738
2	3.82	0.62	0.676825
3	7.08	?	?
4	5.10	0.7075	0.588571
5	14.97	0.7225	0.574524
6	3.99	0.770625	0.630794
7	-10.06	0.493125	0.381349
8	1.19	0.499375	0.60254
9	8.51	0.58125	0.367897
10	0.15	0.465	0.479603
11	4.79	0.695625	0.634286
12	44.60	0.73875	0.514206
13	2.73	0.5325	0.598849
14	3.81	0.651875	0.654365

[그림 사례 2-2] 왼편에 데이터 정보를 보면 이 분석 데이터는 473개의 사례(Instances)로 구성되어 있다. 또한 15개의 설명변수(Features)와 1개의 목표변수가 있다는 것도 보여주고 있다. 또한 설명변수의 값 중 10.7%, 그리고 목표변수의 6.3%가 값이 없는 결측값(Missing Data)으로 나타나고 있다. [그림 사례 2-2]의 오른편의 각 셀에 표시된 데이터 값에서 그 내용이 '?'로 표시된 칸은 값이 없는 결측값이라는 것을 의미한다. 개별 변수의 내용을 살펴보자.

목표변수

Ordinary_Profit_to_Sales(매출액 대비 경상이익률): (경상이익 ÷ 매출) × 100

설명변수

- Cooperation_Enhancing(협력 제고): 팀워크 강화를 위한 정보 공유, 상급자에게 자유로운 의견 개진, 부서 간 커뮤니케이션, 평가·보상 공정성 등의 개별 항목 평균값
- Opportunity_Providing(기회 제공): 팀의 주도성, 참여 제도 운영, 혁신적 기업 문화 등의 개별 항목 평균값
- Trust_Development(신뢰 구축): 비정규직 비율, 고용 조정 여부, 직급별 복리후생 수준, 연간 총 급여 수준 등의 개별 항목 평균값
- Capability_Development(역량 개발): 구성원 육성 및 개별 활동, 우수 직원 채용 활동 등의 개별 항목 평균값
- Motivation_Enhancing(동기 제고): 개인 성과급 비중 및 급여 차등 항목의 곱하기 값
- Environment_Change(경영 환경 변화 수준): 주력 상품에 대한 수요 변화, 신제품의 개발 및 도입, 기술 변화, 조직 변화 등의 개별 항목 평균값
- Industry(산업): 산업 대분류 값으로 제조업(Manufacturing), 금융업(Finance), 비금융 서비스업(Service)으로 분류
- Company_Age(기업 연령): 2022 - 설립연도
- Attrition(구성원 이직률): 정규직 전체 퇴직자 수 ÷ 정규직 인원 수
- HR_Outcome(HR 성과): 기업의 프로세스, 고객 대응, 인적자산 등의 조직 경쟁력 수준의 평균값
- Employee_Satisfaction(종업원 만족도): 업무 내용, 임금, 인간 관계 만족도 평균
- HR_Competitiveness(인적자산 경쟁력): 연구개발, 영업, 생산 등 기능별 인력의 경쟁력 수준의 평균값
- Process_Competitiveness(프로세스 경쟁력): 신제품 개발, 업무 절차 효율성, 원가 경쟁력, 제품/서비스 품질 등 항목의 평균값
- Customer_Competitiveness(대고객 역량의 경쟁력): 고객 요구 신속 대응, 제품 다양성, 신규고객 확보율, 주요고객 유지율 등 항목의 평균값
- Commitment(구성원 몰입): 구성원 자발성, 조직 로열티 항목의 평균값

2) 데이터 전처리(Data Preprocessing)

데이터가 확보되었다면 데이터의 품질 제고를 위해 데이터 전처리가 필요하다. 전처리를 통해 데이터의 특성이 보다 잘 나타나게 함으로써 분석의 효율성을 높일 수 있기 때문이다.

● 결측값 처리

[그림 사례 2-2]의 데이터를 보면 가장 눈에 먼저 들어오는 것이 바로 '?' 표시

[그림 사례 2-3] Impute 위젯 불러오기

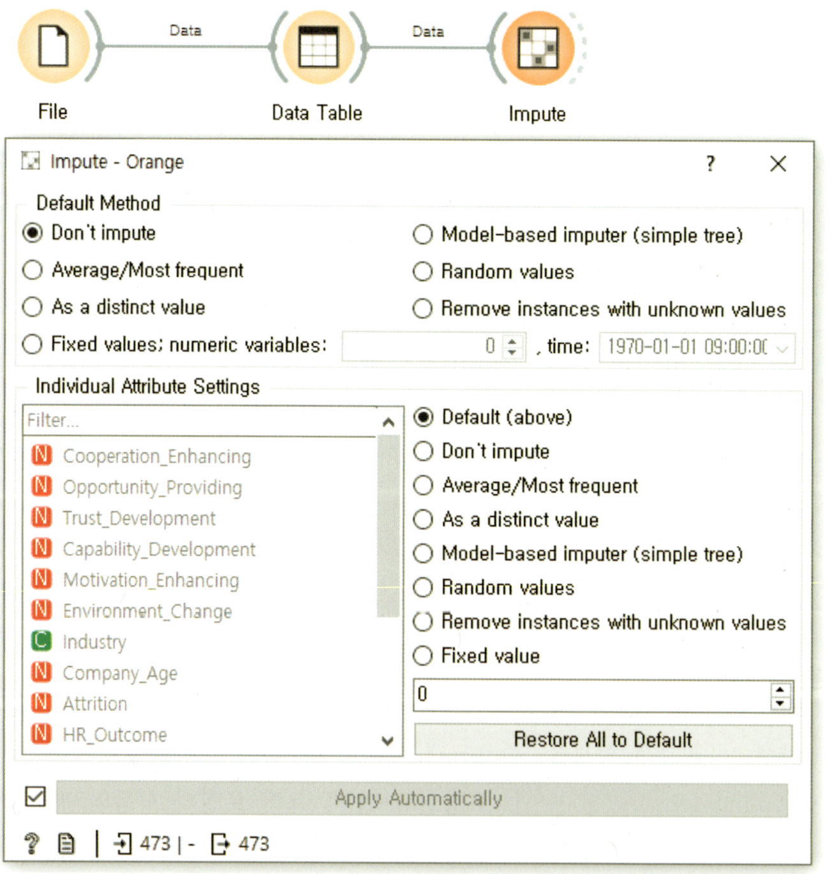

이다. 이 표시는 앞에서 말한 바와 같이 데이터 값이 없다는 이야기다. [그림 사례 2-2] 데이터 정보를 보면 전체 데이터의 10% 이상의 셀 값에 대해 '?' 표시가 되어 있다. 이 비어 있는 값들 때문에 전체 데이터의 패턴들이 잘 안 보여 분석에 악영향을 미칠 수 있다. 그렇기 때문에 뭔가 조치를 해주는 것이 필요하다. 결측값을 처리하기 위해서는 Impute 위젯이 필요하다.

- Transform 카테고리에 있는 Impute 위젯을 캔버스로 끌어온 후, Data Table 위젯과 연결한다. 이때 두 위젯의 연결선 위에 Selected Data가 나타나면 연결선을 더블 클릭하여 연결 상태를 Selected Data에서 Data로 바꿔준다.
- Impute 위젯을 더블 클릭한다([그림 사례 2-3]).

Impute 위젯은 [그림 사례 2-3] 창에 나타난 것처럼 결측값을 평균값(연속형) 또는 최빈값(이산형)으로 대체하거나, 사용자가 설정한 값으로 바꾸거나, 결측값이 포함된 사례(Instance)를 제거하는 작업을 진행한다. 본 사례는 HRM의 수준을 통해 조직 성과를 예측해보려고 한다. 그런데 목표변수인 매출액 대비 경상이익률(Ordinary_Profit_to_Sales)의 값이 없는 경우에는 분석이 제대로 이루어지지 않는다. 따라서 목표변수의 값이 비워져 있으면 그 사례를 제거하는 것이 바람직하다. 그리고 나머지 변수들은 변수의 성격상 결측값을 평균 또는 최빈값으로 전환하는 것이 바람직하다고 판단된다.

- Impute 위젯 창의 Individual Attribute Setting 칸에서 Ordinary_Profit_to_Sales 변수를 선택하여 클릭한 다음, 오른편 선택 칸에서 Remove examples with missing values를 체크한다([그림 사례 2-4] ① 영역).
- 나머지 변수들의 결측값을 평균값 또는 최빈값으로 전환하기 위해, Impute 위젯 창 위의 Default Method 칸에서 Average/Most frequent를 선택한다([그림 사례 2-4] ② 영역). Default Method 칸 아래에 있는 방법을 선택하면, 그 아래 칸에서 개별 변수별로 결측값을 처리하지 않은 모든 변수의 결측값이 동일한 방법으로 처리된다.

[그림 사례 2-4] Impute 위젯 창을 활용한 결측값 처리

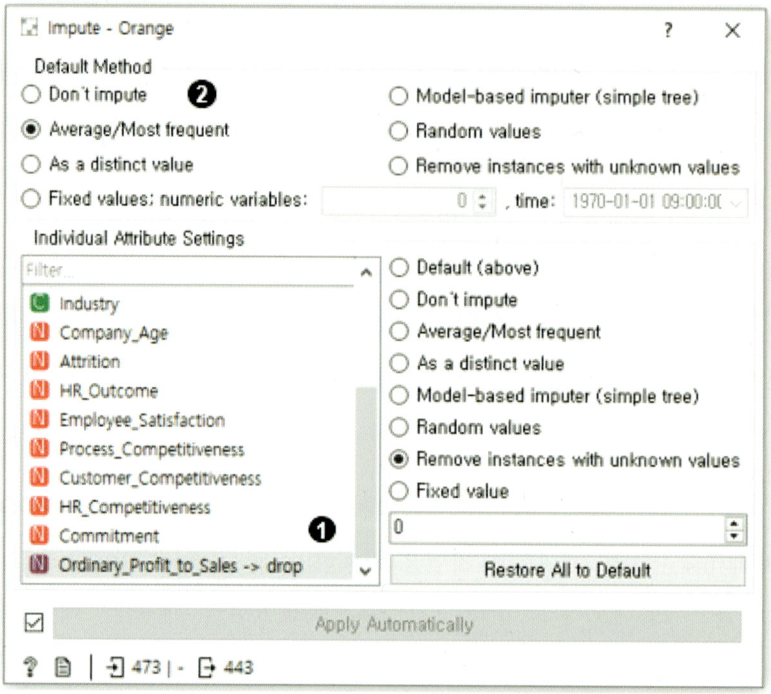

[그림 사례 2-4]를 보면, Ordinary_Profit_to_Sales 변수의 경우 결측값이 있는 행의 제거를 선택했기 때문에 변수명 옆에 'drop'이라는 표시가 나타나고 있다. 다른 변수도 선택하여 원하는 방식으로 결측값을 처리하는 것이 가능하다. 이때 처리 방식에 따라 해당 변수의 옆에는 관련 표시가 나타난다('random', 'average' 등). 또한 변수에 결측값이 너무 많아 변수로서의 의미가 없다고 판단되는 경우에는 [사례 1]에서 활용했던 Select Columns 위젯을 사용하여 분석에서 제외할 수 있다. 그러면 결측값을 처리한 후, 바뀌어진 데이터를 확인해 보자.

- 새로운 Data Table 위젯을 캔버스로 끌어온 후, Impute 위젯과 연결한다.
- Data Table 위젯을 더블 클릭하여 데이터 내용을 확인한다([그림 사례 2-5]).

[그림 사례 2-5] 왼편에 데이터 정보를 보면 기존 473개의 사례(instances)가 443개로 줄어든 것을 알 수 있다. 매출액 대비 경상이익률 변수 중 데이터 값이 없는 30

개의 사례가 삭제된 것이다. 그리고 모든 결측값을 평균·최빈도 값으로 변환 처리했기 때문에 결측값이 없다고 나타나고 있다. 따라서 [그림 사례 2-2]에서 보였던 '?' 표시가 사라지고 새로운 값으로 전환된 것을 알 수 있다.

[그림 사례 2-5] 결측값 제거 후의 데이터

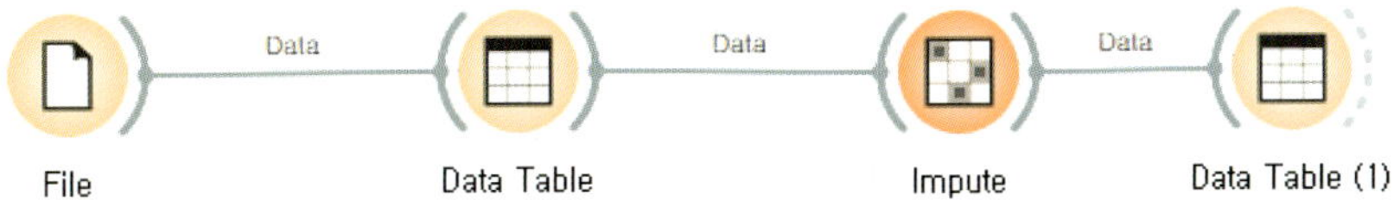

Data Table (1) - Orange

Info
443 instances (no missing data)
15 features
Numeric outcome
1 meta attribute

Variables
☑ Show variable labels (if present)
☐ Visualize numeric values
☑ Color by instance classes

Selection
☑ Select full rows

	Cooperation_Enhancing	Opportunity_Providing	Trust_Development
1	0.565	0.617738	0.80984
2	0.62	0.676825	0.412115
3	0.583149	0.504367	0.829477
4	0.7075	0.588571	0.575219
5	0.7225	0.574524	0.71268
6	0.770625	0.630794	0.629927
7	0.493125	0.381349	0.733635
8	0.499375	0.60254	0.5625
9	0.58125	0.367897	0.748016
10	0.465	0.479603	0.791667
11	0.695625	0.634286	0.554348
12	0.73875	0.514206	0.828143
13	0.5325	0.598849	0.729167
14	0.651875	0.654365	0.554575
15	0.526875	0.584444	0.770833
16	0.603125	0.469603	0.553036
17	0.62625	0.646071	0.478714

● 데이터 정규화(Data Normalization)

인공지능 알고리즘은 데이터 내 변수들이 가진 특성들을 비교하여 데이터 전체의 숨겨진 패턴을 찾는다. 그런데 변수의 스케일이 심하게 차이가 나는 경우 문제가 발생한다. 예를 들어, 사례에서 사용하는 변수 중, 기업 연령의 경우 작게는 몇 년에서 크게는 몇십 년의 값을 가지지만 구성원 이직률의 경우 몇 %의 값을 가진다. 만약, 이러한 데이터셋을 그냥 활용하면, 더 큰 값은 가진 변수에 의해 결과가 왜곡될 수 있다. 그렇다고 기업 연령이 구성원 이직률보다 더 중요한 변수라고 이야기하기는 어렵다. 그렇기 때문에 데이터 정규화를 통해 변수의 스케일 차이가 결과를 왜곡하지 않도록 공통의 척도로 변경해주는 것이 필요하다. 이를 통해 모든 변수가 왜곡 없이 동일한 중요도로 결과에 반영되도록 하는 것이다. 오렌지에서 데이터 정규화 작업을 하기위해서는 Preprocess 위젯이 필요하다. Preprocess 위젯은 데이터 전처리 과정에서 함께 사용할 수 있는 방법론들을 제공한다.

- Transform 카테고리에 있는 Preprocess 위젯을 캔버스로 끌어온 후, 결측값 처리가 완료된 Data Table 위젯과 연결한다. 이때 두 위젯의 연결선 위에

[그림 사례 2-6] 데이터 정규화 작업

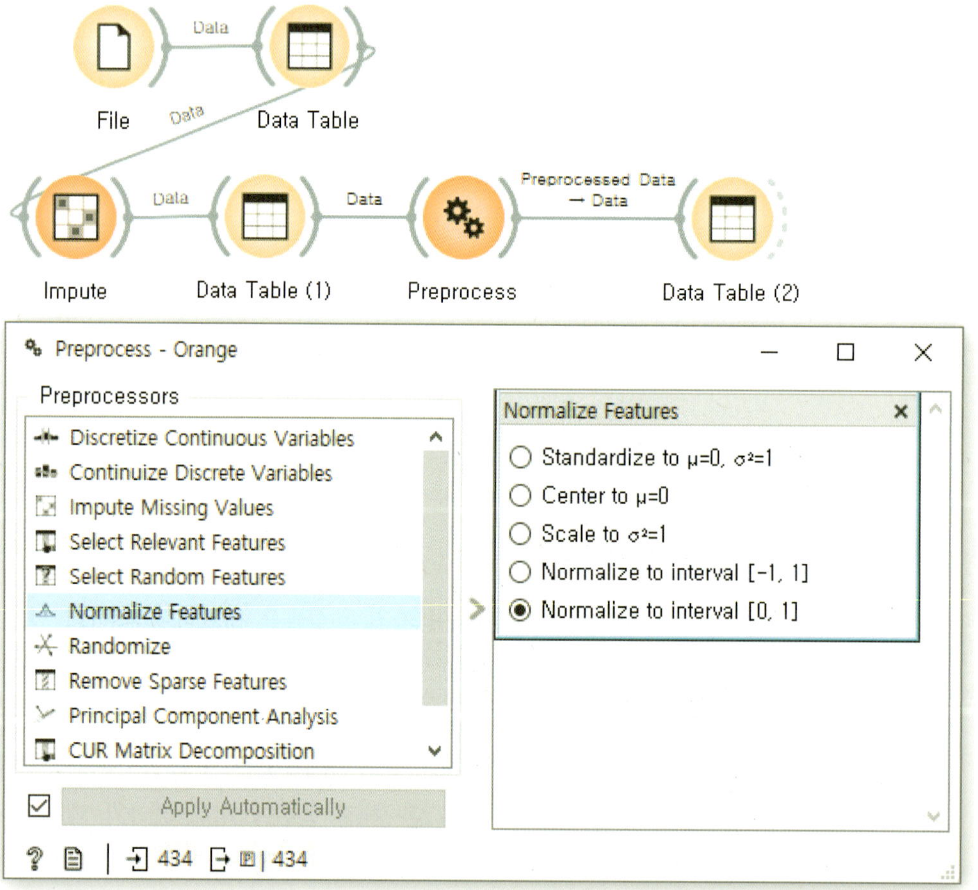

Selected Data가 나타나면 연결선을 더블 클릭하여 연결 상태를 Selected Data에서 Data로 바꿔준다.

- Preprocess 위젯을 더블 클릭하여 창이 뜨면, 왼편에 제시된 여러 데이터 전처리 방법 중 Normalize Feature를 선택하여 더블 클릭하거나 오른쪽 칸으로 끌어온다. 그리고 정규화 방법을 선택하면 된다([그림 사례 2-6]). 본 사례에서는 [0, 1] 사이에서 정규화하는 방법을 선택하였다.
- 새로운 Data Table 위젯을 캔버스로 끌어와서 Preprocess 위젯과 연결한 후, Data Table 위젯을 더블 클릭하여 작업 결과를 확인한다([그림 사례 2-7]).

데이터를 정규화하는 방법에는 최댓값과 최솟값을 활용하여 변수의 값을 [−1, 1] 또는 [0, 1] 사이에 위치하도록 하는 것과, 평균(μ)과 표준편차(σ)를 활용하여 표준정규분포의 속성을 갖도록 하는 방안이 있다.

Preprocess 위젯을 사용하여 데이터 전처리를 하면 모든 변수가 동시에 동일한 기준으로 변환이 된다. 따라서 일부 변수만 처리하기를 원하는 경우에는 Select Columns 위젯을 활용하여 정규화 변환을 원하지 않은 변수를 모두 Metas 칸으로 이

[그림 사례 2-7] 데이터 정규화 결과

	Environment_Change	Industry	Company_Age	Attrition	HR_Outcome	Employee_Satisfaction
1	0.43077	Manufacturing	0.47706	0	0.428571	0.467532
2	0.43077	Manufacturing	0.32110	0.110348	0.5	0.5
3	0.92308	Finance	0.14679	0.0241893	0.714286	0.857143
4	0.53846	Service	0.10092	0.0890994	0.542857	0.348571
5	0.84615	Finance	0.04587	0.00436247	0.59375	0.606469
6	0.55385	Manufacturing	0.38532	0.0457165	0.457143	0.436508
7	0.46154	Service	0.42202	0.0631377	0.45	0.337662
8	0.67692	Manufacturing	0.54128	0.00860017	0.428571	0.388393
9	0.30769	Service	0.28440	0.258333	0.585714	0.3125
10	0.49231	Manufacturing	0.58716	0.0707761	0.671429	0.43609
11	0.73846	Manufacturing	0.32110	0.0242187	0.678571	0.419643
12	0.73846	Manufacturing	0.48624	0.0282193	0.65	0.520833
13	0.24615	Manufacturing	0.47706	0	0.714286	0.4
14	0.61538	Manufacturing	0.06422	0.0433085	0.642857	0.571429
15	0.67692	Manufacturing	0.63303	0.105546	0.478456	0.396804
16	0.38462	Service	0.02752	0.086252	0.580357	0.446886
17	0.67692	Manufacturing	0.28440	0.0241195	0.625	0.513678
18	0.73846	Manufacturing	0.11927	0.0198718	0.4	0.471429
19	0.12308	Manufacturing	0.20183	0.0173507	0.442857	0.402116

동시킨 후 정규화 작업을 진행한다. 그리고 변환 작업이 끝난 후 다시 새로운 Select Columns 위젯을 불러와 이동시켰던 변수를 다시 원위치하면 된다. 이 방법에 대해서는 다른 사례에서 다룰 것이다. 또한 원하는 데이터 전처리 방법을 선택하여 더블 클릭하거나 오른편 칸으로 끌어오면 2개 이상의 전처리 방법을 동시에 실행할 수 있다. [그림 사례 2-7]은 정규화 후 변환된 데이터 내용을 보여주고 있다.

[그림 사례 2-7]을 보면, 정규화 후 개별 변수의 값들은 모두 0과 1사이의 값으로 변환되었다는 것을 알 수 있다. 데이터 정규화는 스케일이 다른 변수들을 통합하여 하나의 변수를 만들 때도 반드시 필요하다. 본 사례에서 사용된 변수 중 협력 제고, 기회 제공, 신뢰 구축, 역량 개발, 동기 제고 등은 스케일이 다른 여러 변수들을 통합하여 만든 변수이다. 그렇기 때문에 이미 개별 항목들의 값을 0과 1사이로 정규화한 후, 평균하여 만든 변수들이다. 향후 분석에서는 우선 추가 정규화를 하지 않은 기본 데이터를 사용하여 진행한다.

3) 탐색적 데이터 분석

탐색적 데이터 분석(EDA: Exploratory Data Analysis)은 주어진 데이터를 이리저리 유연하게 살펴보고, 이를 통해 데이터의 특징과 구조 등을 파악하여 보다 나은 분석 모델 설계를 위한 감을 잡기위해 실행한다. 가설 검정에 중점을 둔 확증적 데이터 분석(CDA: Confirmatory Data Analysis)으로는 데이터의 핵심 의미를 파악하는 데 어려움이 있기 때문에 EDA는 이를 보완하고자 실행한다. 즉, CDA가 가설을 설정한 후 수집한 데이터를 통계적 모델을 활용하여 가설을 평가하고 추정하는 전통적인 분석 방식이라고 한다면, EDA는 모형이나 가설 없이 시각적 도구 등을 활용하여 데이터의 특징을 살펴보고 가설 도출을 위한 인사이트를 발견하는 방법인 것이다. EDA를 활용하여 데이터의 분포와 값을 다양한 각도에서 관찰하여 데이터의 특징을 더 잘 이해할 수 있고, 문제 정의 단계에서 미처 발견하지 못한 의미 있는 패턴을 발견하고 이를 바탕으로 기존의 가설을 수정하거나 새로운 가설을 도출할 수 있다.

● 산점도(Scatter Plot) 분석

산점도는 2개 변수 간의 관계를 보기 위해 직교좌표의 평면에 두 변수의 관측점을 찍어 만든 그림이다. 산점도를 활용하여 데이터의 특징을 살펴보자([그림 사례 2-8]).

- Visualize 카테고리에서 Scatter Plot 위젯을 끌어온 후, 결측값 처리가 끝난 변수가 들어있는 Data Table 위젯에 연결한다(Impute 위젯에서 바로 연결해도 결과는 동일하다).

[그림 사례 2-8] 산점도(Scatter Plot) 분석

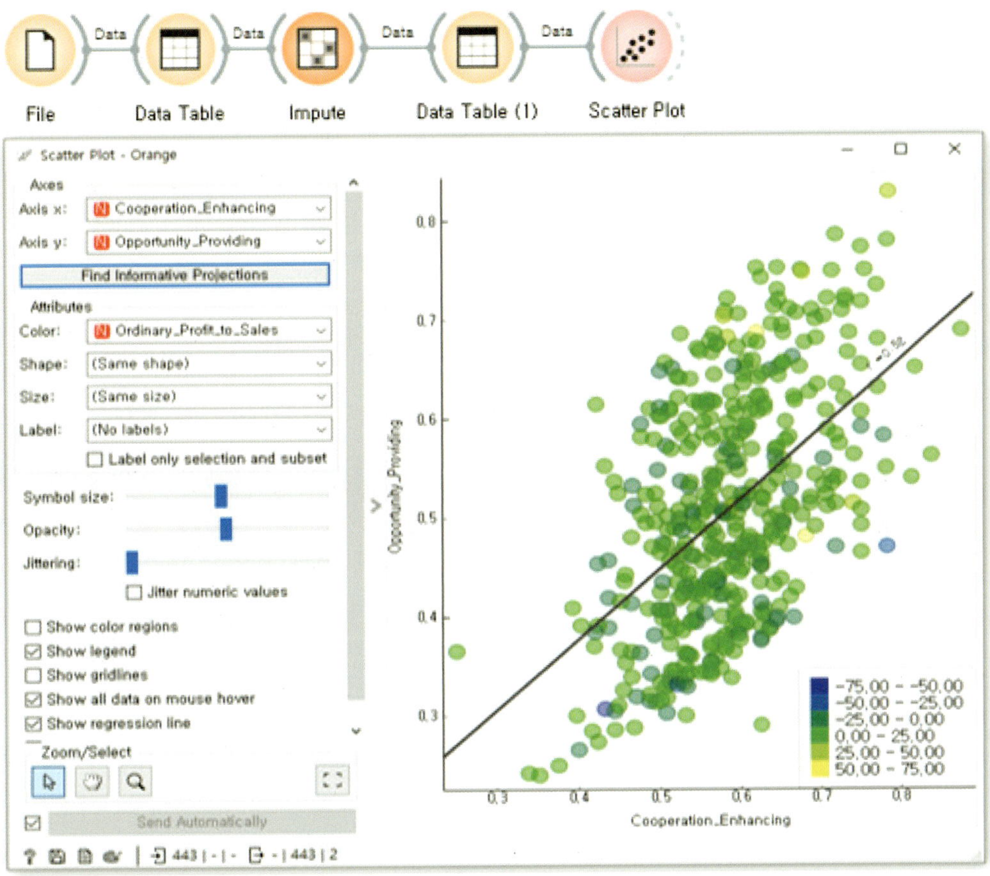

- Scatter Plot 위젯을 더블 클릭하여 나타난 창의 Axes 칸에서 Axis x 옆의 탭을 눌러 Cooperation_Enhancing 변수를 선택하고, Axis y 옆의 탭을 눌러 Opportunity_Providing 변수를 선택한다. 다른 변수를 선택해도 상관없다.
- 아래 Attributes 칸에서 Color 옆의 탭을 눌러 Ordinary_Profit_to_Sales 변수를 선택한다. 선택이 완료되면 오른쪽 창에 산점도 결과가 나타난다.

[그림 사례 2-8]의 오른쪽에 보이는 산점도는 협력 제고(X축)와 기회 제공(Y축) 두 변수 간의 관계를 보여주고 있다. 두 변수는 상당히 밀접한 상관관계를 가지고 있는 것으로 판단된다. 여타 관련 내용도 살펴보자.

- 산점도 내에 보이는 실선은 회귀선(Regression Line)으로 왼쪽 아래 'Show regression line'란에 체크 표시를 했기 때문에 표시되어 있으며, 상관계수도 제시되어 있다.
- 'Show all data on mouse hover'에 체크 표시를 했기 때문에 산점도에 표시되어 있는 점에 마우스를 올리면 해당 점에 대한 정보가 제시된다.
- 왼쪽 Attributes Color란에 매출액 대비 경상이익률(Ordinary_Profit_to_Sales)을 선택했기 때문에, 매출액 대비 경상이익률 값의 범주에 따라 다른 색깔이 산점도에 표시된다. 색깔에 대한 범례는 산점도 오른쪽 아래에 나타나 있는데('Show legend' 란에 체크 표시를 해제하면 범례가 사라진다), 파란색일수록 매출액 대비 경상이익률이 낮고, 노란색일수록 높은 것으로 나타나고 있다. 협력 제고와 기회 제공 변수는 밀접한 관계가 있지만, 산점도상에 나타나 있는 매출액 대비 경상이익률 변수와는 특정 관계가 잘 보이지 않는다. 그렇기 때문에 두 변수만으로 매출액 대비 경상이익률을 예측하기는 어렵다고 판단할 수 있다.

이렇게 변수 간의 관계를 살피다 보면 데이터에 대한 이해도가 높아진다. 하지만 경우의 수가 너무 많기 때문에 일일이 다해보는 것은 사실 불가능하다. 따라서 보다 유의미한 조합을 자동적으로 찾아주는 기능이 오렌지에서는 제공된다[그림 사례 2-9].

• [그림 사례 2−8] 왼편에 나타나 있는 ‘Finding Informative Projections’를 클릭하고, 나타난 창에서 ‘Start’를 눌러준다.

• 제시된 조합들을 위에서부터 하나씩 눌러보면서 데이터 이해도를 높인다.

[그림 사례 2-9] ‘Finding Informative Projections’를 활용한 탐색적 분석

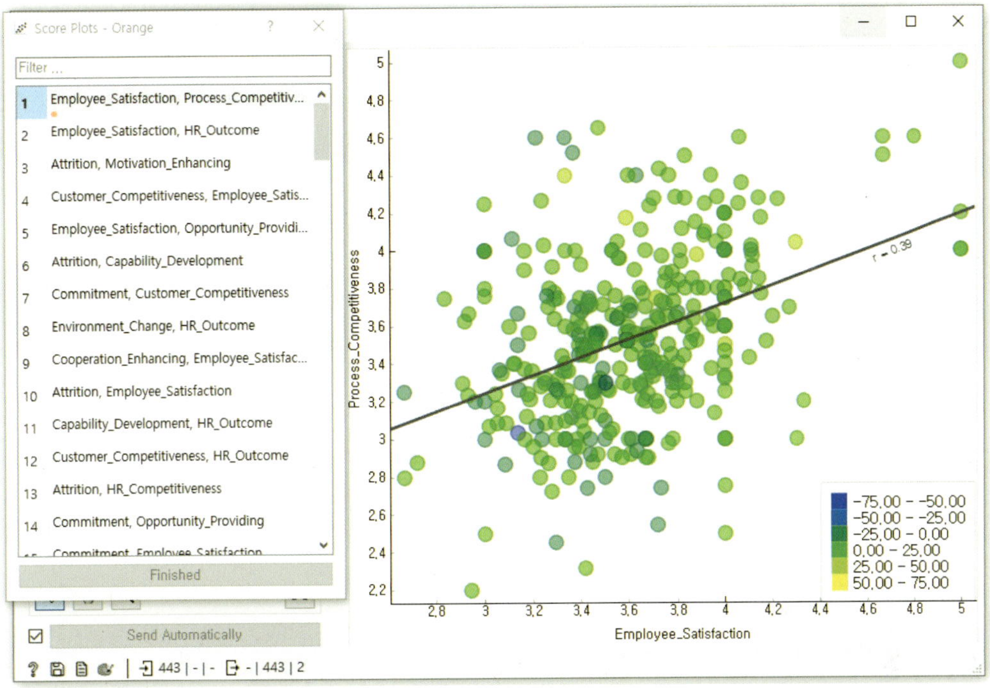

[그림 사례 2−9] 왼쪽 편에는 유의미한 관계가 있는 순서대로 위에서부터 목록이 제시된다. 오른편에는 가장 위에 제시된 종업원 만족도(X축), 프로세스 경쟁력(Y축) 변수의 산점도가 나타나 있다. 차례대로 눌러보면서 살펴보면 변수들의 특징과 관련도에 대한 이해도를 높일 수 있을 것이다. 또한 목표변수인 매출액 대비 경상이익률과 타 변수와의 관계를 살펴보기 위해 Y축에 목표변수를 두고, X축에는 다른 변수를 하나씩 대입해가면서 관계를 살펴보는 것도 유의미한 변수를 파악하는 데 도움이 된다.

● 박스 플롯(Box Plot) 분석

박스 플롯은 변수(Feature)의 분포를 시각화하여 제공해주기 때문에 데이터의 범위 및 통계적 아웃라이어(Outlier)가 있는지를 빠르게 확인할 수 있다.

- Visualize 카테고리에서 Box Plot 위젯을 끌어온 후, 결측값 처리가 끝난 변수가 들어있는 Data Table 위젯에 연결한다. 연결선 위에 Selected Data가 뜨면 연결선을 더블 클릭하여 Data로 변경시켜 준다.
- Box Plot 위젯을 더블 클릭하여 창이 나오면, Variable란에서 보기를 원하는 변수를 선택한다. [그림 사례 2-10]에서는 매출액 대비 경상이익률 변수(Ordinary_Profit_to_Sales)가 선택되어 있다.

[그림 사례 2-10] 박스 플롯 분석

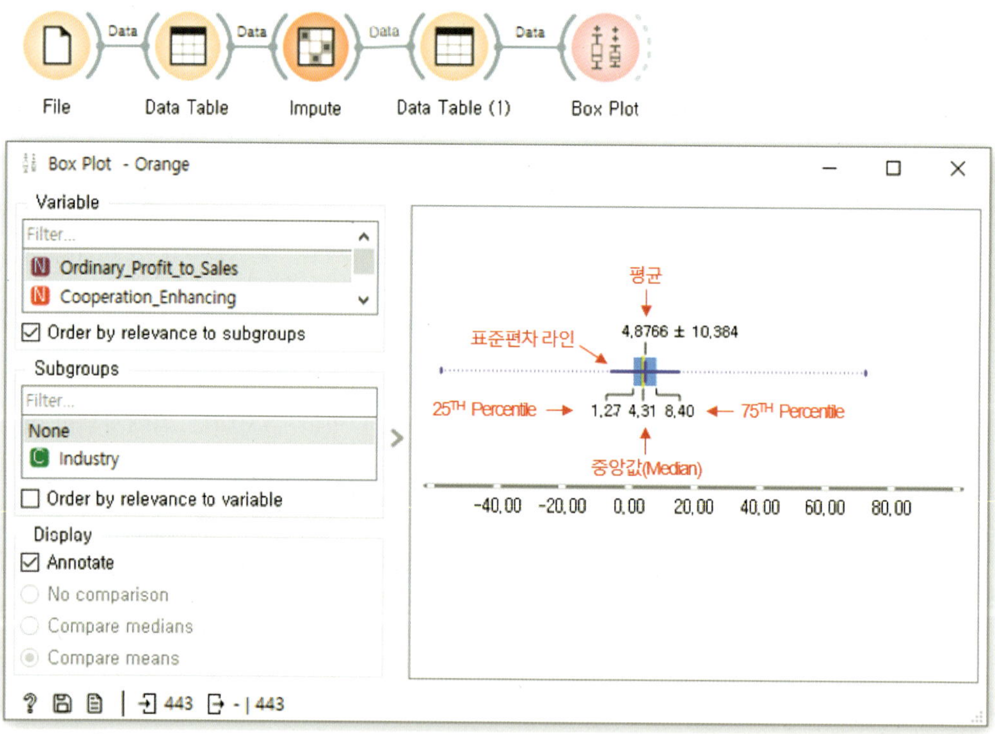

박스 플롯에서는 평균, 제일분위수(25th Percentile), 중앙값(Median), 제삼분위수(75th Percentile), 표준편차 라인 등을 제공해주기 때문에 데이터의 범위와 특성을 확인하고 특이한 값을 직관적으로 파악할 수 있다. 매출액 대비 경상이익률 변수의 경우, 표준편차 라인 밖으로도 변수의 값이 넓게 분산되어 있어 아웃라이어 값이 상당부분 존재한다고 판단할 수 있다. 한편 Subgroups에 있는 범주형 변수를 선택하면, 범주별로 선택한 수치형 변수의 특징들을 살펴볼 수 있다.

- Box Block 창의 Subgroups에서 Industry 변수(이번 사례에서 범주형 변수는 산업변수가 유일)를 선택한다([그림 사례 2-11]).

[그림 사례 2-11] 범주형 변수를 활용한 Box Plot 분석

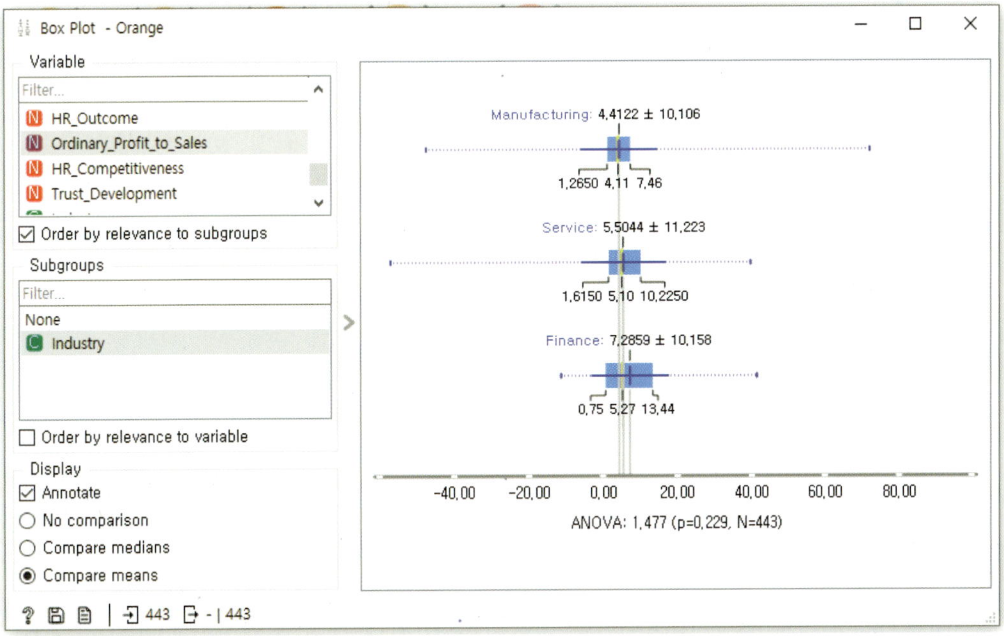

산업 유형별 매출액 대비 경상이익률 특성을 살펴보면, 금융업은 평균이 가장 높은 반면 매출액대비 경상이익률의 분포가 상대적으로 크지 않다. 상대적으로 제조업은 위아래로 분포폭이 상당히 넓으며, 서비스업은 아래쪽으로 분포가 넓게 나타나

있다. 제조업이나 서비스업에서 아웃라이어가 많이 발생할 수 있다는 것을 알 수 있다. 매출액 대비 경상이익률 변수뿐만 아니라 타 변수도 선택해서 산업별로 어떤 특성을 가지고 있는지를 살펴볼 수 있다. 한편, 개별 변수의 요약 통계를 동시에 보고 싶으면 [사례 1]에서 다루었던 Feature Statistics 위젯을 활용하면 된다.

4) 모델 설계 및 평가

오렌지가 가지고 있는 장점 중의 하나가 다양한 알고리즘을 동시에 활용해서 성능을 평가하는 것이 매우 용이하다는 것이다. [사례 1]에서는 단계적 접근을 위해 하나의 알고리즘을 활용해서 기본 모델을 설정하고, 나중에 다수의 알고리즘을 활용해서 성능을 비교 평가했지만 이제는 그럴 필요가 없다. 다수의 알고리즘을 활용해서 모델을 설계하고, 성능을 검증하여 비교해보자.

- Evaluate 카테고리에서 Test and Score 위젯을 끌어와, 결측값 처리가 끝난 변수가 들어있는 Data Table 위젯에 연결한다. 연결선 위에 Selected Data가 뜨면 연결선을 더블 클릭하여 Data로 변경시켜 준다.
- 사용하고자 하는 알고리즘 위젯을 Model 카테고리에서 캔버스로 모두 끌고와 Test and Score 위젯과 연결한다([그림 사례 2-12]).
- 분석이 100% 완료되면 Test and Score 위젯을 더블 클릭하여 결과를 확인한다 ([그림 사례 2-13]).

예측 성능 평가를 위해 선형 리그레션(Linear Regression), kNN(K Nearest Neighbors), SVM(Support Vector Machine), 그래디언트 부스팅(Gradient Boosting), 랜덤 포레스트(Random Forest), 신경 네트워크(Neural Network), 확률적 경사 하강법(SGD; Stochastic Gradient Descent) 등의 알고리즘을 사용하였다. 이 외에도 오렌지의 Model 카테고리에서 제공하는 다른 알고리즘도 활용하는 것이 가능하다. 피플 애널리틱스는 사람의 머릿속으로 해석이 불가능한 복잡한 데이터를 분석하는 경우가 대부분이기 때문에 사전에 어떤 알고리즘이 좋은지를 사전에 판단하는 것이 불가능하다. 결국 실제 활용하여 평가를 해보는 수밖에 없다. 단, [사례 1]이 분류 모델이었다면, [사례 2]는 회귀 모델이다. 따라서 분류 모델에서만 활용이 가능한 로지스틱 리그레션(Logistic Regression), 나이브 베이즈(Naive Bayes) 알고리즘 등은 예측 모델에 사용할 수 없다. 그렇다면 [그림 사례 2-12]에 나타난 알고리즘들의 성능 평가 비교 결과를 살펴보자.

[그림 사례 2-12] 알고리즘별 모델 성능 평가를 위한 워크플로우

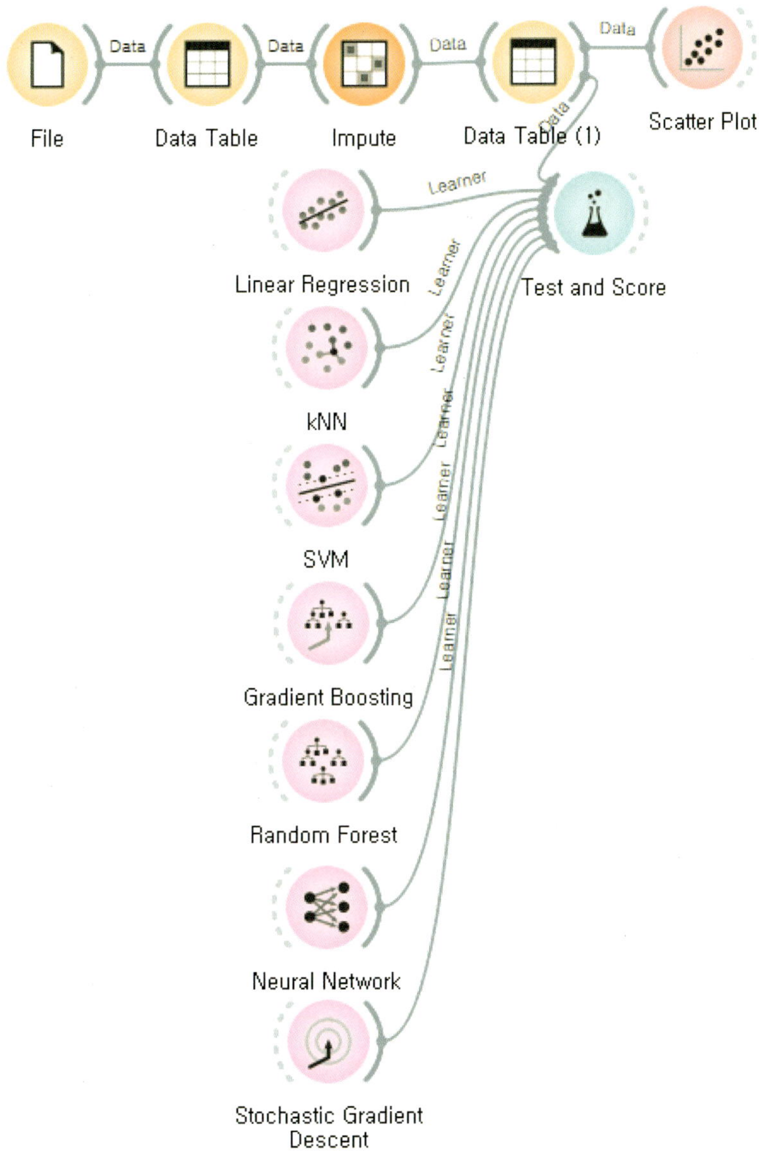

[그림 사례 2-13] 알고리즘의 예측 성능 비교 결과

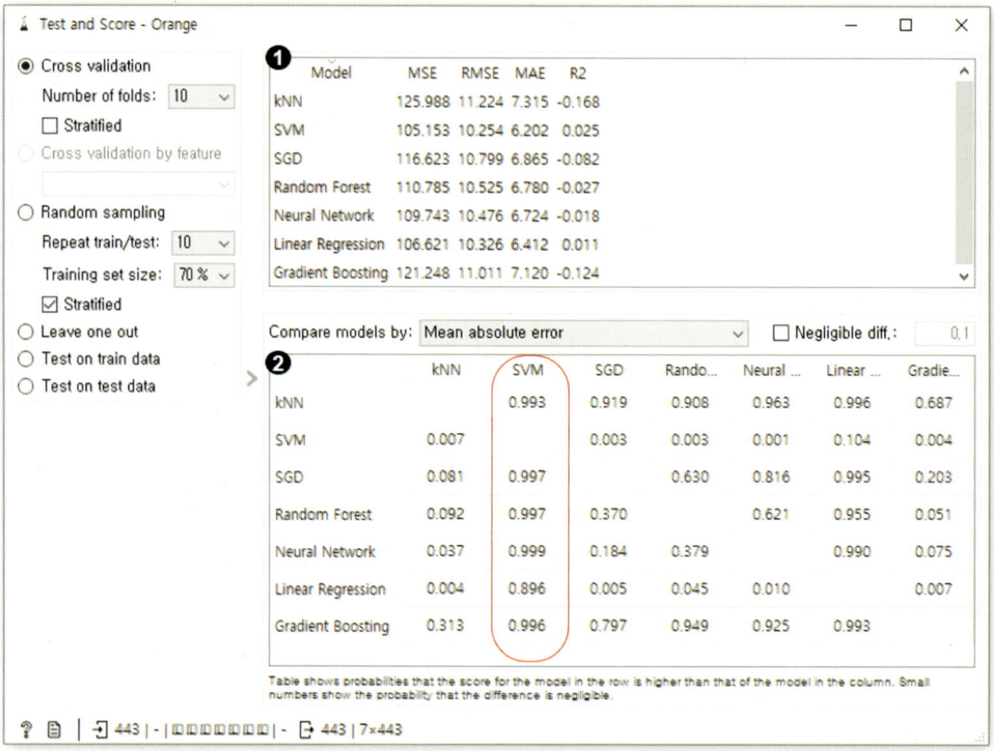

[그림 사례 2-13] 오른편 위쪽(① 영역)에는 모델에 활용한 알고리즘의 성능 평가를 위한 결괏값이 제시되어 있다. 분류 모델의 경우 알고리즘의 성능 평가를 위한 기준으로 정확도(Accuracy), 정밀도(Precision), 재현율(Recall) 등을 사용한다. 하지만 예측(회귀) 모델의 경우에는 완전히 다른 기준을 사용한다. Part 2에서 살펴본 내용을 기억해 내면서 하나씩 살펴보자.

- MAE(Mean Absolute Error): 예측치와 실제치 차이의 절댓값 평균을 말한다. 즉, 오차의 절댓값의 평균이라고 말할 수 있다. MAE를 통해 모델 예측치가 평균적으로 얼마나 오차가 발생하는가를 알 수 있다.
- MSE(Mean Squared Error): 예측값과 실제치의 차이의 제곱의 평균을 말한다. 즉, 오차 제곱의 평균이라고 할 수 있다. 오차 제곱의 평균이기 때문에 MSE는 아웃

라이어에 의해 영향을 크게 받는다.

- RMSE(Root Mean Squared Error): MSE의 제곱근, 즉 MSE에 루트(Root)를 씌운 값이다. 예를 들어, [그림 사례 2-13]에서 맨 위의 kNN의 MSE 값인 125.988에 제곱근 값을 구하면(루트를 씌우면) kNN의 RMSE 값인 11.224가 도출된다. RMSE는 오차 지표를 실제 값과 유사한 단위로 다시 변환하기 때문에 해석이 다소 용이하다.
- R2(R-Squared): 결정계수라고 하며, 예측 모델에서 설명변수가 목표변수를 얼마나 설명해 주는지를 가리키는 지표이다.

예측 모델에서 알고리즘 성능을 평가하는 지표의 평가 기준을 정리하면 아래 표와 같다.

[표 사례 2-1] 예측 모델 알고리즘의 평가 지표 및 평가 기준

평가 지표	평가 기준
MAE, MSE, RMSE	0에 가까울수록 좋은 성능
R2	1에 가까울수록 좋은 성능

오차가 현실적으로 나타나는 MAE는 직관적으로 이해하기 쉽다. 또한 모든 변수에 대한 가중치가 동일하다. 따라서 이상치가 없거나 혹시 있다해도 크게 문제가 되지 않는다고 판단하면 MAE 기준을 활용하여 모델을 개선하면 된다. 반면, 아웃라이어에 의해서 나타나는 결과 왜곡을 막기 원한다면 MSE 기준을 사용하여 모델을 개선하는 것이 바람직하다. MSE는 아웃라이어에 의해 큰 오차가 발생하는 경우 페널티를 크게 주기 때문이다. RMSE는 아웃라이어에 가중치를 부여하지만 너무 민감하게 반영하기를 원치 않는 경우 채택하는 것이 적절하다. 절대적으로 좋은 지표는 없기 때문에 상황에 따라 적절한 지표를 사용하면 된다.

[그림 사례 2-13]의 ② 영역에는 각 알고리즘의 분석된 성능 결과를 비교하여 보여주고 있다. 현재는 MAE 기준으로 비교되어 있다. 옆의 선택 버튼을 눌러 MSE, RMSE 등을 기준으로 비교하는 것도 가능하다. 정확도, 정밀도, 재현율과 같이 숫자가 클수록 성능이 좋은 경우, 세로축에 나열된 알고리즘의 옆으로 표시된 숫자가 0.5

를 넘어 1에 가까울수록 가로축에 나열된 알고리즘에 비해 성능이 뛰어나다는 걸 보여준다. 그런데 MAE나 MSE처럼 숫자가 낮을수록 성능이 좋은 경우에는 가로축에 나열된 알고리즘의 아래로 표시된 숫자가 0.5를 넘어 1에 가까울수록 세로축에 표시된 알고리즘에 비해 성능이 좋다. [그림 사례 2-13]을 보면 SVM이 다른 알고리즘에 비해 성능이 좋을 확률이 높다.

5) 조직 성과 예측

분석 모델을 통해 분석 알고리즘의 성능 평가가 완료되었으면, HRM 요소들을 활용하여 매출액 대비 경상이익률을 예측해보자. 이번 예측에서는 알고리즘 평가에서 상대적으로 성능이 높은 것으로 나타난 SVM 방식을 활용하자. 테스트를 위한 별도의 데이터를 만들지 않았기 때문에 학습에 사용한 데이터를 수정하여 활용하기로 한다. Impute 위젯을 통해 기존 파일의 결측값을 처리했기 때문에 테스트 파일을 만들기 위해서는 변환된 파일을 새롭게 저장해서 수정해야 한다([그림 사례 2-14]).

- Data 카테고리에서 Save Data 위젯을 끌어와 결측값 처리가 끝난 변수가 들어있는 Data Table 위젯에 연결한다. 연결선 위에 Selected Data가 뜨면, 연결선을 더블 클릭하여 Data로 변환한다.
- Save Data 위젯을 더블 클릭하여 원하는 이름의 스프레드시트 파일로 저장한다. 본 사례에서는 Case2_Analysis_Test로 저장했다.
- 새롭게 저장된 파일(Case2_Analysis_Test)을 열어 목표변수인 Ordinary_Profit_to_Sales(매출액 대비 경상이익률) 변수를 제거한다. 원래 변수가 아닌 기타 변수들도 제거하고(분석 과정 중에 분석에 영향을 미치지 않는 Selected라는 변수가 생긴다), 다시 동일한 이름으로 저장한다. [사례 1]에서 이야기한 바와 같이 예측을 위한 데이터는 목표변수가 없다는 것을 제외하고 기본 분석에 사용한 데이터와 동일하다.

[그림 사례 2-14] 테스트를 위한 파일 만들기

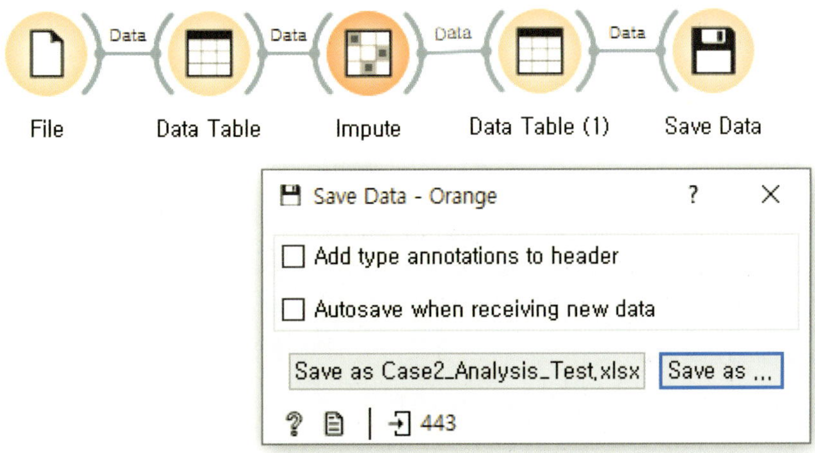

테스트 파일을 만들었다면, 이제는 실제 예측을 해보자.

- 평가를 위해 사용했던 알고리즘 중 SVM 위젯을 제외한 다른 알고리즘 위젯을 삭제하고, SVM 위젯에 결측값 처리가 끝난 변수가 들어있는 Data Table 위젯을 연결시켜 학습이 이루어지게 한다.
- Data 카테고리에서 새로운 File 위젯을 캔버스로 끌고와, 앞서 만들어 저장한 테스트 파일(Case2_Analysis_Test)을 불러온다. File 위젯을 오른쪽 마우스 클릭하여 Rename을 선택한 후 이름을 'Test File'로 변경한다. 'Test File' 위젯을 더블 클릭하면, 총 443개의 사례(Instance)와 15개의 변수(Feature)가 있음을 알 수 있다.
- Evaluate 카테고리에서 Predictions 위젯을 캔버스로 끌어와, 학습이 완료된 SVM 위젯과 'Test File' 위젯을 연결시켜 준다.
- Predictions 위젯을 새로운 Data Table 위젯에 연결시키고, Data Table 위젯을 더블 클릭하여 예측 결과를 살펴본다.
- 필요 시 Save Data 위젯을 캔버스로 끌어와 예측 데이터가 들어 있는 Data Table 위젯에 연결시키고, 원하는 이름으로 저장시킨다([그림 사례 2-15]).

[그림 사례 2-15] 조직 성과 예측을 위한 모델 워크플로우 및 결과

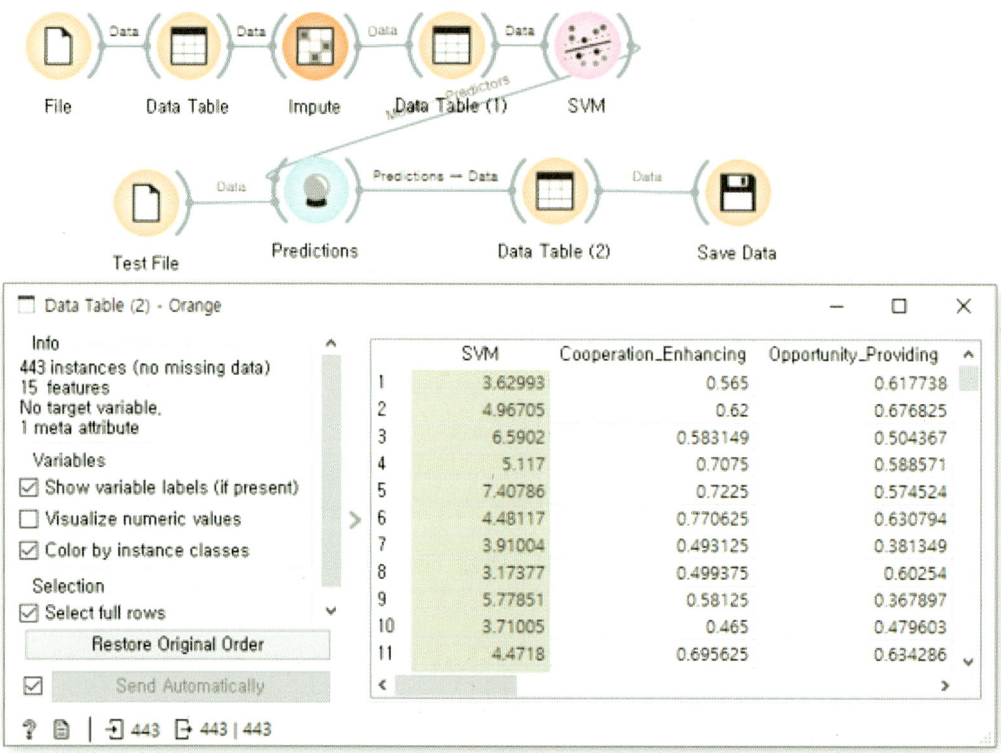

[그림 사례 2-15]를 보면 SVM 알고리즘에 의해 예측된 매출액 대비 경상이익률이 제시되어 있다. 그렇다면 실제 데이터와 예측 데이터의 차이를 비교해보자.

- Save Data 위젯을 활용해 예측치를 저장한 스프레드시트 파일을 열고, 기존 파일에서 Ordinary_Profit_to_Sales(매출액 대비 경상이익률)를 카피해서 예측치 바로 옆에 붙여 넣는다. 나머지 변수들은 모두 삭제한다.
- 실제 매출액 대비 경상이익률 값에서 예측으로 나온 데이터를 차감해서 오차가 얼마나 발생했는지를 살펴보고, 오차의 절대값도 구한다. 작업이 끝나면 새로운 이름의 스프레드시트 파일로 저장한다. 본 사례에서는 Case2_Analysis_prediction으로 저장했다. 스프레드시트의 내용은 [그림 사례 2-16]과 같다.

[그림 사례 2-16] 스프레드시트 파일 내용

	A	B	C	D
1	SVM	Ordinary_Profit_to_Sales	Error	Absolute Error
2	3.63	4.31	0.68	0.68
3	4.97	3.82	- 1.15	1.15
4	6.59	7.08	0.49	0.49
5	5.12	5.10	- 0.02	0.02
6	7.41	14.97	7.56	7.56
7	4.48	3.99	- 0.49	0.49
8	3.91	- 10.06	- 13.97	13.97
9	3.17	1.19	- 1.98	1.98
10	5.78	8.51	2.73	2.73

정리한 Case2_Analysis_prediction 파일에는 SVM 알고리즘으로 예측한 값, 실제 매출액 경상이익률, 실제치에서 예측치를 차감한 오차(Error), 그리고 오차의 절댓값(Absolute Error) 등이 들어있다. 이제는 이 파일을 오렌지로 불러들여 특성을 파악해 보자.

- 새로운 File 위젯을 캔버스로 끌어와 새롭게 저장한 파일을 불러온다. File 위젯을 오른쪽 마우스 클릭하여 Rename을 선택 후 이름을 'Prediction Result'라고 바꾼다. Data 카테고리에서 Feature Statistics 위젯을 끌고와 'Prediction Result' 위젯과 연결한다. Feature Statistics 위젯을 더블 클릭하여 결과를 살펴본다([그림 사례 2-17]).

[그림 사례 2-17]에는 앞서 언급한 4개 변수의 특징을 보여주고 있다. 실제치의 경우 최솟값이 −56.96에서 최댓값이 72.08 매우 폭넓게 분포되어 있지만, 예측치는 최솟값이 0.66에서 최댓값이 7.47로 상대적으로 조밀하게 분포되어 있는 것을 알 수 있다. 즉, 모델이 아웃라이어에 대해서는 예측력이 떨어지는 것이다. 따라서 실제치에서 예측치를 차감한 오차의 범위도 −61에서 68까지 크게 나타나고 있다. 한편, 모델의 성능을 평가하는 데 활용되는 오차의 절대값 평균인 MAE 값은 5.92이다. 이는 [그림 사례 2-13] 알고리즘의 예측 성능 평가 시, SVM의 MAE 값으로 제시된 6.20과 비슷하게 나타나고 있다.

[그림 사례 2-17] 실제치와 예측치 비교

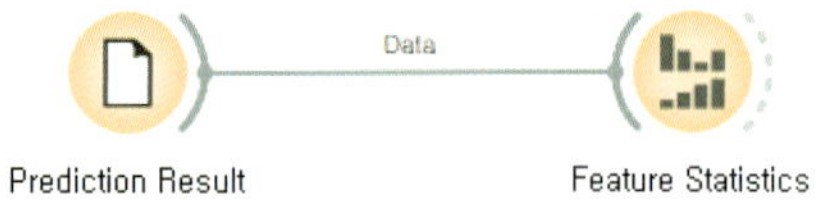

Feature Statistics - Orange

	Name	Distribution	Mean	Mode	Median	Dispersion	Min.	Max.
N	SVM		4.06411	0.663212	4.03305	0.367276	0.663212	7.47007
N	Ordinary_Profit...		4.8766	1.09	4.31	2.1293	-56.96	72.08
N	Error		0.81248	-60.9685	0.631936	12.2308	-60.9685	68.4196
N	Absolute Error		5.92422	0.00109099	3.32529	1.35369	0.00109099	68.4196

이번에는 산점도를 활용해서 실제치와 예측치의 관계를 살펴보자.

- Visualize 카테고리에서 Scatter Plot 위젯을 끌어온 후, ‘Prediction Result’ 위젯과 연결한다.
- Scatter Plot 위젯을 더블 클릭하여 나타난 창의 Axes 칸에서, Axis x 옆의 탭을 눌러 SVM 변수(예측치)를 선택하고, Axis y 옆의 탭을 눌러 Ordinary_Profit_to_Sales 변수(실제치)를 선택한다.
- 아래 Attributes 칸에서 Color 옆의 탭을 눌러 Error 변수를 선택한다.

예측의 정확도가 높으면 [그림 사례 2-18] 산점도의 모습이 45도 각도의 일직선의 모습과 유사하게 나타나야 한다. 그런데 [그림 사례 2-18]에서의 모습은 일정 구간에 뭉쳐져 있는 모습으로 나타나 있다. 그렇다면 왜 이러한 결과가 나타났을까? 아마 그것은 분석에 사용된 HR 데이터의 특성상 성과의 아웃라이어를 설명할 수 없기 때문이라고 판단된다. 사용된 HR 데이터는 주로 설문 결과에 기반했기 때문에 성과에 따른 그 차이가 크지 않다. 그렇기 때문에 기존의 HR 데이터로는 성과와 상관관계가 있다는 것을 파악할 수 있지만, 아웃라이어를 포함한 성과 예측에 사용할 데이터로는 한계를 가지고 있는 것이다. 이제 분석자의 고민은 예측의 정확도를 높이기 위해서는 어떤 데이터/변수가 더 확보되어야 하는 것이다.

[그림 사례 2-18] 산점도를 활용한 실제치와 예측치 관계 파악

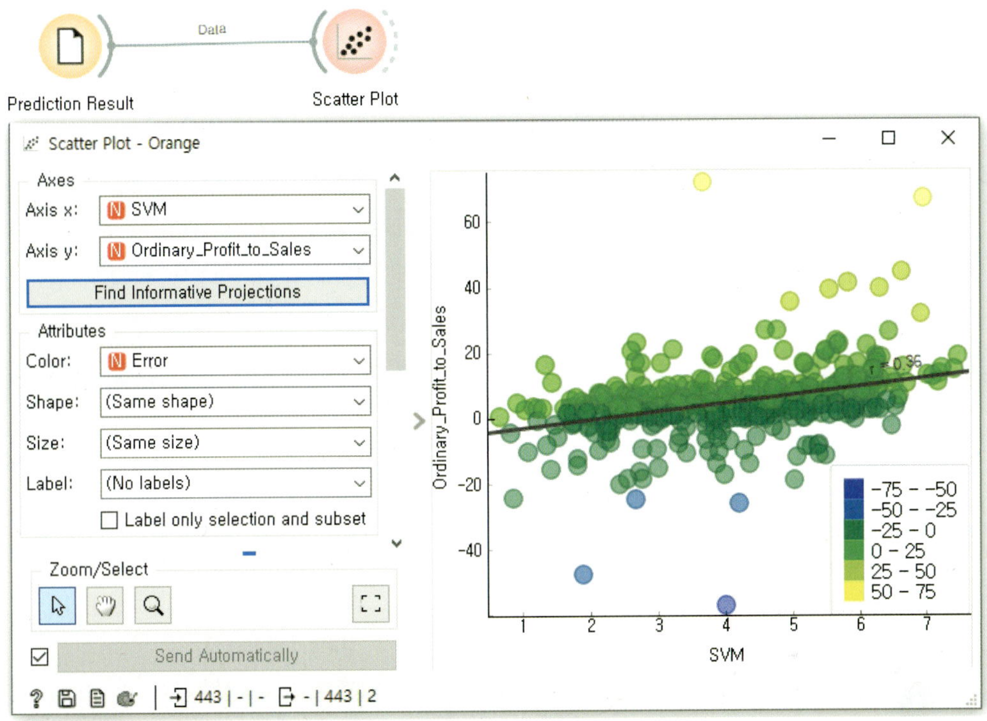

6) 모델 고도화

이번에는 기존 데이터를 활용해서 모델의 성능을 높이기 위한 고도화 작업을 실시해 보자. 모델 고도화 작업은 ① 설명변수(Feature)의 정규화, ② 아웃라이어 제거의 순으로 실시해서 모델의 성능을 평가한다.

● 설명변수 정규화 및 아웃라이어 제거

설명변수의 정규화 및 데이터의 아웃라이어를 제거해 보자.

- 변수의 정규화 처리를 위해, Transform 카테고리에서 Preprocess 위젯을 끌어와 결측값 처리가 끝난 변수가 들어있는 Data Table 위젯과 연결한다(① 영역). Preprocess 위젯을 더블 클릭하여 창이 나타나면, 왼쪽 편에 제시된 여러 방법 중에서 Normalize Feature를 선택하여 오른쪽 편으로 끌어온다. 그리고 Normalize Features에서 원하는 방법을 선택한다(사례에서는 Normalize to interval [0, 1] 선택, 관련 내용은 [그림 사례 2-6] 참조).
- 새로운 Data Table 위젯을 캔버스로 끌어와 Preprocess 위젯과 연결한다. Data Table 위젯을 더블 클릭하면 정규화 처리가 된 내용을 볼 수 있다.
- 아웃라이어 처리를 위해, Unsupervised 카테고리에서 Outliers 위젯을 캔버스로 끌어와 Preprocess 위젯과 연결된 Data Table 위젯과 연결한다(② 영역).
- Outliers 위젯을 더블 클릭하여 나타난 창의 4가지 Method에서 원하는 방법을 선택한다(사례에서는 Isolation Forest 선택, ③ 영역).

[그림 사례 2-19] 정규화 및 아웃라이어 처리

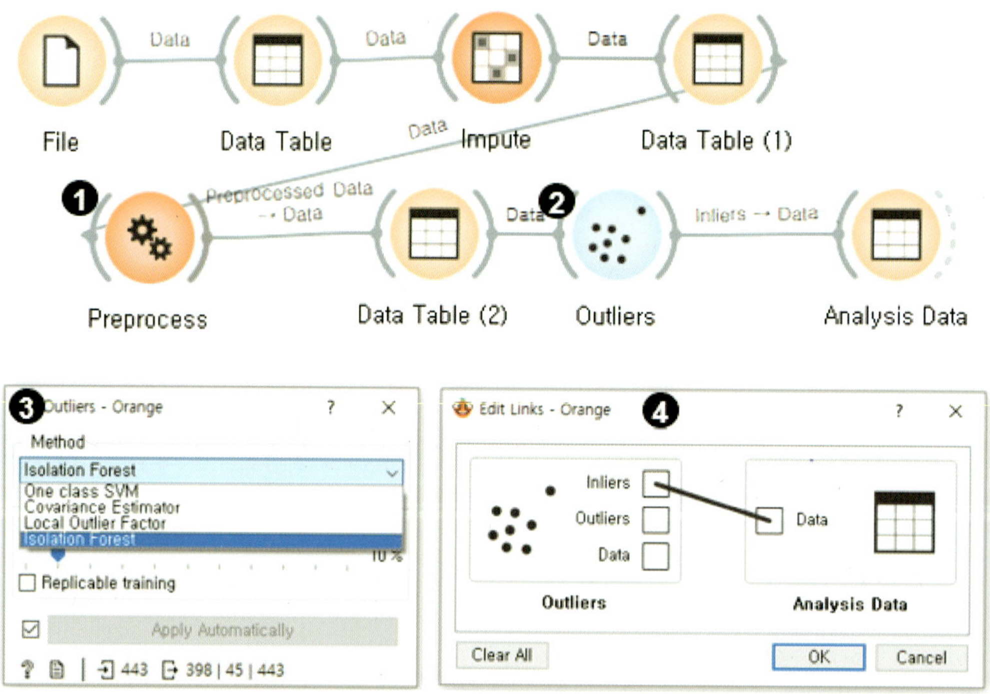

- 새로운 Data Table을 캔버스로 끌어온 후, 오른쪽 마우스 클릭하여 Rename을 선택하여 이름을 'Analysis Data'로 변경한다.
- 'Analysis Data' 위젯을 Outliers 위젯과 연결한다. 연결 시 나타난 창에서 Inliner가 Data로 연결되도록 한다(④ 영역). 다시 수정하고 싶으면 연결선을 더블 클릭하여 나오는 창에서 수정하면 된다([그림 사례 2-19]).

'Analysis Data' 위젯을 더블 클릭하면 정규화 및 아웃라이어 처리 후의 데이터를 볼 수 있다. 아웃라이어 제거를 통해 기존 데이터에서 45개의 분석 행이 삭제되어 총 398개의 분석 행만 남아 있는 것을 볼 수 있을 것이다. 그리고 변수들의 값을 보면 목표변수를 제외한 나머지 변수들의 값은 모두 [0, 1] 사이에서 정규화 되었음을 알 수 있을 것이다.

● 알고리즘 평가

데이터 정리 후 알고리즘의 성능 평가를 통해 모델의 얼마나 고도화 되었는가를 파악한다.

- Evaluate 카테고리에서 Teat and Score 위젯을 끌어와 'Analysis Data' 위젯과 연결한다.
- 사용하고자 하는 알고리즘 위젯을 Model 카테고리에서 캔버스로 모두 끌고와 Test and Score 위젯과 연결한다([그림 사례 2-20]).

[그림 사례 2-20]을 보면 선형 회귀, kNN, SVM, 그래디언트 부스팅, 랜덤 포레스트, 신경 네트워크, SGD 등 총 7개의 알고리즘을 사용하여 평가를 진행하였다. 그럼 Test and Score 위젯을 더블 클릭하여 결과를 확인한다([그림 사례 2-21]).

[그림 사례 2-20] 데이터 정리 후 알고리즘 평가를 위한 워크플로우

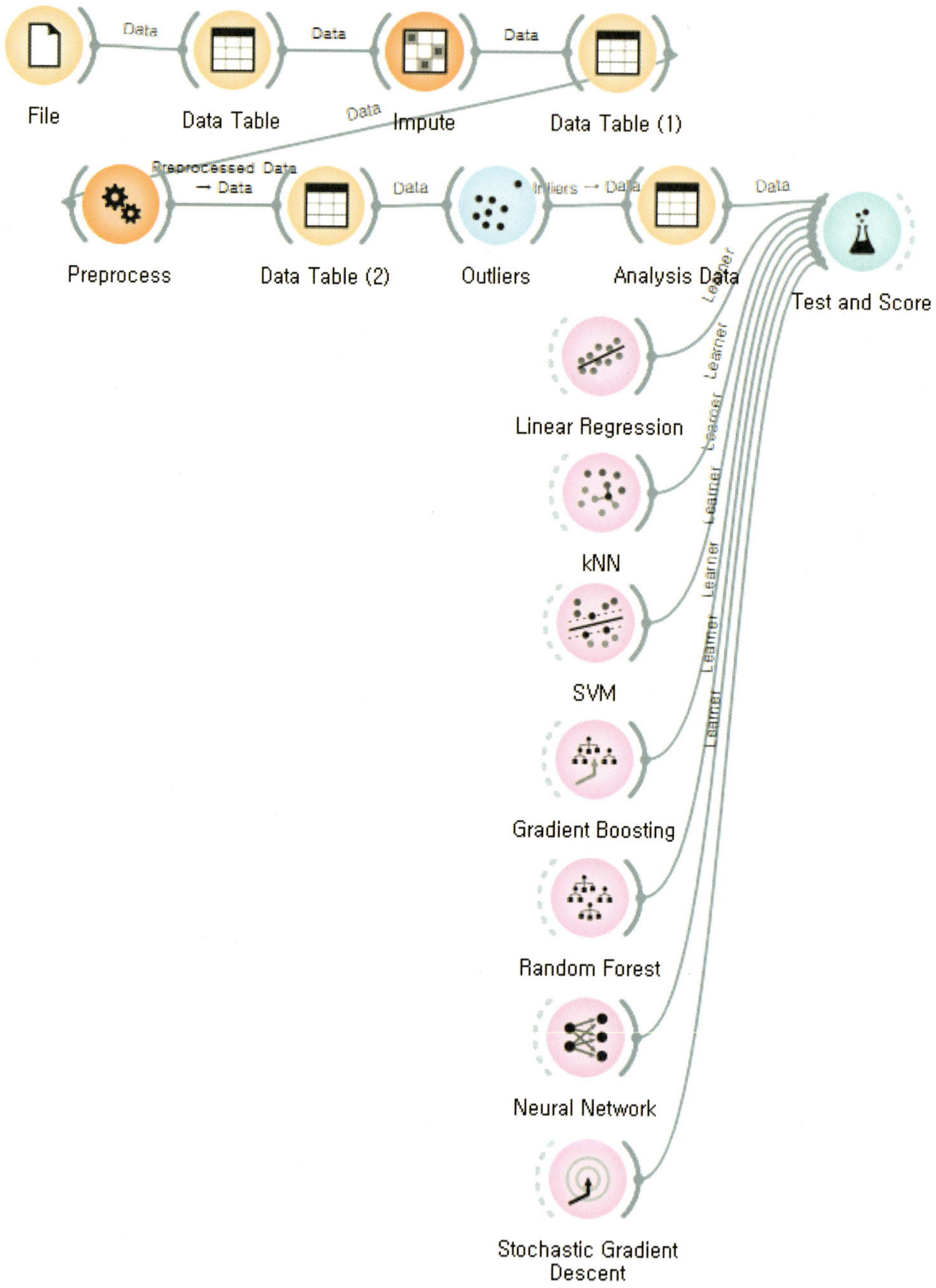

[그림 사례 2-21] 데이터 작업 후 알고리즘 성능 평가 결과

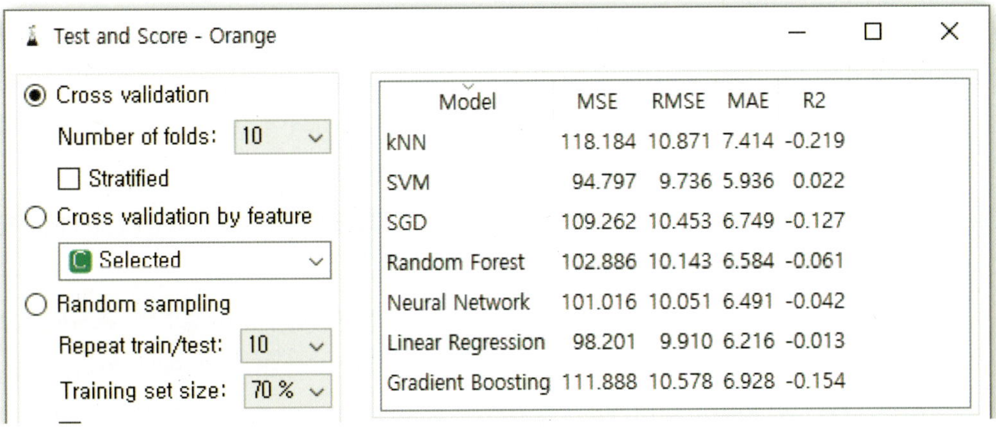

Model	MSE	RMSE	MAE	R2
kNN	118.184	10.871	7.414	-0.219
SVM	94.797	9.736	5.936	0.022
SGD	109.262	10.453	6.749	-0.127
Random Forest	102.886	10.143	6.584	-0.061
Neural Network	101.016	10.051	6.491	-0.042
Linear Regression	98.201	9.910	6.216	-0.013
Gradient Boosting	111.888	10.578	6.928	-0.154

[그림 사례 2-21]에 나타난 결과를 보면, 대부분의 알고리즘의 성능 평가 지표의 값이 조금씩 개선되었다는 것을 알 수 있다. 하지만 개선의 유의적 차이는 없다고 판단된다. 예측 성능을 높이기 위해서는 새로운 변수 개발이 필요하다고 판단된다.

3. 시사점 도출

경영의 불확실성이 높고 경쟁이 치열해지는 현 상황에서 HR은 사업 전략과 하나가 되어 인적 자산의 역량을 최대한 끌어올리고 활용하는 HRM을 더욱 전략적으로 실행해야 한다. 그런데 전략적 HRM이 조직 성과에 중요한 영향을 미친다는 많은 연구 결과들이 있지만, 실제 전체적인 HRM이 어떤 메커니즘을 통해 기업 성과에 영향을 미치는가에 대해서는 아직도 많은 부분이 블랙 박스로 남아 있다.

조직 성과 제고에 중요한 변수 인식

이번 사례 분석을 통해 성과와 관련된 변수의 중요도를 살펴보면 기회 제공, 협력 제고, 구성원 몰입, 종업원 만족 등과 같은 요소들이 조직 성과와 관련도가 높다는

것을 알 수 있었다. 예컨대, 기회 제공이 제대로 이루어지면 구성원들은 자신의 경험에 대해 이야기하고, 발생되는 문제에 적절한 대응을 하기 위해 동료들과 현재의 상황에 대한 분석과 토론을 행한다. 이러한 노력을 통해 구성원들 상호 간 역량을 개발하고 새로운 아이디어를 실행할 수 있도록 격려하는 분위기 조성이 가능하다. 즉, 기회 제공을 통해 얻은 경험과 지식이 전 구성원에게 전파되어 조직 구성원 모두가 자신의 잠재력을 발휘하도록 만드는 시너지 효과를 창출한다고 판단할 수 있다.

또한 협력 제고를 통해 팀워크와 협업이 활성화되면 조직 내부자원의 효과적 활용과 시너지가 촉진됨으로써 조직 성과가 향상되는 효과를 기대할 수 있다. 특히. 부서 간 혹은 외부와의 네트워크가 활성화되면 새로운 아이디어의 유입이 촉진됨으로써 창의적 혁신이 활발하게 일어날 수 있다. 협력 제고는 소속감, 업무 참여, 몰입, 창의력 발현 등에 있어 의미 있는 영향력을 미친다. 대표적으로 언급되고 있는 사례가 15세기 이탈리아 피렌체의 금융가문인 메디치(Medici) 가문에 의해 만들어진 메디치 효과다. 메디치가는 광범위한 분야에 걸쳐 문화예술가들을 후원하였고, 이를 통해 피렌체에서 함께 만나게 된 다양한 방면의 문화예술가들은 서로의 전공 분야의 벽을 허물고 교류하였고, 결국 새로운 사상에 바탕을 둔 르네상스 시대를 열 수 있었다. 다양한 생각과 실행을 결합하여 뛰어난 가치 창출을 불러 일으킬 수 있는 협력 제고는 향후 기업의 성과제고에 있어서도 중요한 것이다. 결국, HRM이 구성원들에게 공헌할 기회, 협력 분위기 조성, 구성원 몰입 및 만족도 제고에 영향을 주고, 이를 통해 조직 성과를 높일 수 있다는 시사점을 주고 있는 것이다. 그런데 HRM 활동이 조직 성과와 관계가 있다는 것은 알 수 있지만, HRM 변수들을 통해 조직 성과를 예측하는 데에는 한계를 보였다.

'어떻게 성과를 예측할 수 있을까?'에 대한 고민 필요

본 사례의 사용된 변수는 설문에 기반하여 HR 수준을 평가하여 만든 변수이기 때문에 아웃라이어가 발생하는 구간에서는 예측력이 떨어진다는 한계를 가지고 있다. 그렇기 때문에 목표변수에 대해 설명변수가 가지는 설명력을 나타내는 R2 (R−Squared)의 값이 매우 낮게 나타나고 있다. 모델의 효용성이 높지 않다는 것이다. 사실 다양한 변수를 선정하여 활용해도 미래 기업의 성과를 예측하는 것은 쉬운 일이 아니다. 기업 성과에 영향을 미치는 요인은 매우 복잡하고 불확실성도 크기 때문이다.

이번 사례 분석에서 보는 바와 같이 설문 중심의 변수를 활용한 경우, 아웃라이어가 발생하는 구간에서의 예측력이 떨어진다. 따라서 지금까지 HRM과 조직 성과와의 관계를 정량적으로 보여줄 경우, 특정 변수만을 사용하는 경우가 많았다. 한 예를 보자.

미국의 유통업체인 시어즈(Sears, Roebuck and Company)는 당사의 사업 환경에서는 구성원의 태도가 고객 태도와 행동에 영향을 미치고, 이는 다시 시어즈의 재무적 성과에 영향을 미친다는 가설을 수립하였다. 이를 증명하기 위해 과거 수년 동안 축적된 데이터를 기반으로 분석을 수행하였다. 이러한 노력을 통해 시어즈는 직원의 태도가 고객 서비스, 직원 이직률, 고객/친구/가족들에게 시어즈를 쇼핑 장소로 추천하는 것 등에 영향을 미치고 있다는 사실을 발견하였다. 그리고 구성원 만족도 점수가 5점 개선되면, 고객 만족도 점수가 1.3점 개선되고, 궁극적으로 매출이 0.5% 정도 증가한다는 사실도 알아낼 수 있었다. 이에 시어즈는 구성원 만족도와 고객 만족도를 수익 창출의 핵심 동인으로 보고 이를 보상에 반영하였고 조직 성과를 제고할 수 있었다.[14]

그런데 이렇게 단일 변수를 가지고 분석을 하는 경우 한계가 있다. 특정 시점과 상황에 있어서는 타당한 결과를 보이지만, 상황이 변하게 되면 다른 결과를 보일 수 있는 것이다. 예컨대, 품질 사고나 이미지에 타격을 입히는 이슈가 발생하면 구성원 만족도와 상관없이 성과가 하락할 수 있다. 또한 설문으로 평가되는 구성원 만족도 점수를 지속적으로 상승시킨다는 것은 사실 어렵다. 시어즈의 이러한 분석에 기반한 대책 마련도 초기에는 효과를 보았으나 차츰 한계가 나타났다. 어떤 활동이 구성원 만족도와 고객 만족도 향상을 가져오는지를 분명히 알지 못해 자원을 합리적으로 배분하는 것이 어려운 상황이 발생하였다. 심지어 구성원 만족도와 고객 만족도를 높이는 일이 수익을 감소시키는 경우도 나타났다. 결국 구성원 만족도, 고객 만족도, 성과 관계에 대한 의문이 제기되고 말았다.

14 The Employee – Customer – Profit Chain at Sears, HBR, January-February 1998

종합적 관점에서의 모델 구축 필요

HRM의 하위 구성요소로 기업 성과를 예측하는 것은 어려운 일이다. HRM이 조직 성과에 영향을 미치는 메커니즘은 그리 간단하지 않기 때문이다. 예를 들어, HRM의 하위체계 간 상호작용이 때로는 긍정적 영향을 때로는 부정적 영향을 줄 수 있다. 예를 들어, 신뢰 구축이 높아질수록 역량 개발, 협력 제고, 기회 제공 등 타 구성요소가 조직 성과에 미치는 긍정적 영향 역시 커질 수 있다. 또한 기회 제공과 능력 제고 요소도 상호 시너지 효과를 가져올 수 있다. 반면, 동기 제고는 신뢰 구축, 협력 제고 등의 타 구성요소와 부정적 상호작용을 통해 조직 성과에 악영향을 미칠 수 있다. 성과급이 클수록 개인 이기주의가 커지고 팀워크가 깨질 수 있기 때문이다. 게다가 성과급의 비중이나 액수가 일정 수준까지는 조직 성과에 긍정적 영향을 미칠 수 있지만 어느 수준을 넘어서면 부정적 영향을 미치는 요소로 변할 수 있다. 그렇기 때문에 동기 제고를 위해 개인 성과 중심으로 보상하는 방안과 협력 제고를 위해 집단 성과 중심으로 보상하는 방안 사이에서 선택의 갈등이 발생한다. 효과적 HRM 시스템을 구축하기 위해서는 구성요소 간 상호작용이 기업 HRM 운영에 어떻게 영향을 미치는지를 파악해야 한다.

또한 기업 성과에 HR이 영향을 미치는 부분도 제한적이다. 조직 성과는 R&D, 생산, 고객 관리, 마케팅 등 다양한 기능의 활동이 어우러져 만들어진다. 그리고 HR 활동은 어떻게 보면 조절변수의 역할이 강하다. 즉, 조직 성과에 직접 영향을 미치기보다는 다른 기능이 제 역할을 잘하거나 못하는 데 주요한 영향을 미친다는 것이다. 그렇기 때문에 HRM이 성과에 영향을 미친다는 관계를 보여주기는 상대적으로 쉽지만, HRM 변수만을 활용하여 조직 성과를 예측한다는 것은 사실 불가능에 가깝다.

이제 HR은 HRM 활동뿐만 아니라 비즈니스 성과에 영향을 미치는 타 기능 활동들을 전체적으로 조망하고, 비즈니스 성과 창출에 상호 어떤 영향을 미치는지에 대해 살펴보아야 한다. 그리고 이를 실제적으로 파악할 수 있는 데이터를 확보하고 분석하여 통찰력을 얻고, 비즈니스 목표 달성에 있어 우선순위가 높은 HRM 활동을 인식하고 실행해야 하는 것이다. 이러한 큰 그림하에서 보다 정교화된 모델을 구성하고 분석, 실행, 점검, 학습, 그리고 적절한 대응이 이루어질 수 있는 관리 프로세스를 만들어 나가는 것이 필요하다.

사례 3

구성원 개인에게 적합한 교육 과정은?

1. 평생 교육의 기반, 교육 과정 추천

4차 산업혁명은 ICT(Information & Communication Technology) 및 디지털 기반의 초연결성, 그리고 인공지능과 빅데이터의 결합에 의한 초지능화를 바탕으로 기술 간, 산업 간 경계가 사라지는 '융복합' 시대를 가속화하고 있다. 대부분의 기업들은 지금까지 경험해보지 못한 빠른 속도의 파괴적 기술 혁신에 의해 산업질서의 대대적 개편이라는 변화의 물결을 맞이하고 있다. 이러한 시대에 직면한 기업들에게 필요한 기술은 10년, 혹은 5년 전과 대단히 다르다. 한 조사에 의하면[15] 현재 전체 산업에 걸쳐서 주로 사용되는 핵심 기술(Core Skill)군의 1/3 이상이 3~5년 후에는 진부화가 되어 다른 기술로 대체될 것으로 예상하고 있다. 특히, 프로세스가 정해져 있고 반복적으로 과정을 수행하는 업무들은 점차 기계로 대체되고, 기계가 하지 못하는 창의적 혁신 업무만 살아남을 가능성이 높다. 그리고 이러한 추세는 점점 더 빨라질 것이다.

평생학습을 통한 역량 제고 필요

이제는 과거 기업을 성공으로 이끈 기술이나 관행이 더 이상 유효하지 않다는 점, 새로운 변화가 필요하다는 점을 인정해야 한다. 기업이 미래에도 살아남기 위해서는 현재 기술을 바탕으로 미래 필요 역량을 예측하고 확보하는 것이 매우 중요해질 수밖에 없다. 미래 필요 역량을 제대로 확보하지 못한다면, 결국 커다란 위기에 봉착할 가능성이 높은 것이다. 이러한 상황에 대처하기 위해 기업은 변화를 주시하

15 The Future of Jobs, 세계경제포럼, 2016

고 새로운 기회를 자본화하는 데 필요한 지식을 확보하고, 진부화되는 지식을 업그레이드하는 데 필요한 교육 기회 제공에 많은 노력을 기울여야 한다. 특히, 기술의 라이프사이클이 짧은 산업에 속해 있는 기업의 경우, 지속적으로 경쟁력 있는 신기술을 신속하게 습득할 수 있는 체계를 구축하는 것이 필요하다. 새로운 기술, 사업 등 기업 환경은 빠르게 변화하나 자신의 진부화된 기존 경험과 지식에만 의존하는 경우 변화 트렌드를 제대로 읽지 못하고 도태될 가능성이 높다. 이제 평생학습을 통한 역량 제고는 조건이 아닌 필수가 되고 있다.

AT&T의 구성원 역량 강화 사례[16]

미국 통신 인프라를 구축한 선구자로 유명한 AT&T는 통신사업의 핵심 기술이 유선에서 무선 및 인터넷으로 대체됨에 따라 전통적인 사업 영역이 쇠퇴하는 위기에 직면하였다. 이에 AT&T는 디지털 환경으로 변화하는 시장에 효과적으로 대응하는 데 필요한 새로운 역량을 조직 구성원들이 확보할 수 있는 방안을 모색하였다.

AT&T는 향후 회사에 필요한 기술 인력을 파악하고 이들을 내부적으로 조달할 수 있는 청사진을 설계하였다. 특히 AT&T 전체 인력의 절반가량 차지하고 있는 네트워크 기술전략 조직에 소속된 구성원들의 새로운 역량 개발이 무엇보다 필요하다고 판단하였다. 따라서 해당 부문 구성원들의 역할 구조를 통합/단순화하여 다양한 역할을 수행할 수 있도록 하였다. 예를 들어, 프로그래머는 이제 코드 작성만 하는 게 아니라 테스트 스크립트도 작성하여 직접 작성한 코드를 테스트하는 업무까지 담당하도록 한 것이다. 그리고 이러한 업무를 효과적으로 수행하는 데 요구되는 역량을 구성원들이 학습할 수 있도록 온라인 공개 수업 제공 기업인 유다시티(Udacity), 조지아 공대 등과 협력하여 필요 과정을 개설하였다. AT&T는 구성원들에게 새로운 역량과 역할 그리고 경험을 추구할 수 있는 기회를 제공함으로써 평생학습 문화가 조직에 정착할 수 있도록 노력하고 있다.

16 AT&T의 인적 쇄신(AT&T's Talent Overhaul), HBR, October 2016

구성원들도 업스킬링/리스킬링의 필요성 인식

AT&T 사례에서 보듯이 이제 기업은 구성원들이 변화하는 환경 속에서 새로운 역할을 성공적으로 수행하는 데 필요한 역량을 업스킬링(Up-skilling)/리스킬링(Re-skilling)시킬 수 있는 기회를 제공해 주어야 한다. 그런데 구성원들도 직무 수행에 필요한 역량의 업스킬링/리스킬링 필요성을 기업 못지않게 인식하고 있다. 급변하는 환경에서 살아남기 위해서는 구성원 스스로 생태계 변화에 적합한 필요 역량을 지속적으로 확보해야 한다는 것을 잘 알기 때문이다. 그렇기 때문에 현업 업무와 연계된 교육, 미래 차별적 역량을 확보하는 데 필요한 새로운 것을 얻을 수 있는 교육, 구성원들과 함께 일하면서 시너지를 내는 데 필요한 의사소통과 리더십 관련 교육에 대한 니즈는 클 수밖에 없다.

미래 조직 성과 제고와 구성원들의 역량 제고에 필요한 역량을 학습할 수 있는 다양한 플랫폼을 확보하고 적절한 교육을 적시에 추천해 주는 것은 의미 있는 일이다. 역량을 키우고 싶어도 어떻게 어디서부터 시작해야 할지 몰라서 못하는 경우가 많다. 이러한 때 적절한 추천이 이루어지면 구성원들이 관심을 가지게 되고 일단 시도해 보려는 동기가 생기게 된다. 물론 그 다음은 교육을 받는 개인의 의지와 노력에 따라 결정된다. 하지만 일단 시작을 했기 때문에 발전할 가능성이 생겼다고 할 수 있다. 조직의 미래를 담보하는 역량은 기업의 지원과 구성원들의 의지가 한데 어우러져야 확보할 수 있는 것이다.

2. 오렌지를 활용한 교육 과정 추천

이번 사례는 교육 과정 추천이다. 사용 데이터는 캐글(Kaggle) 사이트(https://www.kaggle.com)에서 다운로드받은 것을 학습을 위해 일부 수정하였다. 수정된 데이터는 출판사 홈페이지에서 다운로드받을 수 있다. 추천 결과를 보여주는 방식은 크게 두 가지가 있다. 첫 번째는 우리가 흔히 경험하는 바와 같이 사용자가 좋아할 만한 아이템을 나열식으로 이것저것 추천해주는 방식이다. 두 번째 방식은 개별 사용자가 각각의 아이템에 대해서 몇 점을 줄 것인지를 예측하는 방법이다. 오렌지에서는 우리가 익숙한 아이템 나열식의 추천 방식을 제공하지 않는다. 따라서 이번 사례에서는 개별 사용자가 각 아이템에 대하여 몇 점을 줄 것인지를 예측하는 방법으로 실습을 하고 시사점을 살펴본다.

1) Add-ons를 활용한 위젯 카테고리 추가

추천 모델을 만들기 위해서는 추천 알고리즘을 활용해야 한다. 그런데 오렌지의 기본 화면에는 추천 관련 위젯을 모아 놓은 카테고리가 존재하지 않는다. 따라서 추천 관련 카테고리를 추가로 설치해야 한다.

- 오렌지 왼쪽에 있는 메뉴바에서 Options를 클릭한 후, 나타나는 창에서 Add-ons를 클릭한다([그림 사례 3-1]).

[그림 사례 3-1] Add-ons 작동

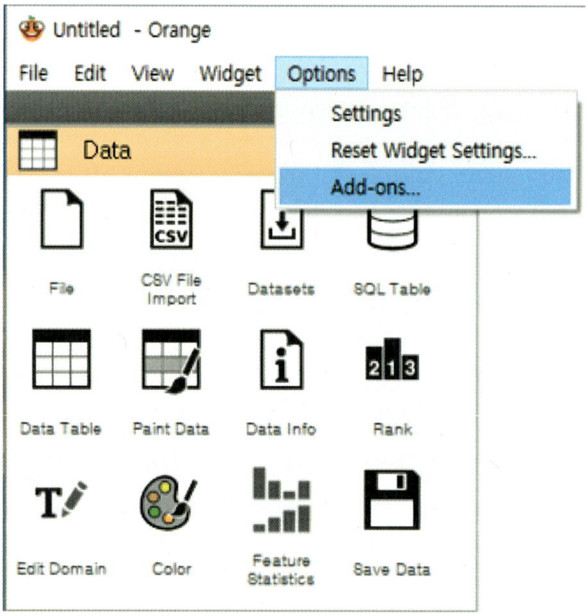

- Add-ons를 클릭하면 나타나는 창에는 추가로 설치할 수 있는 카테고리들이

나타난다([그림 사례 3-2] ① 영역). 예를 들어, Associates는 연관 분석과 관련된 위젯이 모인 카테고리이다. 그리고 Bioinfomatics는 생물정보학과 관련된 위젯을 모아 놓은 카테고리이다. 그런데 추천 관련 카테고리는 이 리스트에서 보이지 않는다. 따라서 추천 카테고리를 설치하기 위해서는 ① 영역 왼쪽 위에 있는 Add more를 클릭해야 한다.

- Add more를 클릭하면 나타나는 창(② 영역)에 Orange3-Recommendation을 입력한 후, Add를 클릭한다.
- Add를 클릭하면 기존 창 맨 아래에 Recommendation이 추가로 나타난다(③ 영역). 옆 네모 칸에 체크 표시를 한 후, 아래 OK를 클릭한다.
- 설치가 완료되면 오렌지를 다시 시작해야 한다는 메시지가 뜬다(④ 영역). OK를 누르면 오렌지가 재구동되고, 오렌지 기본창 왼쪽에 Recommendation 카테고리가 새롭게 형성된다.

[그림 사례 3-2] Add-ons을 활용한 Recommendation 카테고리 추가

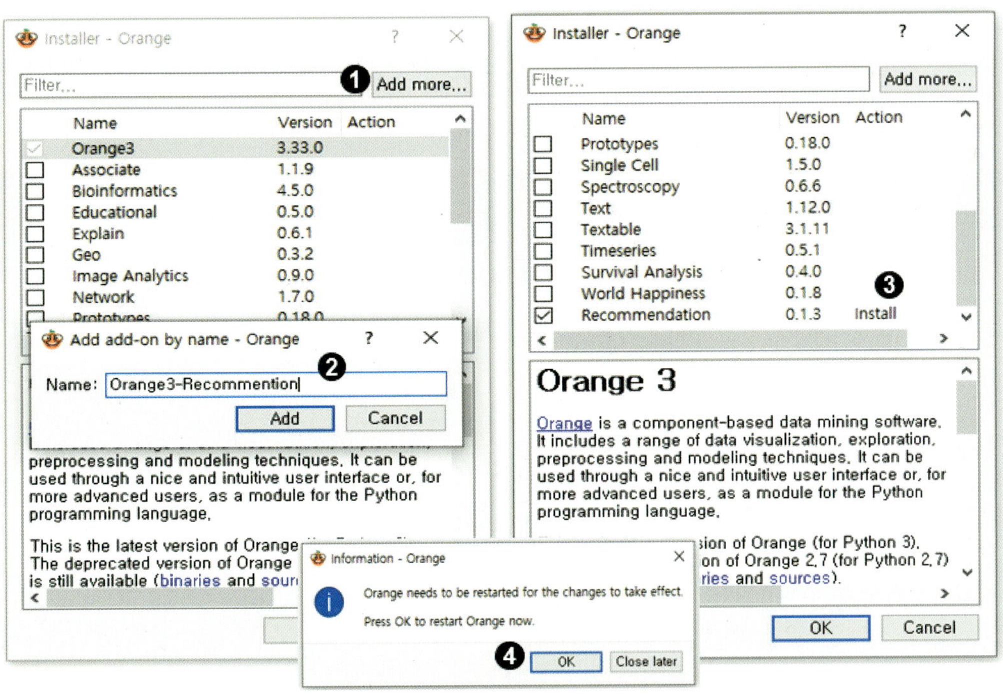

왼쪽 아래에 생긴 Recommendation 카테고리를 클릭하면 카테고리가 포함되어 있는 위젯들이 나타난다([그림 사례 3-3]).

[그림 사례 3-3] Recommendation 카테고리 구성 위젯

- Beselines 위젯은 선택에 따라 사용자의 모든 레이팅(Rating) 값의 평균, 사용자별 또는 아이템별 레이팅 값 평균이나 이 세개의 값을 모두 활용한 값을 예측값으로 제시한다. 세 가지 값을 모두 활용하는 경우를 보자. 모든 과목의 전체 평균 평점이 4.0인 상황에 있어, A 사용자의 평균 평점은 3.7이라고 하자. 다른 사용자보다 0.3점 낮게 점수를 주는 성향이 있는 것이다. 이때 B 과목의 평균 평점이 4.2라고 하자. 이 경우 A 사용자가 B 과목에 매길 평점은 '4.0(전체 과목 평균) - 0.3(사용자 특성 반영) + 0.2(과목 특성 반영) = 3.9'로 예측된다.
- BRISMF, SVD+ +, TrustSVD 등은 기본적으로 편향된 데이터를 정규화하는 알고리즘을 사용하여 입력 정보를 하위 행렬로 분해하여 예측값을 제시한다. SVD+ +는 피드백 정보가, TrustSVD 신뢰 정보가 추가적으로 필요하기 때문에 본 사례에서는 사용하지 않는다.

2) 데이터 로딩 및 통합

분석을 위해 우선 필요 데이터를 불러오고, 추가로 필요한 데이터를 가져오기 위해 데이터를 병합(Merge)하는 방법을 알아보자.

● 추천 데이터 로딩

이번 사례에서는 3개의 데이터를 사용한다

- employee_course_ratings: 구성원 ID, 과목 ID, 구성원 평가 점수 등의 데이터가 들어있다.
- course_names: 과목 ID와 과목명 데이터가 들어있다.
- employee_names: 구성원 ID, 구성원 이름이 들어있다.

추천 예측을 하기 위해서도 당연히 먼저 분석할 데이터를 불러와야 한다.

- File 위젯을 캔버스로 끌어온 후, 오른쪽 마우스 클릭하여 Rename을 선택한 후 위젯 이름을 'Rating데이터'로 변경한다.
- File 위젯을 더블 클릭한 후, employee_course_ratings 파일을 선택하여 불러온다. 나타난 창에서 Rating 변수를 feature에서 target으로 바꿔준다.
- Data Table 위젯을 캔버스로 끌어와 'Rating데이터' 위젯과 연결한 후, Data Table 위젯을 더블 클릭하여 데이터 내용을 살펴보자([그림 사례 3-4]).

[그림 사례 3-4] 추천 데이터 로딩 및 확인

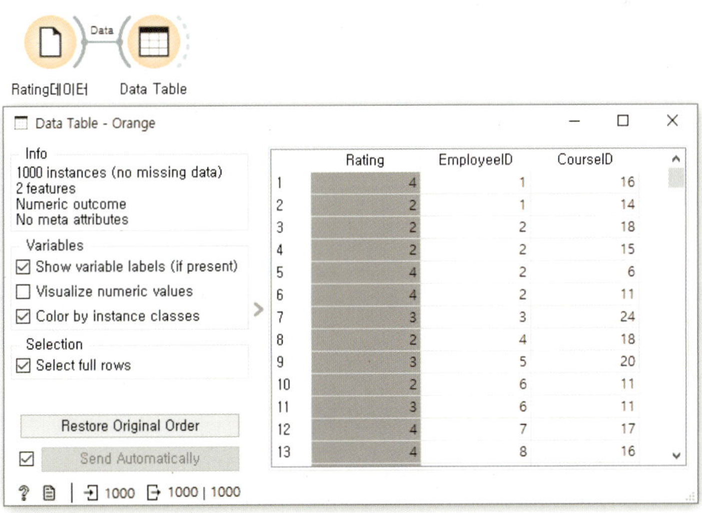

Data Table 위젯을 더블 클릭하여 나온 결과를 보면, 분석에 사용할 데이터는 총 1,000개의 분석 행을 가지고 있는 것으로 나타나고 있다. 그리고 구성원 ID (EmployeeID), 과목 ID(CourseID) 등 두 개의 설명변수(Feature)와 목표변수인 구성원들의 평가 점수(Rating)가 보이고 있다. 추천에서는 이 세 개의 변수, 즉 사용자, 아이템, 점수를 가지고 분석을 한다.

[그림 사례 3−4]에 과목 ID(CourseID)는 있지만 실제 그 과목 내용이 무엇인지는 우리가 알 수 없다. 그런데 분석에는 활용하지 않더라도 분석 후에 그 과목 이름이 무엇인지 알고 싶은 경우가 많다. 따라서 과목명이 들어있는 파일을 활용하여 과목명 변수를 만들어 보자.

- 새로운 File 위젯을 캔버스에 끌어온 후, 위젯을 더블 클릭한 후 사전에 다운로드받은 3개의 데이터 중 하나인 course_names를 불러온다.
- 새로 불러온 File 위젯을 오른쪽 마우스 클릭한 후, Rename을 선택하여 이름을 '과목명'으로 바꾼다.

[그림 사례 3-5] 과목명 파일의 내용 확인

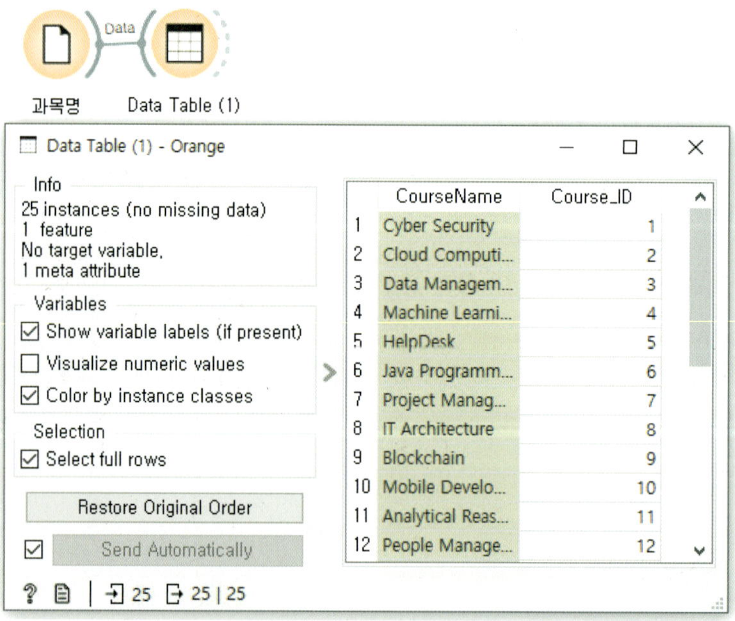

- 새로운 Data Table 위젯을 캔버스로 끌어와, '과목명' 위젯과 연결한다.
- Data Table 위젯을 더블 클릭하여 파일 내용을 살펴본다([그림 사례 3-5]).

파일 내용을 보면 총 25개의 사례(Instance), 즉 25개의 과목명이 있다는 것을 알 수 있다. 그리고 과목 ID(Course_ID) 변수와 메타 변수인 과목명(CourseName)으로 구성되어 있다. 메타 변수는 앞에서 이야기한 바와 같이 분석에는 사용되지 않는 변수이다. 그리고 '과목명' 위젯의 Course_ID 변수는 앞의 'Rating데이터' 위젯에 들어 있는 CourseID 변수와 매칭이 가능하다. 두 변수 셀에 표시된 번호가 동일하면 과목명이 같기 때문이다.

● Merge Data 위젯을 활용한 데이터 병합

Merge Data 위젯은 변수(Feature)의 값을 기준으로 데이터 셋을 병합하는 기능을 제공한다.

- Transform 카테고리에서 Merge Data 위젯을 캔버스로 끌어온 후, 'Ratinng데이터' 위젯의 정보가 들어 있는 Data Table 위젯과 '과목명' 위젯의 정보가 들어있는 Data Table 위젯을 각각 Merge Data 위젯과 연결한다.
- 이때 향후 분석에 활용할 'Ratinng데이터' 위젯 정보가 들어있는 Data Table 위젯은 Merge Data 위젯에 Data로 연결되어야 하고, 데이터를 가져올 '과목명' 위젯 정보가 들어있는 Data Table 위젯은 Extra Data로 연결되어야 한다. 필요 시 연결선을 더블 클릭하여 수정한다([그림 사례 3-6]).
- 연결선에 Selected Data가 뜨는 경우는 앞서 말한 바와 같이 Data Table을 살펴보면서 셀을 클릭한 경우이다. 데이터 영역을 선택하지 않았는데 이 표시가 나오면 연결선을 더블 클릭하여 습관적으로 수정해야 한다(본 사례에서는 향후 이에 대한 언급은 생략한다).

[그림 사례 3-6] Merge Data 위젯과 Data Table의 연결

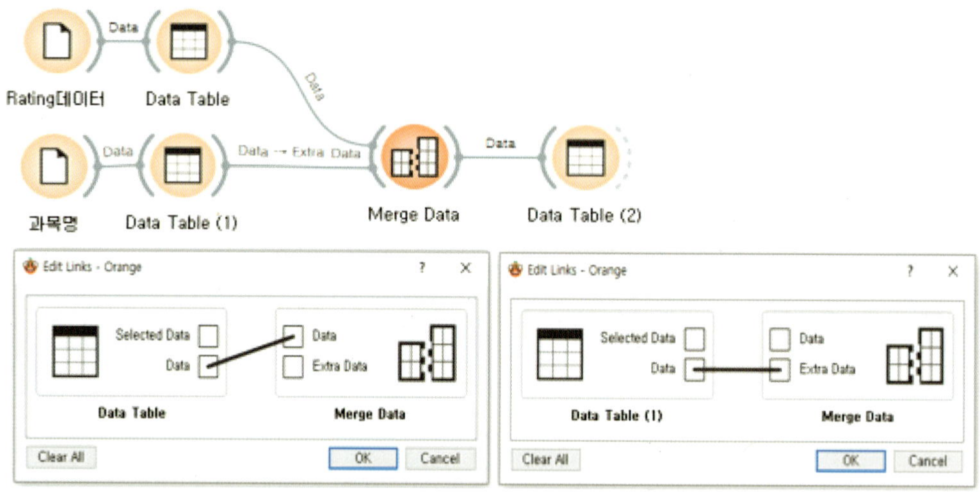

- Data Table 위젯과 Merge Data 위젯이 연결되면, Merge Data 위젯을 더블 클릭한다.
- 클릭해서 창이 나오면 Merging에서는 디폴트로 나타나는 첫 번째 방법을 그대로 선택하고 Row Matching에서는 매칭시킬 변수를 아래 화살표를 눌러 선택한다. 본 사례에서는 CourseID와 Course_ID를 선택하면 된다([그림 사례 3-7]). 오렌지에서는 선택하는 두 변수의 이름이 동일한 경우, 경고 메시지가 뜬다.

[그림 사례 3-7] 데이터 병합을 위한 변수 매칭

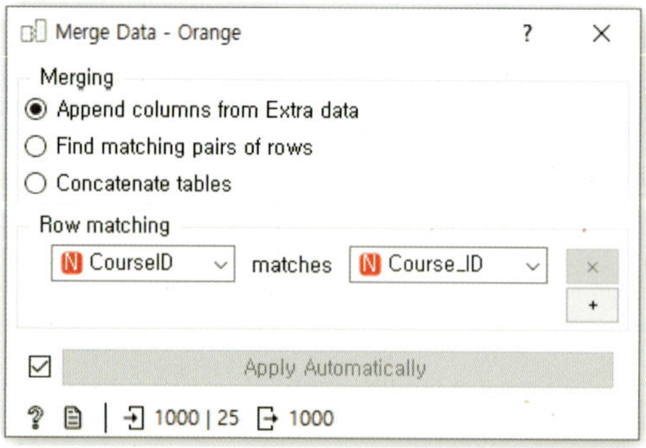

Merging 방식에 대한 설명은 아래와 같다.

- Append columns from Extra data: 활용할 데이터(Merge Data 위젯에 Data로 연결된 데이터)를 기준으로 모든 행을 표시한다. 매칭이 안 되는 행에는 추가되는 변수 셀에 '?' 표시가 나타난다. '병합 전 데이터의 행 = 병합 후 데이터 행'이 되며, 가장 일반적으로 활용한다.
- Find matching pairs of rows: 매칭이 안 되는 행은 삭제한다. '병합 전 데이터의 행 ≥ 병합 후 데이터 행'이 된다.
- Concatenate Tables: 첫 번째 방식과 유사하나 매칭이 안 되는 경우 데이터를 가져오는 파일의 내용도 끝에 추가된다. '병합 전 데이터의 행 ≤ 병합 후 데이터 행'이 된다.

[그림 사례 3-7]의 맨 아래를 보면 1,000개의 데이터 행과 25개의 데이터 행이 병합하여 1,000개의 데이터 행이 만들어졌다는 것을 보여주고 있다.

- Merge Data 위젯에 새로운 Data Table을 연결한 후, 더블 클릭하여 병합된 데이터의 내용을 살펴보자([그림 사례 3-8]).

[그림 사례 3-8] 병합된 데이터 확인

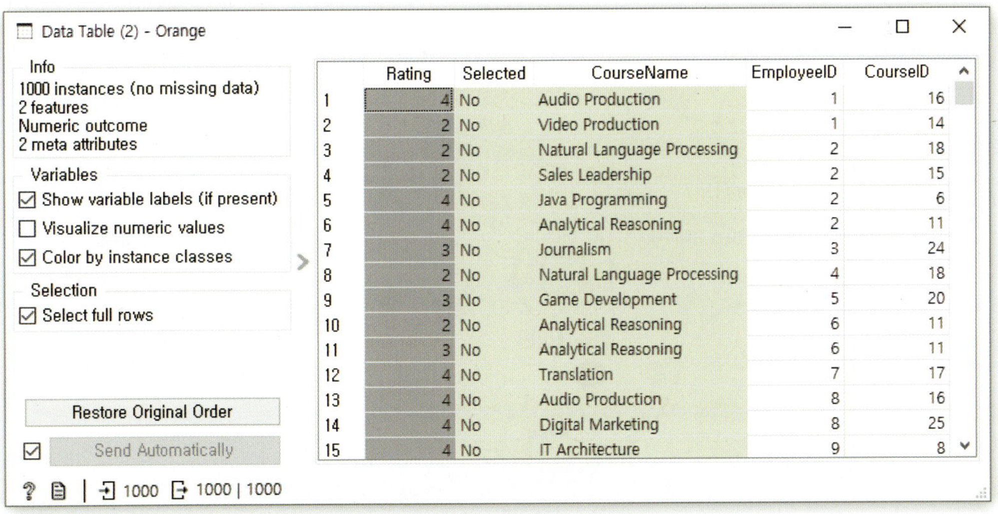

데이터를 살펴보면 CourseName이라는 새로운 변수가 추가되었고, Course ID에 매칭되는 과목명이 결측치(Missing Data) 없이 표시된 것을 알 수 있다. 맨 앞에 나타난 Selected는 Data Table 위젯과 연결되어 분석이 일어날 때 자동적으로 생성되는데 분석에 영향을 주지 않는다.

3) 평가 점수 예측

본 사례에서의 추천 방식은 협업 필터링(Collaborative Filtering) 방식이다. 협업 필터링은 사용자의 묵시적·명시적 평가를 기준으로 사용자의 평가를 예측하고 다른 사용자와의 유사성을 파악하여 특정 사용자의 선호를 예측한다. 앞에서 말한 바와 같이 오렌지는 평가 점수(Ratinng)의 예측 정보는 제공하지만, 순위(Ranking) 정보는 제공하지 않는다. 따라서 본 사례에서는 평가 점수를 어떻게 예측하는지를 살펴보자. [그림 사례 3-9]는 사용자들의 교육 과정 평가 점수 예측을 위한 전체 워크플로우이다.

[그림 사례 3-9] 구성원 평가 점수 예측을 위한 전체 워크플로우

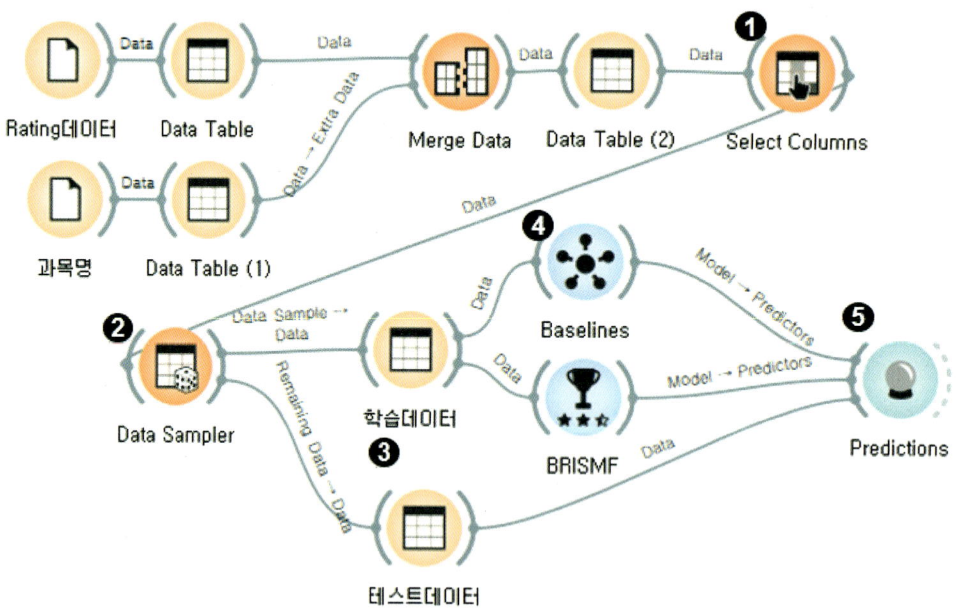

- Transform 카테고리에서 Select Columns 위젯을 끌어와, 병합된 데이터가 들어 있는 Data Table 위젯과 연결한다([그림 사례 3-9] ① 영역).
- Select Columns 위젯을 더블 클릭하여, Metas 칸에 있는 Selected 변수를 선택하여 모두 왼편 Ignored 칸으로 이동시킨다([그림 사례 3-10]). 그냥 놔두어도 분석에는 문제가 없지만, 결과 확인 시 아무런 의미가 없는 Selected 변수가 너무 많이 나타난다. Metas 칸에는 과목명 관련 변수만 남겨둔다.

[그림 사례 3-10] Select Columns 위젯을 활용한 변수 조정

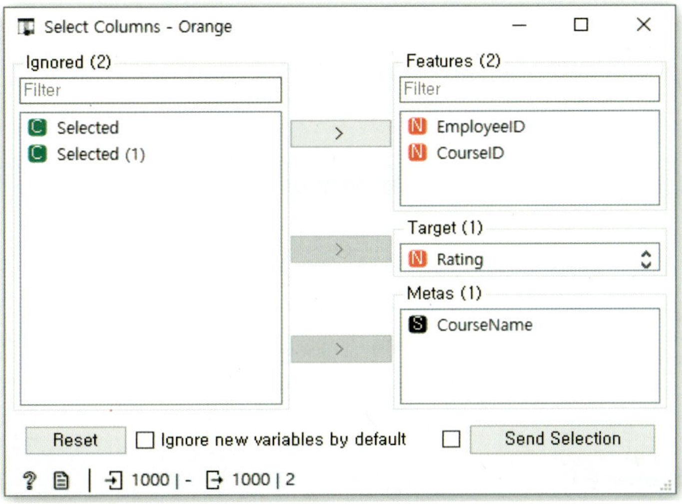

분석에 사용할 변수를 정리했으면, 이제는 학습과 테스트에 활용할 데이터를 확보해야 한다. Data Sampler 위젯을 사용하여 데이터를 학습 데이터와 테스트 데이터로 나누어서 실행해 보는 방법을 알아보자. Data Sampler 위젯은 입력 데이터에서 무작위로 데이터의 부분집합을 추출하는 역할을 한다.

- Transform 카테고리에서 Data Sampler 위젯을 캔버스로 끌고와 Select Columns 위젯과 연결한다([그림 사례 3-9] ② 영역).
- Data Sampler 위젯을 더블 클릭하여 창이 나타나면, Sampling Type에서 디폴트로 나와 있는 Fixed proportion of data를 선택한다([그림 사례 3-11] 왼쪽

창). 아래 70%는 학습 데이터로 70%, 테스트 데이터로 30%를 활용하겠다는 것이다. 따라서 현재 사용하는 데이터의 총 분석 사례가 1,000개이므로 700개는 학습 데이터로 300개는 테스트 데이터로 사용한다.

Cross Validation을 선택하면, 데이터를 10개로 분할하여 9개는 학습 데이터로, 1개는 테스트 데이터로 활용한다. 이 경우 테스트 데이터는 100개이다.

- 두 개의 새로운 Data Table 위젯을 캔버스로 끌어온 후, 각 위젯을 오른쪽 마우스 클릭하여 Rename을 선택하여 하나는 '학습데이터' 다른 하나는 '테스트데이터'로 이름을 바꾼다([그림 사례 3-9] ③ 영역).
- '학습데이터' 테이블에는 Data Sample이, 그리고 '테스트데이터' 테이블에는 Remaining Data가 Data Sampler에서 흘러가도록 연결한다([그림 사례 3-11] 오른쪽 창). 필요 시 연결선을 더블 클릭하여 수정한다.

[그림 사례 3-11] Data Sampler를 활용한 데이터 분할

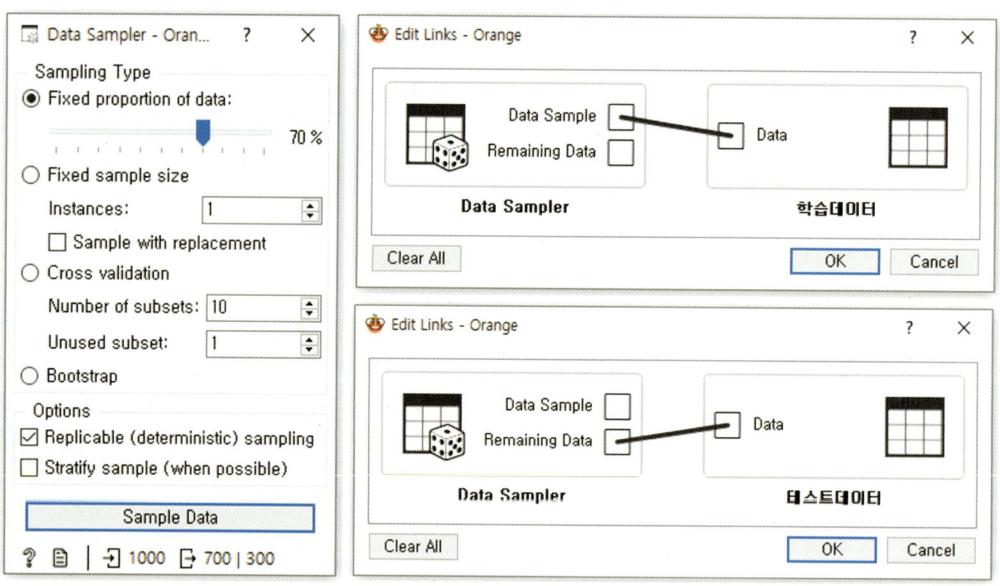

데이터가 확보되었으면, 분석 알고리즘을 활용하여 예측해야 한다.

• Recommendation 카테고리에서 Baselines 위젯과 BRISMF 위젯을 캔버스로 끌어온 후, '학습데이터' 테이블과 연결한다([그림 사례 3-9] ④ 영역).

• Evaluate 카테고리에서 Predictions 위젯을 캔버스로 가져와서, 두 알고리즘 위젯과 '테스트데이터' 테이블과 연결한다. 알고리즘에서 Predictions 위젯의 연결은 Model → Predictors가 연결선 위에 나타나도록 해야 한다([그림 사례 3-9] ⑤ 영역).

• Predictions 위젯을 더블 클릭하여 예측 내용을 확인한다([그림 사례 3-12]).

[그림 사례 3-12] 사용자 평가(Rating) 예측 결과

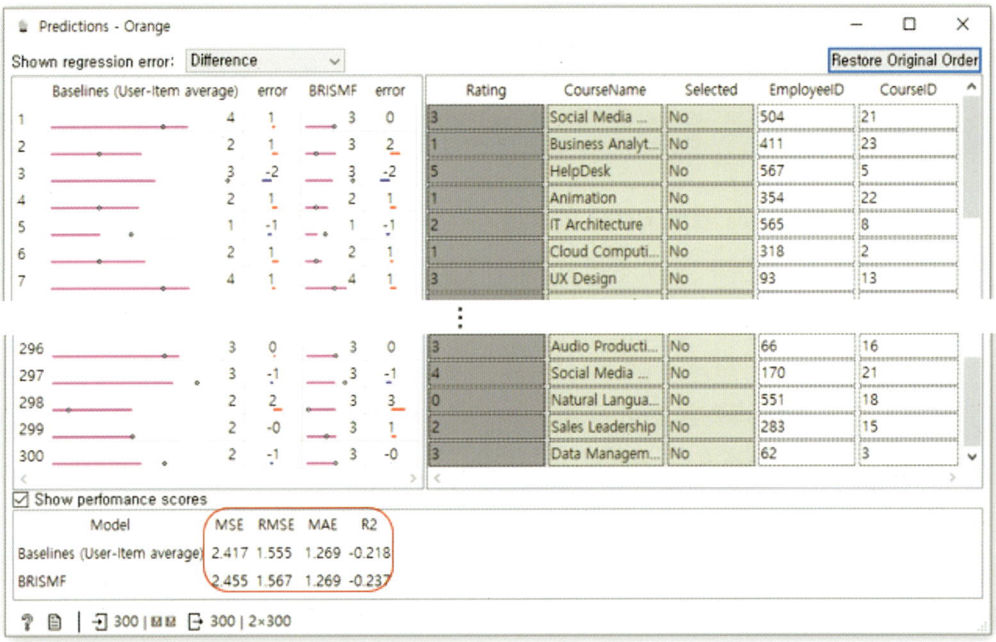

[그림 사례 3-12]를 보면 300개의 샘플에 대해 Baselines 및 BRISMF 알고리즘을 통해 예측된 사용자 Rating 값과 오차가 표시되어 있다. 그런데 아래에 나와 있는 분석 모델의 평갓값을 보면 오차가 상대적으로 크게 나타나고 있으며, 즉, 0~5의 값으로 평가를 하는 데 있어, 절대 평균 오차(Mean Absolute Error)인 MSE의 값이 두 모델 모두 1.3에 가깝게 나타나고 있다. 또한 모델의 설명력을 나타내는 R2 값도 마이

너스를 보이고 있다. 설명력이 약하다는 것이다.

협업 필터링 방식은 많은 사람들이 있어야 가능하고 정확성이 높아지게 된다. 그런데 700개라는 학습 샘플은 숫자가 너무 작아서 오차가 크다고 판단된다. 학습 샘플을 900개로 늘리고 테스트 샘플을 100개로 줄이면 면 오차가 조금 줄어든 것을 볼 수 있다.

오렌지를 활용해서 예측 결과를 그대로 사용하기는 어렵다. 이 결과를 사용하기 위해서는 추가적인 분석이 필요하다. 예측 결과를 산점도를 통해 살펴보자.

- 새로운 Data Table 위젯을 캔버스로 끌어온 후 Predictions 위젯과 연결한다.
- Visualize 카테고리에서 Scatter Plot 위젯을 끌어와 Data Table 위젯과 연결한다.
- Scatter Plot 위젯을 더블 클릭하여 나온 창에서 왼편 위쪽 Axes 칸의 Axis x 옆의 탭을 클릭하여 EmployeeID 변수를 선택한다. 또한 Axis y 옆의 탭도 눌러 BRISMF 변수를 선택한다. 이 변수의 값은 BRISMF 알고리즘에 의한 예측된 값이다.
- 아래 Attributes 칸의 Color 옆의 탭을 눌러 CourseID 변수를 선택한다. 선택이 완료되면 오른쪽 창에 산점도 결과가 나타난다([그림 사례 3-13]).

[그림 사례 3-13]은 테스트 샘플로 사용한 300명에 대해 각 개인별로 BRISMF 알고리즘에 의한 예측된 값이 함께 나타나 있다. 이러한 결과를 바탕으로 추천을 하려면, 유사성이 높은 구성원들을 우선 찾아서 유사한 사용자들이 높게 평가한 과목 중에서 대상자가 듣지 않은 과목을 선택해서 추천해야 한다. 추가 작업이 필요한 것이다. 그렇다면 유사한 사용자들을 묶어보자.

- Unsupervised 카테고리에서 k-Means 위젯을 끌어와, 좀 전 Scatter Plot 위젯을 연결했던 Data Table과 연결한다. k-Means 위젯은 유사 변수를 묶는 데(Clustering) 사용한다. k-Means 위젯을 더블 클릭하여 나온 창에서, Number of Clusters 칸의 Fixed 옆의 탭에 5를 기입한다. 5개의 군집으로 구분한다는 것이다([그림 사례 3-14 ① 영역]).
- Scatter Plot 위젯을 Select Columns 위젯과 연결한다. Scatter Plot 위젯을 더블

[그림 사례 3-13] 예측 결과의 산점도 결과

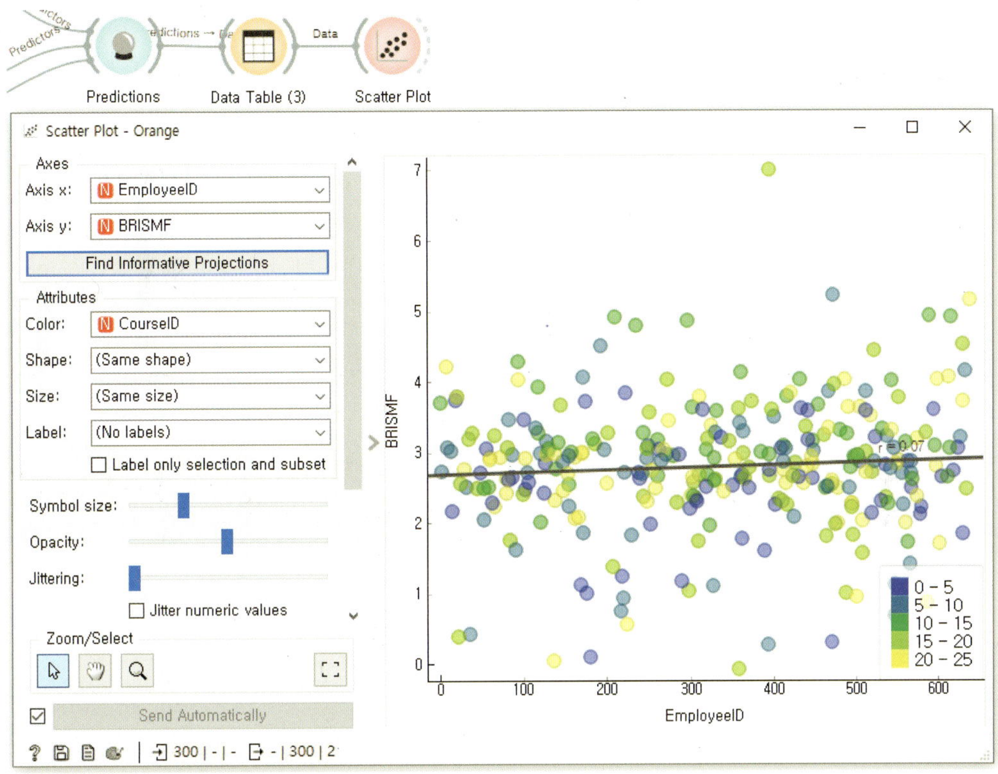

클릭하여 나온 창에서, 왼편 위쪽 Axes 칸의 Axis x 옆의 탭을 클릭하여 Cluster 변수를 선택한다. 또한 Axis y 옆의 탭도 눌러 EmployeeID 변수를 선택한다. 그리고 아래 Attributes 칸의 Color 옆의 탭을 눌러 CourseID 변수를 선택한다([그림 사례 3-14 ② 영역]).

[그림 사례 3-14] ② 영역에 있는 그림은 사용자 ID, 과목 ID, 그리고 평가 점수 변수를 가지고 5개의 군집으로 구분한 결과를 보여주고 있다. 군집 C1과 C3는 ID 넘버가 300번까지의 사용자들이, 그리고 군집 C2와 C4는 400번 이후의 사용자들이 주로 묶였다는 것을 알 수 있다. 그리고 군집 C3와 C4는 10번 이하의 과목을, 나머지 군집들은 11번 이상의 과목들을 주로 수강하고 평가했다는 것을 알 수 있다. 그렇다면 이번에는 특정 군집만을 따로 떼어 살펴보자.

[그림 사례 3-14] 사용자 군집화 및 그 결과

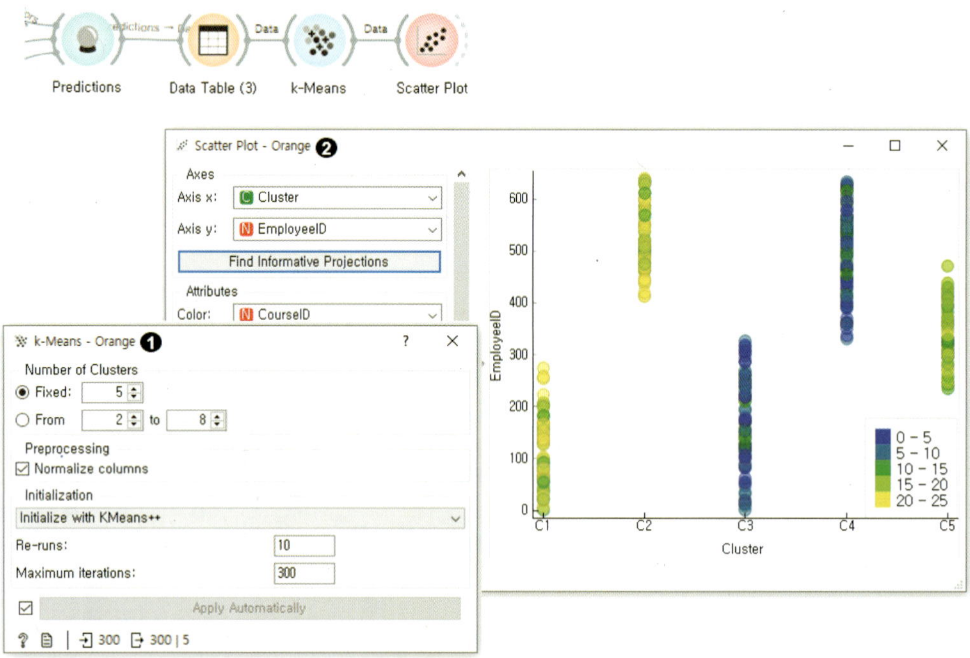

- 새로운 Data Table 위젯을 캔버스로 끌어온 후 k-Means 위젯과 연결한다.
- Data Table 위젯을 더블 클릭하여 나온 테이블에서, Cluster 변수 항목을 클릭하여 군집별로 정렬한 후, 군집 C1만을 선택한다([그림 사례 3-15]의 아래 테이블).
- 새로운 Scatter Plot 위젯을 끌어와, 군집 C1만을 선택한 Data Table 위젯과 연결한다. 일부 데이터만을 선택했기 때문에 연결선 위에 Selected Data라는 표시가 뜨는 것이 정상이다.
- Scatter Plot 위젯을 더블 클릭하여 나온 창에서, 왼편 위쪽 Axes 칸의 Axis x 옆의 탭을 클릭하여 CourseID 변수를 선택한다. 또한 Axis y 옆의 탭도 눌러 BRISMF 변수를 선택한다. 그리고 아래 Attributes 칸의 Color 옆의 탭을 눌러 Cluster 변수를 선택한다. 그리고 Label 옆의 탭을 눌러 EmployeeID 변수를 선택한다([그림 사례 3-16]).

[그림 사례 3-15] 사용자 군집단위별(C1) 분석

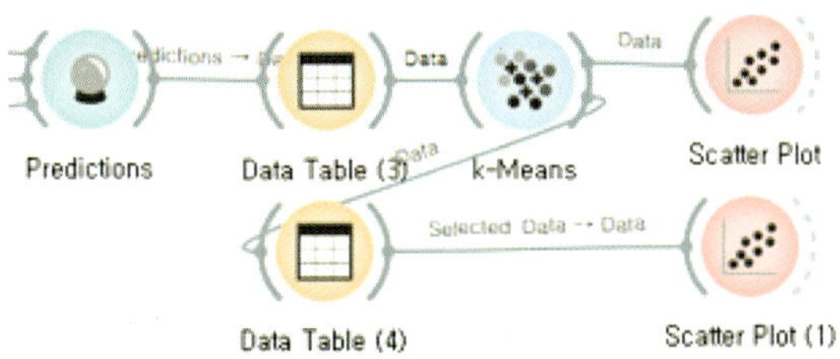

	Selected (1)	Cluster	Silhouette	EmployeeID	CourseID
79	No	C1	0.62678	165	25
73	No	C1	0.502881	201	16
63	No	C1	0.651159	147	20
61	No	C1	0.675237	72	21
29	No	C1	0.664287	127	21
27	No	C1	0.674645	80	20
25	No	C1	0.503589	183	14
17	No	C1	0.648949	81	16
15	No	C1	0.48624	207	16
13	No	C1	0.534915	223	20
8	No	C1	0.666241	93	23
7	No	C1	0.544819	93	13
298	No	C2	0.647727	551	18
271	No	C2	0.665028	613	24

[그림 사례 3-16]은 군집 C1의 사용자가 각 과목별 평가 점수를 준 결과를 보여주고 있다. 결국 이 군집에 속한 사용자들이 높은 평가 점수를 준 과목들이 추천 대상이 된다. 이러한 방식이 사용자 기반 최근접 이웃 협업 필터링이다.

아이템 기반 최근접 이웃 협업 필터링 방식은 마찬가지로 과목들을 군집으로 분류한다. 그리고 특정사용자가 A라는 과목을 높게 평가했다면 그 아이템이 속한 군집에 있는 다른 과목도 좋아할 것이라는 가정하에 A 과목이 속한 군집에 있는 타 과목을 추천하게 된다.

[그림 사례 3-16] 군집단위 C1의 과목, 평가 점수 산점도

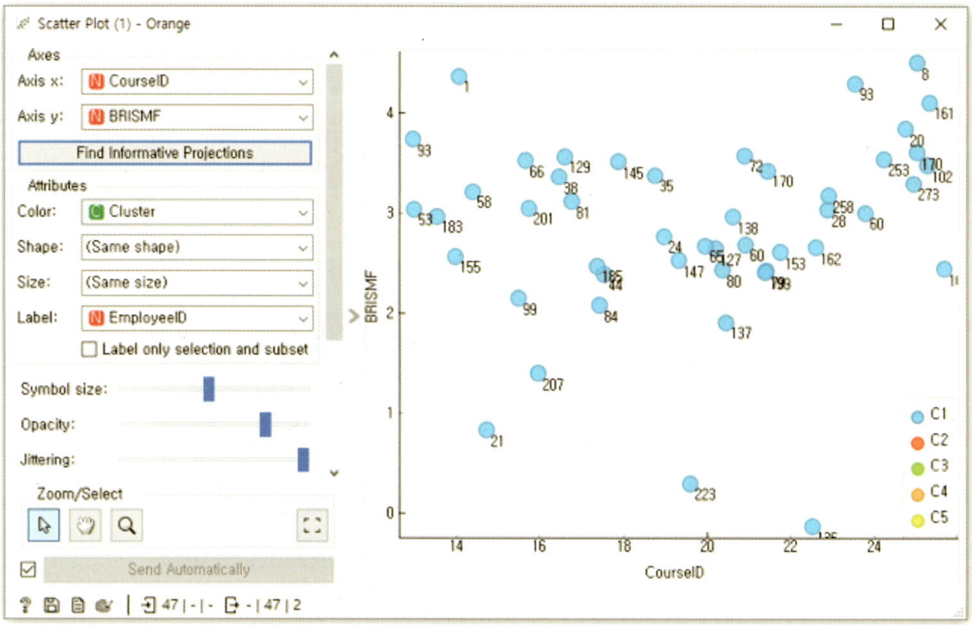

4) 추가 분석

오렌지의 활용 능력을 높이고 추천 관련 시사점을 얻기 위해 추가 분석을 해보자. Part 2에서 협업 필터링 방식에는 최근접 이웃(Nearest Neighbor)과 잠재 요인(Latent Factor)이 있다고 하였다. 이번에는 잠재 요인에 대해 좀 더 살펴보자. 추가 분석을 위한 전체 워크플로우가 조금 복잡하기는 하지만 단계적으로 하나씩 실행하면 그리 어렵지 않다. [그림 사례 3-17]은 추가 작업을 위한 전체 워크플로우를 보여주고 있다.

● 인기 있는 과목 파악

구성원들이 평가를 가장 많이 한 과목들은 무엇인고 평가받은 횟수가 얼마인지 알아보자. 이 분석은 위젯만으로는 되지 않고, 약간의 프로그래밍이 필요하다. 오렌

[그림 사례 3-17] 추가 분석을 위한 전체 작업 워크플로우

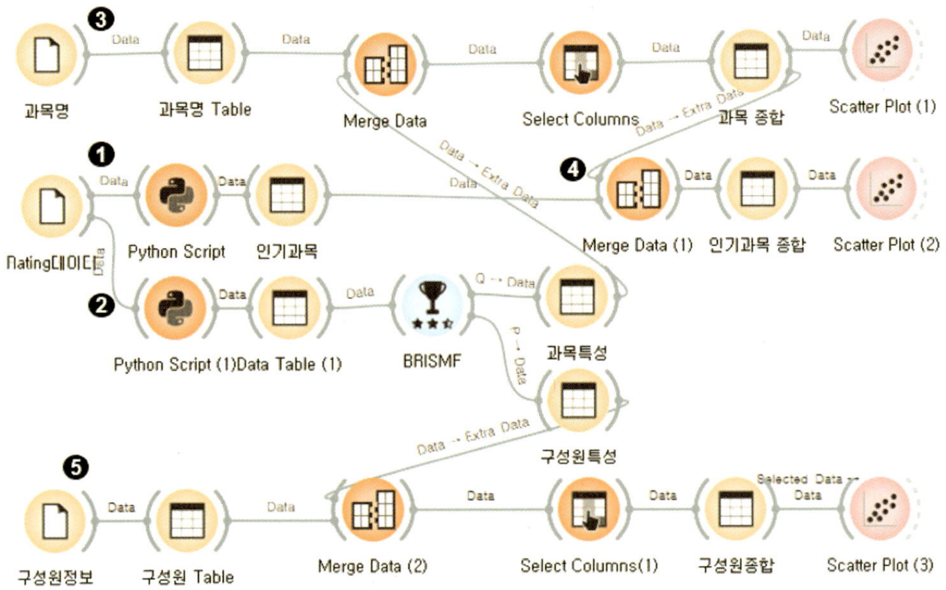

지에서는 파이썬 프로그래밍을 활용할 수 있도록 Python Script라는 위젯을 제공하고 있다.

- [사례 3] 초반에 employee_course_ratings 파일을 불러온 후, 이름을 'Rating데이터'라고 변경한 위젯을 계속 사용하자([그림 사례 3-17]의 ① 영역).
- Transform 카테고리에서 Python Script 위젯을 끌어와 'Rating데이터' 위젯과 연결한다. Python Script 위젯을 더블 클릭하여 나타난 창 위쪽 Editor 칸에 [표 사례 3-1]과 동일한 내용을 작성하고,[17] 왼쪽 아래의 Run을 클릭한다([그림 사례 3-18]의 왼쪽 영역).
- Data Table 위젯을 끌어와 오른쪽 마우스 클릭하여 이름을 '인기과목'으로 변경한 후, Python Script 위젯과 연결한다. '인기과목' 위젯을 더블 클릭하여 결과를 확인한다([그림 사례 3-18]의 오른쪽 영역).

17 코딩 내용은 출판사 홈페이지에서 다운로드받을 수 있다.

[그림 사례 3-18] Python Script를 활용한 인기 과목 도출

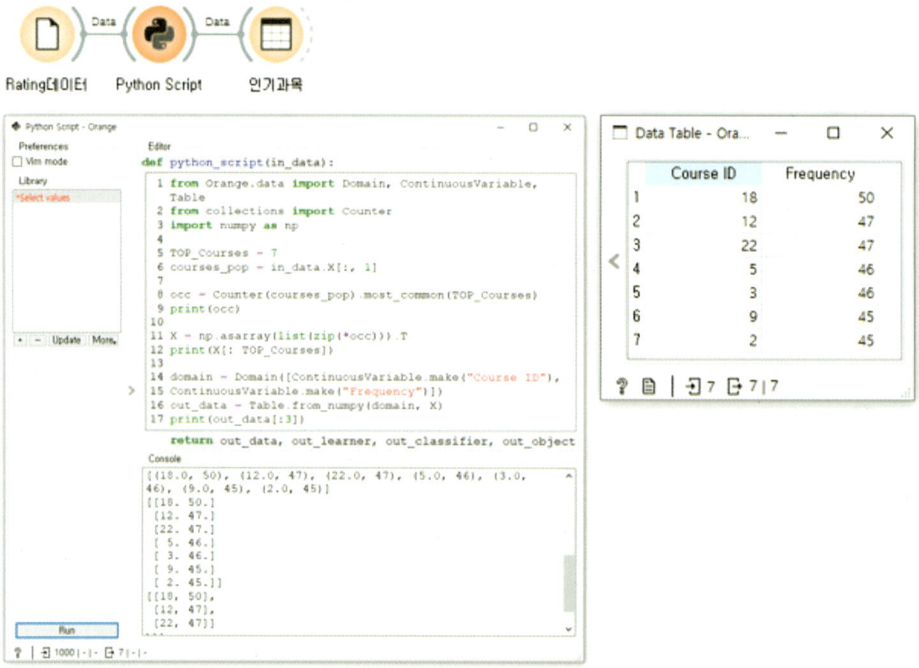

[표 사례 3-1]의 파이썬 코딩은 구성원들이 평점을 준 횟수가 가장 많은 7개의 과목을 도출하는 내용이다. 실제 코딩을 몰라도 상황에 맞게 활용할 수 있는 많은 코딩 프로그램이 제공되고 있기 때문에 기본적인 내용만 알면, 제공되는 프로그램을 수정하여 활용하는 것이 가능하다. 코딩 내용 중 'TOP_Courses = 7'의 숫자를 변경하면 원하는 수만큼의 과목을 도출할 수 있다.

[그림 사례 3-18] 오른쪽 영역의 결과를 보면, 총 7개의 과목 ID와 빈도수가 나타나 있다. Merge Data 위젯을 사용해 과목명을 불러올 수 있지만 지금은 그냥 놔두자.

[표 사례 3-1] 과목 도출을 위한 코딩 내용

```
from Orange.data import Domain, ContinuousVariable, Table
from collections import Counter
import numpy as np

TOP_Courses = 7
courses_pop = in_data.X[:, 1]

occ = Counter(courses_pop).most_common(TOP_Courses)
print(occ)

X = np.asarray(list(zip(*occ))).T
print(X[: TOP_Courses])

domain = Domain([ContinuousVariable.make("Course ID"),
ContinuousVariable.make("Frequency")])
out_data = Table.from_numpy(domain, X)
print(out_data[:3])
```

● BRISMF 알고리즘을 활용한 구성원, 과목 특성 도출

이번에는 BRISMF 알고리즘이 제공하는 기능을 활용하여 구성원들과 과목의 잠재 특성 데이터를 도출해 보자([그림 사례 3-17] ② 영역).

- 새로운 Python Script 위젯을 캔버스로 끌어와 Rating데이터 위젯과 연결한다. Python Script 위젯을 더블 클릭하여 나타난 창에 [표 사례 3-2]의 코딩 내용을 입력하고 왼쪽 아래의 Run을 클릭하여 프로그램을 실행한다. [표 사례 3-2]의 코딩 내용은 변수 숫자를 정확히 도출하기 위해 인덱스를 0으로 시작하도록 하는 내용이다.
- 새로운 Data Table 위젯을 캔버스로 끌어와 Python Script 위젯과 연결한다.
- Recommendation 카테고리에서 BRISMF 위젯을 끌어와 앞의 Data Table 위젯과 연결한다.

[표 사례 3-2] 인덱스 조정 코딩 내용

```
import copy

out_data = copy.deepcopy(in_data)
out_data.X[:, :2] -= 1
```

- 새로운 Data Table 위젯 2개를 캔버스로 끌어와 각 위젯을 더블 클릭한 후 Rename을 선택하여 하나는 '과목특성' 다른 하나는 '구성원특성'으로 이름을 변경한다.
- BRISMF 위젯과 '구성원 특성' 및 '과목특성' 위젯을 연결하는데, BRISMF 위젯의 P 특성은 '구성원특성' 위젯으로 그리고 Q 특성은 '교육특성' 위젯으로 연결한다. 위젯 연결 후 필요 시 연결선을 더블 클릭하여 수정 작업을 한다([그림 사례 3-19]).
- '구성원특성', '과목특성' 위젯을 더블 클릭하여 결과를 살펴본다[그림 사례 3-20]).

[그림 사례 3-19] BRISMF 위젯과 '구성원특성', '과목특성' 위젯 연결

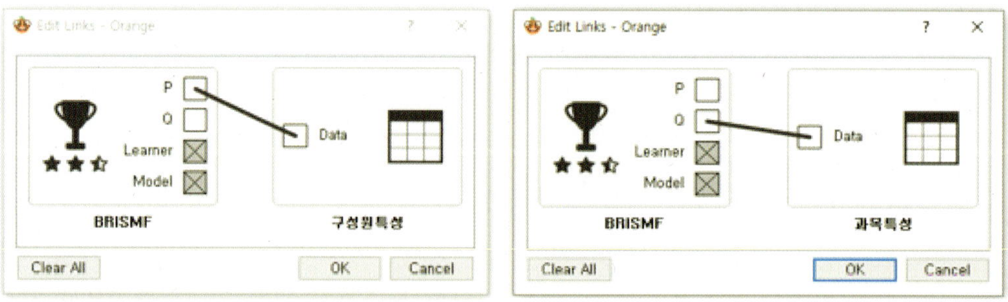

[그림 사례 3-20] '구성원특성' 및 '과목특성' 위젯 내용

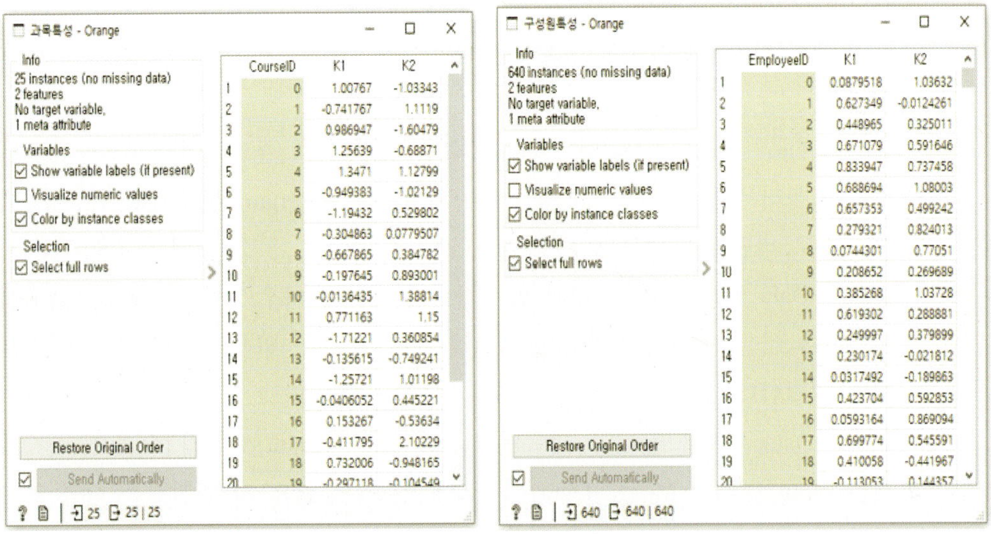

잠재 요인을 활용하는 협업 필터링은 '사용자-아이템' 행렬 데이터를 이용해 잠재 요인을 '사용자-잠재 요인'과 '아이템-잠재 요인' 행렬로 분해할 수 있다. [그림 사례 3-19]에 나타난 P 값과 Q 값은 각각 구성원과 과목의 잠재 요인을 의미한다. 잠재 요인은 관측된 데이터를 사용하여 추론된 특성이다.

- P: 구성원의 잠재적 특성
- Q: 과목의 잠재적 특성

[그림 사례 3-20]의 왼쪽은 총 25개 과목의 2개의 잠재 요인이 나타나 있다. 또한 오른쪽에는 과목 평가에 참여한 총 640명의 구성원들의 잠재 요인이 나타나 있다. 잠재 요인의 수는 BRISMF 위젯을 더블 클릭하여 나오는 창에서 Number of latent factors에서 설정할 수 있다. 일반적으로 2차원 이상의 관계를 시작적으로 파악하는 것은 쉽지 않기 때문에 디폴트 값인 2개를 선택한다. 그러면 잠재 요인들을 활용하여 우리는 과목 또는 구성원 간의 관계를 파악해 보자. 유사한 잠재 요인 값을 갖는다는 관계가 밀접하다고 판단할 수 있다.

● 과목명 병합 및 과목 간 관계 파악

BRISMF 알고리즘을 통해 도출한 과목 특성 데이터와 과목명을 병합하고 과목 간 관계를 파악해 보자([그림 사례 3-17] ③ 영역).

- 새로운 File 위젯을 캔버스로 끌어온 후 위젯을 더블 클릭하여 courses_names 파일을 불러온다. 그리고 오른쪽 마우스 클릭하여 Rename선택하고 이름을 '과목명'으로 바꾼다.
- 새로운 Data Table 위젯을 캔버스로 끌어와 오른쪽 마우스 클릭하고 Rename을 선택하여 이름을 '과목명 Table'로 변경한다. '과목명' 위젯과 '과목명 Table' 위젯을 연결한다.
- Merge Data 위젯을 끌어와 '과목명 Table' 위젯은 Data로 그리고 '과목특성' 위젯은 Extra Data로 Merge Data 위젯과 연결한다. 필요 시 연결선을 더블 클릭하여 조정한다.
- Merge Data 위젯을 더블 클릭하여 나타난 창에서 Merging 방식은 Append columns form Extra data를 선택하고, Row matching은 Row Index를 선택한다([그림 사례 3-21]).

[그림 사례 3-21] 과목명 Table 위젯과 과목특성 위젯의 병합 방식

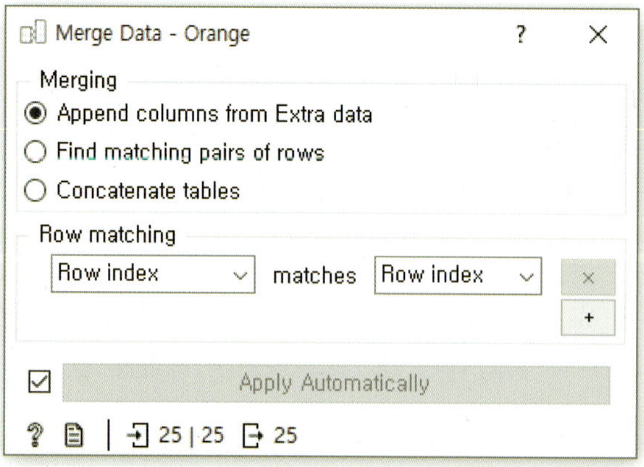

• 잠재 요인을 도출한 '과목특성' 위젯은 과목 ID 변수가 존재하지 않는다. 따라서 변수 이름을 매칭하여 병합하는 것은 불가능하다. 하지만 '과목특성'도 변수 순으로 25개의 데이터가, 그리고 '과목명 Table'도 마찬가지로 나열되어 있기 때문에 행 대 행으로 일대일 매칭이 가능하다.
• 새로운 Select Columns 위젯을 캔버스로 끌어와서 Merge Data 위젯과 연결한다. Select Columns 위젯을 더블 클릭하여 나타난 창을 활용하여 변수를 정리한다. 동일한 속성을 가지고 있는 과목 ID 변수 중 '과목특성' 위젯에 속한 CourseID를 왼편으로 이동시킨다([그림 사례 3-22]).

[그림 사례 3-22] Select Columns 위젯을 활용한 변수 정리

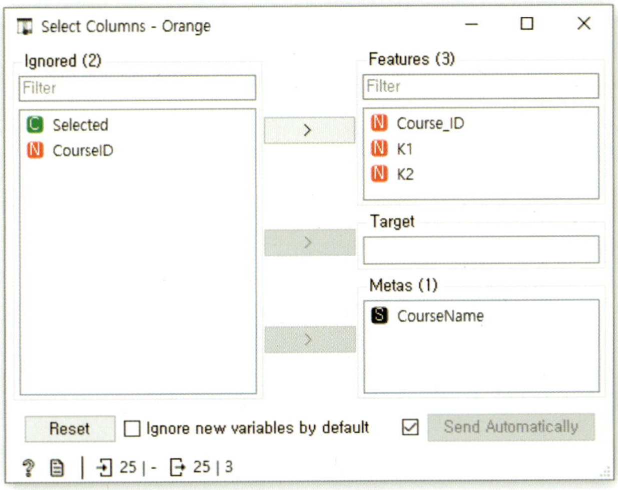

• 새로운 Data Table 위젯을 캔버스로 끌어와 오른쪽 마우스 클릭하고 Rename을 선택하여 이름을 '과목 종합'으로 변경한다. Select Column 위젯과 연결한다.
• '과목 종합' 위젯을 더블 클릭하여 데이터 내용을 살펴보자([그림 사례 3-23]).

[그림 사례 3-23] '과목 종합' 위젯 내용 확인

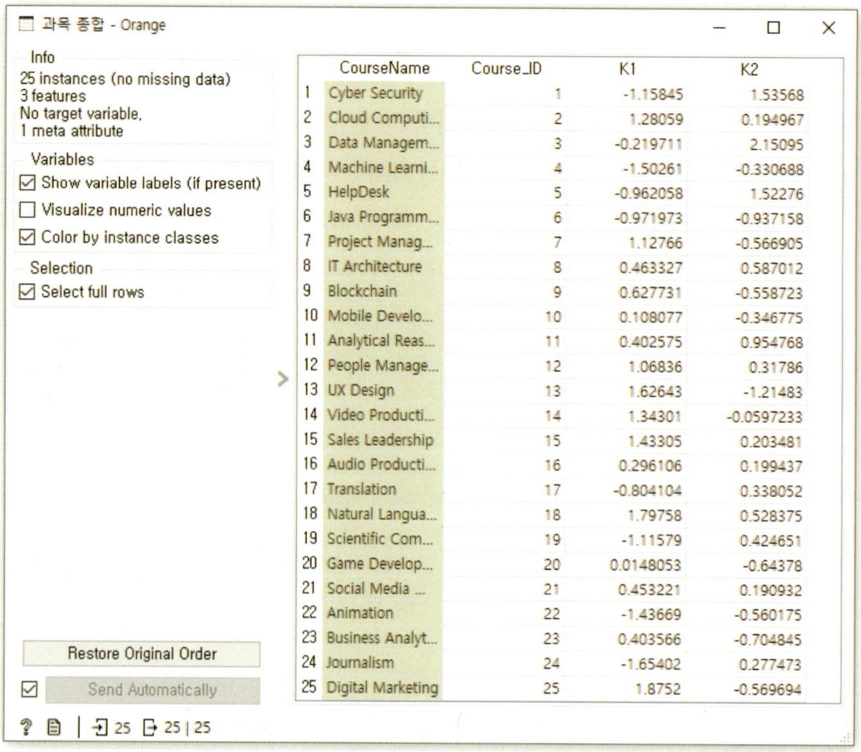

	CourseName	Course_ID	K1	K2
1	Cyber Security	1	-1.15845	1.53568
2	Cloud Computi...	2	1.28059	0.194967
3	Data Managem...	3	-0.219711	2.15095
4	Machine Learni...	4	-1.50261	-0.330688
5	HelpDesk	5	-0.962058	1.52276
6	Java Programm...	6	-0.971973	-0.937158
7	Project Manag...	7	1.12766	-0.566905
8	IT Architecture	8	0.463327	0.587012
9	Blockchain	9	0.627731	-0.558723
10	Mobile Develo...	10	0.108077	-0.346775
11	Analytical Reas...	11	0.402575	0.954768
12	People Manage...	12	1.06836	0.31786
13	UX Design	13	1.62643	-1.21483
14	Video Producti...	14	1.34301	-0.0597233
15	Sales Leadership	15	1.43305	0.203481
16	Audio Producti...	16	0.296106	0.199437
17	Translation	17	-0.804104	0.338052
18	Natural Langua...	18	1.79758	0.528375
19	Scientific Com...	19	-1.11579	0.424651
20	Game Develop...	20	0.0148053	-0.64378
21	Social Media ...	21	0.453221	0.190932
22	Animation	22	-1.43669	-0.560175
23	Business Analyt...	23	0.403566	-0.704845
24	Journalism	24	-1.65402	0.277473
25	Digital Marketing	25	1.8752	-0.569694

[그림 사례 3-23]을 보면, 총 25개 과목 관련, 과목명, 과목 ID, 그리고 2개의 잠재 요인(K1, K2) 변수 정보가 보여지고 있다. 그럼 이제는 Scatter Plot 위젯을 활용하여 과목 간 관계를 살펴보자.

- Visualize 카테고리에서 Scatter Plot 위젯을 끌어와 '과목 종합' 위젯과 연결한다.
- Scatter Plot 위젯을 더블 클릭하여 나타나는 창에서, 왼편 Axes에서 X축은 K1, Y축은 K2를 선택한다. 그리고 Attributes의 Label에서 CourseName을 선택한다. 그러면 오른편에 각 과목의 좌표가 과목명과 함께 제시된다([그림 사례 3-24])

[그림 사례 3-24]의 오른편을 보면 과목 변수 행렬의 벡터 1, 2를 산점도를 통해 나타내고 있다. 이를 통해 과목 간의 유사성 및 연관 관계를 살펴볼 수 있다.

[그림 사례 3-24] 잠재 요인을 활용한 과목 간 관계 파악

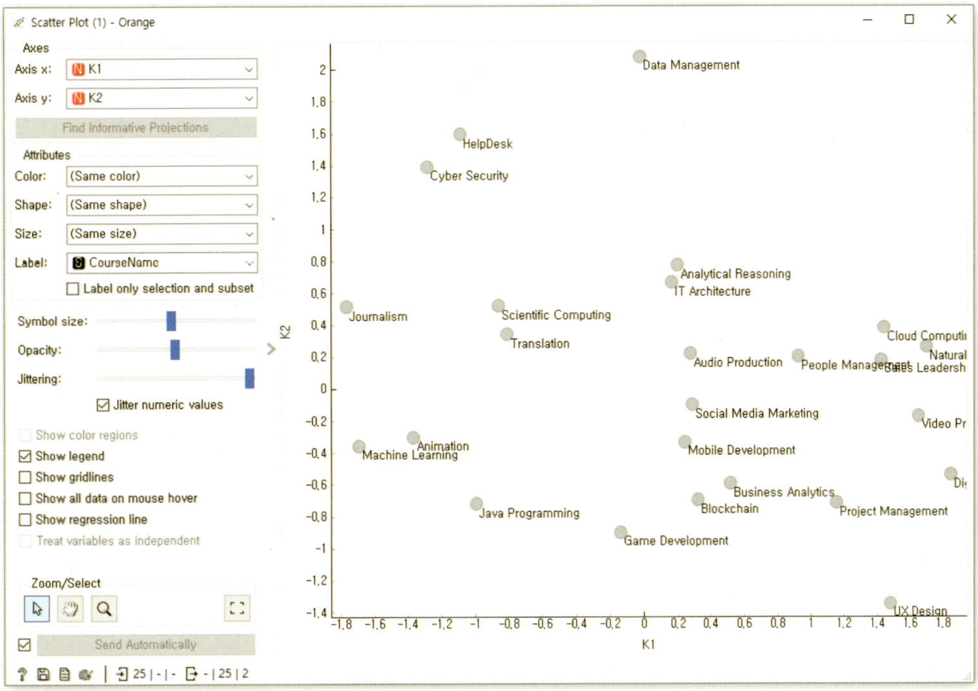

● 인기 과목의 관계 파악

이번에는 평가가 많았던 인기 과목의 관계를 산점도를 통해 살펴보자. 이전에 선정된 과목의 과목명이 무엇인지 알아보자([그림 사례 3-17] ④ 영역).

- Merge Data 위젯을 끌어와 '인기과목' 위젯은 Data로 그리고 '과목 종합' 위젯은 Extra Data로 Merge Data 위젯과 연결한다. 필요 시 연결선을 더블 클릭하여 조정한다.
- Merge Data 위젯을 더블 클릭하여 나타난 창에서 Merging 방식은 Append columns form Extra data를 선택하고, Row matching은 과목명 ID의 변수명인 Course ID와 Course_ID를 선택한다([그림 사례 3-25]).

[그림 사례 3-25] 과목명 ID 매칭을 통한 파일 병합

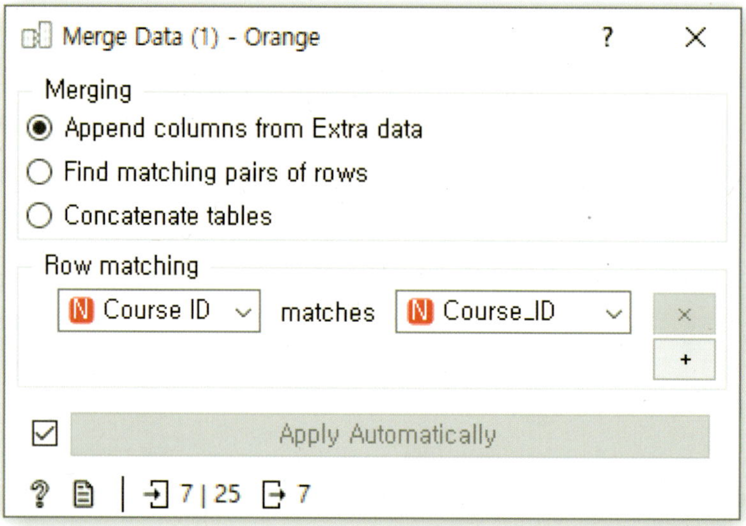

• 새로운 Data Table 위젯을 캔버스로 끌어와 오른쪽 마우스 클릭하고 Rename을 선택하여 이름을 '인기과목 종합'으로 변경한다. 그리고 Merge Data 위젯과 연결한다. '인기과목 종합' 위젯을 더블 클릭하여 내용을 살펴보자([그림 사례 3-26]).

[그림 사례 3-26] '인기과목 종합' 위젯의 내용

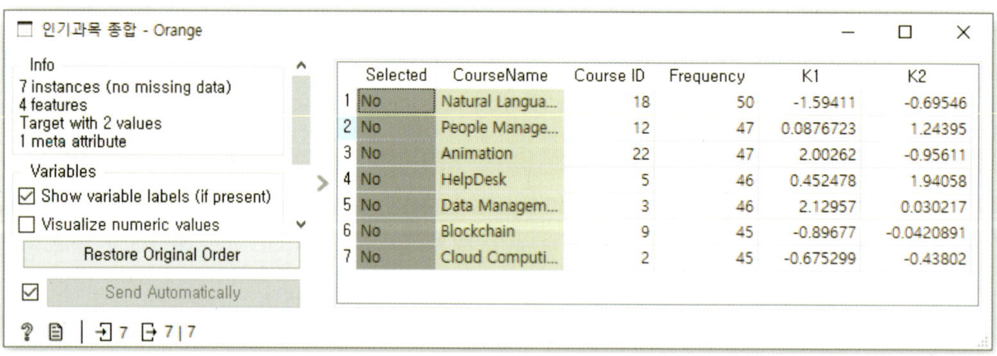

[그림 사례 3-26]을 보면 기존 도출된 7개의 과목에 대한 Course ID 및 Frequency 변수 이외에 과목명 및 잠재 요인이 추가되었음을 알 수 있다. 그렇다면 Scatter Plot 위젯을 활용하여 이들 과목 간의 관계를 살펴보자.

- Visualize 카테고리에서 Scatter Plot 위젯을 새로 끌어와 '인기과목 종합' 위젯과 연결한다.
- Scatter Plot 위젯을 더블 클릭하여 나타나는 창에서, 왼편 Axes에서 X축은 K1, Y축은 K2를 선택힌다. 그리고 Attributes의 Label에서 CourseName을 선택힌다. 그리고 나타난 결과를 확인하자.

이번에는 구성원들 간의 관계를 Scatter Plot 위젯을 통해 알아보자([그림 사례 3-17] ⑤ 영역).

- 새로운 File 위젯을 캔버스로 끌어온 후 위젯을 더블 클릭하여 employee_names 파일을 불러온다. 그리고 오른쪽 마우스 클릭하여 Rename을 선택하고 이름을 '구성원정보'로 바꾼다.
- 새로운 Data Table 위젯을 캔버스로 끌어와 오른쪽 마우스 클릭하고 Rename을 선택하여 이름을 '구성원 Table'로 변경한다. 그리고 '구성원정보' 위젯과 연결한다.
- Merge Data 위젯을 끌어와 '구성원 Table' 위젯은 Data로 그리고 '구성원특성' 위젯은 Extra Data로 Merge Data 위젯과 연결한다. 필요 시 연결선을 더블 클릭하여 조정한다.
- Merge Data 위젯을 더블 클릭하여 나타난 창에서 Merging 방식은 Append columns form Extra data를 선택하고, Row matching은 Row Index를 선택한다(참조 [그림 사례 3-21]).

  마찬가지로 구성원 ID가 존재하지 않아 이를 활용하여 매칭하는 것이 불가능하지만, '구성 원 Table' 및 '구성원특성' 위젯 모두 ID 순서대로 640명의 구성원들이 나열되어 있기 때문에 일대일 매칭이 가능하다.
- 새로운 Select Columns 위젯을 캔버스로 끌어와서 Merge Data 위젯과 연결한다. Select Columns 위젯을 더블 클릭하여 나타난 창을 활용, 변수를 정리한다

(참조 [그림 사례 3-22]).

- 새로운 Data Table 위젯을 캔버스로 끌어와 오른쪽 마우스 클릭하고 Rename을 선택하여 이름을 '구성원종합'으로 변경한다.
- '구성원종합' 위젯을 더블 클릭하여 데이터 내용을 살펴보자. 여기에는 과목 평가에 참가한 640명의 구성원 이름, ID 및 잠재 요인이 나타나 있다.
  그런데 640명 구성원 모두를 Scatter Plot을 통해 육안으로 관계를 파악하는 것은 쉽지 않다. 따라서 일부 구성원만을 선택하여 관계를 살펴보자. [그림 사례 3-27]에서는 5번 행에서 19번 행까지 총 15개의 사례가 선택한 것으로 나타나고 있다.
- 새로운 Scatter Plot 위젯을 끌어와 '구성원종합' 위젯과 연결하고, 더블 클릭하여 내용을 확인한다([그림 사례 3-28]).

[그림 사례 3-27] '구성원 종합' 위젯 내용

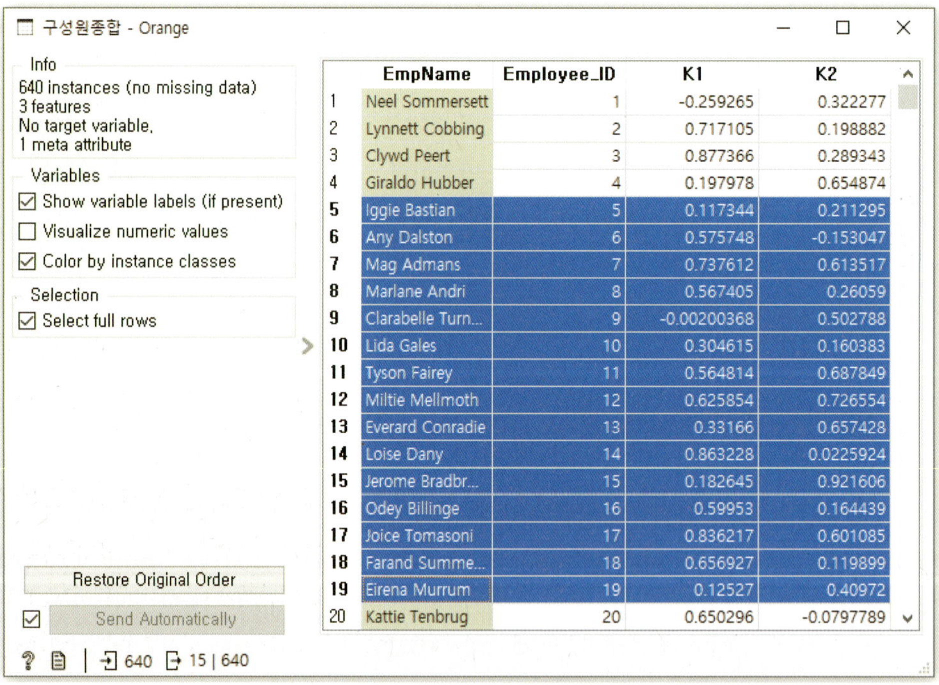

[그림 사례 3-28] 잠재 요인을 활용한 구성원 간 관계 파악

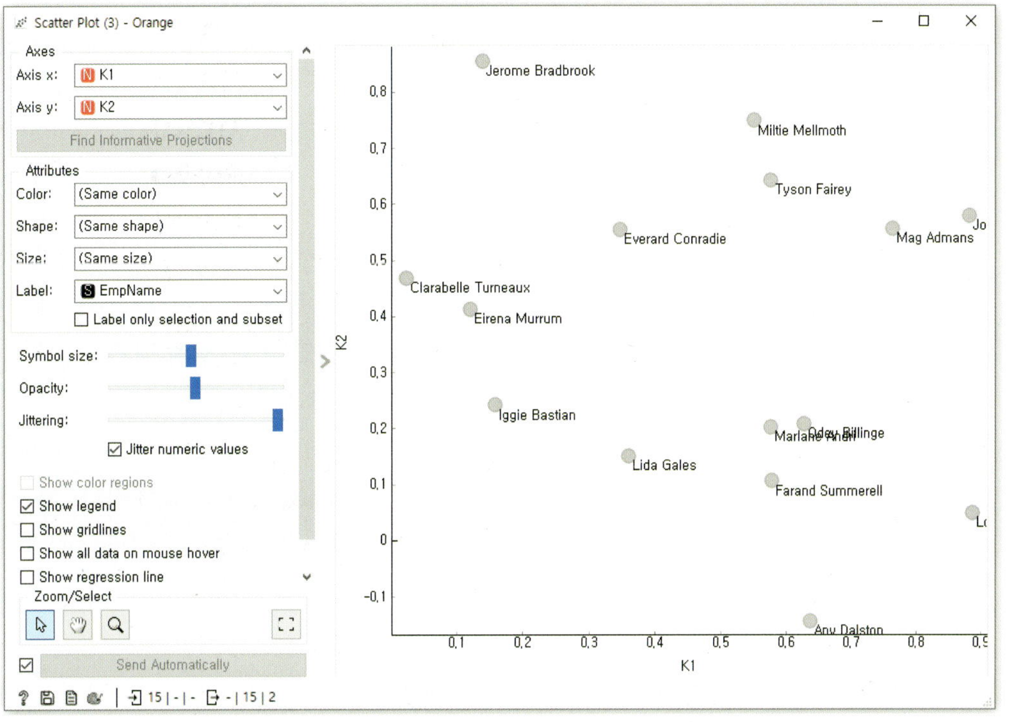

잠재 요인은 구체적으로 어떤 의미를 가지는지를 알기가 어려운 경우도 있지만, 추천의 근거를 마련하는 데에 큰 역할을 한다. 잠재 요인을 활용하여 추천을 할 경우 '사용자–아이템' 행렬 데이터를 이용해 분해한 '사용자–잠재요인'과 '아이템–잠재요인' 행렬을 활용한다. 즉, '사용자–잠재 요인' 행렬과 '아이템–잠재 요인'을 활용하여 사용자가 평가하지 않은 콘텐츠의 점수를 예측하여 점수가 높으면 사용자에게 추천을 하게 된다. 하지만 오렌지에서는 이를 위한 위젯이 아직 제공되지 않고 있다.

3. 시사점 도출

사례 3에서는 추천과 관련된 사례를 다루었다. 관련된 몇 가지 시사점을 살펴보자.

추천 시스템의 이슈

추천 시스템은 평점이 매겨진 이력 아이템을 활용하거나 또는 다른 사용자와 프로필을 매칭시킨다. 이러한 추천 시스템은 온라인 제품 판매를 증가시키기 위해 이를 활용하는 전자상거래 사업뿐만 아니라 자신의 관심사를 보다 쉽게 찾기를 원하는 사용자들에게도 매우 유용하다. 그런데 추천 시스템을 효과적으로 구현하는 데 있어 몇 가지 문제를 갖고 있다. 우선 사용자/아이템(User–Item)에 대해서 정보가 없거나 적은 경우에는 정확한 추천이 이루어지지 않는 'Cold Start' 문제가 발생한다. 본 사례에서도 분석 케이스가 적어 변수의 설명력이 떨어지는 것을 볼 수 있다. 이는 사용자/아이템 간 활동에 의존하는 협력 필터링 방식의 전형적 이슈이다. 이 문제는 결국 분석 사례를 늘려 해결할 수밖에 없다.

희박성(Sparsity) 이슈도 있다. 즉, 우리가 추천을 하기 위해 사용하는 사용자/아이템 데이터에 빈 곳이 많다. 평점을 매기지 않는 사용자들도 있고, 평점을 매기더라도 일부 아이템에만 평점을 매기는 모습이 나타나기 때문이다. 이러한 희박성의 문제는 한 번도 평가되지 않은 아이템은 추천되지 않고, 인기있는 아이템이 추천에 있어 큰 영향을 미친다. 따라서 독특한 취향을 가지는 사용자에게는 적합한 추천이 어려워지는 문제가 발생한다. 추천의 정확도가 떨어지는 것이다.

전문성 제고와 트렌드 파악

향후 기업 교육의 방향은 일회적 접근 방식을 넘어 성장 단계에 따라 교육 영역과 지향하는 가치의 확장을 통해 구성원 스스로 역량을 축적·발전시키도록 촉진하고 근본적 변화와 혁신을 지원하는 데 두어야 한다. 이를 위한 교육은 크게 두 가지 방향에서 이루어져야 한다.

하나는 특정 전문 영역별 전문 심화 교육이다. 이미 특정 전문 기술을 가지고 있는 구성원들을 대상으로 해당 기술 및 지식의 최근 동향을 교육하는 등 전문 역량의 업데이트에 초점을 두는 것이다. 최근 자율주행 자동차, 드론, 로봇, 신에너지 등 새로운 산업 분야가 급속도로 성장하고 있다. 뿐만 아니라 인공지능, 클라우드, 빅데이터, 사물 인터넷 등의 기술이 기존 산업과 연계되어 급속하게 확산되고 있다. 이러한 변화를 주시하고 적절히 준비하지 못한 경우에는 새로운 산업 및 기술 분야 관련 적절한 역량을 갖추기가 쉽지 않은 것이다. 특히 기술의 라이프사이클이 짧은 산업에 속해 있는 기업의 경우, 변화를 주시하고 지속적으로 신부화되는 구성원들의 역량을 업그레이드하기 위한 방안 모색을 멈춰서는 안 된다. 문제는 그 어느 때보다 다수의 구성원들에게 새로운 역량 확보 기회를 제공해야 하지만, 새로운 기술 전문성을 확보할 수 있는 맞춤형 역량 프로그램 개발이 쉽지 않다는 것이다. 그렇기 때문에 외부 전문 기관과의 협업을 통해 온라인 교육의 활용 방안을 적극 모색해야 한다.

다른 하나는 미래 환경 변화에 효과적으로 대응하기 위해서는 시장과 고객 변화의 물결을 이해하고, 이러한 변화가 현재 및 미래 사업에 어떤 영향을 미칠 것인가 등 변화 트렌드에 대한 통찰력을 확보하도록 하는 것이다. 기술 발전이 가져오는 산업의 변화, 환경 이슈로 인한 인류의 생존 조건 변화, 정치 지형도 변화에 따른 지정학적 리스크, 인구변화가 유발하는 사회적 변화 및 가치관과 삶의 행태 등 문화적 변화와 관련된 교육이 한 예라 할 수 있다. 우리 기업들은 급한 사업 현안에 몰두하다 보니 트렌드가 사업에 미치는 의미에 대해 깊이 고민하지 못하였고, 그렇기 때문에 트렌드를 주도하여 시장과 고객을 이끌어 본 경험이 많지 않았다. 하지만 미래 성장을 위해서는 트렌드를 제대로 파악하여 미래 고객가치를 만들기 위해 우리가 무엇을 할 수 있을지를 고민하여 실행 아이디어를 도출하는 것이 가능하다.

진부화 역량을 높이기 위한 교육은 조직의 힘만으로 한계가 있다. 구성원 스스로도 생태계의 기술 및 주변 산업의 환경 변화를 살펴보고 필요 역량을 확보하려는 노력이 필요하다. 최근 구성원들 역시 자신의 경쟁력을 높이고 조직 내에서 자신의 역할을 충분히 발휘하기 위해서는 지속적 학습이 필요하다는 인식이 높아져가고 있다. 기업은 구성원들 역시 변화를 주시하고 지속적으로 필요한 지식을 업그레이드하는 데 도움이 되는 필요 정보를 제공해야 한다. 이러한 관점에서 인공지능을 활용한 교육 과정 추천은 구성원들의 니즈를 충족하고 그들의 학습 의욕을 자극할 수 있는 좋은 방법이다.

오렌지를 활용하여 현업 관련 추천 관련 이슈를 해결하기에는 아직 많은 제약이 있다. 가장 큰 문제가 언급한 바와 같이 오렌지에 아직 나열(Ranking) 방식의 결과를 도출하는 위젯이 없다는 것이다. 그렇기 때문에 효율적 추천 작업이 이루어지지 않고 많은 추가 작업이나, 다른 프로그램을 가져와야 하는 이슈가 있다. 하지만 본 사례에서 다룬 다양한 분석 방법은 다른 사례에서도 자주 활용되는 내용이다. 그렇기 때문에 충분히 숙지해두는 것이 필요하다. 향후 나열 방식의 추천 방식 등 보다 개선된 서비스를 오렌지에서 제공하기를 기대한다.

사례 4

우리의 채용 대상자는 누구인가?

1. 우수 인재를 어떻게 확보할 수 있는가?

이번 사례는 자사의 교육 과정을 성공적으로 이수한 사람들 중 자신들의 회사로 옮길 가능성이 높은 구성원이 누구인가를 예측해보는 것이다. 이는 다시 말해 현재 근무하고 있는 직장을 떠날 가능성이 높은 구성원들이 어떤 특성을 가지고 있는가를 이해하는 것이라고도 말할 수 있다. 이러한 예측이 성공적으로 이루어질 수 있다면 이 기업은 우수 인재를 매우 효과적으로 확보할 수 있을 것이다. 기업을 둘러싸고 있는 환경이 급변하는 상황 속에서 새롭게 부각되는 기회를 실현하는 데 있어 가장 중요한 핵심 축이 바로 인재이다. 따라서 기업들은 인재전쟁에서 승리하기 위해 가열찬 노력을 기울이고 있다.

손정의의 후계자 확보를 위한 노력

일본 최대의 IT 기업인 소프트뱅크를 이끄는 손정의는 오래전부터 자신을 대신해서 소프트뱅크를 더욱 성장시킬 수 있는 후계자를 발굴하기 위해 많은 고심을 하고 있다. 손정의는 자신의 후계자가 되기 위한 조건으로 정보혁명 기술에 대한 깊은 통찰력, 재무에 대한 탁월한 지식과 실무 능력, 강력한 리더십과 극한의 책임감 등을 이야기하고 있다. 이러한 인재를 확보하기 위한 방안 중 하나가 2010년에 문을 열 '소프트뱅크 아카데미아'라는 후계자 양성 프로그램이다. 이 프로그램에는 소프트뱅크 내부 직원뿐만 아니라 외부 구성원 누구나 국적에 상관없이 지원이 가능하다. 수업은 평균 한 달에 한 번 이루어지는데, 대부분 과제로 받은 내용에 대한 프레젠테이션과 질의 응답, 팀별 스터디 등이 수업의 주를 이룬다. 정원은 300명으로 초기에는 이 중 2/3 정도가 소프트뱅크 그룹 내에서, 나머지 1/3이 외부에서 선발되었다.

하지만 점점 외부 출신이 늘어나는 추세이다. "30년 뒤 소프트뱅크를 지금의 100배 규모로 키우려면 보통의 생각으론 불가능하다. 밖에 큰 인물이 있다면 데려와야 한다"는 손정의의 생각이 반영된 것이다. 프로젝트 등을 통해 눈에 띄는 원생이 있으면 후계자가 아니더라도 계열사에 스카우트되는 경우가 흔하다. 최근엔 이곳 출신의 IT회사 대표들이 늘고 있어 A급 인재의 요람으로 평가받는다.[18]

기업의 미래는 결국 Next Big Thing을 이끌 역량을 갖춘 탁월한 인재를 어떻게 확보할 수 있는가에 달려 있다고 해도 과언이 아니다. 손정의는 특화된 프로그램을 활용하여 미래에 필요한 인재가 누구인지를 파악하고, 이를 통해 핵심 인재를 선점하고 육성하기 위해 노력하고 있는 것이다.

인재 확보를 위한 주요 요건들

자사에 적합한 인재를 확보하기 위해서는 모든 지원자에게 동일하게 적용 가능한 분명한 의사결정 준거를 가지고, 가능한 많은 정보를 수집하여 의사결정을 내리는 것이 바람직하다. 우선, 인재전쟁에서 승리하기 위한 출발점은 회사에 필요한 사람을 명확히 정의하고 채용하는 것에서 시작한다. 중·장기 관점에서 미래 핵심 사업 및 직무에 필요한 전문 역량을 가지고 있느냐가 물론 우선적으로 고려해야 할 요소이다. 하지만 아무리 똑똑한 인재라 하더라도 하는 일에 흥미를 느끼지 못하거나 조직 문화에 적합하지 않은 태도나 행동을 보인다면 오히려 회사에 마이너스 효과를 가져올 가능성이 높다. 그렇기 때문에 무조건적인 우수 인재가 아니라 해당 기업의 사업/직무 특성 및 문화에 가장 적합한 사람 선별에 기준이 될 수 있는 인재상을 정립해야 한다.

둘째, 인재상이 설정되었다면, 이제는 인재상에 기반하여 지원자가 그러한 자격요건에 부합하는지, 직무 수행에 필요한 역량을 가지고 있는지를 현실적으로 평가하는 데 활용할 정보를 결정해야 한다. 단일 정보 원천은 잘못된 의사결정을 가져올 가능성이 상대적으로 높다. 따라서 서류, 시험 점수, 인성 검사, 레퍼런스 점검, 면접 등 다양한 관점에서 필요 정보를 결정해야 한다.

18 손정의의 인재 사용법, weekly.chosun.com

셋째, 확보된 정보를 누가 어떻게 분석하여 결정할 것인가를 정해야 한다. 예를 들어, 정보를 개별적으로 활용할 것인가 아니면 하나로 통합하여 단일 점수로 활용할 것인가, 가중치를 활용하여 점수화할 것인가 아니면 관리자에 의한 가/부 결정을 활용한 것인가 등을 명확히 해야 한다. 동시에 의사결정의 주체를 선정해야 한다. 예를 들어, 상사/동료/부하/인사책임자/타 기능 관리자 등 다양한 면접관 중에서 누구를 어디까지 활용할 것인가? 그리고 채용 결정 프로세스 및 참여자의 역할과 책임을 명확히 하는 것이 필요하다.

채용 관련 역할이 커지는 피플 애널리틱스

인재 확보를 위한 주요 활동을 효과적으로 하기 위해서는 피플 애널리틱스의 활용은 이제 필수가 되고 있다. 우리에게 필요한 인재가 어디에 있는가, 그들이 과연 우리 회사에 들어올 가능성이 있는가, 지원자들이 가지고 있는 역량이 기업이 요구사항에 적합한가, 지원자들을 효과적으로 검증할 수 있는 방안은 무엇인가 등에 관련된 질문에 피플 애널리틱스가 의미 있는 대답을 줄 수 있기 때문이다. 또한 어떤 특성을 가진 구성원들이 채용되는지, 채용된 구성원들 중 기대한 만큼 성과를 내는 구성원과 그렇지 못한 구성원은 어떤 차이가 있는지를 파악하는 데에도 피플 애널리틱스를 효과적으로 활용할 수 있다.

특히 최근 채용에서 중시되는 것은 지원자들이 제출한 서류상 스펙에 나타나 있는 고정관념이나 정형화된 이미지에 현혹되지 말고, 지원자의 내재화된 경험과 학습, 역량 등을 어떻게 파악하느냐 하는 것이다. 이러한 관점에서 지원자의 다양한 정보를 통합하여 효과적으로 분석하는 데 있어 피플 애널리틱스는 매우 효과적인 도구이다. 동시에 실제 우리에게 필요한 역량을 구축하였는지를 파악하기 위한 구조화된 면접 기법 개발, 소셜 미디어 프로필이나 디지털 흔적 등 더 폭넓은 데이터와 인사이트를 기반으로 한 채용 도구 개발 등에 있어 피플 애널리틱스의 역할은 커질 수밖에 없다.

2. Orange를 활용한 채용 대상 인력 파악 예측

빅 데이터 및 데이터 사이언스 분야에 종사하고 있는 한 회사는 자사에서 운영하고 있는 교육 과정을 성공적으로 수행한 사람들 중 일부를 자사의 데이터 사이언티스트로 채용하려고 한다. 이를 위해 회사는 어떤 지원자가 교육을 받은 후 실제로 자사를 위해서 일할 의향이 있는지를 예측하고자 한다. 소프트뱅크가 아카데미아 프로그램을 통해 후계자를 찾고 있다면, 이 회사는 교육 과정 운영을 통해 자사에 적합한 인재 확보를 모색하고 있는 것이다.

본 사례에서 사용할 데이터는 캐글(Kaggle) 사이트(https://www.kaggle.com)에서 확보한 데이터이다.[19] 데이터는 출판사 홈페이지에서도 다운로드받을 수 있다.

1) 데이터 개요

본 사례는 문제 해결 방법 중 분류 문제에 속한다. 즉, 앞으로 우리 회사를 위해 일할 의향이 있는가 없는가를 예측하는 것이다. 분석을 위해 우선 데이터를 오렌지로 불러들여오자.

- Data 카테고리에 있는 File 위젯을 캔버스로 끌어온 후, 다운로드받은 파일 중 aug_train 파일을 불러온다.
- File 위젯을 더블 클릭한 후 나온 창에서, target이라는 이름의 변수를 찾아 Role을 feature에서 target으로 전환한다.
- Data 카테고리에 있는 Data Table 위젯을 캔버스로 끌어와 File 위젯과 연결한 후, Data Table 위젯을 더블 클릭하여 데이터를 확인한다([그림 사례 4-1]).
- Data 카테고리에 있는 Feature Statistics 위젯을 끌어와 Data Table 위젯과 연결한다. 여러 번 언급했지만, 선택을 하지 않았는데 연결선 위에 Selected Data 표시가 나타나면 연결선을 더블 클릭하여 Data로 바꿔준다(본 사례에서는 더 이상

19 관련 내용은 https://www.kaggle.com/arashnic/hr-analytics-job-change-of-data-scientists/tasks?taskId=3015 참조

언급하지 않는다). Feature Statistics 위젯을 더블 클릭하여 데이터의 특징을 확인한다([그림 사례 4-2]).

[그림 사례 4-1] 파일 로딩 및 데이터 내용 파악

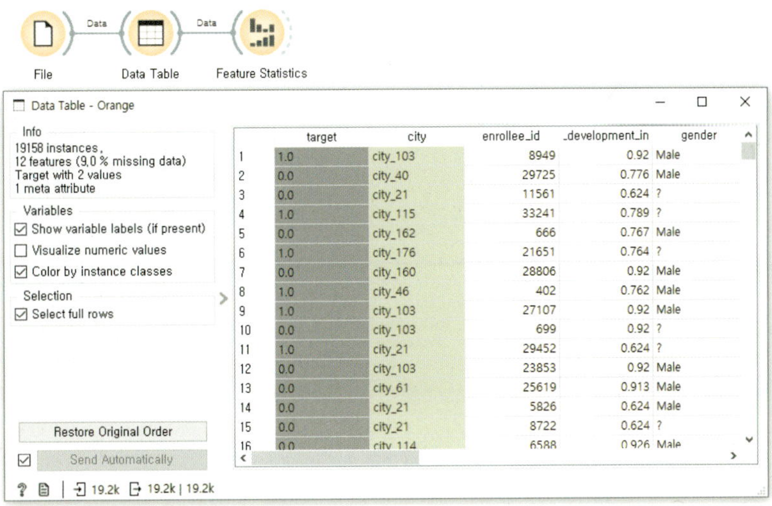

[그림 사례 4-1]의 왼쪽의 정보(Info) 창의 내용을 보면, 이 파일은 총 19,158개의 분석 행, 즉 사례(instances)가 있다고 나타나 있다. 총 12개의 설명변수 가운데 9%가 값이 없는 결측치(Missing Data)로 나타나고 있다. [그림 사례 4-1]에 나타난 gender 변수에서 데이터 값이 '?'로 표시된 경우, 그 셀은 결측값을 가지고 있다는 것을 의미한다. 그리고 1개의 목표변수와 소프트웨어가 자동적으로 인식한 1개의 메타변수가 있다는 것을 알 수 있다. 일반적으로 Data Table 위젯을 더블 클릭했을 때, 맨 앞에 나오는 변수가 목표변수고, 그 다음에 색깔이 표시되어 나오는 변수가 메타변수다(메타변수는 여러 개일 수 있다). 개별 변수의 내용을 살펴보자.

- 목표변수

target: 1 – 채용 가능 대상자(새로운 직장을 찾고 있는 사람), 0 – 채용 대상자가 아닌 사람

• 메타변수

city: 도시 코드(메타변수는 분석에 활용되지는 않음).

[그림 사례 4-2] 분석 데이터의 특징

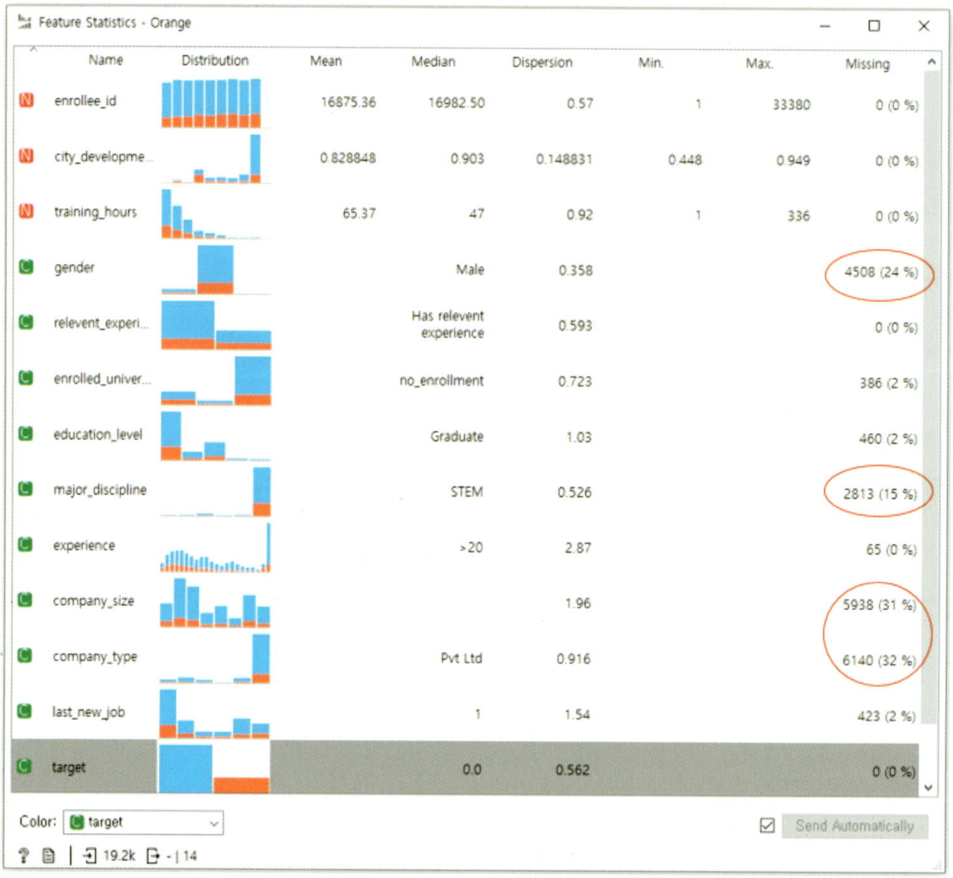

Feature Statistics - Orange

	Name	Distribution	Mean	Median	Dispersion	Min.	Max.	Missing
N	enrollee_id		16875.36	16982.50	0.57	1	33380	0 (0 %)
N	city_developme...		0.828848	0.903	0.148831	0.448	0.949	0 (0 %)
N	training_hours		65.37	47	0.92	1	336	0 (0 %)
C	gender			Male	0.358			4508 (24 %)
C	relevent_experi...			Has relevent experience	0.593			0 (0 %)
C	enrolled_univer...			no_enrollment	0.723			386 (2 %)
C	education_level			Graduate	1.03			460 (2 %)
C	major_discipline			STEM	0.526			2813 (15 %)
C	experience			>20	2.87			65 (0 %)
C	company_size				1.96			5938 (31 %)
C	company_type			Pvt Ltd	0.916			6140 (32 %)
C	last_new_job			1	1.54			423 (2 %)
C	target			0.0	0.562			0 (0 %)

Color: target

Send Automatically

19.2k | 14

● 설명변수

① enrollee_id: 지원자의 고유 ID

② city_development_index: 도시 개발 지수

③ gender: 지원자의 성별

④ relevent_experience: 지원자의 관련 경험
⑤ enrolled_university: 수료한 대학 과정의 유형(있는 경우)
⑥ education_level: 지원자의 교육 수준
⑦ major_discipline: 지원자의 전공 분야
⑧ experience: 지원자의 총 경험 연수
⑨ company_size: 현재 다니는 기업의 직원 수
⑩ company_type: 현재 다니는 기업의 유형
⑪ lastnewjob: 이전 직업과 현재 직업의 연도 차이
⑫ training_hours: 교육을 받은 시간

[그림 사례 4-2]에는 1개의 목표변수와 12개의 설명변수의 특징들이 나타나 있다. 12개의 설명변수 중 3개는 수치형 변수이고, 9개는 범주형 변수이다. 이 데이터에서 목표변수 및 3개의 수치형 변수에서는 결측값이 없지만, 대부분의 범주형 변수에서는 결측값이 나타나고 있다. 특히 회사 유형(company_type), 회사 규모(company_size) 변수는 30%가 넘는 결측값을 그리고 성별(gender) 변수는 20% 이상의 결측값을 가지고 있다. 따라서 데이터 전처리 과정에서 이 변수의 결측값을 어떻게 처리할 것인가를 결정해야 한다. [사례 1]에서도 이야기한 바와 같이 아래 Color 탭에 target이 선택되어 있기 때문에, 각 변수의 Distribution 그래프의 아래쪽에는 채용 가능 대상자의 비율이 어느 정도 되는지가 색깔로 표시되어 있다.

2) 탐색적 데이터 분석(EDA: Exploratory Data Analysis) 실행

[사례 2]에서도 이야기했지만, EDA는 데이터를 분석하고 결과를 도출하는 과정에서 데이터를 이리저리 살펴보고 이해도를 높이는 과정이다. 데이터에 대한 이해와 해석이 잘못되면 기껏 고생하며 만든 모델과 분석 결과의 의미가 물거품이 되어 사라질 수 있다. 가설을 가지고 데이터를 여러 측면으로 나누어 분석하고 검증을 하면 보다 유의미한 결과와 시사점을 도출할 수 있기 때문에 EDA 과정은 매우 중요하다. 오렌지가 제공하는 시각화(Visualization) 기능을 활용하여 데이터를 여러 측면에서 탐색해 보자.

- Visualize 카테고리에서 Distributions, Scatter Plot, Violin Plot, Sieve Diagram 위젯 등을 캔버스로 끌어온 후, 분석 데이터가 들어 있는 Data Table 위젯과 연결한다([그림 사례 4-3]).

시각화 관련 위젯을 더블 클릭하여 나타난 창에서 변수들을 이리저리 조합하여 살펴보면서 특징을 살펴보자.

[그림 사례 4-3] EDA의 실행

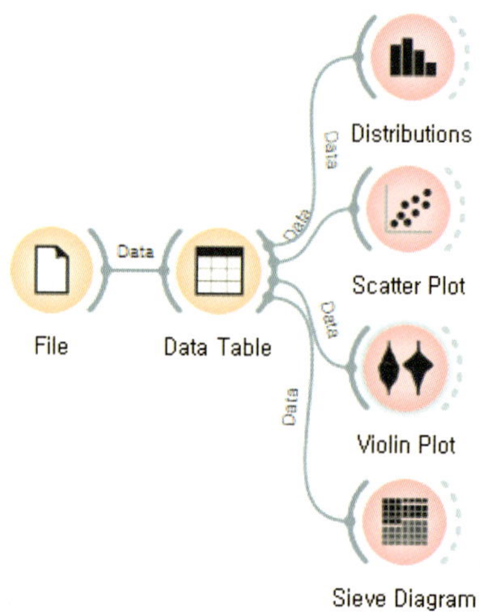

[그림 사례 4-4]는 도시 개발 지수(city_development_index)를 분포도(Distributions)를 통해 살펴본 내용이다. [그림 사례 4-4]의 왼편을 보면 Variable에서 city_development_index를 선택했음을 알 수 있고, 아래쪽 Columns에서 target 변수를 활용해 분포를 구분하여 보여주는 것을 선택하였나. 그렇기 때문에 구간별로 기존 직장을 옮길 의사가 없는 채용 비대상자(0: 파란색)와 새로운 직장을 찾고 있기 때문에 이 회사에서 채용이 가능한 대상자(1: 붉은색)로 나뉘어 결과를 보여주고 있다.[20]

20 [그림 사례 4-4]의 오른쪽 위 범례를 보면 채용 대상자(1)를 붉은색, 비대상자(0)를 푸른색으로 표시하고 있음.

도시화가 최고도로 이루어진 지역에서 교육을 받으러 온 사람들이 가장 많았고 채용 고려 대상자 수도 많았다(① 영역). 하지만 재미있는 사실은 도시화가 중간 이하인 지역에서도 상당히 많은 수가 교육을 받으러 왔으며, 다른 지역과 달리 채용 대상자 수가 채용 비대상자보다 더 많은 것을 보여주고 있다(② 영역).

[그림 사례 4-4] 도시 개발 지수와 채용 대상자 · 비대상자 분포

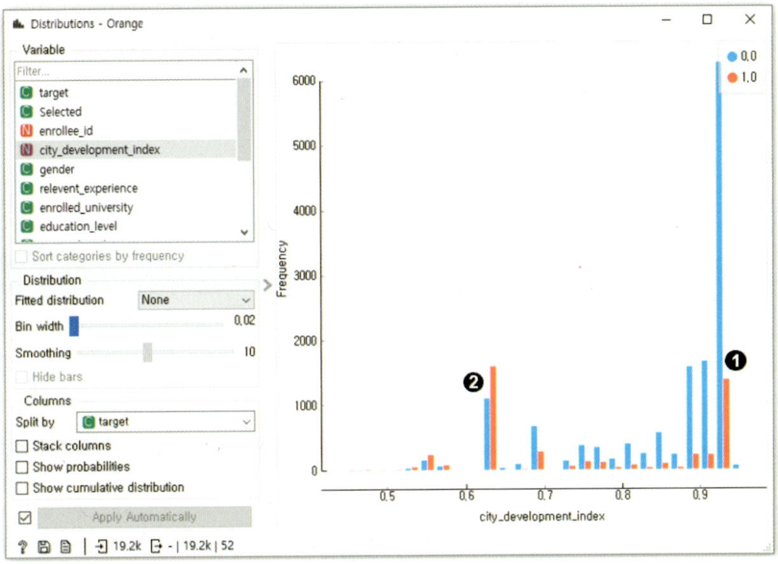

[그림 사례 4-5]는 산점도(Scatter Plot)를 활용하여 기업 유형(company_type), 성별(gender), 목표변수(target)와의 관계를 살펴본 것이다. [그림 사례 4-5]의 왼편 Axes를 보면, X축에 company_type을 그리고 Y축에 gender를 선택했음을 알 수 있다. 그리고 아래 Attributes에서 Color를 target으로 선택하였다. 따라서 대상자를 다른 색깔로 보여주고 있다(붉은 색이 채용 고려 대상자). 결과를 보면, 여성과 남성 모두 개인유한회사(Pvt. Ltd)의 구성원들이 가장 많이 교육을 지원하였고 대상자도 가장 많은 것으로 나타나고 있다. 남성의 경우에는 공공 부문이나 스타트업 관련 영역에서도 상대적으로 대상자가 많음을 알 수 있다(붉은 색의 비율이 상대적으로 높음).

[그림 사례 4-5] 산점도를 활용한 회사 유형, 성별에 따른 대상자 · 비대상자 분포 분석

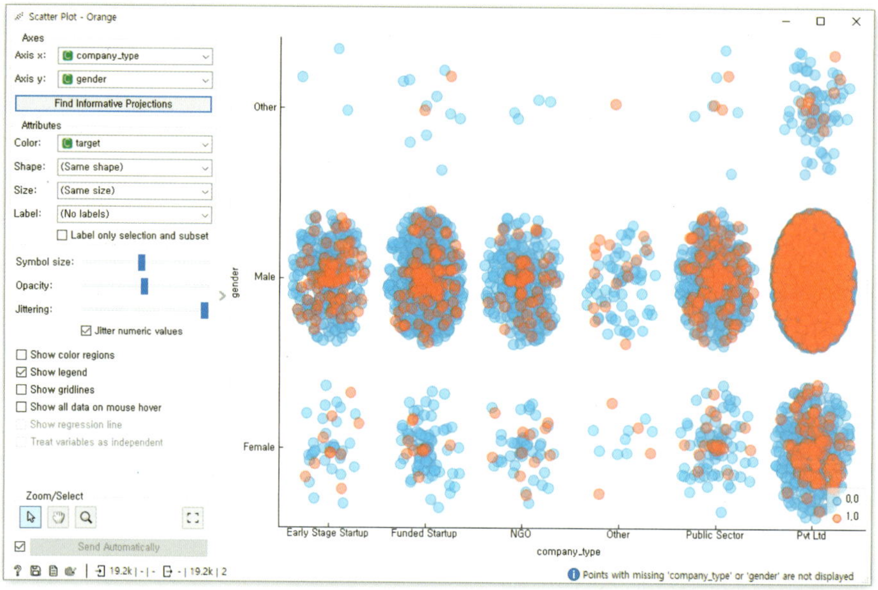

[그림 사례 4-6] 바이올린 플롯을 활용한 전공별 훈련 시간과의 관계 분석

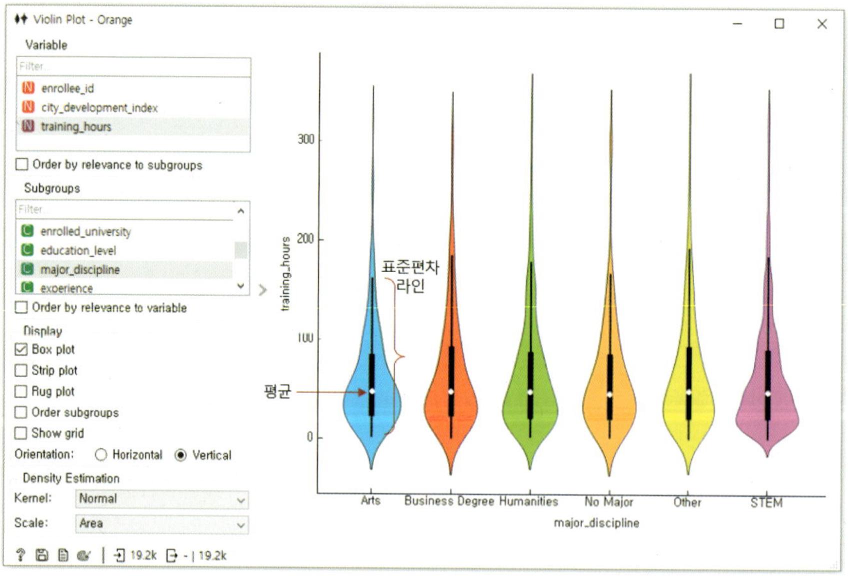

[그림 사례 4-6]은 바이올린 플롯(Violin Plot)을 이용하여 변수의 특징을 보여주고 있다. 바이올린 플롯은 데이터의 분포와 범위를 한눈에 보기 쉽게 나타내는 그래프 형식이다. 박스 플롯(Box Plot)과 비슷하지만 분포의 구체 모습을 알 수 있다는 장점이 있다. [그림 사례 4-6] 왼쪽의 Variable을 보면, 교육을 받은 시간(training_hours)이, 아래 Subgroup에는 전공 분야(major_discipline)가 선택되어 있다. 그리고 그 아래 Display에는 Box plot에 체크 표시가 되어 있다. 따라서 한 그래프에 바이올린 플롯과 박스 플롯을 함께 보여주고 있다. 오른쪽 그래프를 보면 지원자의 대다수를 차지하고 있는 STEM(과학, 기술, 공학, 수학) 전공의 모습이 조금 차이가 나지만 전체적으로 그래프의 모습이 유사하다. 즉, 평균 50시간 내외의 교육을 받은 구성원들이 가장 많다는 것이다. 또한 함께 보여지는 박스 플롯의 표준편차 라인도 차이가 거의 없다.

[그림 사례 4-7] 시브 다이어그램을 활용한 회사 규모별 채용 대상자·비대상자 분석

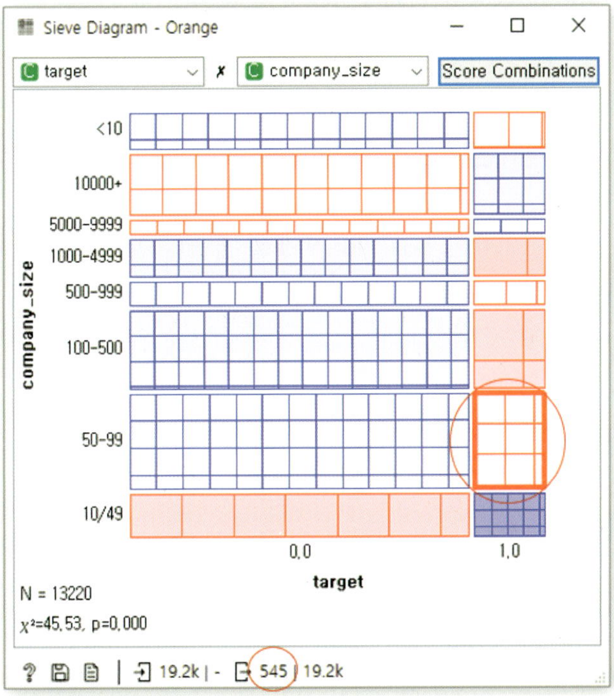

다음은 시브 다이어그램(Sieve Diagram)을 활용하여 변수의 특징을 살펴보자. 시브 다이어그램은 변수의 조합과 관련하여 관찰된 빈도를 시각화하여 보여준다. [그림 사례 4-7]을 보면 target과 기업 규모(company_size) 변수가 선택되어 있다. 따라서 회사 규모별로 교육 지원자 중 채용 대상자(1.0)와 비대상자(0.0) 인원수가 어떻게 되는지를 시각적으로 보여주고 있다. 여기에서 직사각형의 면적은 인원수와 비례한다. 규모가 55~99명, 100~500명 사이의 회사에 근무하는 사람들이 교육 과정에도 많이 지원하고 또한 대상자에서 차지하는 비율도 높게 나타나고 있다. 그리고 직사각형을 클릭하여 선택하면 외곽선이 두꺼워지고 아래에 해당 사각형에 포함된 인원을 아래에 보여준다. [그림 사례 4-7]에서는 회사 규모가 50~99명 회사에 근무하는 사람들 중 대상자가 545명으로 나타나고 있다.

3) 결측값 처리

현 분석 데이터는 앞에서 살펴보았듯이 전체 변수의 값 중 약 9%가 값을 가지고 있지 않다. 특히 회사 유형, 회사 규모 등의 변수는 결측값이 30%가 넘는다. 따라서 결측값에 대해 뭔가 조치를 해주는 것이 필요하다. 결측값을 처리하기 전에 개별 변수에 대해 좀 더 살펴보자.

- Visualize 카테고리에서 Box Plot 위젯을 끌어와 분석 데이터가 들어 있는 Data Table 위젯과 연결한다(Distribution 위젯은 결측값을 분석에서 제외하기 때문에 결측값을 포함해서 범주형 데이터의 구조를 파악하는 데에는 Box Plot 위젯이 유용하다).
- Box Plot 위젯을 클릭하여 나타난 창에서, 왼쪽 Variable에서는 보기를 원하는 변수를 선택하고 아래 Subgroups에서는 None을 선택한다. [그림 사례 4-8]은 전공 분야(major_discipline) 및 기업 유형(company_type)의 분석 결과를 보여준다.
- 구체 숫자 등 변수의 개별 변수에 대해 정보를 더 보기를 원하는 경우 해당 범주를 클릭하면([그림 사례 4-8]의 ① 영역), 아래에 해당 범주의 숫자가 나온다([그림 사례 4-8]의 ② 영역). 해당 숫자에 마우스를 올리면 보다 자세한 정보가 제시된다(마우스로 숫자를 클릭하면 관련 데이터 테이블이 나타난다).

[그림 사례 4-8] 박스 플롯을 활용한 전공 분야 및 기업 유형 변수 분석

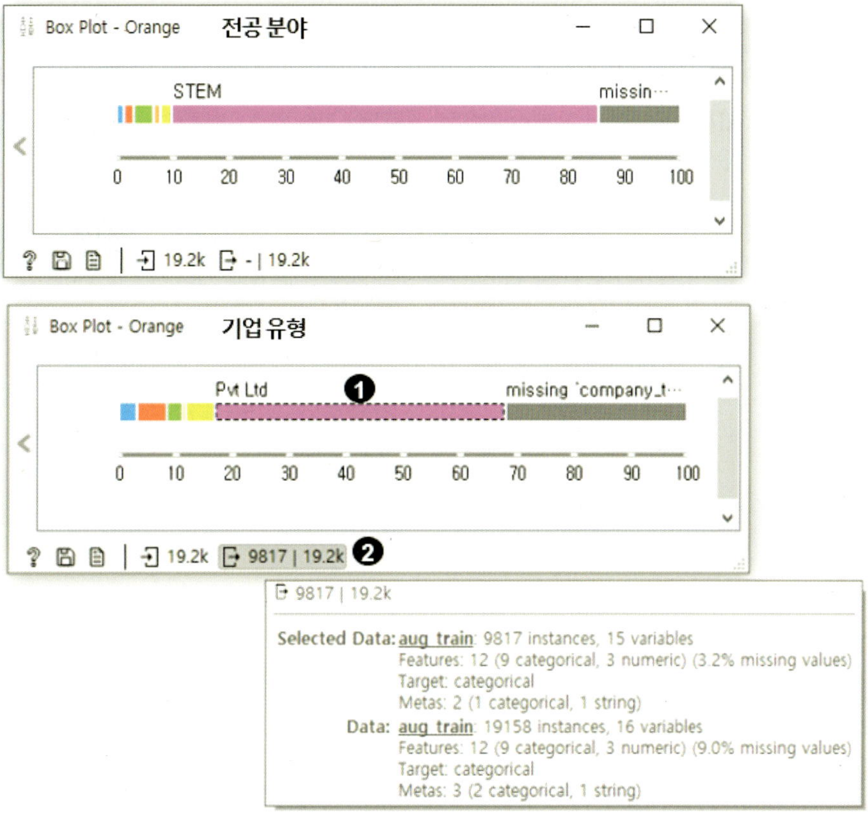

[그림 사례 4-8]을 보면, 변수 내에서 1개의 범주가 차지하는 비중이 매우 높은 것을 알 수 있다. 예를 들어, 전공 분야 변수에서 STEM이 차지하는 비중이 전체 인원 중에서 75%를 상회하고 있다. 이 경우 결측값은 Average/Most frequent 옵션을 사용하여 전환하면 1개 범주에 차지하는 비중이 너무 높아지게 된다. 그렇다고 결측값이 있는 행을 모두 제거해 버리면 기업 유형이나 기업 규모 같이 결측값 비율이 30%가 넘는 경우 정보의 손실이 너무 크다. 따라서 이번 사례에서는 Random value 옵션을 사용하여 결측값을 처리하자. Random value는 개별 범주의 분포를 고려한 다음 랜덤으로 속성 값을 선택한다. 이제 Impute 위젯을 사용하여 결측값을 처리해 보자.

- Transform 카테고리에 있는 Impute 위젯을 캔버스로 끌어온 후, 분석 데이터가 들어 있는 Data Table 위젯과 연결한다.
- Impute 위젯을 더블 클릭하여 나온 창의 Default Method에서 Random values를 선택한다. 모든 변수의 결측값을 동일한 방법으로 처리할 것이기 때문에 Individual Attribute Settings에는 아무런 조치를 취하지 않는다([그림 사례 4-9]).

[그림 사례 4-9] Impute 위젯을 활용한 결측값 처리

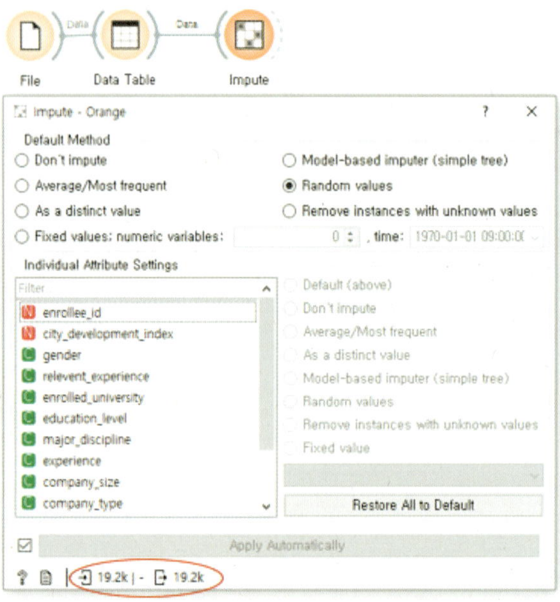

[그림 사례 4-9]의 아래편을 보면 약 19,200개의 사례(Instance)가 손실 없이 결측값이 처리되어 전환되었음을 알 수 있다. [그림 사례 4-10]은 결측값 처리 완료 후, 기업 유형 변수(company_type)를 박스 플롯으로 분석한 내용을 보여준다. 전체 결측값 6,140개 가운데 약 75%인 4,581개가 개인유한회사로 전환되어, 개인유한기업의 총 개수가 14,398개가 되었음을 알 수 있다. 결측값 처리 후 전체 기업 중 개인유한회사가 차지하는 비중이 약 75%이므로 기업의 유형별 비중을 고려하여 시스템이 임의적으로 값을 선정했다는 것을 알 수 있다.

[그림 사례 4-10] 결측값 처리 후 기업 유형 변수의 내용 분석

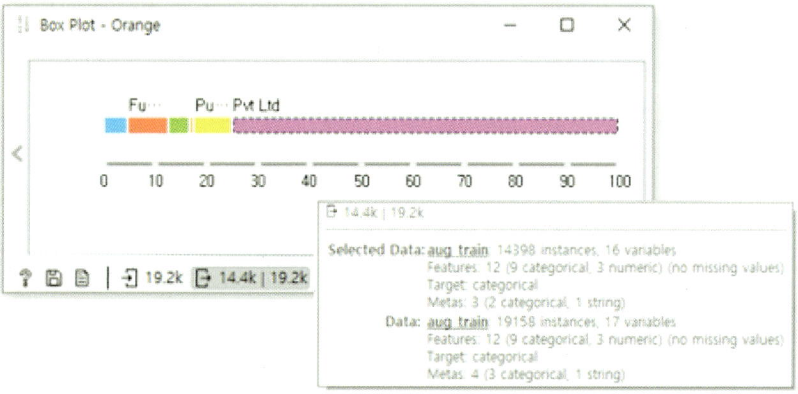

4) 주요 변수 파악

이번에는 Rank 위젯을 사용하여 채용 대상자 선정에 있어 영향을 많이 미치는 변수가 무엇인지를 살펴보자.

- Data 카테고리에서 Rank 위젯을 끌어와 결측값 처리가 끝난 Impute 위젯과 연결한다.
- Model 카테고리에서 Logistic Regression 위젯과 Random Forest 위젯을 캔버스로 끌어와 Rank 위젯과 연결시킨다(Gradient Boosting 위젯을 동시에 연결해도 된다).
- Rank 위젯을 더블 클릭하여 결과를 확인한다([그림 사례 4-11]).

[그림 사례 4-11]을 보면, 분석에 활용된 12개의 설명변수의 중요도가 분석되어 있다. 분석 결과를 보면 채용 대상자와 가장 관련성이 높은 변수는 도시 개발 지수(city_development_index)로 나타나고 있다. 이 외에도 지원자의 총 경험 연수(experience), 교육을 수료한 대학 과정의 유형(enrolled_university), 지원자의 관련 경험(relevent_experience)이 관련도가 높은 변수로 분석되고 있다. 방법론에 따라서 관련도가 높은

[그림 사례 4-11] Rank 위젯을 활용하 주요 변수 파악

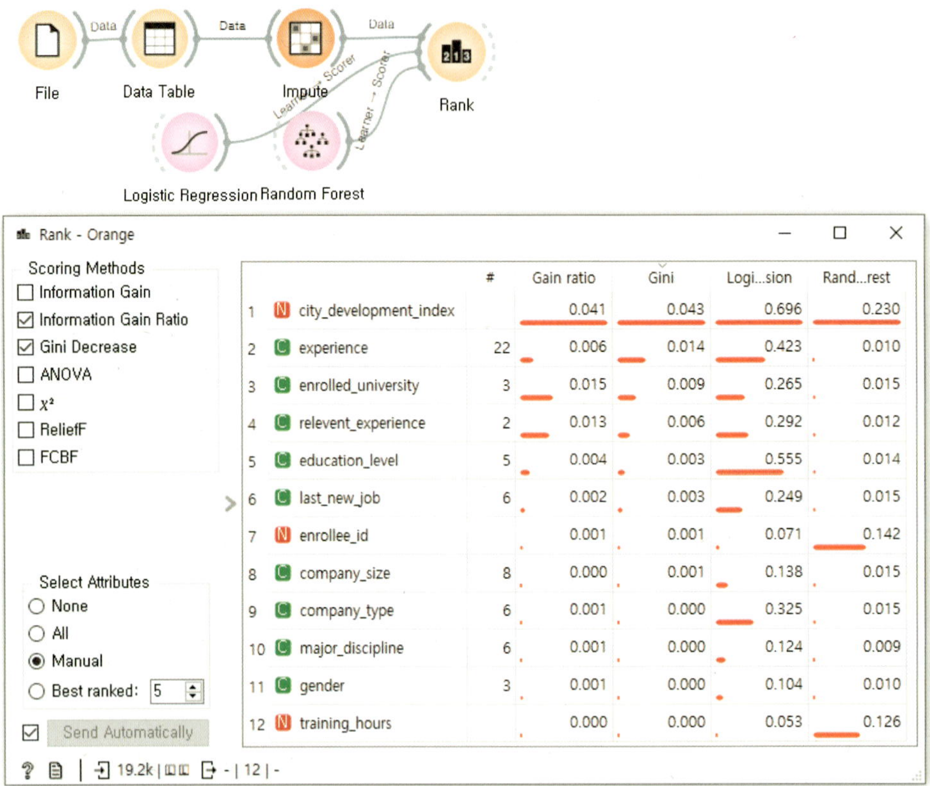

주요 변수가 차이가 나는 경우도 볼 수 있다. 예를 들어, 랜덤 포레스트 알고리즘은 다른 알고리즘이 가장 관련성이 낮다고 분석한 교육을 받은 시간(training_hours)을 상대적으로 중요한 변수라고 분석하고 있다. 이는 결국 분석자가 실제 기업 상황의 맥락 등을 파악해서 결정해야 한다.

5) 분석 변수의 선정

이번에는 실제 분석에 활용할 변수를 결정해 보자. 12개의 설명변수 중 지원자 ID(enrollee_id)는 대상자를 선정하는 데 아무런 의미가 없기 때문에 설명변수에서 제거하고, 분석 후 대상자를 확인할 수 있도록 메타변수로 전환하자. 교육을 받은 시간

(training_hours)은 Rank 위젯을 사용한 분석을 통해 목표변수와 가장 관련도가 낮았고, 탐색적 데이터 분석을 통해 살펴봐도 대상자, 비대상자 그룹 모두 평균, 표준편차, 백분위수(Percentile) 값, 그리고 데이터 분포에 있어서 거의 차이가 없었다. 따라서 training_hours를 설명변수에서 제거하자.

- Transform 카테고리에서 Select Columns 위젯을 끌어와 결측값 처리가 끝난 Impute 위젯과 연결한다.
- Select 변수를 더블 클릭하여 나타난 창에서 메타변수(Metas)인 city, Selected를 화살표를 이용하여 왼편으로 이동한다. 설명변수(Features) 중 training_hours 변수를 왼편으로 이동한다. 그리고 enrollee_id 변수를 Metas로 이동시킨다(왼쪽으로 이동시켰다가 다시 Metas로 이동시킨다).

[그림 사례 4-12] Select Columns 위젯을 활용한 변수 조정

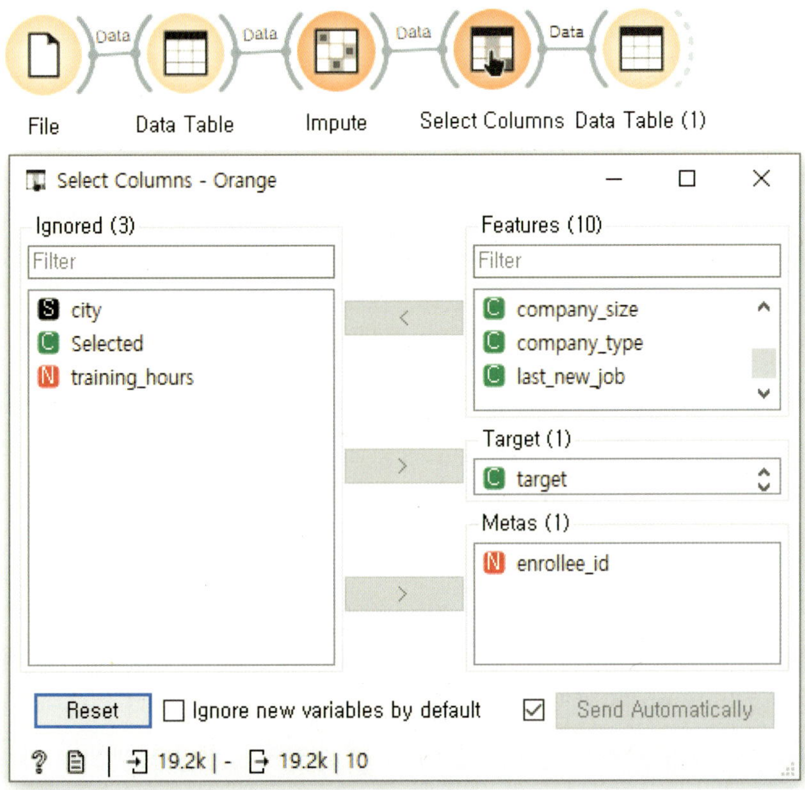

- 새로운 Data Table 위젯을 끌어와 Select Columns 위젯과 연결한다([그림 사례 4-12]). Data Table 위젯을 더블 클릭하여 내용을 확인한다.

테이블을 살펴보면 1개의 목표변수, 1개의 메타변수, 그리고 10개의 설명변수에 대한 내용들을 살펴볼 수 있다.

6) 모델 설계 및 평가

분석에 활용할 변수가 결정되었다면, 이제는 다양한 알고리즘을 활용하여 모델의 성능을 평가하고 비교해 보자.

- Evaluate 카테고리에서 Test and Score 위젯을 끌어와, 분석에 활용할 변수가 들어있는 Data Table 위젯과 연결한다.
- Model 카테고리에서 성능 평가를 하기 원하는 모든 알고리즘을 캔버스로 끌어온 후, Test and Score 위젯과 연결한다([그림 사례 4-13]).

모델의 예측 성능 평가를 위해 로지스틱 리그레션(Logistic Regression), 랜덤 포레스트(Random Forest), SVM(Support Vector Machine) 등 총 9개의 알고리즘을 사용하였다. 그렇다면 알고리즘 간 성능 평가 결과를 살펴보자.

- Test and Score 위젯을 더블 클릭하여 결과를 살펴본다([그림 사례 4-14 & 15]).

Test and Score 위젯을 통한 평가 결과를 살펴보기 전에 우선 주요 평가 지표의 개념을 다시 한 번 더 살펴보자.

- CA(정확도, Classification Accuracy): 대상자 비대상자 가리지 않고 전체 사례 중 실제로 예측을 정확하게 한 비율을 의미한다. 즉, "CA = (대상자를 옳게 예측한 건수 + 비대상자를 옳게 예측한 건수) ÷ 전체 숫자"이다 CA는 데이터가 한쪽으로 쏠리는 왜곡 현상이 발생했을 때 활용에 문제가 발생한다. 본 사례에서

도 전체 인원 중 대상자가 25%에 불과하기 때문에 데이터가 왜곡되었다고 할 수 있다.

[그림 사례 4-13] 알고리즘별 모델 성능 평가를 위한 워크플로우

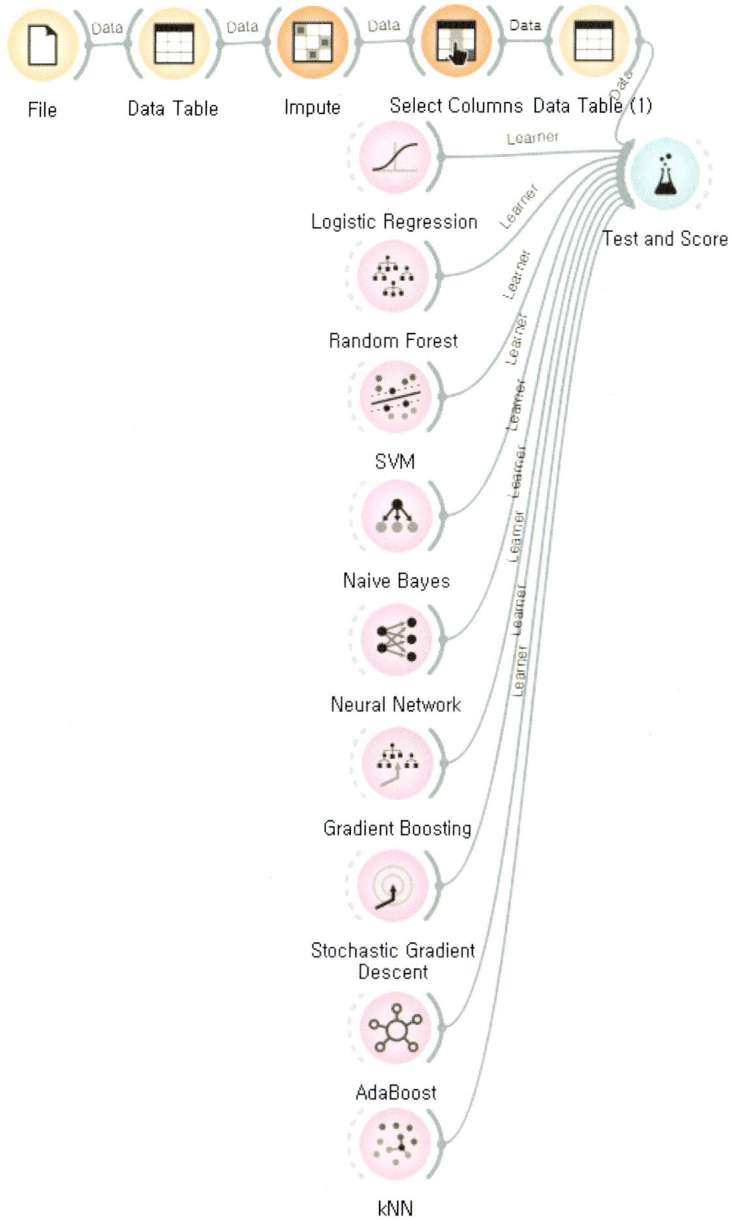

- Precision(정밀도): 대상자를 예측한 전체 건수에서 옳게 예측한 건수의 비율을 의미한다.

  즉, "정밀도 = 대상자를 옳게 예측한 건수 ÷ 대상자라고 예측한 건수"이다.
- Recall(재현율): 실제 예측해야 하는 대상의 전체 건수에서 옳게 예측한 건수의 비율을 의미한다. 즉, "재현율 = 대상자를 옳게 예측한 건수 ÷ 전체 대상자 수"이다.

[그림 사례 4-14] 대상자 및 비대상자를 모두 반영한 모델 평가

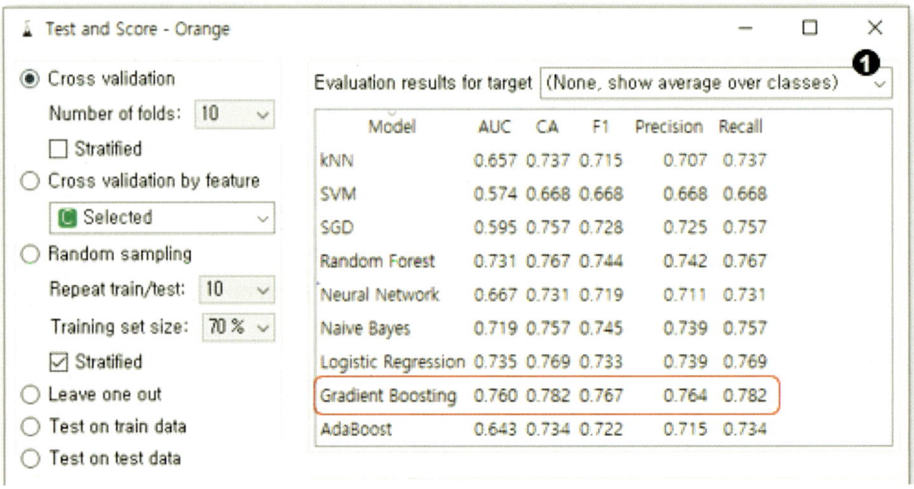

[그림 사례 4-14]는 Test and Score 위젯을 더블 클릭하면 디폴트로 뜨는 평가 결과이다. 결과를 보면, 가장 성능이 좋은 것으로 나타난 그래디언트 부스팅 알고리즘의 정확도는 78%, 정밀도는 76%, 그리고 재현율은 78%로 나타났다. 그런데 [사례 1]에서도 봤듯이, [그림 사례 4-14]에서 Evaluation results for target란을 보면(그림의 ① 영역), None이라고 나온다. 이는 목표변수의 모든 범주 즉 대상자와 비대상자 모두를 고려하여 계산했다는 것이다. 따라서 정밀도와 재현율의 값은 대상자와 비대상자의 값을 가중 평균하여 구한 값이다. 따라서 대상자 기준 또는 비대상자 기준의 정밀도와 재현율의 값을 알 수는 없다. 대상자 기준의 모델 평가 결과를 알기 위해서는 ① 영역의 단추를 눌러 분류 기준인 1.0(대상자)을 선택해야 한다. [그림 사례 4-15]는 대상자 기준의 모델 평가 결과를 보여주고 있다.

[그림 사례 4-15] 대상자 기준의 모델 평가

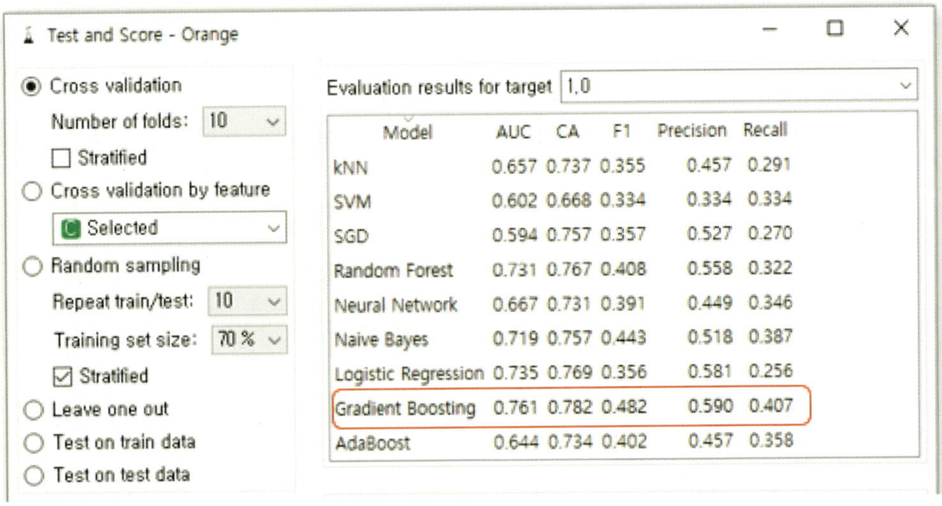

[그림 사례 4-15]의 평가 결과를 보면, 대상자 기준에서도 그래디언트 부스팅이 가장 좋은 성능을 보여주고 있다. 정확도(CA)는 변화가 없지만 정밀도(Precision)는 0.590의 값을 보이고 있다. 대상자라고 예측한 사람의 59%가 실제 대상자였다는 것을 의미한다. 그리고 재현율(Recall)의 값은 0.407을 보여주고 있다. 실질적으로 다른 회사로 떠날 의향이 있는 대상자들 중 약 41%만을 찾아냈다는 것을 의미한다. [사례 1]에서도 보았듯이 변수 내 그룹 간 숫자의 편차가 큰 경우, 즉 데이터가 왜곡되어 있는 경우 숫자가 적은 그룹을 정확히 예측한다는 것이 매우 어렵다는 것을 알 수 있다. 그렇다면 혼동 매트릭스를 통해 실제 예측한 숫자를 살펴보자.

- Evaluate 카테고리에서 Confusion Matrix 위젯을 캔버스로 옮겨와 Test and Score 위젯에 연결한다.
- Confusion Matrix 위젯을 더블 클릭하여 알고리즘별 결괏값을 살펴보자([그림 사례 4-16]).

[그림 사례 4-16]을 보면, 왼쪽 창 Learners의 맨 위에 있는 로지스틱 리그레션 기준의 혼동 행렬(Confusion Matrix) 결과가 나타나 있다. 본 사례는 앞에서 이야기한

바와 같이 총 19,158명을 대상으로 분석하였다. 이중 모델이 대상자라고 예측한 숫자는 총 2,106명이고 이중 정확하게 예측한 숫자는 총 1,224명이다. 그리고 비대상자라고 예측한 숫자는 총 17,052명이고 이 중 비대상자로 정확히 예측한 숫자는 13,499명이다. 그리고 실제 대상자 중 예측하지 못한 숫자는 총 3,553명이다. 그렇다면 이를 기준으로 정확도, 정밀도, 재현율을 계산해 보자.

- 정확도(CA) = (13,499 + 1,224) ÷ 19,158 = 0.769
- 정밀도(Precision) = 1,224 ÷ 2,106 = 0.581
- 재현율(Recall) = 1,224 ÷ 4,777 = 0.256

혼동 행렬을 통해 계산된 결과를 보면 [그림 사례 4-15]의 로지스틱 리그레션의

[그림 사례 4-16] Confusion Matrix 위젯을 활용한 구체 숫자 파악

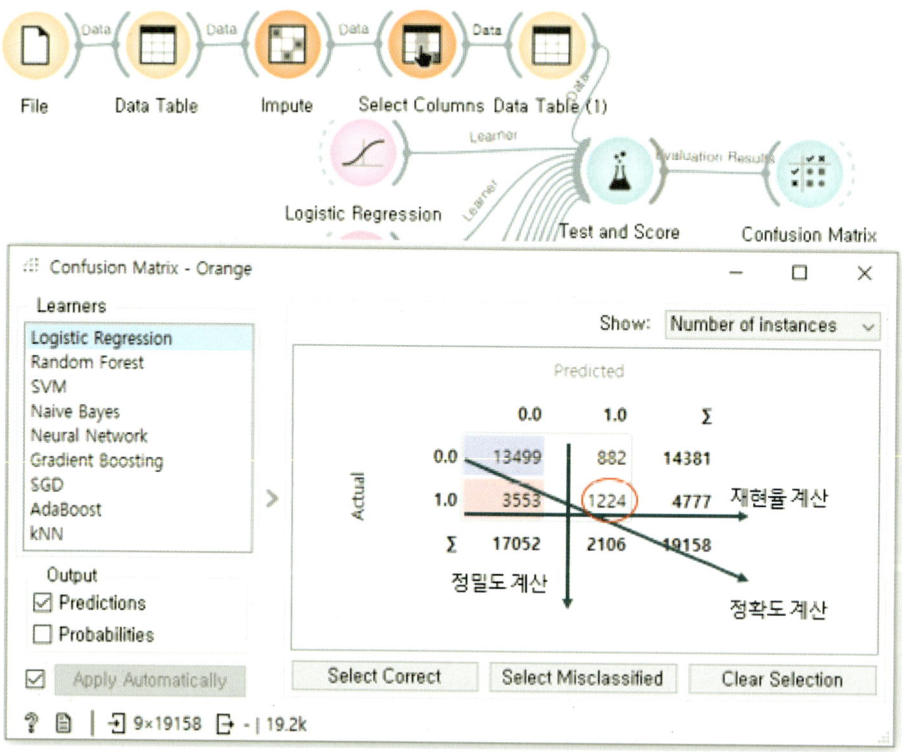

정확도, 정밀도, 재현율과 동일한 것을 알 수 있다(임의로 학습 및 검증 데이터를 선택하여 계산하기 때문에 실행 시마다 도출되는 결과가 조금씩 차이가 발생할 수 있다). 정밀도에 비해 재현율의 값이 현저히 떨어지는 것은(0.581 vs. 0.256) 정밀도를 높이기 위해 예측 숫자를 줄였기 때문이라고 판단된다. 그러면 이번에는 그래디언트 부스팅 알고리즘의 혼동 행렬 결과를 살펴보자([그림 사례 4-17]).

[그림 사례 4-17] 그래디언트 부스팅의 Confusion Matrix 결과

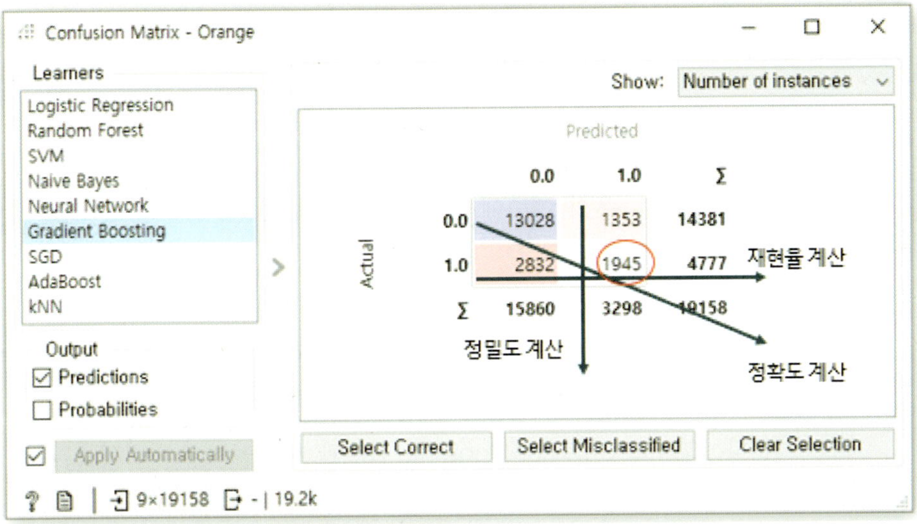

[그림 사례 4-17]의 내용을 보면, 그래디언 부스팅 알고리즘은 로지스틱 리그레션에 비해 약 60%나 많은 3,298명을 대상자라고 예측했고 그중 1,945명을 정확하게 맞추었다. 이 숫자는 로지스틱 리그레션의 예측 숫자인 1,224명보다 724명이나 더 맞춘 것이다. 하지만 제대로 예측하지 못한 숫자도 로지스틱 리그레션에 비해 471명이나 더 많았다. 마찬가지로 정확도, 정밀도, 재현율의 값을 계산해 보자.

- 정확도(CA) = (13,028 + 1,945) ÷ 19,158 = 0.782
- 정밀도(Precision) = 1,945 ÷ 3,298 = 0.590
- 재현율(Recall) = 1,945 ÷ 4,777 = 0.407

세 평가 지표 모두 로지스틱 리그레션보다 높은 값을 보이고 있으며, 특히 대상자를 정확하게 예측해서 맞힌 숫자가 많기 때문에 로지스틱 리그레션에 비해 재현율이 상당히 높은 것을 알 수 있다. 그렇다면 이제는 테스트 데이터를 활용하여 예측을 해보자.

7) 테스트 데이터를 활용한 대상자 예측

이번에는 여러 알고리즘 등 그래디언트 부스팅과 나이브 베이즈 알고리즘을 활용하여 예측을 해보자.

● 알고리즘 학습 및 테스트 데이터 불러오기

예측을 하기 위해서는 우선 예측에 활용할 알고리즘을 학습시켜야 하고, 예측을 할 데이터를 불러와야 한다.

- 성능 평가에 활용한 여러 알고리즘 중 언급한 두개의 알고리즘을 제외한 다른 알고리즘 위젯을 모두 삭제한다. Test and Score 위젯 및 Confusion Matrix 위젯도 지운다. 그리고 Gradient Boosting 위젯과 Naive Bayes 위젯을 Test and Score 위젯에 연결했던 Data Table 위젯과 연결한다.
- 새로운 File 위젯을 캔버스로 끌어온다. File 위젯을 더블 클릭하여 나온 창에서 다운로드받은 파일 중 aug_test 파일을 불러온다([그림 사례 4-18]).

[그림 사례 4-18]에 있는 파일 정보를 살펴보면, 테스트 파일은 총 2,129개의 사례로 구성되어 있는 것으로 나타나고 있다. 그리고 총 12개의 설명변수와 1개의 메타변수를 가지고 있으며, 변숫값 중 8.6%가 결측값을 가지고 있다. 테스트 데이터(aug_test)가 사례 초반에 불러온 학습 데이터(aug_train)와 목표변수인 target이 없다는 것을 제외하고는 동일한 구조를 가지고 있다. 그런데 앞서 학습 데이터를 활용하여 모델을 구축할 때, 결측값을 처리하였고 예측 성능을 제고를 위해 일부 변수를 분석에서 제외하였다. 테스트 파일도 학습 파일과 동일하게 결측값 처리와 분석 변수를 조정해야 한다.

[그림 사례 4-18] 알고리즘 학습 및 테스트 데이터 불러오기

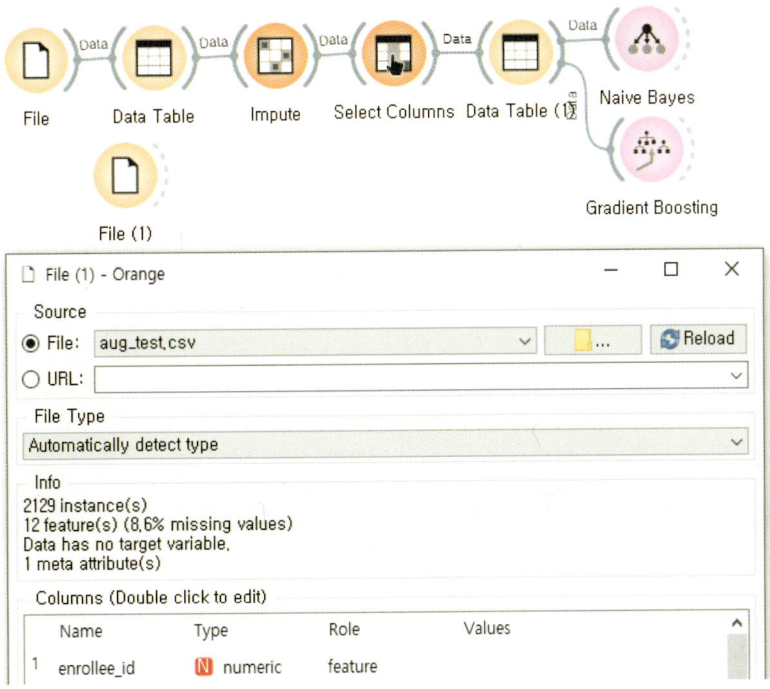

● 테스트 데이터의 결측값 처리 및 변수 조정

- 결측값 처리를 위해 Transform 카테고리에 있는 Impute 위젯을 캔버스로 끌어온 후, 테스트 데이터가 들어있는 File 위젯을 연결한다.
  Impute 위젯을 더블 클릭하여 나온 창의 Default Method에서 학습 데이터와 동일하게 Random values를 선택한다.
- 변수 조정을 위해 Transform 카테고리에서 Select Columns 위젯을 끌어와 결측값 처리가 끝난 Impute 위젯과 연결한다.
  Select Columns 위젯을 더블 클릭하여 나타난 창에서 메타변수(Metas)인 city를 화살표를 이용하여 왼편으로 이동한다. 설명변수(Features) 중 training_hours 변수를 왼편으로 이동한다. 그리고 enrollee_id 변수를 Metas로 이동시킨다([그림 사례 4-19]).

[그림 사례 4-19] 테스트 데이터의 결측값 처리 및 변수 조정

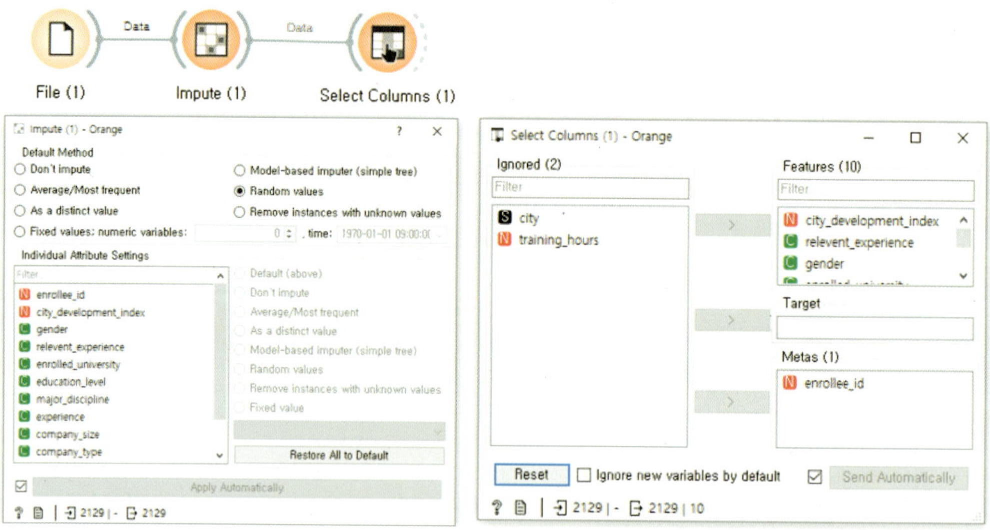

● 대상자 예측

테스트 데이터의 정리가 완료되었으면 이제는 대상자 예측을 해보자.

- Evaluate 카테고리에서 Predictions 위젯을 캔버스로 끌어온다.
- Naive Bayes 위젯과 Gradient Boosting 위젯을 Predictions 위젯과 연결한다.
- 테스트 데이터의 정리가 완료된 Select Columns 위젯을 Predictions 위젯과 연결한다([그림 사례 4-20]).

Predictions 위젯을 더블 클릭하면 두 개의 알고리즘이 예측한 결과를 알 수 있다. 테스트 파일은 새로운 지원자들로 구성되어 있기 때문에 이 예측이 맞는지 틀리는지 우리는 알 수 없다. 다만 우리가 아는 것은 알고리즘의 학습 성과의 정밀도가 60%에 조금 미치지 못한다는 것이다.

[그림 사례 4-20] 예측을 위한 워크플로우

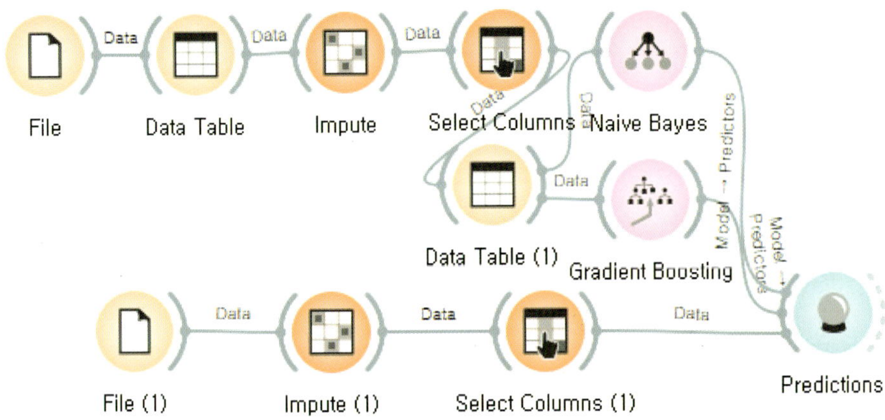

[그림 사례 4-21] 알고리즘에 의한 예측 결과

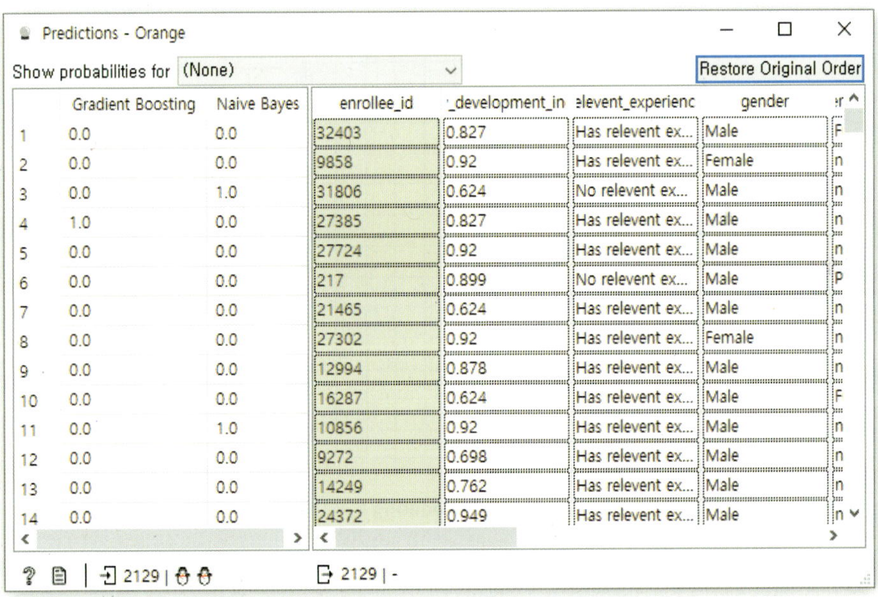

	Gradient Boosting	Naive Bayes	enrollee_id	_development_in	elevent_experienc	gender	r
1	0.0	0.0	32403	0.827	Has relevent ex...	Male	F
2	0.0	0.0	9858	0.92	Has relevent ex...	Female	n
3	0.0	1.0	31806	0.624	No relevent ex...	Male	n
4	1.0	0.0	27385	0.827	Has relevent ex...	Male	n
5	0.0	0.0	27724	0.92	Has relevent ex...	Male	n
6	0.0	0.0	217	0.899	No relevent ex...	Male	P
7	0.0	0.0	21465	0.624	Has relevent ex...	Male	n
8	0.0	0.0	27302	0.92	Has relevent ex...	Female	n
9	0.0	0.0	12994	0.878	Has relevent ex...	Male	n
10	0.0	0.0	16287	0.624	Has relevent ex...	Male	F
11	0.0	1.0	10856	0.92	Has relevent ex...	Male	n
12	0.0	0.0	9272	0.698	Has relevent ex...	Male	n
13	0.0	0.0	14249	0.762	Has relevent ex...	Male	n
14	0.0	0.0	24372	0.949	Has relevent ex...	Male	n

알고리즘으로 예측한 결과를 좀 더 살펴보자.

- 새로운 Data Table 위젯을 캔버스로 끌어와 예측을 완료한 Predictions 위젯과 연결한다.
- Visualize 카테고리에서 Sieve Diagram 위젯을 캔버스로 끌어온 온 후 Data Table 위젯과 연결한다.
- Sieve Diagram 위젯을 더블 클릭하여 결과를 살펴본다([그림 사례 4-22]).

[그림 사례 4-22] Sieve Diagram 위젯을 활용한 예측 결과 분석

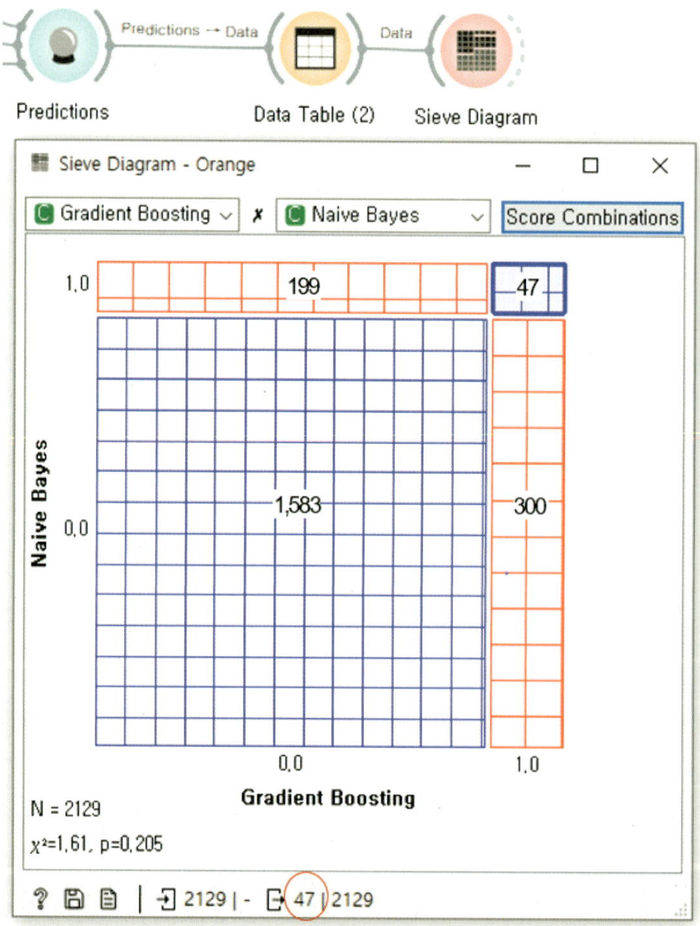

총 2,129명을 대상으로 분석한 결과는 다음과 같다(숫자는 예측 시마다 조금씩 차이가 발생한다).

- 두 알고리즘 모두 비 대상자로 선정한 인원은 총 1,583명으로 전체 인원의 74%이다(현재 도표에 나타나 있는 숫자는 편의를 위해 저자들이 표시한 것이다. 각 직사각형을 클릭하면 아래에 해당되는 인원수가 나타난다. 현재는 우상단의 직사각형이 클릭되어 있기 때문에 47명이 아래에 표시되어 있다).
- 그래디언트 부스팅 알고리즘이 대상자로 예측한 숫자는 347(300+47)명으로 전체 인원의 16%이다.
- 나이브 베이즈 알고리즘이 대상자로 예측한 숫자는 246(199+47)명으로 전체 인원의 12%이다.
- 두 알고리즘 모두 대상자로 예측한 숫자는 47명으로 전체 인원의 2%이다.

결과를 살펴보면, 알고리즘에 따라 예측 결과가 차이가 난다는 것을 알 수 있다. 어느 알고리즘의 결과가 더 정확한지, 하나의 예측 결과를 활용할지, 아니면 두 개의 결과 또는 여러 결과를 종합해서 사용할지는 경험과 인사이트에 기반한 분석가의 판단에 달려있다고 말할 수 있다.

3. 시사점 도출

짐 콜린스(Jim Collins)는 그의 저서 '좋은 기업을 넘어 위대한 기업으로(Good to Great)'에서 위대한 기업이 되기 위해서는 우선적으로 최적의 인재(Right People)를 확보/관리하는 것이 중요하며, 이러한 인재 풀을 기반으로 기업의 방향성이 결정된다고 말하고 있다. HP의 공동창업자인 패커드(David Packard) 역시 '어떤 기업도 기업 전략을 실행할 Right People을 확보할 수 없다면 지속적으로 성장을 도모할 수 없다'는 패커드 법칙(Packard's Law)을 주창했다. 또한 구글의 HR 책임자였던 라즐로 복(Laszlo Bock)은 '구글은 어떻게 일하는가'에서 "당신이 하는 일 중에 가장 중요한 것 한 가지가 있다면 그것은 무엇입니까?라는 질문에 관리자라면 직원 채용이라고 대답해야 옳다. 능력이 떨어지는 직원을 해고하지 않는 최선의 방법은 그들을 처음부터 채용하지 않는 것임을 알아야 한다"고 이야기했다. 많은 시간과 비용을 투자하더라도 회사가 필요로 하는 인재를 명확히 하고 그에 부합하는 사람을 제대로 선별하여 확보하는 것이 중요하다는 것이다. 한 연구에 의하면 새로운 기회 포착 45%, 새로운 경험 욕구 50~60%, 새로운 도전 수용 45~61%가 유전적 요인에 의해 영향을 받으며 결론적으로 사업가 기질의 30~40%가 유전적 요인에 영향을 받는다고 한다.[21] 그렇기 때문에 지원자의 타고난 자질과 경험을 제대로 살펴볼 수 있다면 자사에 맞는 인재를 확보할 가능성이 높아진다. 우수 인재 확보를 위한 노력의 중요성은 아무리 강조해도 지나치지 않은 것이다.

분석을 통한 효과적 채용 도모

본 사례는 회사의 교육 과정을 듣는 사람들 중 채용이 가능한 사람들이 누구인지, 즉 이직할 가능성이 높은 사람이 누구인가를 예측하는 것이다. 우리 기업의 데이터는 아니기 때문에 상황은 다르지만 분석을 통해 시사점을 얻을 수 있다. 예를 들어, 대상자 선정에 가장 영향을 미치는 변수로 도시 개발 지수로 나타났고, 추가 분석을 통해 교육 지원자가 많은 개발 지수가 높은 도시에 대상자가 많았지만 지수가 낮은 일정 구간에서는 오히려 비대상자보다 현재 근무하는 회사를 떠나기를 원하는 대상자가 더 많다는 것을 알 수 있었다. 이는 채용 후보자들이 현재 거주하거나 근무하는 곳의 인프라, 환경, 교육, 발전 가능성 등에 만족하지 못하고 떠날 생각을 많이 하고 있다고 판단할 수 있다. 그렇기 때문에 해당되는 지역의 후보자들 중 역량과 발전 가능성이 높은 사람들을 목표 대상으로 적극적인 채용 활동을 전개한다는 전략을 수립할 수 있다. 또한 다른 변수들과 결합하여 채용 활동 전략을 설정하는 것도 가능하다. 예를 들어, 경험 연수 변수와 결합하여 경력 20년 이상의 팀장급이나, 경력 1~5년 정도의 후보자 중 도시 개발 지수가 낮은 곳에 근무하는 사람들을 중점 채용 대상자로 선정하는 전략을 수립할 수도 있는 것이다. 적절한 데이터를 제대로 분석할 수 있다면 보다 효과적인 채용 활동이 이루어질 수 있는 것이다.

21 Entrepreneurs: The Business Gene, Forbes, 2011. 5. 4.

피플 애널리틱스를 활용한 리뷰와 개선

피플 애널리틱스는 인재 확보에 매우 유용한 도구이다. 우선 조직이 찾고자 하는 인재의 특성과 차이점을 매우 효율적으로 구분할 수 있다. 동질적으로 보이는 집단도 개별적으로 보면 매우 다른 가치, 흥미, 동기 및 욕구를 가지고 있다. 이러한 부분을 사람이 파악하고 분석하는 것은 불가능하다. 반면 인공지능은 이러한 분석을 효과적으로 할 수 있고, 이에 따라 목표 지향적인 채용 활동의 전개가 가능하다. 그리고 채용 계획 및 활동을 효과적으로 리뷰하는 데 있어 피플 애널리틱스의 효용성은 매우 크다. 채용 활동의 개선이 잘 안되는 이유는 사실 우리가 계획대로 이루어졌는지 채용 결과의 특징이 무엇인지를 모르는 경우가 많기 때문이다. 문제가 무엇인지 모르는데 이의 해결을 위한 개선을 한다는 것은 어불성설이다. 피플 애널리틱스를 활용하면 채용의 결과를 체계적으로 분석하는 것이 가능하고, 우리가 계획대로 잘한 것 그렇지 못한 것을 파악할 수 있다. 따라서 그런 상황이 발생한 원인을 파악하여 개선이 가능하다. 또한 장기적인 관점에서 어떤 특성의 인력이 회사에 들어와서 보다 잘 정착하고 보다 좋은 성과를 올렸는지를 분석하여 채용 활동의 전략 수립 및 변경이 가능하다. 현장의 인재 확보 활동의 효과성 제고를 도모하는 차원에서 채용 활동 계획 및 성과를 정기적으로 모니터링 및 리뷰하고 개선해 나가는 것이 가능한 것이다.

사례 5

Kaggle Competitions: 타이타닉, 주택 가격

오렌지 툴을 활용한 사례를 통해 우리는 회귀, 분류 문제에 대한 예측을 해보았다. 모델 평가를 통해서 설정한 모델의 성능을 어느 정도인지 알 수 있다. 그런데 별도의 데이터 셋으로 예측을 한 경우, 그 예측의 실제 적중률이 얼마나 되는지를 알 수는 없다. 그렇기 때문에 예측 정확도가 궁금한 것은 당연한 일이다. 따라서 이번에는 Kaggle의 경연대회 사례를 활용하여 모델을 설정하고 그 모델이 얼마나 정확하게 예측을 했는지 살펴보자.

캐글(Kaggle: www.kaggle.com)은 앞에서도 이야기했지만 예측 모델 구축 및 분석 대회 플랫폼이다. 기업 및 단체에서 데이터와 해결 과제를 등록하면, 참가자들이 이를 해결하는 모델을 개발하고 경쟁을 한다. 캐글에는 경진대회를 위한 다양한 사례들이 제시되어 있다. 캐글은 머신 러닝 등 데이터 마이닝 학습을 위한 매우 유용한 사이트이다. 다양한 사례 및 연습을 할 수 있는 데이터, 그리고 참가자들의 해결 방안이나 논의 사항 등이 풍부하게 제시되어 있기 때문이다. 여기에 있는 2가지 컴페티션에 직접 참가해 보자.

캐글 컴페티션에 참가하기 위해서는 캐글 계정이 있어야 한다. 캐글 계정은 구글이나 페이스북 계정을 활용하여 쉽게 만들 수 있다. 계정을 만들어 캐글 홈페이지에 접속한 후, 좌상단 또는 왼편에 위치하고 있는 Competitions라는 항목을 클릭하면 [그림 사례 5-1-1]과 같이 경진대회(Competitions) 관련 페이지가 나온다. 여기에는 상금을 걸고 하는 다양한 과제들과 학습을 위한(Knowledge) 컴페티션들이 제시되어 있다. 이 중 우리는 학습을 위한 과제인 타이타닉과 주택 가격 컴페티션을 살펴볼 것이다. 스크롤을 이용해서 해당 컴페티션을 찾아도 되고 서치 기능을 활용해도 된다.

[그림 사례 5-1-1] Kaggle Competitions 페이지 및 관련 컴페티션

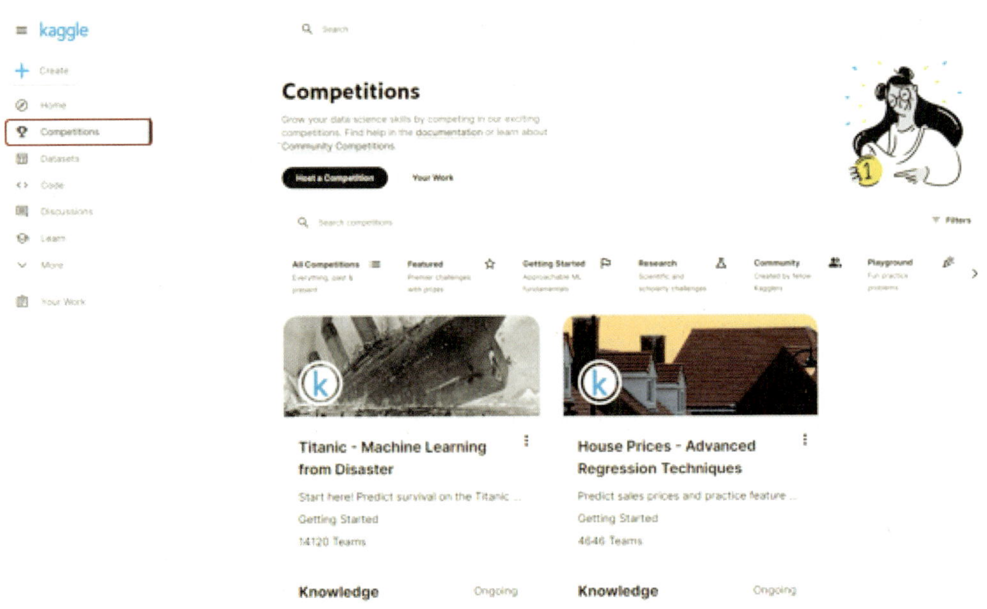

1. 타이타닉(Titanic)의 생존자 예측

제임스 카메론(James Cameron) 감독의 동명의 영화로도 유명한 타이타닉은 1912년 북대서양에서 침몰한 당시 세계 최대의 여객선의 이름이다. 본 컴페티션은 타이타닉 탑승객의 정보를 바탕으로 인공지능을 훈련시킨 후 테스트 파일에 나타나 있는 승객들의 생존 여부를 예측하는 것이다. 예측 결과는 채점되어 정확도를 바탕으로 랭킹이 매겨진다.

타이타닉 컴페티션을 실행하기 위해서는 우선 타이타닉 경진대회 관련 페이지로 들어가야 한다. 앞의 [그림 사례 5-1-1]에서 타이타닉 창을 클릭하면 타이타닉 관련 초기 페이지로 접속할 수 있다. 경진대회에 참가하기 위해서는 [그림 사례 5-1-2] 오른편에 있는 Join Competition 버튼을 클릭하고, 나타난 창에 대회 규칙을 준수하겠다는 의미로 'Accept'를 클릭한다. 그리고 Data 탭을 클릭한 후 데이터를 다운로드한다.

[그림 사례 5-1-2] 타이타닉 컴페티션의 초기 화면

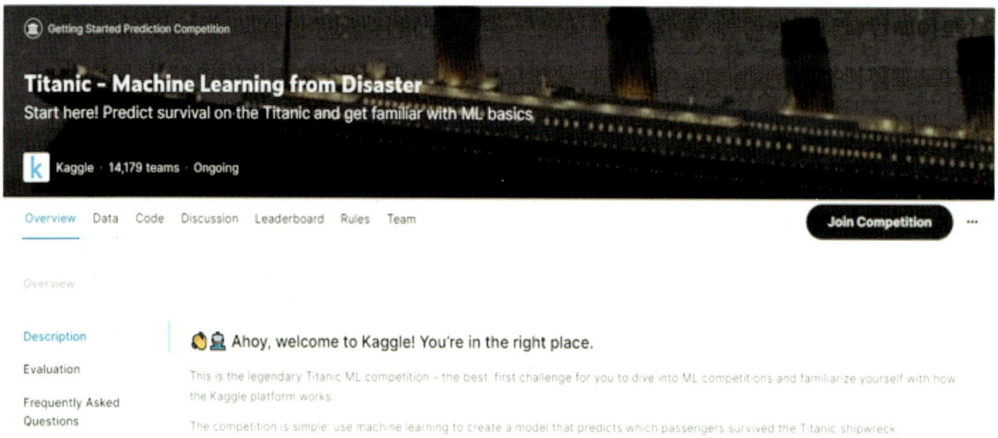

1) 데이터 로딩 및 확인

분석을 위해서는 데이터를 불러와야 한다. 사례 분석을 위해 다운로딩한 파일은 크게 3개로 구성되어 있다. train 파일은 인공지능을 활용하여 학습을 하는 데 사용한다. test 파일은 학습한 모델을 기반으로 우리가 생존자를 예측할 때 활용하는 자료이다. 그리고 나머지 파일은 예측한 결과를 제출할 때 어떤 형식으로 해야 하는지를 보여준다.

- Data 카테고리에 있는 File 위젯을 캔버스로 끌어온 후, 다운로드받은 파일 중 train 파일을 불러온다.
- File 위젯을 더블 클릭한 후, 나온 창에서 Survived 변수를 찾아 Role을 클릭하여 feature에서 target으로 전환한다.
- 오렌지는 데이터를 불러올 때 3개의 변수(Name, Ticket, Cabin)를 자동적으로 분석에는 활용하지 않는 메타 변수로 선정하였다. 이 메타 변수도 역할을 변경할 수 있다. Cabin 변수의 Type 탭을 클릭하여 Categorical로 변경하고 Role 탭을 클릭하여 역할을 meta에서 feature로 변경한다([그림 사례 5-1-3]). Apply 탭을 클릭한다.

[그림 사례 5-1-3]의 아래를 보면 범주형 변수의 경우 구분 숫자가 100개가 넘어가면 모델의 성능이 저하될 수 있다는 경고를 보이고 있다. 또한 File 위젯 위에도 '!'가 뜨는 것을 알 수 있다.

[그림 사례 5-1-3] 파일 로딩 및 변수 확인

변수의 의미에 대해 우선 살펴보자.

- Survived: 0 = 사망, 1 = 생존
- Pclass: 선실 등급, 1 = 1등석, 2 = 2등석, 3 = 3등석

• SibSp: 타이타닉 호에 동승한 형제자매(Sibling) / 배우자(Spouse)의 수
• Parch: 동반한 부모(Parent) / 자식(Child)의 수
• Fare: 티켓 요금
• Embarked: 승선지, C = Cherbourg, Q = Queenstown, S = Southampton
• Ticket: 티켓의 고유 번호
• Cabin 객실 번호

변수의 의미를 파악했으면, Feature Statistics 위젯을 활용하여 변수의 특징을 좀 더 살펴보자.

• Feature Statistics 위젯을 끌어온 후, File 위젯과 연결한다.
• Feature Statistics 위젯을 더블 클릭하여 분석 내용을 살펴본다([그림 사례 5−1−4]).

[그림 사례 5−1−4]를 보면 변수의 분포 등이 나타나 있다. 숫자형 변수인 경우에는 평균, 중간값, 분산, 최솟값, 최댓값 등이 제시되어 있다. 범주형 변수인 경우, 가장 큰 비율을 차지하는 범주와 엔트로피(Entropy) 값이 제시되어 있다. 엔트로피는 한마디로 이야기하자면 불확실성이라고 말할 수 있다. 모든 범주의 확률이 동일하다면 예컨대 남자와 여자의 비율이 50:50으로 동일하다면 임의로 한 명을 선택했을 때 선택한 사람이 남자인지 여자인지 확률적으로는 알 수 없다. 이러한 경우 엔트로피는 1로 가장 높은 값이 나온다. 본 사례의 경우 남자와 여자의 비율이 65:35이므로 임의로 1명을 선택했을 때 남자의 확률이 높기 때문에 엔트로피의 값이 1보다 작아졌다는 것을 알 수 있다. 만약 남자일 비율이 90%라면 엔트로피의 값은 더 작아지게 된다.

결측값을 보면 승객들의 나이(Age)에 있어 약 20% 정도가 결측인 것으로 나타나고 있으며, 어느 항구에서 승선했는지를 알려주는 Embarked 변수도 2개의 결측값을 갖는 것으로 나타나고 있다. 그리고 선실을 의미하는 Cabin 변수는 77%의 결측값을 갖는 것으로 나타나고 있다. 모델의 성능을 높이기 위해서는 이러한 결측값을 적절히 처리하는 것이 필요하다.

[그림 사례 5-1-4] Feature Statistics 위젯을 활용한 변수 특성 파악

	Name	Distribution	Mean	Mode	Median	Dispersion	Min.	Max.	Missing
N	PassengerId		446	1	446	0.58	1	891	0 (0 %)
N	Pclass		2.31	3	3	0.36	1	3	0 (0 %)
N	Age		29.6991		28.00	0.4888	0.42	80.00	177 (20 %)
N	SibSp		0.52	0	0	2.11	0	8	0 (0 %)
N	Parch		0.38	0	0	2.11	0	6	0 (0 %)
N	Fare		32.204208	8.0500	14.4542	1.542206	0.00	512.3292	0 (0 %)
C	Sex			male		0.649			0 (0 %)
C	Embarked			S		0.76			2 (0 %)
C	Cabin					4.9			687 (77 %)
C	Survived			0		0.666			0 (0 %)

2) 결측값 처리

타이타닉 데이터는 3개 변수가 결측값을 가지고 있다.

- Embarked(승선지) 변수는 2개의 결측값을 가지고 있다. 최빈값을 갖는 범주로 결측값을 처리하면 타당하다고 판단된다.
- Age(연령) 변수는 약 20%의 결측값을 가지고 있다. 결측값을 평균(Mean), 중위수(Median) 등으로 처리할 수도 있지만, 20%나 되는 비중을 하나의 숫자로 변환하기에는 부담이 된다. 분포에 따라 랜덤하게 값을 부여하는 방법을 사용해 보자.
- Cabin(선실) 변수의 결측값 비율이 77%에 달하고, 선실 정보도 큰 의미가 없다.

따라서 분석에서 제외하는 것이 타당할 수 있다. 그런데 다시 생각해 보면, 선실 정보가 있는 경우는 상대적으로 고급 선실을 사용한 고객일 가능성이 높고 사고가 발생했을 때 먼저 구조를 받을 가능성도 크다고 가정할 수 있다. 따라서 Cabin 변수는 선실 번호가 있는 경우와 그렇지 않은 경우의 범주형 변수로 바꿔보자. 물론 가정이 틀릴 수도 있다.

- Transform 카테고리에서 Impute 위젯을 캔버스로 끌어와 train 파일을 불러온 File 위젯과 연결한다.
- Impute 위젯을 더블 클릭하여 창이 나타나면, 왼쪽 변수 중 Embarked를 클릭한 후 오른편 항목 중 Average/Most Frequent를 선택한다(① 영역). 변수 옆에 average라고 나오지만 최빈값으로 처리된다.

[그림 사례 5-1-5] Impute 위젯을 활용한 결측값 처리

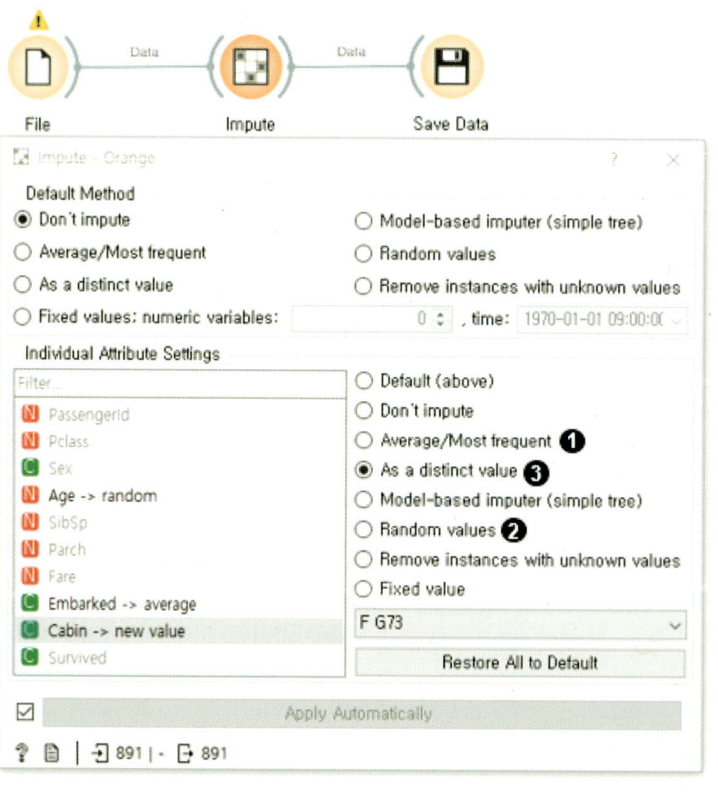

- Age 변수를 클릭한 후, 오른편에서 Random values를 선택한다(② 영역). 만약 중위수로 결측값을 처리하고 싶으면, 오른편에서 Fixed Value를 선택한 후 아래 있는 탭에서 중위수 값을 입력하면 된다. [그림 사례 5-1-4]를 보면 Age의 중위수는 28.0이다.
- Canin 변수를 클릭한 후, 오른편에서 As a distinct value를 선택한다. 범주형 데이터의 경우 As a distinct value를 선택하면 결측값이 모두 N/A로 처리된다.
- Save Data 위젯을 끌어온 후, Impute 위젯과 연결한다. Save Data 위젯을 더블 클릭하여 나타난 창을 활용하여 별도 이름으로 스프레드시트(엑셀 등) 파일로 저장한다.
- 엑셀 파일을 열고, Cabin 변수 중 N/A의 값을 가진 셀은 0으로 나머지 값을 가진 셀은 1로 값을 변환한다([그림 사례 5-1-5]).

3) 탐색적 데이터 분석(EDA: Exploratory Data Analysis) 실행

데이터의 결측값 처리가 끝났으면, 시각적 도구들을 사용하여 데이터를 이리저리 살펴보고 변수들의 특징을 이해하자. 앞선 결측값 처리에서 Cabin 변수와 관련하여 선실 정보가 있는 경우(1), 선실 정보가 없는 경우(0)로 나누어 새로운 범주형 변수로 만들었다. 이 변수의 특징을 살펴보자.

- 새로운 File 위젯을 캔버스로 끌어온 후, 오른쪽 마우스 클릭하여 파일명을 'New Train Data'로 변경한다. 그리고 위젯을 더블 클릭하여 Cabin 변수를 범주형으로 변환하여 새롭게 저장한 파일을 불러온다(train_cabin_regroup으로 저장된 파일을 다운로딩하여 사용할 수 있지만 직접 만들어 보는 것이 좋다). Cabin 변수가 두 개의 범주를 갖는 변수로 전환되었기 때문에 기존 File 위젯 위에 표시되었던 경고 표시(!)가 사라졌다.
- 'New Train Data' 위젯을 더블 클릭한 후, 나온 창에서 Survived 변수를 찾아 Role을 클릭하여 feature에서 target으로 전환한다.
- Data Table 위젯을 캔버스로 끌어온 후, 'New Train Data' 위젯과 연결한다. Data Table 위젯을 더블 클릭하여 변수의 내용을 살펴보자.

- Visualize 카테고리에서 Scatter Plot 위젯을 끌어온 후, Data Table 위젯을 연결한다. 연결선에 Selected 표시가 나타나면 연결선을 더블 클릭하여 Data로 바꾸어 준다.
- Scatter Plot 위젯을 더블 클릭하여 나타난 창에서, Axis X는 Cabin 변수를 Axis Y는 Sex 변수를 선택한다. 그리고 Attributes에서 Color를 Survived를 선택한다([그림 사례 5-1-6]).

[그림 사례 5-1-6] Scatter Plot을 활용한 선실 유무 및 성별과의 관계 파악

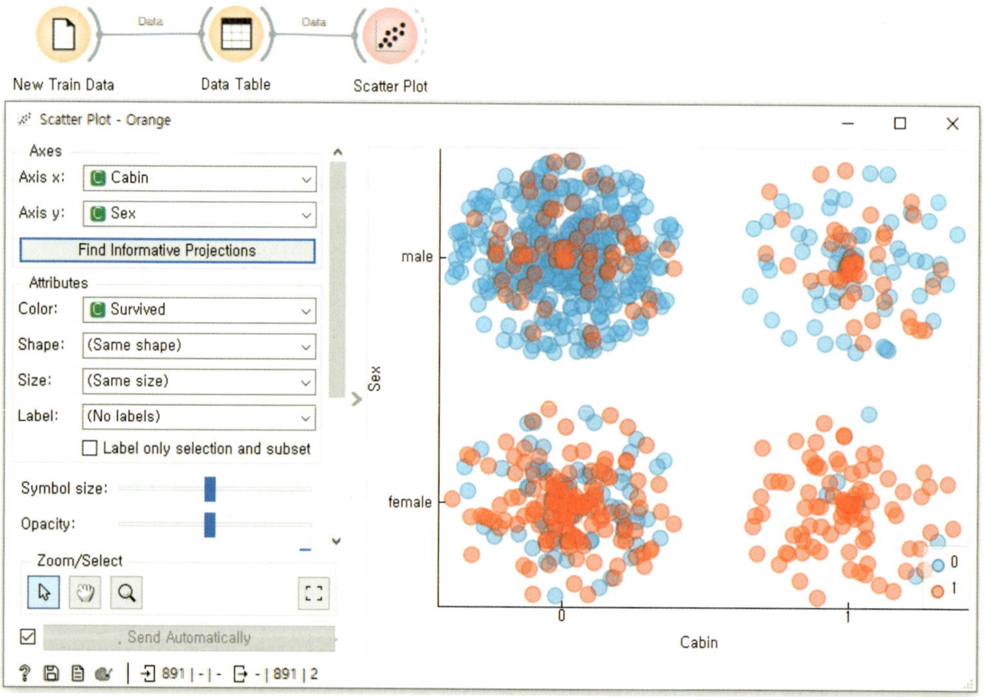

[그림 사례 5-1-6]을 보면, 선실 번호를 가지고 있고(Cabin 변수의 그룹 1) 여성인 경우에는 구조될 확률이 매우 높았다는 것을 알 수 있다([그림 사례 5-1-6]에서 붉은색 표시가 생존자이고, 푸른색 표시가 비생존자임). 남성의 경우도 선실 번호가 있는 경우 상대적으로 생존 가능성이 높은 것으로 보인다. 선실 번호의 유무가 생존을 예측하는 데 유의미한 변수인 것이다. 이 외에도 다양한 탐색적 데이터 분석을 직접 해보면서 데이터의 이해도를 높이자.

4) 변수의 중요성 파악 및 변수 전환

● 변수 중요성 파악

승객들의 생존에 주요한 영향을 미치는 변수가 무엇인지를 Rank 위젯을 활용하여 살펴보자.

- Rank 위젯을 끌어와 Data Table 위젯과 연결한다. SGD(Stochastic Gradient Descent) 위젯 및 Logistic Regression 위젯도 캔버스로 끌어와 Rank 위젯과 연결한다.
- Rank 위젯을 더블 클릭하여 결과를 살펴본다([그림 사례 5-1-7]).

[그림 사례 5-1-7] Rank 위젯을 활용한 변수의 중요도 파악

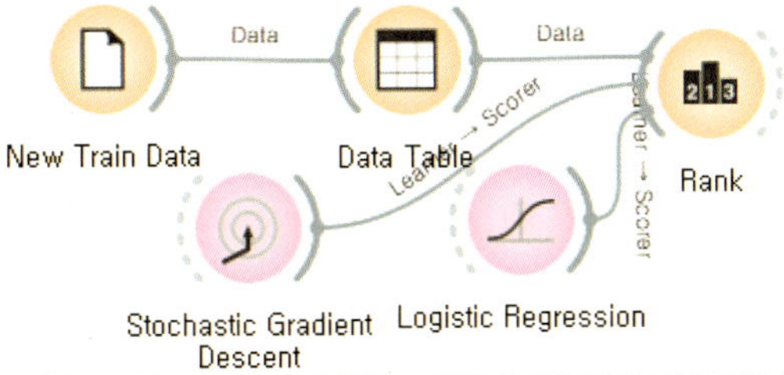

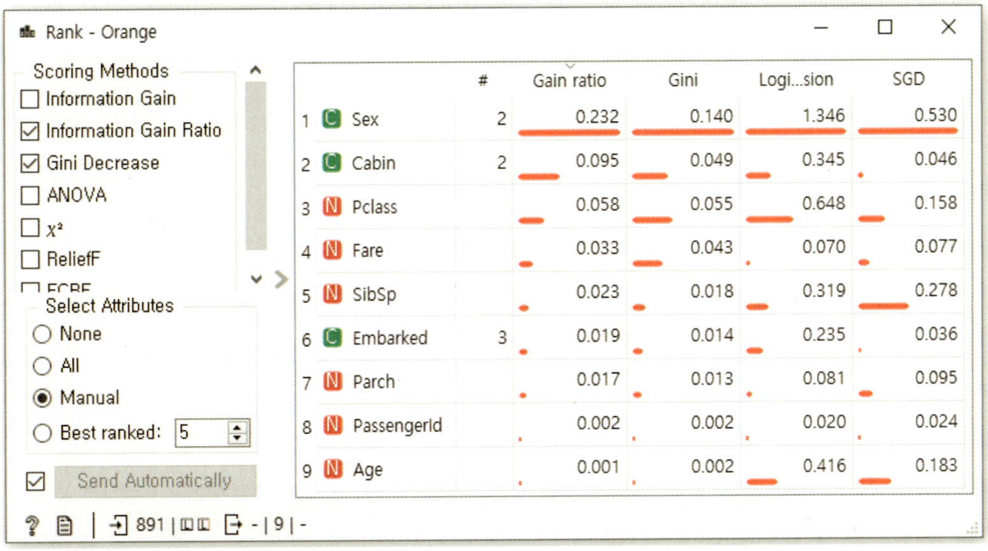

		#	Gain ratio	Gini	Logi...sion	SGD
1	Sex	2	0.232	0.140	1.346	0.530
2	Cabin	2	0.095	0.049	0.345	0.046
3	Pclass		0.058	0.055	0.648	0.158
4	Fare		0.033	0.043	0.070	0.077
5	SibSp		0.023	0.018	0.319	0.278
6	Embarked	3	0.019	0.014	0.235	0.036
7	Parch		0.017	0.013	0.081	0.095
8	PassengerId		0.002	0.002	0.020	0.024
9	Age		0.001	0.002	0.416	0.183

결과를 살펴보면 성별이 생존에 가장 중요한 영향을 미치는 변수로 나타나고 있다. 그리고 선실번호의 유무, 선실 등급도 중요한 변수로 나타나고 있다. 그리고 로지스틱 리그레션과 SGD 알고리즘은 형제자매/배우자의 유무나 나이를 상대적으로 주요 변수로 제시하고 있다.

● 변수 전환: 수치형에서 범주형 변수로

Age 변수는 최솟값이 0.46이고 최댓값이 80인 수치형 변수이다. 수치형 변수인 Age를 범주형 변수로 바꾸어서 분석해 보자. 한두 살의 나이 차이보다 어느 나이대에 포함되었느냐가 생존에 중요한 영향을 미쳤다고 판단하기 때문이다. 수치형 변수를 범주형 변수로 바꾸기 위해서는 Discretize 위젯이 필요하다.

- Transform 카테고리에서 Discretize 위젯을 끌어와 Data Table 위젯과 연결한다.
- Discretize 위젯을 더블 클릭하여 나타난 창에서 왼쪽에 위치한 Age 변수를 클릭하고, 오른쪽의 여러 방법 중에서 Fixed width를 선택하고 옆의 칸에 10을 기입한다. 이는 변수의 값이 10 간격의 그룹으로 분할된다([그림 사례 5-1-8]).
- 새로운 Data Table 위젯을 끌어와 Discretize 위젯과 연결한다. Visualize 카테고리에서 Distributions 위젯을 끌어와 새로운 Data Table 위젯과 연결한다.
- Distributions 위젯을 더블 클릭하여 나타난 창에서 Age 변수를 선택하고, 아래 Columns 칸의 Split by 탭에서 Survived(생존 여부)를 선택한다([그림 사례 5-1-9]).

[그림 사례 5-1-9]의 분포도 결과를 보면 10세 미만인 경우에는 상대적으로 구조 확률이 높았다는 것을 알 수 있다(푸른색은 비생존자, 붉은색은 생존자). 어른들이 아이들을 구조하기 위해 노력했다는 것을 알 수 있다. 20대의 경우 인원은 가장 많았지만, 구조받은 비율은 상대적으로 낮은 것으로 나타나고 있다. 따라서 20대 남성으로 선실 번호를 부여받지 못한 승객의 경우 사망할 가능성이 높다는 것을 알 수 있다. 오히려 50대의 경우 구조된 확률이 높았는데, 이는 50대가 주로 고급 선실을 사용하였기 때문이라고 판단된다.

[그림 사례 5-1-8] 숫자형 변수의 범주형 변수 전환

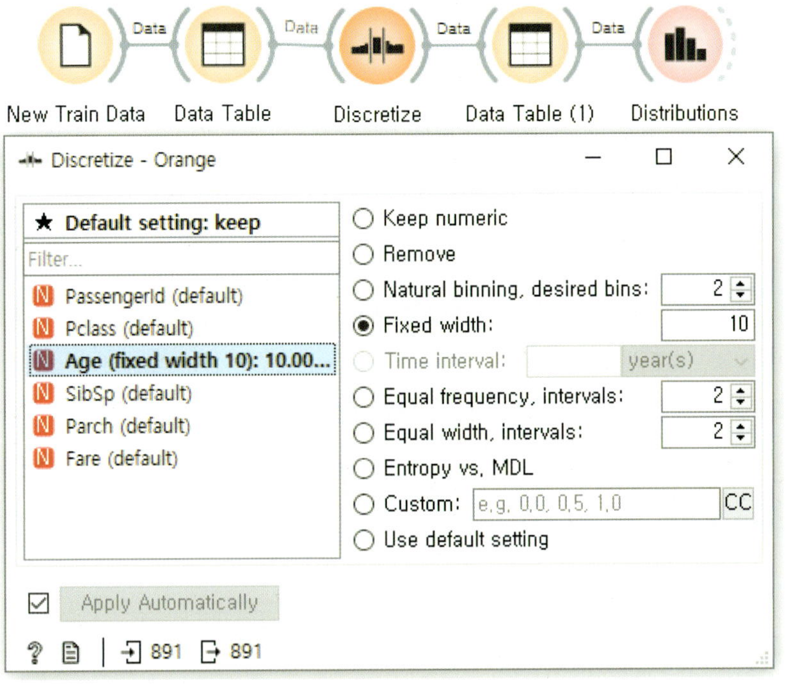

[그림 사례 5-1-9] 범주형 Age 변수의 분포 분석

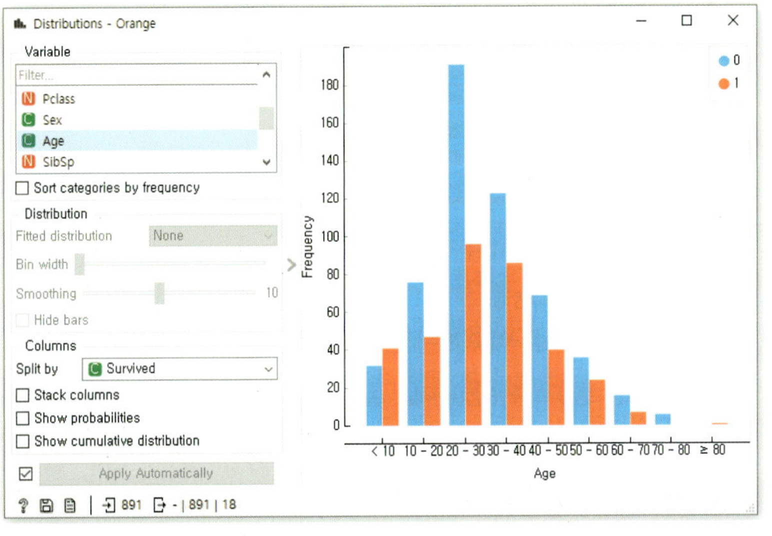

5) 최종 분석 변수의 선택

- Transform 카테고리에서 Select Columns 위젯을 끌어와 Data Table 위젯과 연결한다.
- Select Columns 위젯을 더블 클릭하여 나타난 창에서 분석에 사용할 변수를 결정하고, 화살표를 활용하여 정리한다. 승객 파악을 위해 필요한 PassengerID 변수는 메타 변수로 전환한다([그림 사례 5-1-10]).

[그림 사례 5-1-10] 분석 변수의 조정/선택

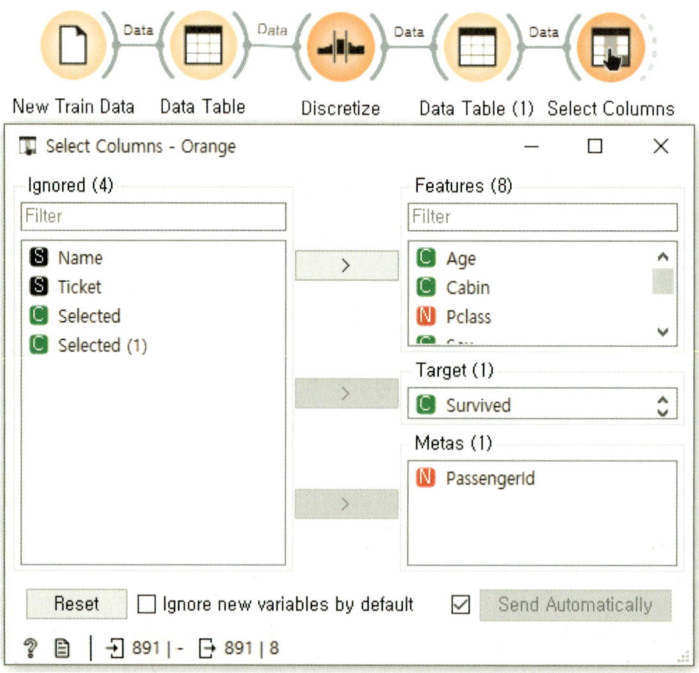

6) 모델의 성능 파악

분석에 활용할 변수의 선정도 완료되었기 때문에 이제는 모델의 성능을 파악해 보자.

- Evaluate 카테고리에서 Test and Score 위젯을 끌어와 Select Columns 위젯과 연결한다.
- Model 카테고리에서 성능 평가를 하기 원하는 알고리즘을 모두 캔버스로 끌어온 후, Test and Score 위젯과 연결한다.
- Test and Score 위젯을 더블 클릭하여 결과를 살펴본다([그림 사례 5-1-11]).

[그림 사례 5-1-11] 모델의 성능 평가

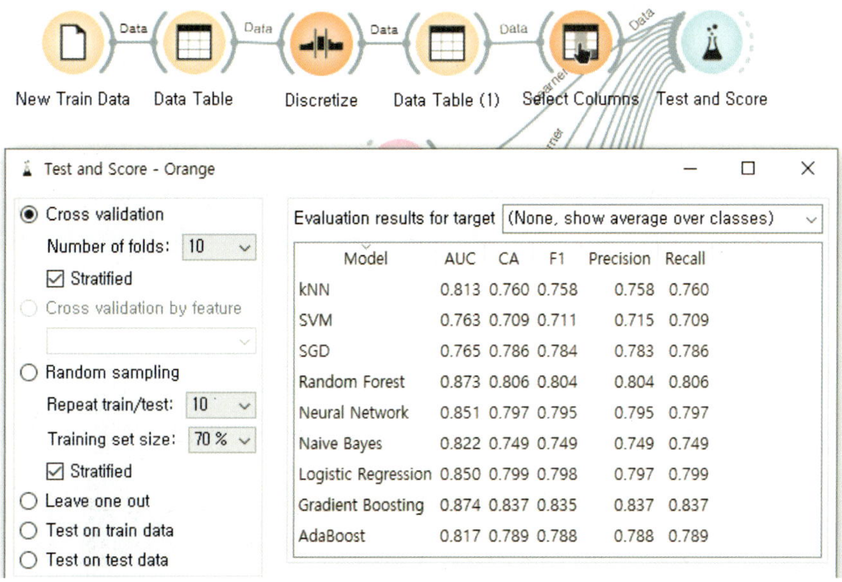

Model	AUC	CA	F1	Precision	Recall
kNN	0.813	0.760	0.758	0.758	0.760
SVM	0.763	0.709	0.711	0.715	0.709
SGD	0.765	0.786	0.784	0.783	0.786
Random Forest	0.873	0.806	0.804	0.804	0.806
Neural Network	0.851	0.797	0.795	0.795	0.797
Naive Bayes	0.822	0.749	0.749	0.749	0.749
Logistic Regression	0.850	0.799	0.798	0.797	0.799
Gradient Boosting	0.874	0.837	0.835	0.837	0.837
AdaBoost	0.817	0.789	0.788	0.788	0.789

[그림 사례 5-1-11]을 보면 총 9개의 알고리즘에 대한 성능 평가 결과가 나타나 있다. 평가 결과 중 정밀도(Precision) 및 재현율(Recall) 점수는 구조받은 사람(1), 구조받지 못한 사람(0)의 가중 평균값이다. 개별 기준의 정밀도와 재현율을 알고 싶으면 계속 이야기한 바와 같이 Evaluation results for targe 옆의 탭을 눌러 해당되는 항목(본 사례에서는 1 또는 0)을 선택하면 된다. 타이타닉 컴페티션에서는 정확도(Classification Accuracy)를 기준으로 평가하기 때문에 정확도가 높은 알고리즘을 선택하여 예측하면 된다. 그럼 이번에는 테스트 데이터를 활용하여 실제 예측을 해보자.

7) 테스트 데이터 정제 및 변환

생존자 예측을 위해서는 우선 예측에 필요한 데이터가 필요하다. 예측에 사용하는 데이터는 학습 데이터와 비교하여 목표변수가 없다는 것을 제외하면 동일하다. 그런데 우리는 이미 학습을 하면서 데이터 정제(Cleansing) 작업 및 변수 변환 등의 작업을 수행하였다. 따라서 동일한 작업을 테스트 파일에도 해주어야 한다.

● 테스트 데이터 로딩 및 확인

선실 번호를 가지고 있는 사람과 그렇지 않은 사람의 구분을 엑셀 등을 활용하여 먼저 수행하여 저장한 후, 테스트 데이터를 오렌지로 불러오자.

- 다운로딩한 파일 중, test 파일을 엑셀 등으로 불러들여 선실번호가 있는 셀은 1

[그림 사례 5-1-12] 테스트 데이터의 특성 확인

Name	Distribution	Mean	Mode	Median	Dispersion	Min.	Max.	Missing
PassengerId		1100.50	892	1100.50	0.11	892	1309	0 (0 %)
Pclass		2.27	3	3	0.37	1	3	0 (0 %)
Age		30.2726		27.00	0.4677	0.17	76.00	86 (21 %)
SibSp		0.45	0	0	2.00	0	8	0 (0 %)
Parch		0.39	0	0	2.50	0	9	0 (0 %)
Fare		35.627188	7.7500	14.4542	1.567356	0.00	512.3292	1 (0 %)
Sex			male		0.655			0 (0 %)
Cabin			0		0.524			0 (0 %)
Embarked			S		0.869			0 (0 %)

로 선실번호가 없는 셀은 0으로 값을 변환하여, 기존 Cabin 변수를 대체한다. 파일을 별도의 다른 이름으로 저장한다.

- 새로운 File 위젯을 캔버스로 끌어온 후, File 위젯을 마우스 오른쪽 클릭하여 Rename을 선택한 후 이름을 'Test Data'로 변경한다. File 위젯을 더블 클릭하여 Cabin 변수를 대체하여 저장한 파일을 불러온다(test_cabin_regroup 출판사에서 다운로드하여 활용할 수 있다).
- Feature Statistics 위젯을 끌어온 후, 이름을 변경한 'Test Data' 위젯과 연결하고, Feature Statistics 위젯을 더블 클릭하여 데이터 특성을 살펴본다([그림 사례 5-1-12]).

데이터의 특성을 보면 총 418개의 사례를 가지고 있다고 나타나고 있으며, 총 9개의 변수에 대한특성을 보여주고 있다. 변수 중 연령(Age) 및 요금(Fare) 변수에서 결측값이 나타나고 있다.

결측값 처리, 변수 전환 및 선정

연령 및 요금 변수에 대한 결측값을 처리하자. 연령 변수는 학습에서 처리했던 것도 동일하게 랜덤 방식을, 그리고 요금 변수는 평균값을 이용하여 처리해보자.

- Transform 카테고리에서 Impute 위젯을 캔버스로 끌어와 'Test Data' 위젯과 연결한다.
- Impute 위젯을 더블 클릭하여 창이 나타나면, 우선 왼쪽 변수 중 Age 변수를 클릭한 후, 오른편에서 Random values를 선택한다.
- 다시 왼쪽에서 Fare 변수를 클릭한 후, 오른편 항목 중 Average/Most Frequent를 선택한다([그림 사례 5-1-13]).

이번에는 학습 과정에서 했던 것과 동일하게 연령 변수를 수치형에서 범주형으로 변환하자.

- Transform 카테고리에서 Discretize 위젯을 캔버스로 끌어와 Impute 위젯과 연결한다.

[그림 사례 5-1-13] 테스트 데이터의 결측값 처리

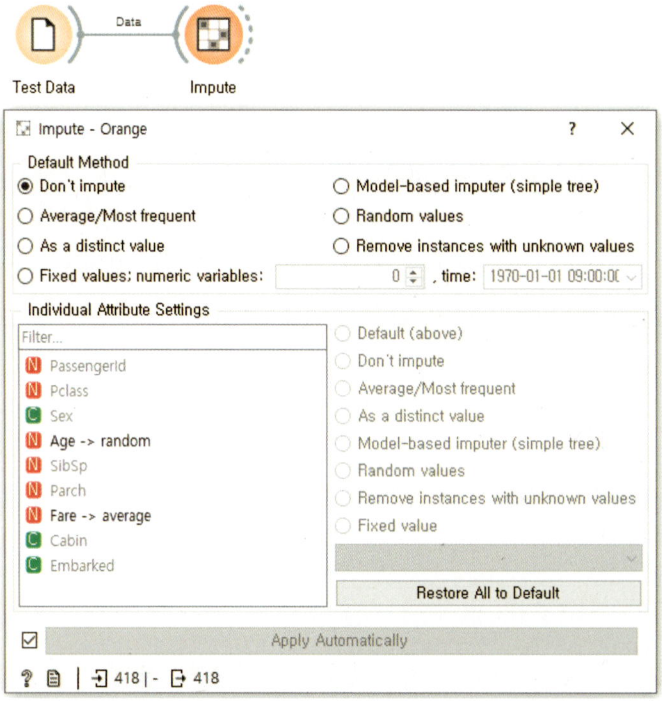

- Discretize 위젯을 더블 클릭하여 나타난 창에서, 왼쪽의 Age 변수를 클릭하고, 오른쪽의 여러 방법 중에서 Fixed width를 선택하고 옆의 칸에 10을 기입한다([그림 사례 5-1-14]).
- 새로운 Data Table 위젯을 Discretize 위젯과 연결하고, 더블 클릭하여 내용을 살펴본다.

이번에는 테스트 파일로 최종 사용할 변수를 선정하자.

- Transform 카테고리에서 Select Columns 위젯을 끌어와 Data Table 위젯과 연결한다.
- Select Columns 위젯을 더블 클릭하여 나타난 창에서, Target이 없다는 것을 제외하고 학습 시 활용했던 것과 동일한 구성을 갖도록 화살표를 활용하여 Features와 Metas를 정리한다([그림 사례 5-1-15]).

[그림 사례 5-1-14] 테스트 파일 연령 변수의 범주형 전환

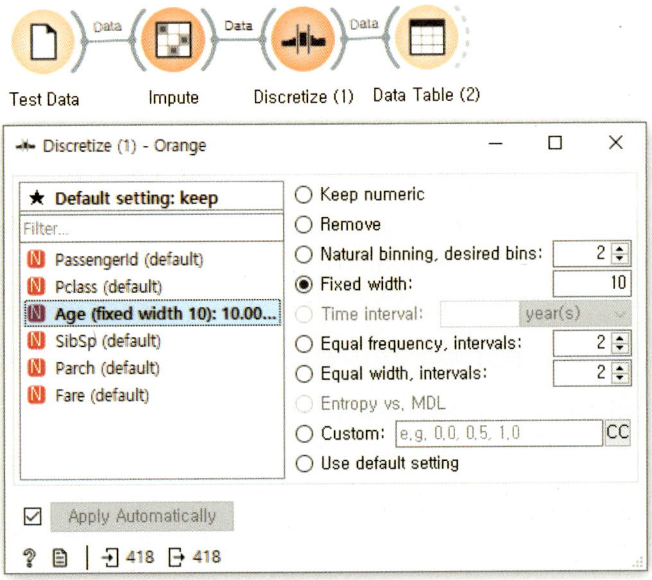

[그림 사례 5-1-15] Test 변수로 사용할 변수 선택

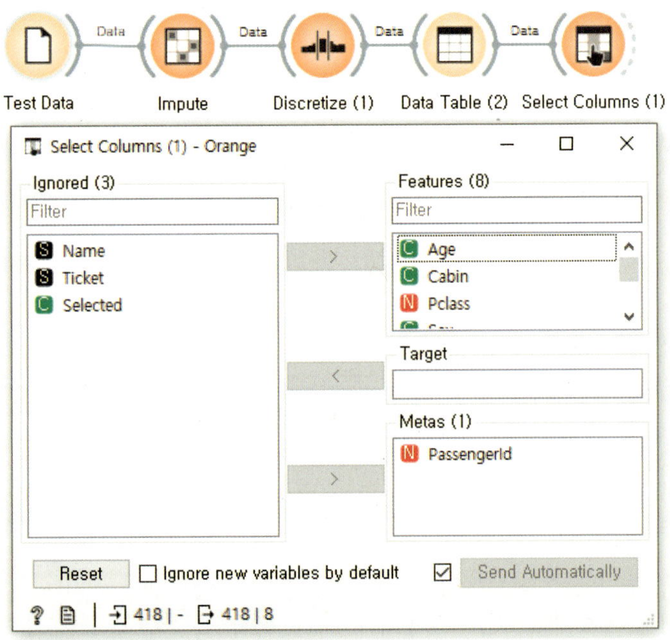

8) 모델을 활용한 생존자 예측

이제는 모델을 활용하여 생존자 예측을 해보자.

- Model 카테고리에서 예측에 사용하기를 원하는 알고리즘을 캔버스로 끌어와 학습에 사용할 변수를 선정한 Select Columns와 연결하여 학습이 이루어지도록 한다.
- Evaluate 카테고리에서 Predictions 위젯을 캔버스로 끌어온 후, 예측에 사용할 알고리즘 위젯과 테스트 변수를 선정한 Select Columns를 연결한다.
- 제출할 파일을 만들기 위해 Data 카테고리에서 Save Data 위젯을 캔버스로 끌어와 Predictions 위젯과 연결한다.
- Save Data 위젯을 더블 클릭하여 나오는 창에서 Save as 탭을 눌러 원하는 이름으로 저장한다([그림 사례 5-1-16]).
- Predictions 위젯을 더블 클릭하여 예측한 결과를 살펴보자. Predictions 위젯을

[그림 사례 5-1-16] 생존자 예측 및 결과

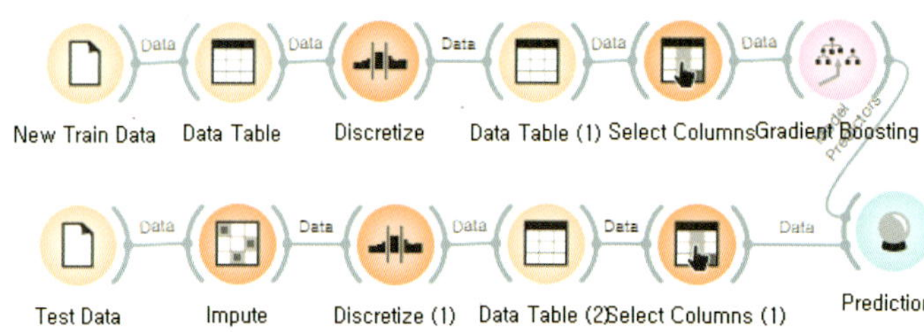

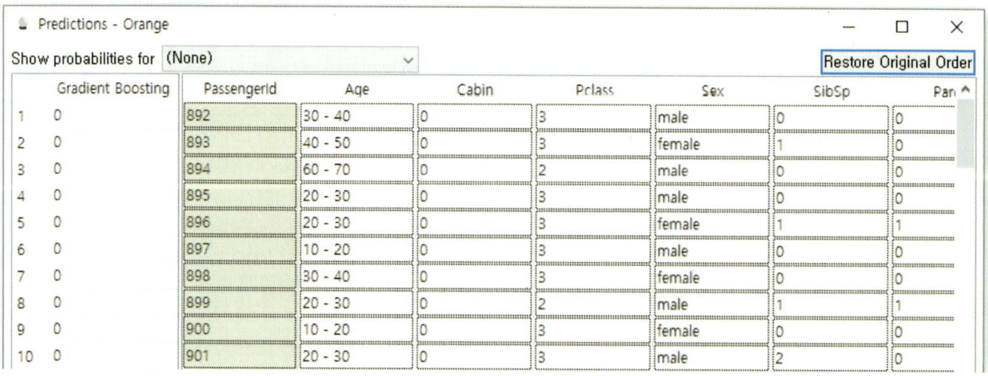
Predictions - Orange

Show probabilities for (None) | Restore Original Order

	Gradient Boosting	PassengerId	Age	Cabin	Pclass	Sex	SibSp	Par
1	0	892	30 - 40	0	3	male	0	0
2	0	893	40 - 50	0	3	female	1	0
3	0	894	60 - 70	0	2	male	0	0
4	0	895	20 - 30	0	3	male	0	0
5	0	896	20 - 30	0	3	female	1	1
6	0	897	10 - 20	0	3	male	0	0
7	0	898	30 - 40	0	3	female	0	0
8	0	899	20 - 30	0	2	male	1	1
9	0	900	10 - 20	0	3	female	0	0
10	0	901	20 - 30	0	3	male	2	0

마우스로 클릭하여 살펴보고 저장하는 경우 마우스로 클릭한 셀만 저장이 된다. 이 경우 전체 셀을 선택해서 다시 저장해야 한다.

9) 예측 결과 제출

제출용 파일 만들기

예측 결과를 제출하고 평가를 받기위해서는 제출용 파일을 만들어 사이트에 업로드해야 한다. 제출용 파일은 캐글에서 내려받은 gender_submission 파일에서 제시한 것처럼 'PassengerId'와 결과를 예측한 'Survived' 항목만 정리하여 CSV 형식의 파일로 만들면 된다. 파일명은 원하는 대로 설정하면 된다.

- 엑셀 등을 사용하여 Save Data 위젯을 사용하여 저장한 화일을 불러온다.
- 데이터의 내용 중 PassengerID 변수와 알고리즘으로 예측한 결과만을 남겨놓고 다른 변수는 모두 삭제한다. 예측된 데이터의 변수명(현재는 알고리즘 이름)은 'Survived'로 변경한다.
- 다른 이름 저장하기를 눌러 원하는 이름의 CSV 형태 파일로 저장한다([그림 사례 5-1-17]).

[그림 사례 5-1-17] 제출용 파일 만들기

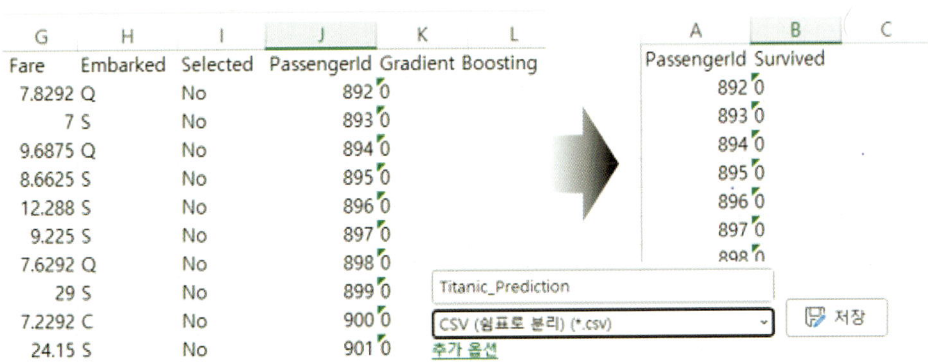

파일 제출 및 결과 확인

이제 제출용으로 만든 파일을 캐글에 올리면 된다.

- 캐글 사이트에서 다이타닉 김페티션의 초기 화변으로 들어간다(참조 [그림 사례 5-1-2]).
- 화면 오른편에 있는 Submit Predictions 단추를 클릭한다(기존 Join Competition 버튼이 있었던 자리임).
- 클릭하여 나타난 화면에 파일을 올리고, Description란에 간단하게 기술을 한 뒤 Submit 단추를 누른다.

제출이 완료되면, 예측 정확도가 얼마인지 바로 알려준다. 본 사례에서 제시된 방법만이 아니라 예측의 정확도를 어떻게 높일 수 있는지를 다양하게 고민하고 시도해 보는 것이 필요하다.

2. 주택 가격 예측

두 번째 캐글 컴페티션 사례는 주택 가격 예측이다. 앞의 타이타닉 사례는 생존자와 비생존자를 구분하는 분류 모델이다. 반면, 주택 가격 예측은 실질 수치를 예측하는 회귀 모델이다. 즉, 주택 가격에 영향을 미치는 여러 변수들을 활용하여 가격을 예측하는 것이다. 분류 모델인 타이타닉 컴페티션이 정확도를 바탕으로 채점이 매겨진다면, 주택 가격 컴페티션은 RMSE(Root Mean Squared Error, 평균 제곱근 오차)에 의해 채점이 된다. RMSE는 오차 제곱의 평균값(MSE; Mean Squared Error)에 루트를 씌운 값이다.

$$\mathrm{RMSE} = \sqrt{\{\Sigma(\text{실젯값} - \text{예측값})^2\} \div n}$$

타이타닉 컴페티션과 마찬가지로 경진대회에 참가하기 위해서는 주택 가격 경진대회 관련 페이지로 들어가야 한다. 앞의 캐글 경진대회를 소개한 [그림 사례 5-1-1]에서 주택 가격 창을 클릭하면 주택 가격 예측 관련 초기 페이지로 접속할 수 있다. 타이타닉과 동일하게 [그림 사례 5-2-1] 오른편에 있는 Join Competition 버튼을 클릭하여 참가 신청을 하고, Data 탭을 클릭한 후 데이터를 다운로드한다.

[그림 사례 5-2-1] 주택 가격 예측 컴페티션의 초기 화면

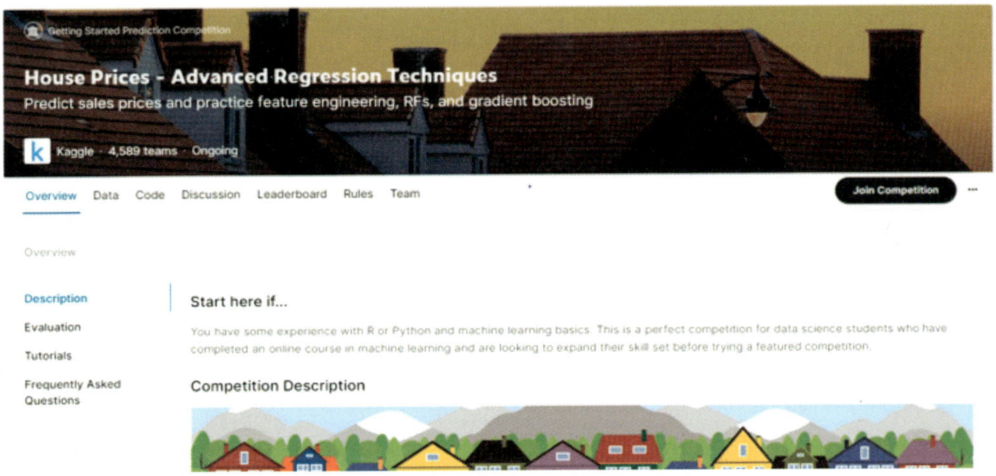

1) 데이터 로딩 및 확인

캐글 홈페이지에서 다운로딩한 파일은 총 4개로 구성되어 있다. 타이타닉과 마찬가지로 train 파일은 인공지능을 활용하여 학습을 하는 데 사용하고, test 파일은 예측할 때 활용하는 자료이다. 그리고 sample_submission 파일은 예측한 결과를 어떤 형식으로 저장하여 제출해야 하는지를 보여준다. 마지막 data_description은 변수의 의미를 설명하는 텍스트 파일이다. 먼저 train 파일의 결측값을 NA에서 빈칸으로 바꾸자. 가끔 오렌지에서 에러가 발생하는 경우가 생기기 때문이다.

- 엑셀로 train 파일을 불러와 열고 Ctrl + A를 눌러 전체 영역을 선택한다.
- Ctrl + H를 눌러 찾기 및 바꾸기 창을 열고, 찾을 내용에는 'NA'를 치고, 바꿀

내용은 빈칸으로 놔둔다. 그리고 옵션 탭을 누른다(① 영역).

- 옵션 창이 나타나면, 전체 셀 내용 일치에 체크하고(② 영역), 모두 바꾸기 탭을 클릭한다([그림 사례 5-2-2]). 수정이 완료되면 파일을 'train_Modify'로 저장한다.

[그림 사례 5-2-2] 엑셀을 활용한 데이터 결측값 수정

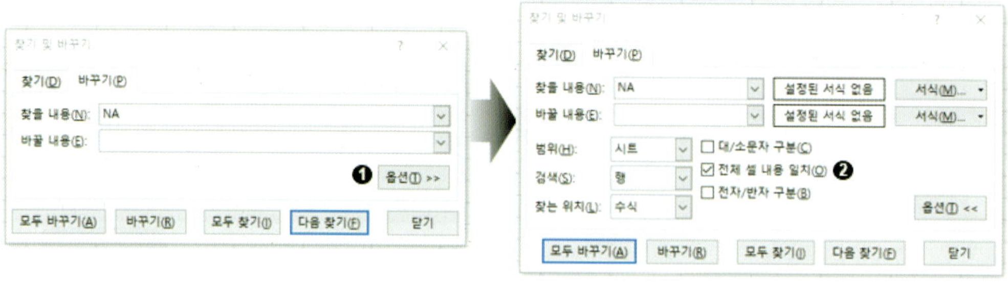

이제는 오렌지에서 분석에 활용할 파일을 불러오자.

- Data 카테고리에 있는 File 위젯을 캔버스로 끌어와 오른쪽 마우스 클릭하여 Rename을 선택한 후 이름을 'Train Data'로 변경한다. 'Train Data' 위젯을 더블 클릭하여 다운로드받은 파일 중 train_Modify 파일을 불러온다.
- 'Train Data' 위젯을 더블 클릭한 후, 나온 창에서 SalePrice 변수를 찾아 Role을 클릭하여 feature에서 target으로 전환한다([그림 사례 5-2-3]).

'Train Data' 위젯을 더블 클릭한 후, 나온 창에서 변수를 살펴보면 오렌지는 결측값 등을 이유로 분석에 사용하지 않는 메타변수로 3개의 변수를 자동적으로 선택한 것을 알 수 있다. PoolQC(수영장 품질), Fence(담장 품질), MiscFeature(기타 특징)의 3개 변수이다. 소프트웨어의 판단을 믿고 이 세 변수를 무시하고 분석해도 되지만, 변수의 의미를 살펴보면 나름 의미가 있는 변수라는 판단이 들기도 한다. 결측값 비율이 100%에 PoolQC 변수를 제외하고 다른 두 변수를 메타변수에서 설명변수로 전환해서 특성을 살펴보자.

- Fence 변수의 타입을 클릭하여 Categorical로 변경하고 Role을 클릭하여 역할

을 meta에서 feature로 변경한다. Apply 탭을 클릭한다.

- MiscFeature 변수도 동일하게 Categorical과 feature로 변경한다. 변경이 완료되면 Apply 탭을 클릭한다([그림 사례 5-2-3]).

[그림 사례 5-2-3]를 보면 총 1,460개의 분석 케이스가 있음을 알 수 있다. 그리고 변수는 목표변수를 포함하여 총 78개가 있는 것으로 나타난다. 하지만 우리가 2개의 변수를 메타변수에서 설명변수로서 변경하였기 때문에 현재로서 분석에 활용하는 변수는 80개가 된다. 또한 전체 데이터의 결측값 비율은 2.6%로 나타나고 있지만, 결측값 비율이 높은 2개의 변수가 전환되었기 때문에 이 비율은 조금 더 상승할 것이다. 변수 전환이 완료된 후 Data Table 위젯을 연결하여 살펴보면, 목표변수를 제외한 설명변수가 79개, 그리고 결측값 비율이 4.8%로 바뀐 것을 알 수 있다.

[그림 사례 5-2-3] 데이터 로딩 및 변수 설정 변경

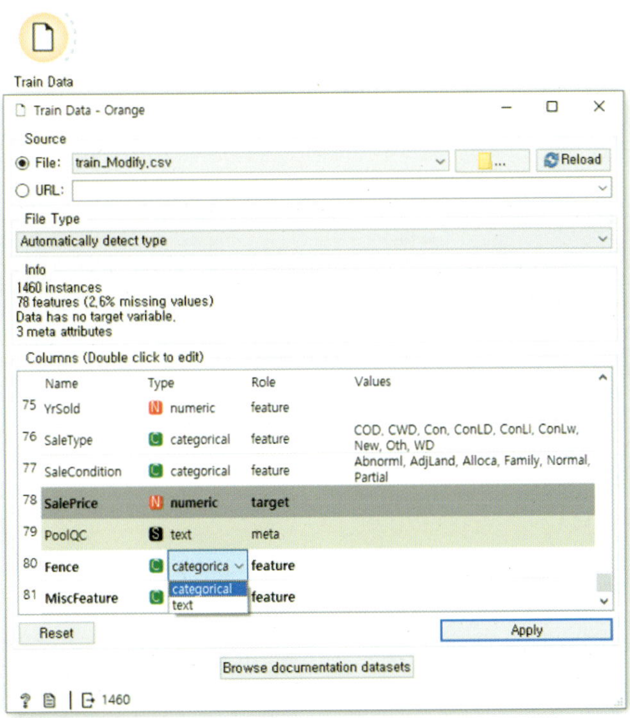

Feature Statistics 위젯을 사용하여 학습 데이터의 특징을 좀 더 살펴보자.

- Feature Statistics 위젯을 끌어온 후, 'Train Data' 위젯과 연결한다.
- Feature Statistics 위젯을 더블 클릭한 후, Missing 탭을 눌러 어떠한 변수들이 결측값을 가지고 있는지 살펴보자([그림 사례 5-2-4]). Missing 탭을 한 번 누르면 오름차순으로, 한 번 더 누르면 내림차순으로 정렬된다.

[그림 사례 5-2-4] 데이터의 특성 파악

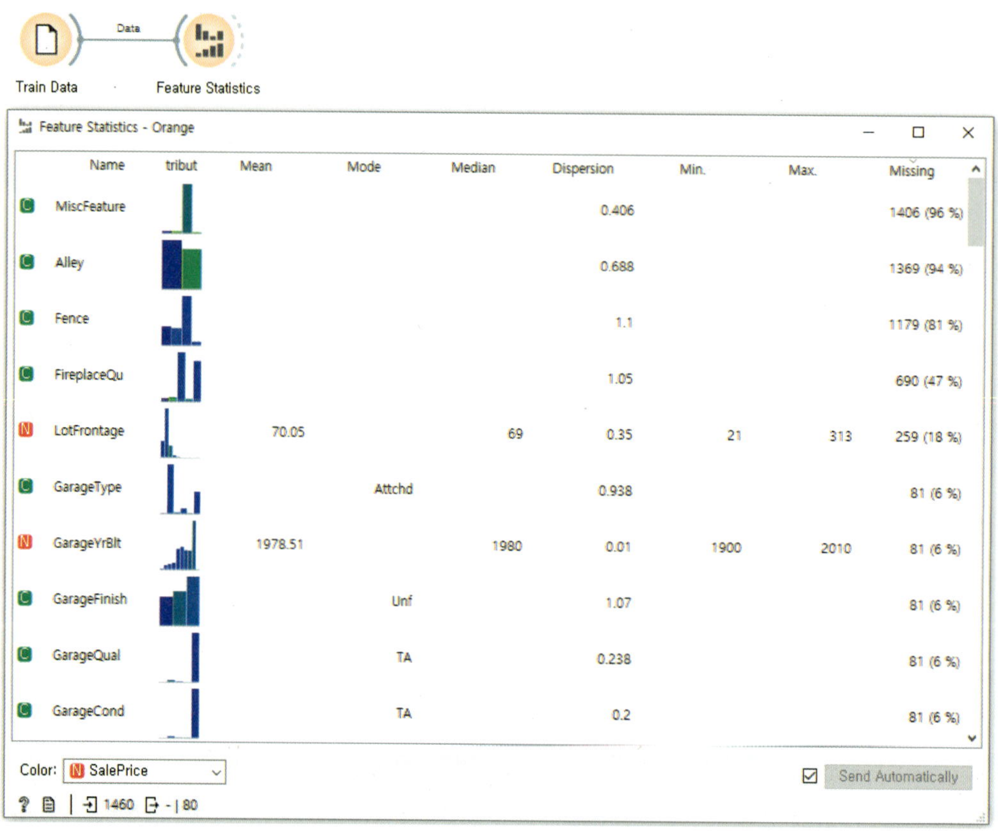

분석 결과를 보면, 주택 가격 예측을 위한 변수들 중 총 18개의 변수가 1개 이상의 결측값을 가지고 있는 것으로 나타나고 있다. 그중 설명변수로 전환한 MiscFeature(부가적 특징), Fence(울타리 품질) 변수의 결측값 비율이 각각 96%와 81%에 달하고

있다. 또한 Alley(주택에 접하는 골목 유형) 변수도 결측 비율이 94%에 달하고 있다. 그리고 FireplaceQu(벽난로의 품질) 변수는 47%, LotFrontage(주택과 연결된 거리까지의 직선 거리) 변수는 18%의 결측 비율을 가지고 있다. 또한 차고지 관련 변수인 GarageYrBlt(차고 건축연도), GarageType(차고 유형/위치), GarageFinish(차고 인테리어 마감 상태), GarageQual(차고 품질) 등은 모두 동일하게 6%의 결측 비율을 가지고 있다. 다운로드받은 데이터 설명 자료를 읽어보고 데이터를 살펴보면 결측 비율이 높은 변수의 경우 거의 해당 시설물이 존재하지 않는 것을 알 수 있다. 예를 들어, 참고할 수 있는 기타 특징, 펜스, 벽난로, 차고 등이 없다는 것이다. 예측의 효과성을 높이기 위해서는 이와 같은 결측값을 적절하게 처리해야 한다.

2) 결측값 처리 및 탐색적 데이터 분석

결측 비율이 높은 몇몇 변수의 결측값을 처리하고 탐색적 데이터 분석을 통해 변수의 특성을 살펴보자.

Fence(울타리 품질), MiscFeature(부가적 특징)

우선 메타변수에서 설명변수로 전환한 Fence, MiscFeature의 결측값을 처리하고 특성을 알아보자. 이 변수들에 있어 결측이 발생된 원인은 바로 관련 속성이 없기 때문이다. 즉, 주택과 관련하여 울타리, 부가적 특징, 그리고 접한 골목이 없는 것이다. 그렇기 때문에 결측값을 별도의 값으로 처리하는 것이 타당하다고 판단된다.

- Transform 카테고리에서 Impute 위젯을 캔버스로 끌어와 'Train Data' 위젯과 연결한다.
- Impute 위젯을 더블 클릭하여 창이 나타나면, 왼편에서 Fence 변수를 클릭한 후 오른편 항목 중 AS a distinct value를 선택한다.
- MiscFeature 변수를 왼편에서 클릭한 후, 오른편에서 전과 동일하게 As a distinct value를 선택한다. 그러면 왼쪽 변수명 옆에 new value라는 표식이 나타난다([그림 사례 5-2-5]). 타이타닉 사례에서 본 것과 같이 범주형 변수의 경우, As a distinct value를 선택하면 N/A의 값이 주어진다.

[그림 사례 5-2-5] Fence, MiscFeature 변수의 결측값 처리

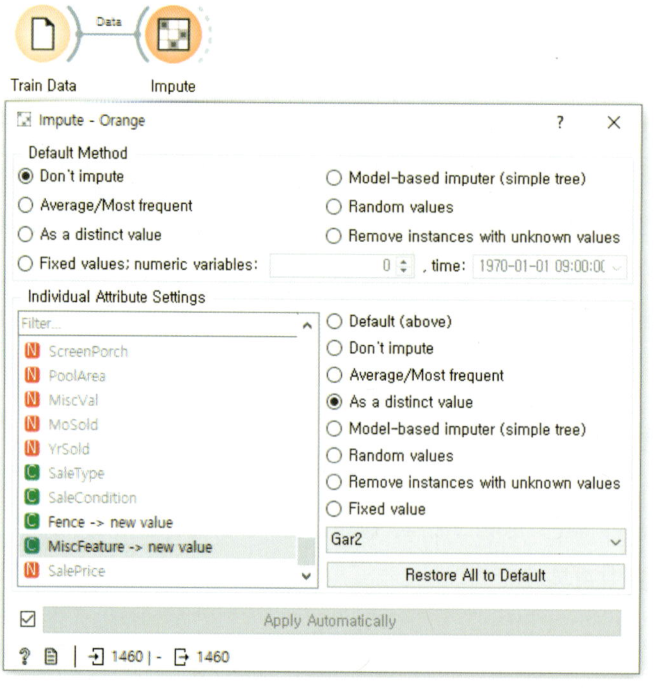

Fence, MiscFeature의 특징을 살펴보자.

- Visualize 카테고리에서 Scatter Plot 위젯을 끌어와 Impute 위젯과 연결한다.
- Scatter Plot 위젯을 더블 클릭하여 나타난 창에서, Axis X는 Fence, Y는 SalePrice 변수를 선택한다. 그리고 Attributes에서 Color를 MiscFeature를 선택한다([그림 사례 5-2-6]).

[그림 사례 5-2-6]을 보면, 울타리가 없다고 해서 주택 가격이 낮은 것은 아니라는 것을 알 수 있다. 맨 오른쪽의 울타리가 없는(N/A) 주택의 경우 가장 고가의 주택과 저가의 주택이 포함되는 등 매우 폭넓은 가격대를 형성하고 있는 것을 알 수 있다(Fence 변수의 클래스와 가격과의 관계를 살펴보면 울타리가 없는 경우, 평균 주택 가격이 가장 높다). 반면 최소한의 목질을 사용한 울타리의 경우(MnWw)의 경우, 숫자도

[그림 사례 5-2-6] Fence, MiscFeature 변수와 주택 가격과의 관계 파악

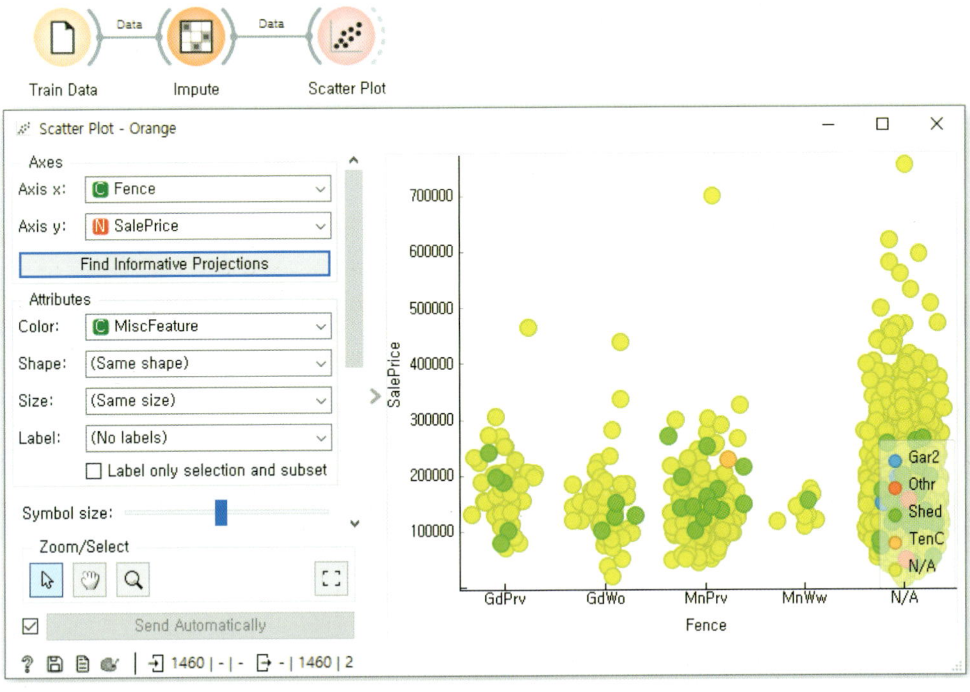

적지만 가격의 움직임도 매우 제한적이라는 것을 알 수 있다. 울타리의 다른 범주들도 상대적으로 일정 가격대를 형성하는 것으로 보인다.

색깔로 표시되어 있는 부가적 특징(MiscFeature) 변수의 경우, 결측값의 비율도 높지만 범주의 구성도 Shed(약 3평 이상의 창고 존재) 외에는 다른 범주가 거의 없다. 그렇기 때문에 분석에 사용하는 변수로는 적절하지 않을 수 있다.

Alley(주택에 접하는 골목 유형) 변수

Alley 변수의 결측값 역시 관련 속성, 즉 주택에 접하는 골목이 없기 때문에 나타난 것이다. 따라서 Alley 변수 역시 별도의 값으로 결측값을 처리하는 것이 바람직하다.

- Impute 위젯을 더블 클릭하여 나타난 창의 왼쪽에서 Alley를 클릭하고, 오른쪽 창에서 AS a distinct value를 선택한다.

- Visualize 카테고리에서 Box Plot 위젯을 끌어와 Impute 위젯과 연결한다.
- Box Plot 위젯을 위젯을 더블 클릭하여 나타난 창 왼편의 Variable에서는 Sale Price를 선택하고, 아래 Subgroup에서는 Alley를 선택한다([그림 사례 5-2-7]).

[그림 사례 5-2-7] Alley 변수의 특성 파악

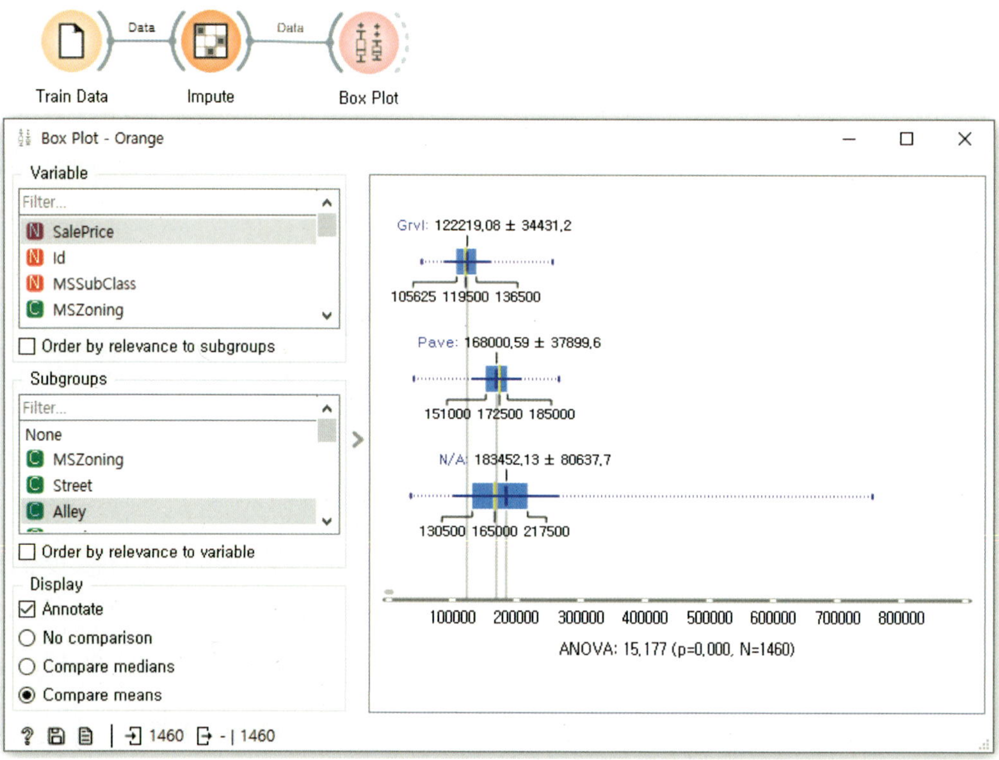

Alley 변수의 클래스별 특성을 보면, 주택과 골목과 접하지 않은 경우가 주택 평균 가격이 가상 높았고 가격이 변동폭이 매우 크게 나타나고 있다. 반면 포장 접속(Pave)과 자갈(Grvl) 접속의 경우 가격의 변동폭은 유사하나 포장 접속 주택의 평균 가격이 좀 더 높은 것으로 나타나고 있다. 포장 접속 및 자갈 접속의 주택 가격을 예측하는 데 도움이 될 수 있다.

아직도 결측값 처리를 하지 못한 변수들이 많이 있다. 설명 자료, 처리 전 탐색적 분석 등을 통해 변수의 의미를 이해하고 나머지 변수들의 결측값도 스스로 처리해보자.

3) 변수 전환

분석의 효과성을 높이기 위해 때로는 변수를 새로운 형태로 전환하는 것이 바람직할 수 있다.

● 차고 건축연도(GarageYrBlt) 변수의 범주형 변수 전환

차고 건축연도 변수는 수치형 변수로서 최솟값 1900년, 최댓값 2010년을 가지고 있다. 그리고 결측 비율이 약 6%인데 이는 주택이 차고를 보유하지 않기 때문에 발생한 것이다. 그렇기 때문에 결측값을 수치 변수로 처리하기도, 그렇다고 분석에서 제외하기도 애매하다. 이러한 경우 수치형 변수를 범주형 변수로 바꾸는 방법을 고려할 수 있다.

- Impute 위젯을 더블 클릭하여 나타난 창의 왼쪽에서 GarageYrBlt를 클릭하고, 오른쪽 창에서 Fixed value를 선택하고 아래 칸에 1880을 기입한다(변수들을 20년 간격의 그룹으로 구분하기 위한 목적).
- Discretize 위젯을 끌어와 Impute 위젯과 연결한다. Discretize 위젯을 더블 클릭하여 왼편에서 GarageYrBlt를 선택하고, 오른편에서 Fixed width를 선택한 후 옆 칸에 20을 기입한다([그림 사례 5-2-8]).

참고로 수치형 변수를 범주형 변수로 변환시키는 방법 중에 Natural binning, desired bins 방법은 원하는 클래스 수를 기입하면 알고리즘이 자동적으로 분류를 해준다. 본 사례에서는 7개의 클래스로 구분한다고 기입하면 Fixed width를 20로 기입한 것도 동일한 결과를 얻는다.

이제 차고 건축연도 변수가 범주형 변수로 어떻게 전환되었는지 살펴보자.

- Visualize 카테고리에서 Distribution 위젯을 끌어와 Discretize 위젯과 연결한다.
- Distribution 위젯을 더블 클릭하여 나타난 창 왼편의 Variable에서 GarageYrBlt를 클릭한다. [그림 사례 5-2-9]를 보면 수치형 변수였던 차고 건축연도 변수가 범주형 변수로 전환되어 7개의 클래스로 구분되었다는 것을 알 수 있다.

[그림 사례 5-2-8] 차고 건축연도 변수의 범주형 전환 방법

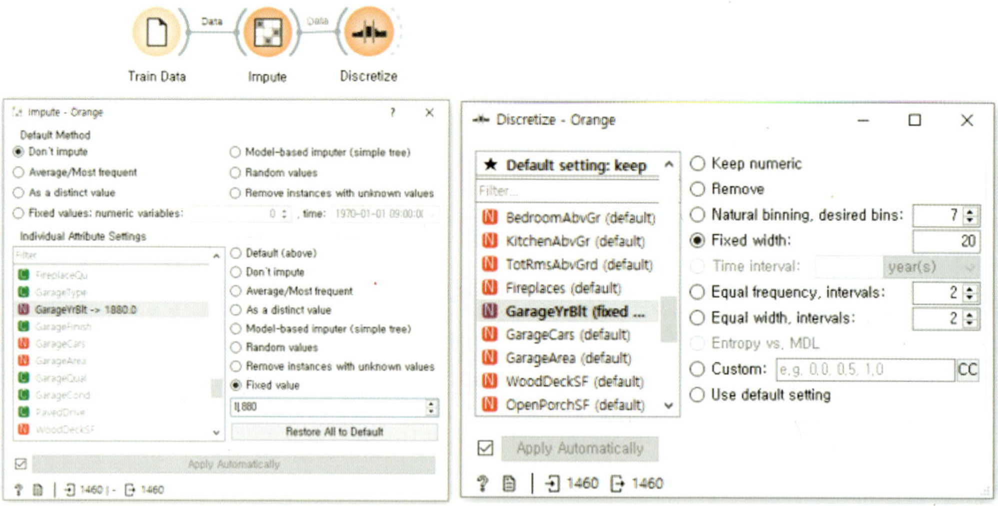

[그림 사례 5-2-9] 차고 건축 연도 변수의 범주화 전환 후 분포

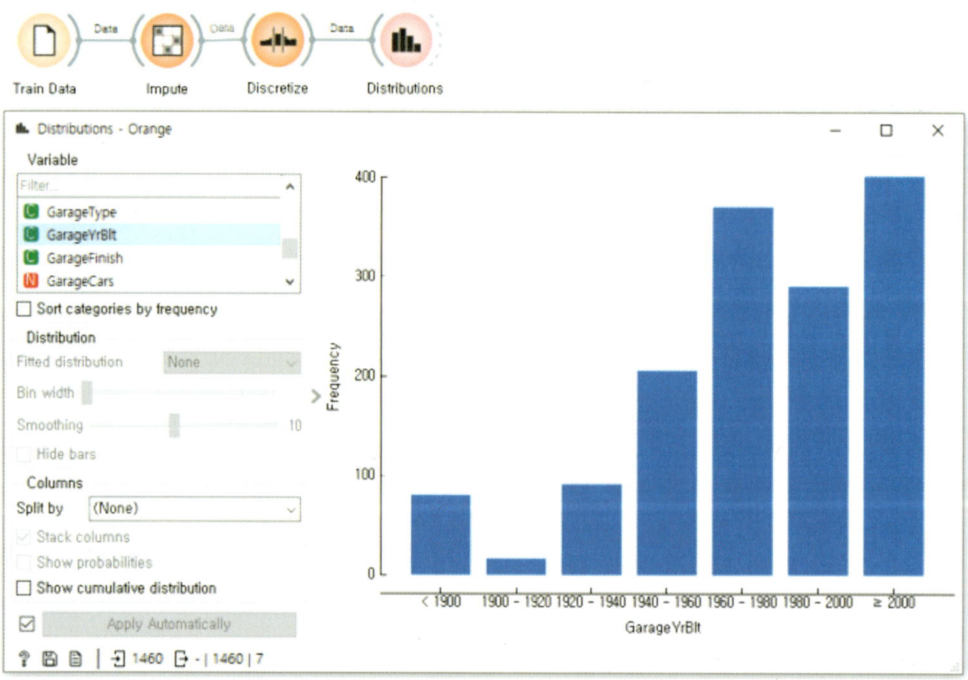

● 차고 관련 변수의 통합

차고 인테리어 마감 상태(GarageFinish), 차고 품질(GarageQual), 차고 상태(GarageCond) 변수는 모두 차고의 수준을 나타내는 변수이다. 그리고 주차 가능 대수(GarageCars), 차고 평방피트(GarageArea) 변수 역시 보다 넓은 관점에서 차고 수준에 포함된다고 말할 수 있다.

변수가 너무 많은 경우에는 오히려 분석의 효율성이 떨어질 수 있다. 따라서 유사 변수를 통합해보자. 그런데 GarageFinish, GarageQual, GarageCond 변수 모두 범주형 변수이기 때문에 변수 통합을 위해서는 수치형 변수로 전환해 주어야 한다.

- Impute 위젯을 통해 GarageFinish, GarageQual, GarageCond 변수의 결측치를 모두 As a distinct value를 선택하여 처리한다. 이 경우 관련 변수의 결측값은 N/A로 표시된다.
- Data 카테고리에서 Edit Domain 위젯을 캔버스로 끌어와 Discrete 위젯과 연결한다.
- Edit Domain 위젯을 클릭하여 왼편의 나열된 변수 중 GarageQual 변수를 클릭한다. 변수를 선택하면 자동적으로 변수의 이름, 유형, 그리고 범주형 클래스가 나타난다([그림 사례 5-2-10] ① 영역).
- GarageQual 변수는 차고가 없는 경우를 포함 총 6단계로 차고의 품질을 표현하고 있다. 알파벳 순서에 의해 표시되다 보니 변수 설명서에 나와있는 EX(Excellence), Gd(Good), TA(Typical/Average) 등의 순으로 나타나 있지 않다. 따라서 클래스 등급 순서대로 표시하기 위해 등급을 클릭한 후 아래에 있는 화살표를 활용하여 아래, 위로 이동시켜 주자. 예컨대, Gd를 클릭해서 위쪽 화살표를 클릭하여 Gd가 Ex 아래로 오도록 조정하자. 다른 변수들도 화살표를 이용하여 클래스 위치를 조정한다([그림 ② 영역]).
- 위치가 조정되었으면, Values에 나타난 클래스를 마우스 오른쪽 단추로 클릭하고, 나타난 창에서 Rename selected items를 클릭한다([그림 ③ 영역]). 클릭하면 나타나는 칸에 6을 기입한다. 아래 Apply 단추를 눌러준다. 오른쪽 마우스 클릭 대신 클래스를 클릭한 후 [Ctrl]키와 [+ =] 키를 동시에 눌러주면 마찬가지로 수정이 가능한 칸이 나타난다.

[그림 사례 5-2-10] GarageQual 변수의 클래스 내용 편집

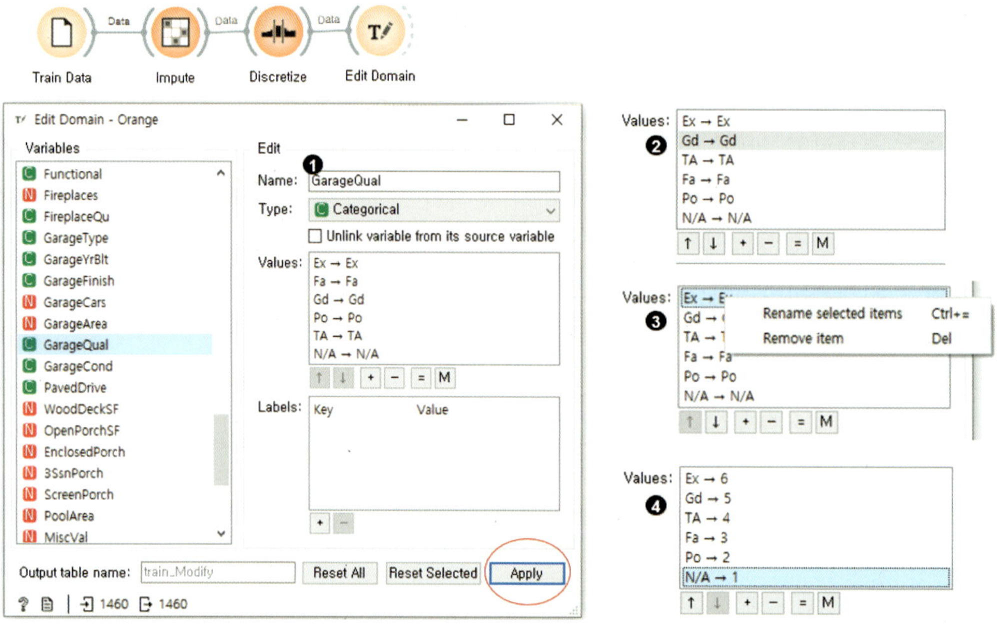

- 나머지 클래스도 마우스 오른쪽 단추로 클릭하여 동일하게 Rename selected items를 선택하여 나타난 창에 차례대로 숫자를 기입한다([그림 ④ 영역]). 클래스 변경이 모두 끝나면 ① 영역 아래에 보이는 Apply 단추를 눌러준다.
- GarageFinish, GarageCond 변수 모두 동일한 방법으로 클래스 내용을 변화시켜 준다. 단 GarageFinish 변수는 4개의 클래스를 가지고 있기 때문에 4, 3, 2, 1의 순으로 바꾸어야 한다.

Edit Domain 위젯에 Data Table 위젯을 연결하여 살펴보면, 작업했던 3개 변수 클래스의 값이 모두 숫자 형태로 바뀌었다는 것을 알 수 있다. 하지만 형태만 숫자일 뿐 변수의 성격은 아직 범주형이다. 따라서 범주형 변수를 숫자형 변수로 전환해 주어야 한다.

- 새로운 Edit Domain 위젯을 캔버스로 끌어와 앞에 변수의 클래스 값 변경에 사용했던 Edit Domain 위젯에 연결한다.

[그림 사례 5-2-11] 범주형 변수의 수치형 변수로의 전환

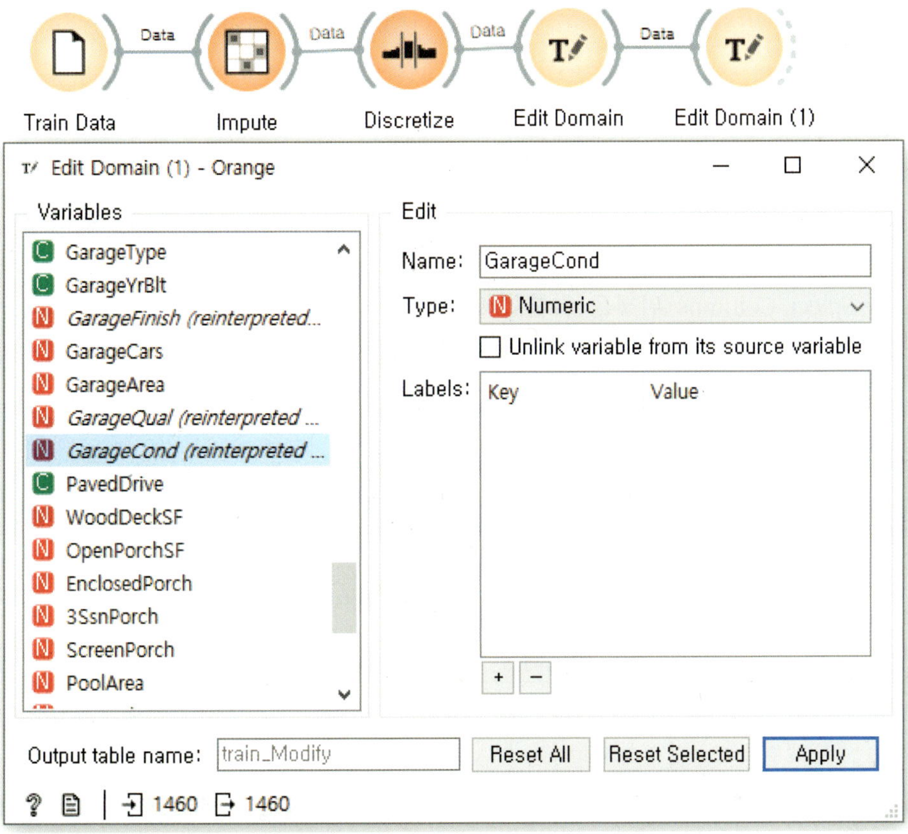

- 새로운 Edit Domain 위젯을 더블 클릭하여 나타난 창의 왼편 변수란에서 GarageCond 변수를 선택한다. 오른편 Type의 옆의 탭을 눌러 Categorical에서 Numeric으로 변경시켜준다. 그러면 왼편 변수명 옆에 (reinterpreted as numeric) 이라는 글이 뜬다. 그리고 아래 Apply 단추를 눌러준다.
- GarageFinish, GarageQual 변수 역시 동일한 방법으로 Numeric 변수로 전환시켜 준다([그림 사례 5-2-11]).

GarageFinish, GarageQual, GarageCond 변수를 모두 전환시켰다면, 이제는 이들 변수를 통합하여 하나의 변수로 만들어야 한다. GarageQual, GarageCond 변수는 1~6의 값을 갖고 있는 반면, GarageFinish 변수는 1~4의 값을 가지고 있다. 거

기에 GarageCars와 GarageArea 변수도 함께 통합하는 경우 각 변수의 값이 다르기 때문에 왜곡이 발생한다. 그래서 정규화(Normalization)가 필요하다.

정규화에 필요한 위젯이 Preprocess 위젯인데, 이 위젯을 사용하면 모든 수치형 변수들이 정규화가 된다. 그런데 어떤 경우에는 특정 변수만 정규화하기를 원할 수 있다. 따라서 이번에는 차고 관련 5개 변수만 정규화를 해보자.

- Select Columns 위젯을 캔버스로 끌어와 변수 성격을 변환할 때 사용했던 Edit Domain 위젯과 연결한다.
- Select Columns 위젯을 더블 클릭하여 나타난 창에서 오른쪽 Features에 있는 변수들 중 정규화할 5개 변수를 제외한 모든 변수를 화살표를 이용하여 왼편 Ignored로 이동시켰다가 다시 Metas로 이동시킨다([그림 사례 5-2-12]).

[그림 사례 5-2-12] 정규화를 할 변수의 선택

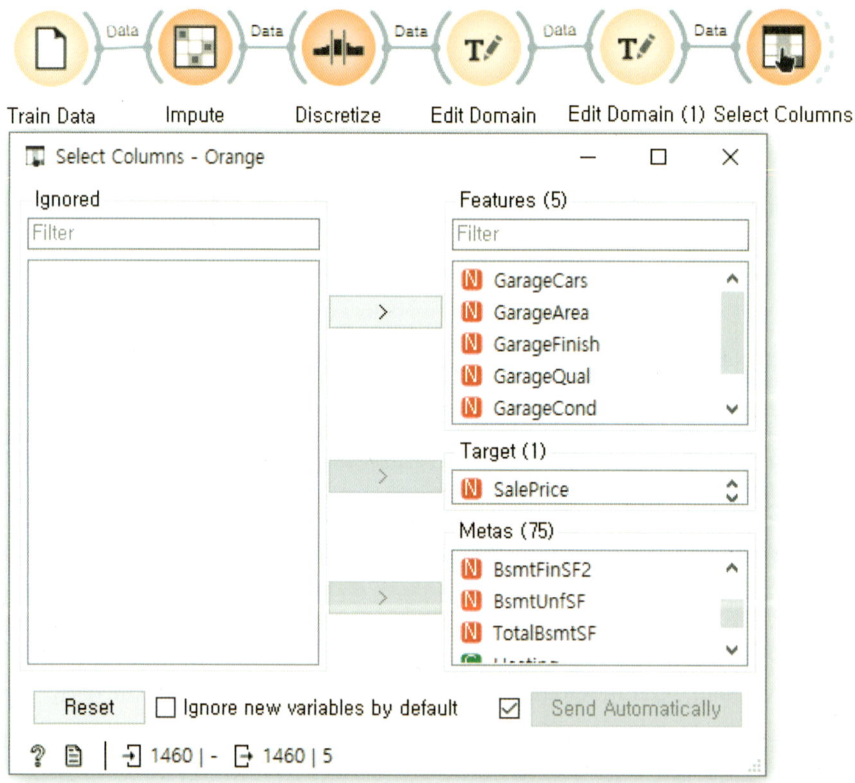

[그림 사례 5-2-12]를 보면 Feaures 칸에는 정규화를 할 5개의 변수가 남아 있고, 목표변수 하나를 제외한 모든 변수가 Metas에 있다는 것을 알 수 있다. 이제 Preprocess 위젯을 활용하여 차고 관련 변수들을 정규화하자.

- Preprocess 위젯을 캔버스로 끌어와 Select Columns 위젯과 연결한다.
- Preprocess 위젯을 더블 클릭하여 창이 나타나면, 왼쪽 창의 Preprocessors에서 Normalize Features를 더블 클릭하거나, 클릭한 후 오른쪽 창으로 끌어온다.
- Normalize Features 창에서 변수를 정규화를 할 방법을 선택하여 클릭한다. 본 사례에서는 0과 1사이에서 최솟값과 최댓값을 기준으로 정규화를 하는 Normalize to interval [0, 1]을 선택하였다([그림 사례 5-2-13]).

Preprocess 위젯에 Data Table 위젯을 연결하여 살펴보면, 차고 관련 5개 변수만이 정규화가 되었음을 알 수 있다.

[그림 사례 5-2-13] 차고 관련 변수들의 정규화

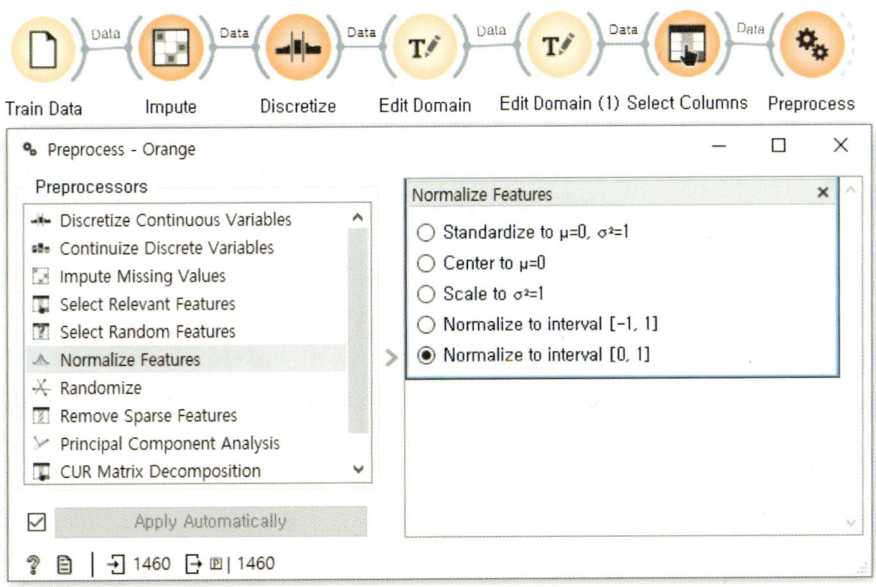

차고 관련 변수들의 정규화 처리가 끝났으면, 이제 이들 변수를 통합하여 하나의 변수로 만들어야 한다. 먼저 분석에 사용할 변수들을 제자리로 돌려놓은 다음 변수 통합을 하자.

- 새로운 Select Columns 위젯을 캔버스로 끌어와 Preprocess 위젯과 연결한다.
- Select Columns 위젯을 더블 클릭하여 나타난 창에서 오른쪽 Metas에 있는 변수들 중 원래 있던 변수를 제외한 모든 변수들을 화살표를 이용하여 Ignored로 이동시켰다가 다시 Features 창으로 이동시킨다([그림 사례 5-2-14 왼편]).
- Transform 카테고리에서 Aggregate Columns 위젯을 캔버스로 끌어와 변수들을 다시 되돌린 작업을 한 Select Columns 위젯과 연결한다. Aggregate Columns 위젯을 더블 클릭하여 나타난 창에서, Variable selection에서는 차고와 관련된 5개 변수를 선택한다([Ctrl] 키를 누른 채 원하는 변수를 선택하든지,

[그림 사례 5-2-14] 변수 조정 및 차고 관련 변수 통합

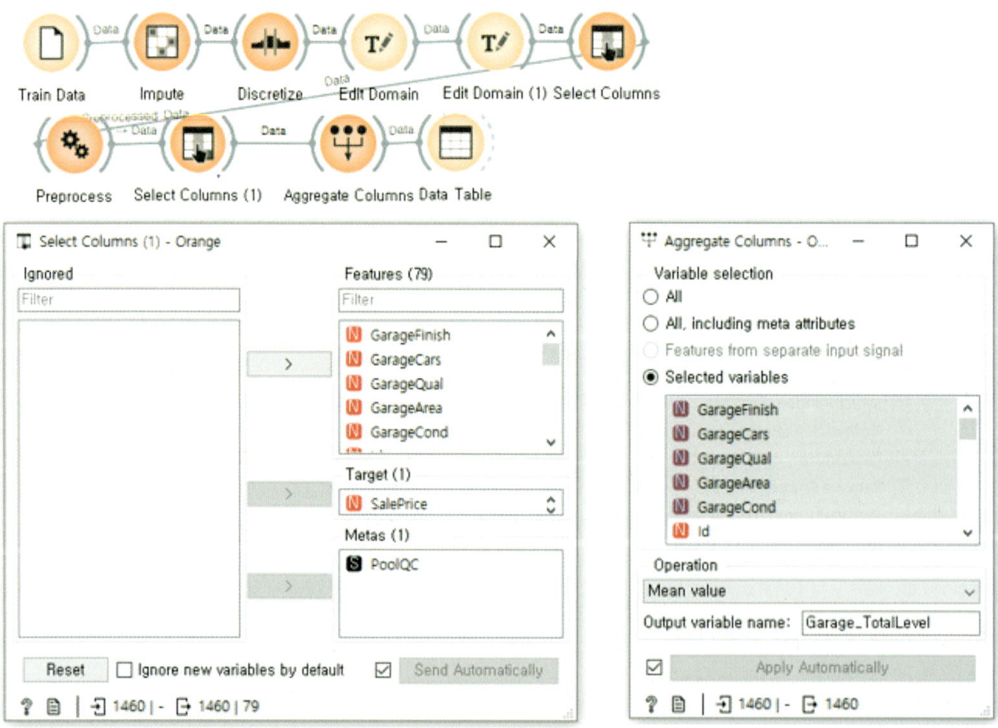

[Shift] 키를 누르고 첫번째 변수와 마지막 변수를 눌러준다). 그리고 Operation 아래 탭을 눌러 원하는 통합 방식을 선택한다. 여기서는 평균값(Mean value)을 선택하였다. 또한 Output variable name에는 Garage_Total 등 원하는 변수 이름을 기입하고 엔터를 친다([그림 사례 5-2-14 오른편]).

- 새로운 Data Table 위젯을 끌어와 Aggregate Columns 위젯과 연결한 후 더블 클릭하여 변수 내용을 살펴본다([그림 사례 5-2-15]).

[그림 사례 5-2-15] 통합 변수의 신규 생성 확인

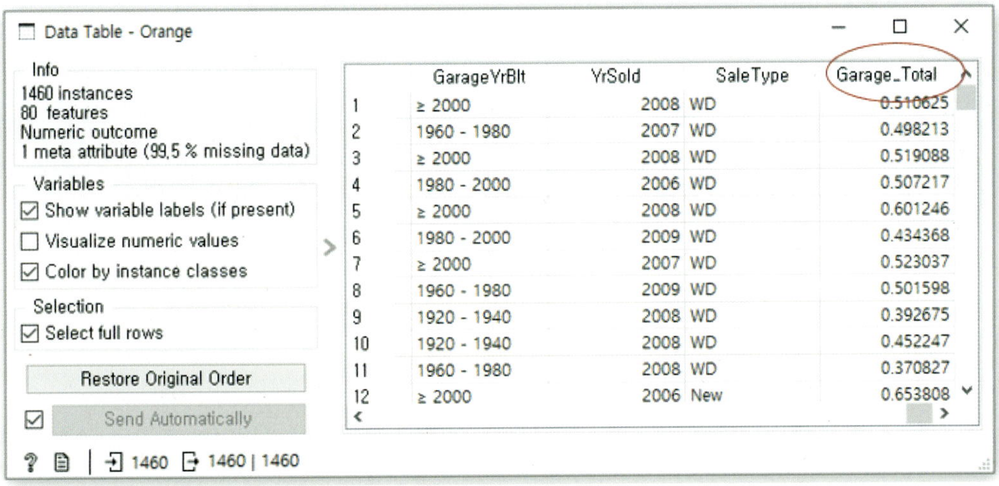

Data Table 위젯을 더블 클릭하여 나타난 결과를 살펴보면, 테이블 맨 뒤쪽에 Garage_Total 변수가 생성되었음을 알 수 있다. 또한 테이블 정보를 살펴보면 설명변수가 1개 증가하여 총 80개가 되었음을 보여주고 있다.

4) 최종 분석 변수 선정 및 알고리즘 성능 평가

주택 가격 예측 컴페티션은 변수의 숫자가 많고, 따라서 차고 변수 사례와 같이 통합의 필요성이 있는 경우도 있다. 또한 Rank 위젯을 사용하고 변수의 중요도 파악하고, 탐색적 데이터 분석을 통해 데이터의 실제 모습도 살펴봐야 한다. 여기서 모든 것을 다 다룰 수는 없기 때문에 스스로 변수에 대해 살펴보고 최종 분석 변수를 선정하는 것이 필요하다.

● 최종 분석 변수 선정

- 새로운 Select Columns 위젯을 캔버스로 끌어와 오른쪽 마우스 클릭을 한 후 Rename을 클릭하여 '최종 학습변수 선정'이라고 이름을 변경한다.
- '최종 학습변수 선정'을 더블 클릭하여 나타난 창에서 분석에 사용할 변수와 그렇지 않을 변수를 선정한다. ID 변수는 Metas로 이동시킨다(([그림 사례 5-2-16]).

[그림 사례 5-2-16] 최종 학습변수 선정

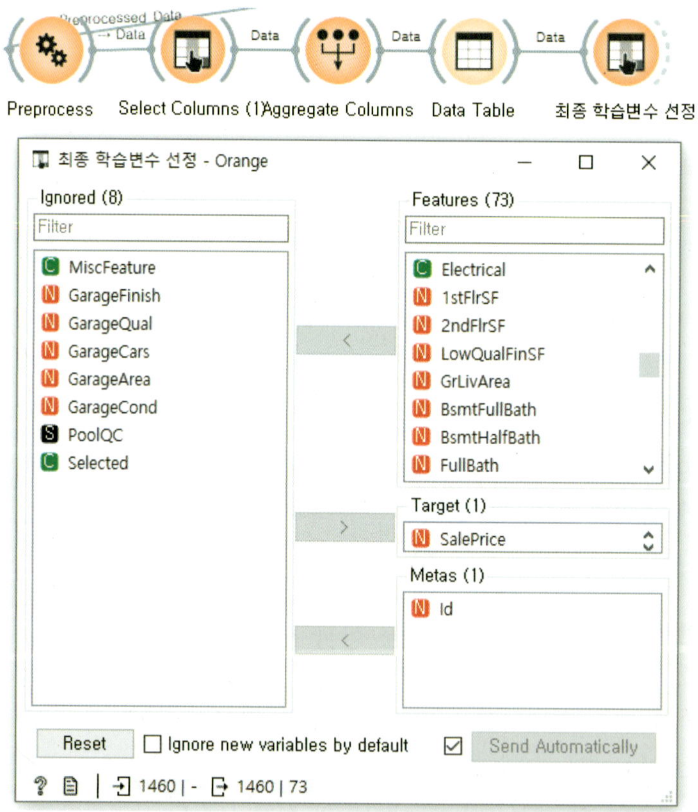

● 알고리즘의 성능 평가

분석에 활용할 변수의 선정도 완료되었다면, 이제는 알고리즘별 모델 성능을 파악해 보자.

- Evaluate 카테고리에서 Test and Score 위젯을 캔버스로 끌어와, '최종 학습변수 선정' 위젯과 연결한다.
- Model 카테고리에서 성능 평가를 하기 원하는 알고리즘을 모두 캔버스로 끌어온 후, Test and Score 위젯과 연결한다.
- Test and Score 위젯을 더블 클릭하여 결과를 살펴본다([그림 사례 5-2-17]).

본 사례의 주택 가격(SalePrice) 변수를 살펴보면, 주택의 평균 가격은 $180,910이다. 그리고 최솟값은 $34,900 최댓값은 $755,000이다(Feature Statistics 위젯을 통해 알 수 있다). 따라서 평가에 나타난 오차를 살펴보고 이 정도의 오차면 적정한지 아니면

[그림 사례 5-2-17] 주택 가격 예측 관련 알고리즘 성능 비교

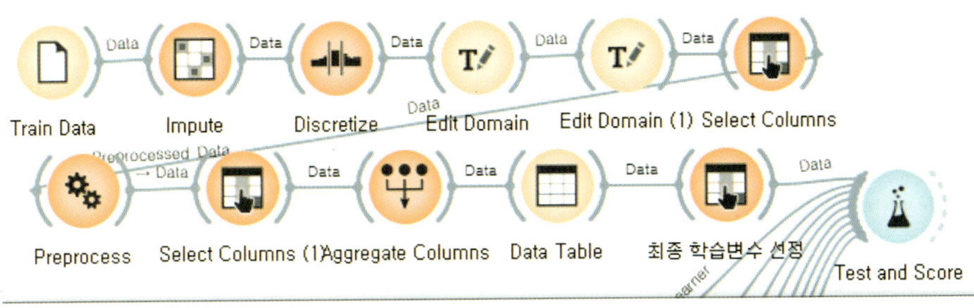

Model	MSE	RMSE	MAE	R2
kNN	2196262251.805	46864.296	30168.775	0.652
SVM	6427828363.949	80173.739	60512.293	-0.019
SGD	3360804115865703016300544.000	1833249605445.397	1084484524975.205	-532886756926157.562
Random Forest	948958759.744	30805.174	19032.019	0.850
Neural Network	35275874621.875	187818.728	172889.356	-4.593
Linear Regression	529752085492990848.000	727840700.630	55433938.356	-83997120.249
Gradient Boosting	720895605.848	26849.499	16321.433	0.886
AdaBoost	873635732.136	29557.330	17552.017	0.861

개선을 위해 추가적 작업이 필요한지를 결정해야 한다. 데이터 마이닝 작업은 수많은 시행착오(Trial and Error)를 통해 의미 있는 결과가 얻어진다.

5) 테스트 데이터 정리

주택 가격 예측을 위한 테스트 데이터를 살펴보자.

- 새로운 File 위젯을 캔버스로 끌어와 다운로딩한 test 파일에서 결측값을 NA에서 공란으로 수정한 파일을 불러온다(test_Modify 파일을 이용할 수 있다). File 위젯을 오른쪽 마우스 클릭하여 Rename을 선택하고 위젯 이름을 'Teat Data'로 변경한다.
- 'Teat Data' 위젯에 Data Table 위젯, Feature Statistics 위젯 등을 연결하여 데이터 정보와 변수의 특성들을 살펴본다([그림 사례 5-2-18]).

[그림 사례 5-2-18]을 보면 테스트 데이터는 총 1,459개의 분석 행(Instances)을 가지고 있는 것으로 나타나고 있다. 계속 이야기하였지만 테스트 데이터는 학습 데

[그림 사례 5-2-18] 테스트 데이터 불러오기 및 정보 파악

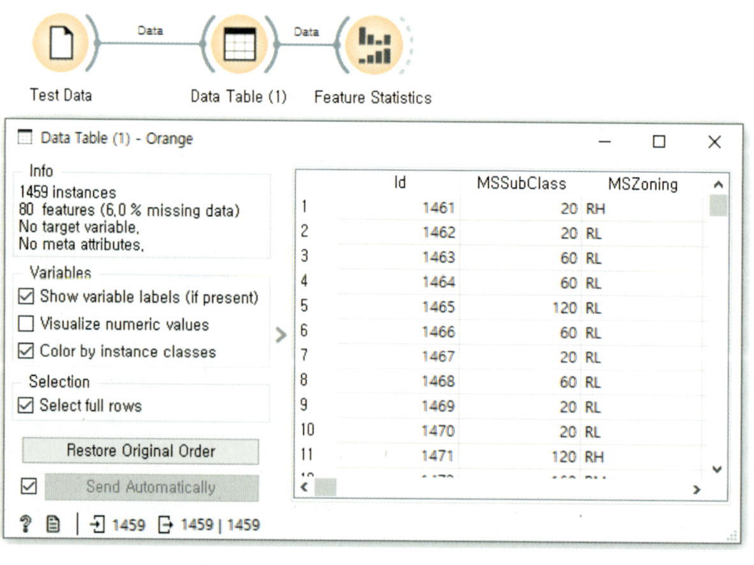

이터와 비교하여 목표변수가 없다는 것 외에는 동일한 변수를 가지고 있다. 변수들의 결측 비율은 6%로 나와있다. 개별 변수들의 결측 비율은 Feature Statistics 위젯을 활용해 알아보자.

보다 정확한 예측을 하기 위해서는 학습 데이터와 동일하게 결측값 처리 등의 데이터 정제 및 변수 전환 등의 작업이 이루어져야 한다. 학습 데이터에서 이루어진 과정과 동일한 작업을 테스트 데이터에도 적용하여 스스로 해보자.

6) 주택 가격 예측

- Model 카테고리에서 예측에 사용하기를 원하는 알고리즘을 캔버스로 끌어와 '최종 학습변수 선정' 위젯으로 이름을 바꾼 Select Columns와 연결하여 학습이 이루어지도록 한다.
- Evaluate 카테고리에서 Predictions 위젯을 캔버스로 끌어온 후, 예측에 사용할 알고리즘 위젯과 '최종 테스트변수 선정' 위젯(테스트 변수를 학습 변수와 동일하게 처리 후 변수 선정)으로 이름을 바꾼 Select Columns를 연결한다.

[그림 사례 5-2-19] 주택 가격 예측 워크플로우

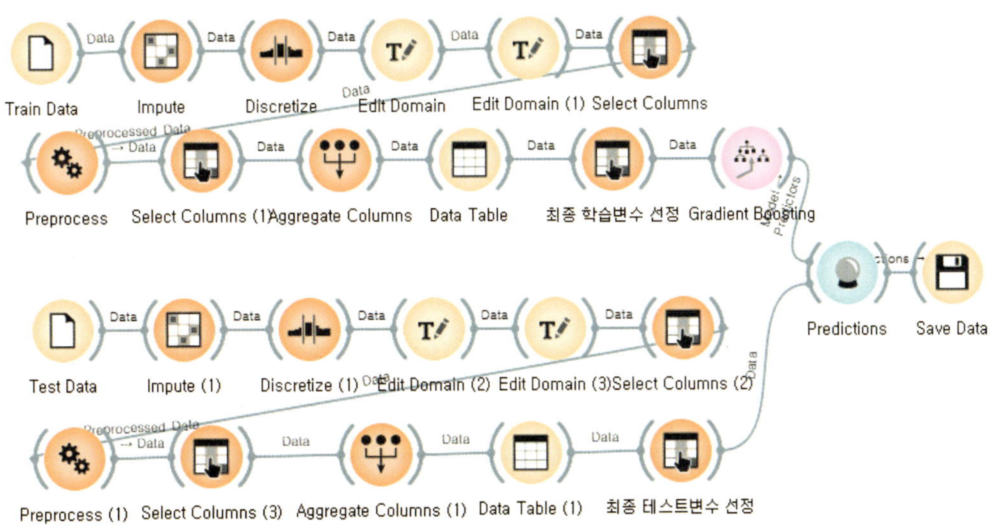

- 제출할 파일을 만들기 위해 Data 카테고리에서 Save Data 위젯을 캔버스로 끌어와 Predictions 위젯과 연결한다.
- Save Data 위젯을 더블 클릭하고, Save as 탭을 눌러 원하는 이름으로 저장한다([그림 사례 5-1-19]).

7) 예측 결과 제출 및 결과 확인

제출용 파일은 타이타닉 사례와 동일하게 CSV 형식의 파일로 만들면 된다.

- 엑셀 등을 사용하여 Save Data 위젯을 사용하여 저장한 화일을 불러온다.
- 데이터의 내용 중 ID 변수와 알고리즘으로 예측한 결과만을 남겨놓고 다른 변수는 모두 삭제한다. 예측된 데이터의 변수명은 'SalePrice'로 변경한다.
- 다른 이름 저장하기를 눌러 원하는 이름의 CSV 형태의 파일로 저장한다([그림 사례 5-2-20]).

[그림 사례 5-2-20] 제출용 파일 만들기

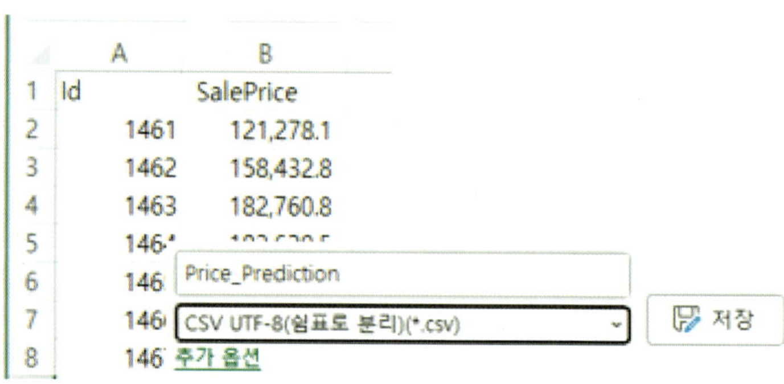

타이타닉 사례와 마찬가지로 제출용으로 만든 파일을 캐글 사이트 주택 가격 컴페티션 초기 화면으로 들어가 Submit Predictions 단추를 누른 다음 파일을 제출한다. 그리고 결과를 확인하면 된다. 결과 확인 후, 예측 정확도를 어떻게 높일 수 있는 방법을 다양하게 고민하고 시도해보자.

PART 04

피플 애널리틱스의 미래 과제

1. 데이터와 친해지기
2. 향후 피플 애널리틱스 실행의 주요 포인트

01 데이터와 친해지기

스티븐 레빗(Steven Levitt)은 슈퍼 괴짜경제학에서 테러리스트 용의자를 판별하는 모델 구축에 대해 언급하고 있다. 테러 용의자 파악을 위해 데이터 분석가들은 취업 현황, 주거 상황, 혼인 여부, 예금계좌 보유 현황, 생명보험 가입 여부 등 다양한 변수를 모델에 투입하여 분석한다. 문제는 분석의 모집단이 워낙 거대하기 때문에 정확도가 99%여도 잘못 예측된 사람이 수가 상당히 많다는 것이다. 그렇기 때문에 정부가 다 조사를 하기가 어렵고, 설사 조사를 한다 하더라도 잘못 분류되어 조사를 받은 사람들의 불만과 반발에 의한 파장이 매우 크다. 그런데 특정 행위를 관찰하여 나온 결과를 반영한 변수 하나를 추가로 투입하면 예측 능력이 거의 족집게 수준으로 상승한다고 말하고 있다. 잘 고른 변수 하나가 예측 모델의 성능을 환골탈태 수준으로 업그레이드시킨다는 것이다.

관건은 데이터 확보

피플 애널리틱스 활용에 있어 과거 기업들이 가장 큰 어려움을 느꼈던 부분은 분석 알고리즘 개발이었다. 하지만 그래픽 인터페이스를 활용한 소프트웨어의 등장으로 인해, 이제는 분석에 활용할 좋은 데이터 확보가 관건으로 등장하고 있다. 피플 애널리틱스를 실행하는 실무자들은 필요한 데이터를 제대로 확보하기 어렵거나, 이런 데이터가 있으면 좋겠다는 생각을 종종 하게 된다. 예전에는 축적된 데이터의 활용 여지가 크지 않았기 때문에 체계적으로 데이터를 관리할 필요성을 크게 느끼지 못했다. 그렇기 때문에 업무 수행 과정에서 자연스럽게 축적되거나 테스트, 설문, 관찰, 실험 등으로 확보되는 경험적 데이터가 부족할 수밖에 없는 것이다.

물론 데이터가 많다고 무조건 좋은 것은 아니다. 하지만 경험적 데이터의 부족은 분석 샘플 수나 변수 숫자의 부족 등을 발생시킨다. 그리고 이는 결국 신뢰성 있는 모델 구축 및 분석을 통한 효과적 의사결정을 가로막는 중요 요인으로 작용한다. 향후 성공적 피플 애널리틱스 활용은 분석에 필요한 데이터를 명확히 정의하고, 지속적으로 이를 확보해 나가는 시스템을 갖출 수 있는가에 달려있다고 해도 과언이 아니다. 적절한 데이터 확보가 예측 모델의 성능을 결정하는 핵심 요인으로 등장하고 있는 것이다.

현재 활용 가능한 데이터에서 시작

피플 애널리틱스에 필요한 데이터는 하루 아침에 만들어지지 않는다. 활용할 수 있는 데이터를 축적하는 데 상당한 기간이 소요되는 것이다. 그렇다고 마냥 기다릴 수는 없다. 따라서 먼저 우리가 어떤 데이터를 가지고 있는지를 파악하는 것이 필요하다. 즉, 어떤 유형의 데이터가 있는지, 어떤 용도로 사용되고 있는지, 그리고 향후 어떤 용도로 사용될 가능성이 있는지 확인해야 한다. 특히, 동일한 데이터라도 명칭이나 이에 대한 이해 정도가 부문 또는 구성원에 따라 다른 경우도 있다. 또한 부문별 정보의 흐름도 단절되어 동일한 데이터를 부문마다 제각기 관리하거나, 데이터가 있는지 없는지도 모르는 경우도 있다. 기존 데이터 관리의 문제점을 명확하게 인식해야 향후 필요한 조치가 가능해진다.

현재 있는 데이터를 최대한 활용하여 피플 애널리틱스 분석을 실행해보는 것도 중요하다. 예컨대 '어떤 특성을 가진 지원자가 입사 후 조직에서 성공할 가능성이 높은가? 영업사원이 기대하는 매출 목표를 달성하기 위해서는 어떠한 스킬과 지식이 필요한가?' 등의 질문을 하고 실제 분석과 시사점을 도출해보는 것이다. 직접 실행해봐야 우리가 의사결정을 위해 알고 싶은 내용 중 데이터로 인해 제대로 분석을 할 수 없는 이슈가 무엇인지, 앞으로 어떠한 데이터가 필요한지를 제대로 파악할 수 있다.

미래 필요 데이터의 관리 원칙 정립

현재 우리가 가지고 있는 데이터와 관리 이슈가 무엇인지를 파악했다면, 향후 데이터를 어떤 방식으로 관리할 것인지에 대한 청사진을 마련해야 한다.

첫째, 향후 HR 관점에서 관리가 필요한 데이터를 명확히 해야 한다. 현재 데이터가 없어서 효율적으로 이루어지지 않는 의사결정이나 업무는 무엇인가? 빠르게 변화하고 불확실성이 커지는 환경에 대응하기 위해 어떤 범위까지 데이터를 확보하고 관리해야 하는가? 등의 질문을 통해, 향후 관리해야 할 데이터 리스트들을 정리해야 한다. 그리고 현재 관리되고 있는 데이터가 아니라면, 향후 이를 확보·관리할 수 있는 방안도 마련해야 한다. 즉 측정 주기, 측정 방식, 데이터 표준화 방법, 데이터 축적 방식 등을 마련해야 한다. 필요 데이터를 한 번에 완벽하게 정리하여 확보하는 것은 불가능하다. 따라서 필요 데이터가 추가될 때마다 이를 관리할 수 있는 방안도 고민해야 한다. 데이터가 많으면 많을수록 분석에는 도움이 될 수 있겠지만, 데이터의 축적과 관리에는 비용이 수반된다. 따라서 데이터 관리를 위한 투자 대비 효용을 고려하여 필요 데이터를 엄선하는 것도 필요하다.

둘째, 구성원 개인 및 조직 전체 관점에서 데이터를 서로 연계하여 효율적으로 활용할 수 있는 방안을 마련해야 한다. 피플 애널리틱스를 실행하기 위해서는 HR 관련 데이터뿐만 아니라 재무, 고객, 프로세스 등 다른 영역 관련 데이터가 필요한 경우가 대부분이다. 그런데 부서 간 사일로(Silo) 현상 또는 보안 등의 문제로 데이터 협력이 신속하게 이루어지지 않는 경우가 많다. 따라서 전사 관점에서 데이터 공유 및 관리에 대한 원칙을 설정하는 것이 필요하다.

셋째, 데이터 관리와 관련된 윤리 이슈이다. 데이터 사용에 있어 정보 보호 및 윤리적 고려는 필수이다. 특히, HR 데이터는 구성원 개개인에게 민감한 측면이 있기 때문에, 가능한 데이터 관리 및 활용에 대해 구성원들에게 사전에 설명하고 동의를 받는 것이 바람직하다. 동시에 분석 담당자들에게 피플 애널리틱스 실행 시 해서는 안 되는 행동이 무엇인지를 교육 등을 통해 분명히 인식시키는 것이 필요하다. 중요한 것은 피플 애널리틱스 분석 결과에 대해 구성원들이 불편을 느끼거나 불이익을 받는다는 인식을 갖지 않도록 하는 것이다. 피플 애널리틱스에 필요한 데이터를 관리하는 것이 구성원들에게도 도움이 된다는 것을 실질적으로 보여주고 공감대를 형성해야 한다.

데이터 리터러시 제고

데이터를 가진 회사는 보다 신속하고 명확한 방법으로 문제를 해결할 수 있는 추진력을 얻었다고 할 수 있다. 하지만 데이터만 있다고 문제가 해결되는 것이 아니다. 복잡한 데이터의 분석과 체계적인 예측 결과의 도출, 통찰력 있는 정보의 분석 및 시사점 도출 등 데이터를 제대로 활용할 수 있는 역량인 데이터 리터러시(Data Literacy)가 필요하다.

데이터 리터러시를 키우기 위해서는 우선적으로 구성원들이 분석에 대한 경험이 많아야 한다. 단순히 이론에 치중하거나 말로만 하는 피플 애널리틱스는 조직 성과 제고나 구성원 역량을 높이는 데 효과가 거의 없다. 스스로 고민하고 결과를 만들어 봐야 피플 애널리틱스를 효과적으로 활용할 수 있는 역량이 내재화될 수 있다. 탁월한 혁신은 한 번에 이루어지는 것이 아니라 수많은 시도와 시행착오 속에서 이루어진다는 관점에서, 구성원들에게 필요한 교육을 제공하고 다양한 주제로 피플 애널리틱스를 실행할 수 있는 기회를 마련해야 한다.

둘째, 양적인 관점에서 분석이 어느 정도 이루어졌다고 판단되면, 이제는 기존의 방식을 뛰어넘는 질적 개선 방안을 모색해야 한다. 다양한 피플 애널리틱스 과제를 통해 역량을 확보하는 것은 필수적이지만, 그만그만한 과제만을 해서는 성과 개선에 한계가 있다. 그렇기 때문에 비즈니스 리더와 HR 부문이 협력하여 기업 성과 제고에 혁신적 기여를 할 수 있는 새로운 해결 방법을 시험하고 찾아내려는 노력을 강화해야 한다.

셋째, 피플 애널리틱스는 기업 운영과 경쟁력 확보에 많은 도움이 되는 정보를 제공해준다. 하지만 피플 애널리틱스를 통한 데이터 분석이 기업들이 알고자 하는 것 또는 알아야만 하는 모든 것을 이야기해주지는 못한다. 오랜 기간 소녀들의 마음을 사로잡은 바비(Barbie) 인형, 스포츠 음료 레드불(Red Bull) 등 수많은 제품이 초기 시장조사 데이터 분석에서 결코 성공하지 못한다는 결과를 얻었다. 데이터 분석이 언제나 정확한 정보를 제공하여 기업의 성공을 보장하지는 않는 것이다. 또한 급격한 환경 변화 및 경쟁자의 모든 움직임까지 고려하여 데이터를 분석하는 데에는 한계가 있다. 분석에 만족하지 말고 그러한 결과가 나타난 맥락, 특히 기업 경쟁 환경의 변화 등과 같이 불확실한 요소들을 함께 고려하여 통찰력 있게 해석할 수 있는 역량을 갖춰야 한다.

한 기업의 데이터 관리 수준은 결국 최고 경영층 등 리더의 데이터에 대한 이해 수준과 직결된다고 말할 수 있다. 리더가 데이터 관리에 관심이 없고 필요성을 느끼지 못한다면 데이터 관리 및 활용에 한계가 발생한다. 물론 리더 자신이 데이터 관리 및 피플 애널리틱스의 필요성을 인식하고 적극적으로 추진한다면 금상첨화다. 하지만 그렇지 않은 경우도 많다. 리더는 자신이 모르는 낯선 것을 중요하다고 생각하지 않고 잘 받아들이려고 하지 않기 때문이다. 하지만 창의적 혁신의 실행이 힘을 받기 위해서는 리더의 지원이 필요하다. 리더가 이해를 못 한다고 그들을 나무랄 것이 아니라, 리더가 이해하고 움직일 수 있도록 쉽게 반복적으로 설명하고 성과를 보여 신뢰를 구축하는 것이 필요하다.

02

향후 피플 애널리틱스 실행의 주요 포인트

우리 기업들의 피플 애널리틱스의 수준은 아직 걸음마 단계라고 할 수 있다. 하지만 향후 데이터의 가용성, 컴퓨팅 성능 및 고급 통계 분석에 대한 접근성이 높아짐에 따라 피플 애널리틱스의 활용은 더욱 확산되고 가속화될 것이다. 피플 애널리틱스는 더 이상 미룰 수 없는 과제인 것이다. 급변하는 환경 변화에 적절히 대응하고 사업 성과 제고 지원을 위해 피플 애널리틱스가 중점을 두어야 할 실행 포인트를 살펴보자.

비즈니스에 'So what' 제시

덴마크 영화 '라이더스 오브 저스티스(Riders of Justice, 2021)'를 보면, 데이터 사이언티스트들이 경영진에게 저소득층은 기아, 피아트, 현대차를 타고, 중산층은 토요타, 포드, 볼보를, 그리고 상류층은 대부분 메르세데스, 테슬라, 아우디를 탄다고 보고를 하는 장면이 나온다. 그러자 경영진 중 한 사람이 가난한 사람은 기아차, 부자는 메르세데스를 탄다는 걸 알아내는 데 그렇게 오랜 기간과 많은 비용을 투자했냐고 질문한다. 사이언티스트들은 알고리즘 자체가 다수의 복잡한 정보를 조합해 통계적인 근거를 만들었다는 점이 중요하다고 대답한다. 그러자 경영진은 그런 상관관계가 우리에게 어떤 이익이 있냐고 물어본다. 결국 데이터 사이언티스트들은 해고된다.

우리가 피플 애널리틱스를 실행하는 것은 고성능의 알고리즘을 개발하거나 데이터 분석 그 자체에 의의를 두기 위해서가 아니다. 피플 애널리틱스의 가장 중요한 책임은 비즈니스 성과를 개선하고 전략을 지원하며 리스크를 관리할 수 있는 결과를 제공하는 것이다. 피플 애널리틱스를 통해 뭔가 통찰력을 얻어냈다 하더라도, 경영진이 관심을 갖지 않고 비즈니스 성과와 연계되지 못한다면 그 통찰력은 가치가 떨어질 수밖에 없다. 피플 애널리틱스 프로젝트는 HR 과제가 아니라 사업 전략과 연계되는 비즈니스 과제라는 사실을 항상 염두에 두어야 한다. 이제 HR은 기업의 경쟁력 제고를 위해 무엇을/언제/어떻게 할 것인가 등 'So what'을 적극적으로 제안하고 자문하는 전략적 기능을 발휘해야 한다.

R&D 기술 인재의 효과적 운영

R&D에 대한 투자는 성과를 얻기까지 오랜 시간이 걸린다. 즉, 투자 대비 성과가 나오기까지 상당한 시간 지체(Time Lag) 현상이 발생하는 것이다. 또한 투자가 반드시 결과로 이어진다는 보장도 없다. 불확실성과 리스크가 높은 것이다. 그러다 보니 미래 사업과 고객을 위해 해야 하는 R&D가 아닌 단기 성과 중심의 할 수 있는 R&D에 중점이 두어지고, 이에 따라 R&D 기술 인재의 운영이 전략적으로 이루어지지 못한다는 비판이 제기되기도 한다. 기술 환경 변화가 크지 않고, 우리 기업이 빠른 추격자(Fast Follower)로서 선진기업의 기술을 따라하는 데 중점을 두던 시기에는 이러한 이슈가 큰 문제가 되지 않았다. 그런데 4차 산업혁명으로 인해 기존 경쟁 체계와 산업의 판도를 바꿔버리는 기술 패러다임의 빠르게 등장하고 있는 현 상황하에서는 문제가 있는 과거의 방식을 답습하는 것은 바람직하지 않다. 이제는 신규 기회 선점을 위한 R&D 분야의 과감한 변화와 새로운 시도가 필요하기 때문이다.

향후 몇 년간 경제와 시장을 바꾸는 가장 큰 원동력은 기술이 될 것이다. 그렇기 때문에 창의적이고, 근본적으로 새로운 개념을 제시하고 실행함으로써 'Next Big Thing'을 창출할 수 있는 탁월한 기술인재를 어떻게 확보할 수 있는가에 기업의 미래가 달려 있다고 해도 과언이 아닐 것이다. 이러한 상황하에서 기술 인재의 확보, 육성, 배치 등의 HR 프랙티스 운영은 기존과 달라질 수밖에 없다.

기업은 우선 R&D 인력 운영의 현재 모습을 파악하는 것이 필요하다. 어떤 기술 인재를 확보해 왔는지, 현재와 미래의 성과를 위해 기술 인재를 어떻게 운영해 왔는지, R&D 활동이 조직 성과에 어떻게 기여하고 있는지 등이 그 예라 할 수 있다. 그리고 중/장기 관점에서 미래 핵심 사업 및 직무에 필요한 전문 역량이 무엇인가를 정의하고, 향후 기술 인재의 확보 및 운영 방안을 모색해야 한다. 또한 기술과 인재의 연계성에 초점을 두고 인력 확보, 육성, 경력 개발 계획을 통합하여 재구성함으로써 기업이 추구하는 기술 난제를 효과적으로 해결할 수 있는 방안을 모색해야 한다. 새로운 산업 및 기술 분야 관련 역량을 신속하게 확보하기 위해 적극적인 오픈 이노베이션의 추진이 어떠한 경우에 효과적인지에 대한 분석도 필요하다. 목표에 기반한 엄정한 평가 관리, 성과를 전제로 자유로운 연구 분위기 제공 등의 운영 메커니즘이 어떠한 상황에서 성과 창출에 효과적인가를 분석하는 것도 고민해야 한다. R&D 전략의 방향성 그리고 구성원들의 다양한 특성과 니즈 등을 반영한 R&D 기술 인재의 운영을 어떻게 효과적으로 할 것인지를 피플 애널리틱스 통해 모색해야 하는 것이다.

변화의 여정을 관리하는 강화학습

피플 애널리틱스를 통해 이슈를 명확히 파악하고 개선 포인트가 도출되었다면, 조직은 이의 실행을 통해 기존 관습과 관성을 깨는 변화 선도자의 역할을 수행할 수 있어야 한다. 기업 환경은 끊임없이 변화하고 있고, 기업 역시 살아남기 위해 변화해야 한다. 그렇기 때문에 HR은 피플 애널리틱스를 통해 변화의 방향성을 도출하고, 그러한 변화가 이루어지도록 만드는 선도자 역할을 해야 한다. 피플 애널리틱스를 통해 도출된 분석 결과를 바탕으로 바람직한 미래 변화 방향에 대한 큰 그림을 그리고, 이러한 큰 그림하에서 변화 계획을 실행하고 변화 관리를 수행해야 하는 것이다. 그리고 이러한 변화 활동이 기대했던 만큼의 효과를 가져왔는지를 분석하고 피드백을 통해 개선해 나가야 한다.

어떠한 HR 활동이 전략에 가장 큰 영향을 미치는지 등을 파악하고 변화를 이끄는 것은 한 번의 시도로 단기간 내에 이뤄지기가 쉽지 않다. 따라서 피플 애널리틱스를 활용한 변화 관리는 일회성이 아닌 기나긴 여정이라고 생각해야 한다. 그렇기 때문에 장기적 관점에서 구성원들의 역량을 어떻게 변화시키고 개선해야 하는가를 고민해야 한다. 새로운 HR 시스템을 도입한 시기 그리고 순차적으로 관찰되어 기록된 수많은 설명변수들이 시간의 흐름에 따라 목표변수에 어떻게 영향을 미치는지 시계열 관점에서 살펴보고 피드백에 기반하여 다시 HR 전략을 개선시켜야 한다. 피플 애널리틱스 실행은 수많은 시행착오를 거친 도전과 응전이 있는 강화학습을 실행하는 것과 유사한 것이다.

영화 '미드웨이(Midway, 2019)'는 제2차 세계대전 당시 태평양전쟁의 전환점이 되었던 미드웨이 해전을 배경으로 하고 있다. 당시 미군을 지휘하고 있었던 니미츠(Chester William Nimitz) 제독에게 가장 골칫거리였던 것은 일본 함대가 과연 어디로 오느냐 하는 것이었다. 이를 위한 치열한 정보전이 벌어지고 있었고, 휘하의 암호 해독반은 일본이 미드웨이 섬을 점령하고 그곳을 발판으로 하와이와 미 서부해안으로 진출하려 한다는 분석을 내놓았다. 이는 워싱턴의 전문가들이 분석한 내용과는 완전히 배치되는 것이었다. 니미츠는 직접 암호 해독반을 찾아 워싱턴과 의견이 다른 이유를 물어보았다. 담당자는 워싱턴이 틀렸다는 명확한 증거는 없지만, 결혼식 청첩장을 보지 못하더라도 출장 뷔페 및 최고의 밴드가 예약된 날, 장미가 동이나는 날 등을 보면 결혼 날짜를 알 수 있다고 말했다. 감청 정보는 확답을 주지 않지만 단서를 제공한다면서 자신들의 분석이 맞다고 강변한 것이었다. 니미츠는 그의 의견이 일리가 있다고 판단하고 워싱턴을 설득할 근거를 찾아보라고 지시하였다. 암호 해독반은 미드웨이 섬의 해수담수화 장치가 고장났다는 정보를 일부러 흘리고, 이에 일본군이 반응하자 확신을 가지고 대비책을 마련하게 된다. 결국 미군은 미드웨이 해전에서 승리하고 태평양전쟁에서 승기를 잡게 된다.

피플 애널리틱스 역시 암호 해독과 비슷하다. 피플 애널리틱스에서 도출된 결과 역시 100% 확실한 것은 없다. 그렇기 때문에 나타난 결과가 전부라고 생각해서는 안 된다. 사람 관련 의사결정에 대한 설득력 있는 답을 모색하기 위해서는 해당 영역에 대한 전문성과 경험을 가지고, 그런 결과가 나온 맥락을 제대로 이해하고 분석할 수 있는 통찰력을 가져야 한다. 이제 HR은 과거의 사고방식에서 벗어나 피플 애널리틱스의 필요성을 공감하고, 이를 활용하여 남들이 보지 못하는 의미 있는 패턴을 찾아내어 실행해야 한다.

참고 사이트 및 자료

본서 저술에 참조한 자료들은 가능한 본문이나 주석에 내용을 표기하려고 노력하였다. 일일이 다 표기하지 못했거나 향후 피플 애널리틱스 학습에 도움이 될 수 있는 사이트나 자료들을 간단히 살펴보자.

오렌지 홈페이지(https://orangedatamining.com/)

본서 사례에서 사용한 오렌지 소프트웨어의 홈페이지이다. 오렌지 홈페이지에서는 소프트웨어 업데이트, 워크플로우 작성 방법, 위젯의 주요 기능에 대한 세부 설명 등이 제시된다. 본서에서의 위젯의 세부 기능 역시 오렌지 홈페이지를 참조하였다. 오렌지 소프트웨어를 사용한다면 홈페이지에 종종 접속하는 것이 필수적이다.

캐글 홈페이지(https://www.kaggle.com/)

본서에서 여러 번 언급했듯이 데이터 사이언스와 관련된 예측 및 분석 대회를 위한 플랫폼이다. 데이터 사이언스와 관련된 다양한 데이터, 데이터 분석과 관련한 그들의 솔루션 및 의견 등을 참조할 수 있다. 지속적으로 데이터 사이언스와 관련된 새로운 과제들이 올라오고 솔루션에 대한 논의가 이루어진다. 따라서 관심 있는 주제들을 지속적으로 팔로우업하고 해결 방법을 모색하면 데이터 사이언스 관련 역량 향상에 많은 도움이 될 것이다.

기존 작성 원고

필자 등이 기존에 작성했던 원고들도 참고하였다. 주요 참조 자료는 아래와 같다.

▸ AI로 전환하는 HR 패러다임, 손진호 알고리즘랩스 대표, 김범열 LG경영연구원 자문
- AI와 HR의 연계, 피플 애널리틱스, HR 인사이트 2022년 6월호
- 피플 애널리틱스와 핵심인재 관리, HR 인사이트 2022년 7월호

- 피플 애널리틱스와 퇴직 관리, HR 인사이트 2022년 8월호
- 피플 애널리틱스를 통한 인사 패러다임 변화, HR 인사이트 2022년 9월호

▸ 탁월한 의사결정, 직관과 분석의 황금비를 찾아서 등, 김범열, https://www.lgbr.co.kr/

▸ DX 시대, HR의 역할, 박철용, 2022 한국산업교육확회 포럼

▸ Change Agent 역할을 하는 피플 전문가가 되어야, 박철용, 월간인사관리 2022년 9월호

피플 애널리틱스 / 파이썬 강좌

유튜브를 검색하면 오렌지 소프트웨어 관련 강좌를 찾을 수 있다. 이슈별로 관련 내용을 찾아 활용하면 도움이 된다. 하지만 피플 애널리틱스와 연계된 오렌지 강좌는 찾아보기가 쉽지 않다. 알고리즘랩스(Algorithm LABS)는 오렌지를 활용한 피플 애널리틱스 강좌인 Ahro HR 과정을 제공하고 있다.

파이썬 등 프로그래밍 언어를 몰라도 오렌지를 활용하는 데 큰 문제가 없다. 하지만 파이썬의 기초를 알고 있으면 오렌지를 활용하고 확장하는 데 도움이 될 수 있다. 온라인 공개강좌 서비스인 STAR-MOOC(https://www.starmooc.kr/)은 초심자에 적합한 "인공지능 코딩을 위한 실용 파이썬(KAIST 권용선 교수)" 등 다양한 파이썬 강좌를 무료로 제공하고 있다.

저자 약력

김범열

연세대학교에서 경영학 학사/석사/박사 학위를 받았다. LG경제연구원(현 경영연구원)에서 30년 넘게 주요 기업 조직설계, 평가/보상 시스템 구축, R&D 운영 체계 수립, 기업 비전 및 조직문화 구축 등 조직 운영의 효과성 제고를 위한 다양한 프로젝트 및 연구를 수행하였다. 또한 LG인화원 MBA HR 과정, 신임 임원 과정 등 다양한 과정에서 강의 수행과 기고 활동도 하였다. 인사혁신처 자체평가위원회/정책자문위원회 위원, 국가과학기술심의회 기초기반전문위원회 위원, 다목적 방사광가속기 구축사업 추진위원회 위원 등을 역임하였다. 현재는 퇴직하여 관심 있는 이슈에 대해 읽고 쓰는 일을 하고 있다.

박철용

미국 DREXEL 대학에서 Engineering Management 석사를 마치고, LG에 입사하여 반도체/전자/이노텍/인화원에서 30여 년간 HR 실무를 수행했다. 특히, LG전자와 이노텍에서 CHO 역할을 하면서 창의/자율적 조직 문화 형성을 위한 직급체계 간소화, 성과 중심의 평가/보상 체계 구축, 우수인재 확보 및 육성을 위한 채용/교육 프로세스 설계, Global HR System 구축 등 회사 HR 활동 전반을 이끌었다. 현재는 LG인화원에서 전무로 근무하면서 HRD Innovation 업무를 수행 중이다.

인공지능(AI) 도구 오렌지로 바로 실행하는 피플 애널리틱스

초판발행 2023년 3월 20일
중판발행 2023년 4월 30일

지은이 김범열 · 박철용
펴낸이 노 현

편 집 김민조
표지디자인 이수빈
제 작 고철민 · 조영환

펴낸곳 ㈜ 피와이메이트
서울특별시 금천구 가산디지털2로 53, 210호(가산동, 한라시그마밸리)
등록 2014. 2. 12. 제2018-000080호
전 화 02)733-6771
f a x 02)736-4818
e-mail pys@pybook.co.kr
homepage www.pybook.co.kr
ISBN 979-11-6519-384-3 93320

정 가 25,000원